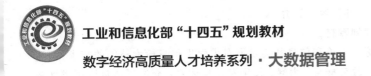

工业和信息化部"十四五"规划教材

数字经济高质量人才培养系列 · 大数据管理

信息检索

/ 第3版 /

叶继元　魏瑞斌　编著

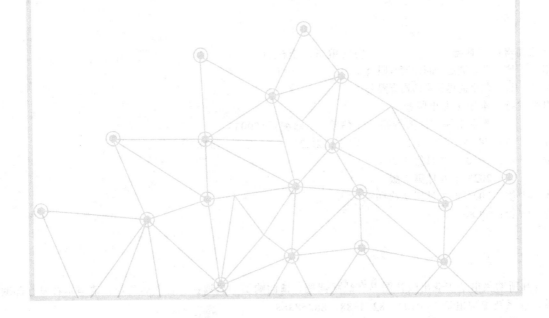

电子工业出版社·

Publishing House of Electronics Industry

北京 · BEIJING

内 容 简 介

本书为工业和信息化部"十四五"规划教材。

本书详细论述了网络环境下的信息检索理论和信息社会发展对大学生信息检索技能的需求;阐述了以提高终身学习能力为导向的信息素质教育概念、内涵、作用和指标体系;介绍了信息资源类型及其特征,信息检索技能培养与信息检索系统基本原理;详细论述了基于信息计量学理论的科研活动和科技信息生产、交流与演变过程,科技文献信息的时间和空间上的分布规律及其带来的启示等;阐释了引文索引理论的本质和应用价值,建立了实际引文分布模型,介绍了引文索引检索方法以及在科学研究中的应用评价功能;并通过各种信息检索系统实例讲解了常用数据库检索平台的检索方法,以及各种平台上的个性化服务功能和期刊在线投稿方法,概述了科学研究过程中文献信息的研究方法。

本书可以作为高等学校大数据管理、信息管理与信息系统等相关专业的教材,也可以供相关从业人员参考。

图书在版编目(CIP)数据

信息检索 / 叶继元,魏瑞斌编著. —3 版. —北京:电子工业出版社,2023.6
ISBN 978-7-121-46162-0

Ⅰ. ① 信… Ⅱ. ① 叶… ② 魏… Ⅲ. ① 信息检索—高等学校—教材 Ⅳ. ① G254.9

中国国家版本馆 CIP 数据核字(2023)第 155847 号

责任编辑:章海涛　　　　　　　特约编辑:李松明
印　　刷:北京捷迅佳彩印刷有限公司
装　　订:北京捷迅佳彩印刷有限公司
出版发行:电子工业出版社
　　　　　北京市海淀区万寿路 173 信箱　　邮编:100036
开　　本:787×1092　1/16　　印张:20.25　　字数:518 千字
版　　次:2010 年 2 月第 1 版
　　　　　2023 年 6 月第 3 版
印　　次:2024 年 3 月第 2 次印刷
定　　价:69.80 元

凡所购买电子工业出版社图书有缺损问题,请向购买书店调换。若书店售缺,请与本社发行部联系,联系及邮购电话:(010)88254888,88258888。

质量投诉请发邮件至 zlts@phei.com.cn,盗版侵权举报请发邮件至 dbqq@phei.com.cn。

本书咨询联系方式:192910558(QQ 群)。

前　言

本书自 2010 年出版后，连续重印，累计印数已达数万册。为了惠及更多的读者，我们决定修订。

从前两版整体看，原第 1 章、第 7 章和第 8 章的内容变化较大，故修订内容较多；第 2 章和第 3 章的内容变化较小，只对少部分内容做了修改；第 4～6 章的内容相对稳定，只是将原第 5 章和第 6 章进行了合并，并增加了缩微检索。关于手工检索和光盘检索部分，原先考虑目前使用不多，拟删减，后经征求意见，综合考虑内容的整体结构和检索的整个发展历程，最终保留了相关内容。

本书的具体修改内容如下。

（1）增加了有关信息链的内容，包括第 1 章中对信息、数据、知识、智慧及其与情报的关系，以及作者新研究的相关内容。

（2）更新了相关数据。如第 1 章的信息资源的类型部分，先前的图书、学术期刊、报纸等出版数量都是 2007 年的数据，而本次修改为 2020 年的数据。这样可以使读者了解到一些新的数据资料。对有关 CSSCI 来源期刊即扩展版种数、《乌利希国际期刊指南》收录数据等也进行了更新。

（3）更新了一些常用数据库的相关内容。如第 6 章介绍了中国知网期刊全文数据库、万方数据、Web of Science 等平台最新的功能，对使用的截图也进行了更新，尽量与最新的数据库内容保持同步。

（4）增加了一些图片。如在第 1 章的信息检索发展趋势中，对信息检索集成化、信息检索个性化、跨库检索等概念结合实际的系统，增加了一些截图，让读者更加直观地理解概念的内涵，了解它们在实际信息检索系统中的应用。

（5）增加了新的内容。如第 6 章增加了对"国家哲学社会科学学术期刊数据库（NSSD）"的介绍，第 7 章增加了百度学术等 3 个信息检索的实例，更有利于读者了解新的资源和应用。

（6）删除了一些较为陈旧的内容。如第 6 章中原来的"天网搜索"已经无法正常访问，在本次修订中被删除。

本书第 3 版内容组织和统稿由叶继元负责，魏瑞斌做了大量的具体工作，书后索引由王雅戈完成。

本书于 2021 年入选工业和信息化部"十四五"规划教材,特向各位评审专家表示衷心的谢意。南京大学教务处/本科生院、电子工业出版社在本书第 3 版的出版中给予了大力帮助,在此表示衷心感谢。同时,对本书引用论著的作者、编者、教材使用者、提出修改建议者也表示衷心的谢意。

信息资源丰富,信息技术发展迅速,信息检索变化亦多。由于时间、水平限制,书中难免存在不当之处,敬请读者指正。

本书为教师提供相关教学资料,有需要者,请登录 http://www.hxedu.com.cn,注册之后进行下载。

作　者

2023 年 6 月

目　录

第1章
信息检索概述

在当今信息社会中，信息与空气、水一样重要，与物质、能量并列构成世界三大资源。及时获得必要、准确的信息是个人、社会存在与发展的前提条件。信息检索是关于获得所需信息的知识，不仅是一种技能，也已发展成为一个专业学科领域。理解有关信息与信息资源、信息检索的基础知识，对于以下各章的学习具有重要意义。

通过本章学习，读者可以了解（或掌握）：

❖ 信息与信息资源的定义、类型与特点。
❖ 信息资源的种类。
❖ 信息检索的概念、类型与作用。
❖ 信息检索的研究内容和研究方法。

1.1 信息与信息资源的概念和类型

信息（Information）和信息资源（Information Resource or Information Resources）术语多年来在国内外文献中被广泛使用，有关信息与信息资源的定义，国内外尚有多种观点。尽管目前各学科学者从不同角度出发仍有不同理解，但是经过近些年的研究，对信息与信息资源的概念和类型大体上已有相对共识。

1.1.1 信息与信息资源的概念

信息与信息资源既有密切的联系，又有些许不同。因此先简要介绍信息的概念，再讲述信息资源的概念。

1. 信息的概念

"信息"一词在英文、法文、德文、西班牙文中均是"information"，有情报、资料、消息、报道之意；我国曾译为"情报"或"信息"，后经国家有关部门核准，建议该词一律译成"信息"；在我国台湾、香港地区，被译为"资讯"；日文中译为"情报"。

> 信息，指音讯、消息、通信系统传输和处理的对象，泛指人类社会传播的一切内容。人通过获得、识别自然界和社会的不同信息来区别不同事物，得以认识和改造世界。在一切通信和控制系统中，信息是一种普遍联系的形式。1948年，数学家香农在题为"通信的数学理论"的论文中指出："信息是用来消除随机不定性的东西。"创造一切宇宙万物的最基本单位是信息。
>
> （摘自：https://baike.baidu.com/item/信息）

> Information is that which informs. In other words, it is the answer to a question of some kind. It is thus related to data and knowledge, as data represents values attributed to parameters, and knowledge signifies understanding of real things or abstract concepts. As it regards data, the information's existence is not necessarily coupled to an observer (it exists beyond an event horizon, for example), while in the case of knowledge, the information requires a cognitive observer.
>
> ...
>
> The concept that information is the message has different meanings in different contexts. Thus the concept of information becomes closely related to notions of constraint, communication, control, data, form, education, knowledge, meaning, understanding, mental stimuli, pattern, perception, representation, and entropy.
>
> （摘自：https://en.wikipedia.org/wiki/Information）

从百度百科和维基百科的介绍可以看出，信息是一个非常基本但很难表述的概念。信息无时无处不在，但信息本身看不见也摸不着，我们能够看得见摸得着的只是信息的物质载体。信息与人类发展历史须臾不离，从结绳记事到登陆月球，从日常生活到科学研究，人们都在自觉不自觉地利用信息。不同学科的学者都在使用"信息"这个术语，但他们从自身学科的角度出发，对信息做出了不同的定义。尽管这些定义说法各异，但对理解信息的概念均有参考价值。

汉语的"信息"一词中，"信"与"息"两字的意思相近，前者侧重于消息、征兆，后者强调情况、音讯。据考证，两字连成一词使用，最早见于《三国志》中"正数欲来，信息甚大"的记载。唐代诗人李中《暮春怀故人》中的"梦断美人沉信息"、宋代诗人王庭《题辰州壁》中的"每望长安信息希"诗句里均有"信息"一词，其意为消息。英文"information"一词起源于拉丁文中的 informare，原意为陈述、解释。在西方早期文献中，信息（information）与消息（message）也常互通，但这与当代信息的含义并不完全相同。

哲学家认为，信息是事物普遍联系的方式，既是客观存在的又是人的主观认识的产物。信息不同于客观世界（世界1），也不同于精神世界（世界2），而是物质世界与精神世界的中介（世界3）。

信息论创始人、美国数学家 C. E. 香农（Claude E. Shannon）从科学的概念入手，把信息定义为"用来清除随机事件的形式的不确定性的东西"，信息就是不确定性减少的量，是两次不确定性之差。"负熵"可用来描述信息属性及其运动规律。信息量的大小可用被其消除的不确定性的多少来衡量，即等于信宿消除的不确定性的数量。信宿收到信息后，不确定性消除得越多，获得的信息量就越大。而事物不确定性的大小可用概率分布来描述，即概率越小，所提供的准确信息能在较大程度上消除对事物认识的不确定性，其信息量就越大。反之，概率越大，所消除的对事物认识的不确定性较小，其信息量就越小。概率为1或0的事件，信息量均为0。

控制论的创立者、美国数学家 N. 维纳（Norbert Wiener）则认为，信息"不是物质，也不是能量"，"是人与外部世界相互作用的过程中所交换的内容的名称"。

图书情报学家认为，信息可以定义为事物或记录（record），记录包含的信息是读者通过阅读或其他认知方法处理而获得的。此处引入了读者这一变量，从而将认识论上的信息定义推广至本体论上的信息定义，更有利于信息测度服务。

心理学家认为，信息不是知识。信息是存在于我们意识之外的东西，存在于自然界、印刷品、硬盘及空气之中；知识则存在于我们的大脑之中，是与不确定性（uncertainty）相伴而生的，我们一般用知识而不是用信息来减少不确定性。此处将信息与知识截然分开，不认同二者有密切联系的一面。

信息资源管理学家和计算机专家认为，信息是数据处理的最终产品，是经过收集、记录、处理，以能检索的形式储存的事实或数据。原始数据中产生信息，信息中产生知识。

我国的通信和信息科学家钟义信认为，可以从本体论层次和认识论层次来定义信息。所谓本体论信息，是指事物运动的状态及其变化方式的自我表述。这里的"事物"泛指一切可能的研究对象，包括外部世界的物质客体，也包括主观世界的精神现象；"运动"泛指一切意义上的变化，包括机械运动、物理运动、化学运动、生物运动、思维运动和社会运动等；"运动状态"是指事物运动在空间上所展示的性态和形态；"运动状态的变化方式"是指事物运动状态随时间而变化的过程样式。所谓认识论信息，是指主体所感知（或所表述）的关于该事物的运动状态及其变化方式，包括这种状态（方式）的形式、含义和效用。信息是物质的一种属性，不同于消息，也不同于信号、数据、情报和知识。信号是信息的载体，数据是记录信息的一种形式，情报通常是秘密的、专门的、新颖的信息，知识是认识主体所表述的有序化的信息。通常，我们需要将信息的外在形式、内在含义和价值效用三个因素有机地处理。香农的贡献在于用概率熵（负熵原理）描述通信信号波形的复制，建立相应的信息的度量，进而建立了信息论的第一、第二和第三编码定理，揭示了信息在通信系统中有效和可靠传输的基本规律。但其局限性也在于此，只研究信息信号波形的复制，舍掉了信息的内容和信息的价值，而信息内容和信息价值是远比通信更复杂的信息活动（如推理、思维和决策）中最重要的因素。在通信以外的许多场合，信息不一定符合概率统计规律。概率熵必须推广到非概率的情形，以便能够有效而统一地描述和度量信息的形式、内容和价值。综合考虑，信息的形式因素（语法信息）、含义因素（语义信息）和效用因素（语用信息）即为"全信息"。研究全信息的本质、全信息的度量方法及全信息的运动（变换）规律的理论被称为"全信息理论"，引入了主观因素、非形式化的因素和模糊、混沌因素，重视主观与客观相互作用、非形式化和形式化有效结合，强调用新的科学观、新的方法论和新的数学工具研究信息的本质。

从本体和主体的层次定义信息简明清晰，且较有意义。因为引入了主体这一要素，认识论信息概念的内涵比本体论信息概念的更丰富了。从认识论信息角度，"事物的运动状态及其变化方式"就不像在本体论层次上那样简单了，必须同时考虑信息的形式、含义和效用三方面的因素。换言之，如果获得了足够的认识论信息，就可以根据形式、含义和效用（价值）做出恰当的判断和决策。

综合各家定义的合理内核，我们认为，信息（information）是所有事物的存在方式和运动状态的反映，人们通常能够通过声音、语言、体态、符号、文字、信号、数据、图形、视频等载体形式和传播渠道感觉到这种反映。信息具有客观性、普遍性、价值性、再生性、时效性、无限性、相对性、抽象性、依附性、动态性、共享性、传递性等特点，信息量的大小是可以测量的。从不同的角度，信息可以分为不同的类型，如：从信息性质，可有语法信息、语义信息和语用信息；从信息应用部门，可有工业信息、农业信息、政治信息、科技信息、文化信息、经济信息等；从信息的记录符号，可有语音信息、图像信息、文字信息和数据信息等。

知识（knowledge）是人类通过信息对自然界、人类社会及思维方式与运动规律的认识与概括，或者是主体关于事物的运动状态和状态变化规律的抽象化描述。知识是人的大脑通过思维重新组合的系统化了的信息，是特殊的信息，是信息中最有价值的部分。"旭日东升"是知识，而"太阳出来了"只是信息。知识有主观知识（又称为隐性知识，tacit knowledge）和客观知识（又称为显性知识，explicit knowledge）。主观知识是存在于人脑之中的，很难表达，不易传递和管理。如果它被某种载体记录下来，就成为打破时空的、可传递的客观知识。从认识论看，与认识论信息类似，知识也可以分成形态性知识、内容性知识和效用性知识。

被誉为"20 世纪最伟大的哲学家之一"的英国哲学家波普尔在 1972 年出版的《客观知识：一个进化论的研究》一书中提出了客观主义知识论，进而提出了著名的世界 3 理论。他认为，世界 1 是物质世界，世界 2 是精神世界，世界 3 是知识世界。知识世界包括理论、问题和论据，它具有真实性（与物质对象一样真实地存在，并作用于物质）、部分自主性（世界 3 本身可自主产生一个理论）和永恒性（由人心（世界 2）创造，并反作用于人心）等特征。

波普尔的三个世界理论，尤其是关于世界 3 的理论，在 20 世纪 80 年代曾受到中国学者的重视，在 90 年代初期，一度冷清。90 年代中后期以来，随着中国信息化进程的加快、网络的迅速发展和知识经济的到来，对世界 3 理论研究的兴趣骤然提高。近年来，中国学者对波普尔的世界 3 理论进行了较深入的探讨，并结合近年来信息化、网络化、计算机化的实际，对世界 3 理论进行了修正，用"编码""文本"的概念限定对世界 3 的有关表述，以计算机能够做出一些人脑做不出的发现为依据，提出赛博空间和虚拟现实既不是单纯的世界 1，也不是单纯的世界 3，它们是一个动态过程的体现，是这两个世界相互作用的体现。对世界 3 理论的深入研究，对于找出理解信息时代的理论平台、建立和完善知识理论体系具有积极意义。

图 1-1　信息、知识与情报的逻辑关系

情报（information，intelligence）是有特定传递对象的特定知识或有价值的隐含、秘密的信息，是受众第一次接触的、有利害关系的、有用的关键信息。其一部分在知识之内，另一部分则在知识之外、信息之内。信息、知识与情报的逻辑关系如图 1-1 所示。

智能是一种具有内在逻辑性的综合能力，包括在给定问题、环境和目标的情况下，获取相关信息的能力；把这些信息加工成情报或知识以实现认知的能力；针对给定目标把知识激活成为策略的能力；按照策略在给定环境下解决问题达到目标的能力。信息、知识（情报）、策略和行为是组成智能的四大要素。这四种能力被称为"完整智能"或"广义智能"。由于策略是智能的集中体现，因此策略被称为"狭义智能"。

有的学者提出了信息链的概念。在信息链中，信息、情报和知识处于不同的阶段。信息链由事实（Facts）→数据（Data）→信息（Information）→知识（Knowledge）→情报（Intelligence）五个链环构成，组成"信息链"（Information Chain）。在信息链中，信息的下游是面向物理属性的，上游是面向认知属性的。作为中心链环的信息既有物理属性也有认知属性，因此成为信息链的代表称谓。

还有学者提出了 DIKW 金字塔（DIKW Pyramid）模式，将数据、信息、知识、智慧分成四级，形成一个金字塔形状。第一层是数据，为基础层，第二层是信息，第三层为知识，第四层是智慧，为顶层。每层都加了不同的内涵，内涵越大，外延越小。数据是事实或观察的结果，信息增加了"时间和空间"，或"进行过加工处理"或是"有意义、有价值、有关联"的数据；知识则增加了"如何使用信息"；智慧又增加了"怎样使用知识"。该模式认为，数据、信息、知识和智慧之间的关系是数据外延最大，信息次之，知识再次之，智慧最小。

我们认为，根据中国信息哲学研究成果和全信息理论，修改后的信息链与 DIKW 链可以为：事物、本体论信息、认识论信息、数据（记录型信息）、有意义信息、知识（可验证信息）、智慧（可活用知识）、智能（执行智慧的能力）。情报与数据、知识、智慧等均有交叉关系。文献是记录知识或准知识信息的一切载体。

2. 信息资源的概念

信息资源的定义与信息的定义一样，目前仍是众说纷纭，其核心是对"信息""资源"二词的理解及对二词语法结构的理解不同（是偏正结构，还是并列结构，何为中心词），是信息化的资源，还是资源化的信息，还是"资源"一词仅为"信息"的同位语，可有可无？一般说来，在大多数情况下，信息与信息资源可视为同义词，在英文中，"资源"一词为单数（如 information resource）时，则指信息本身。但在有些场合，尤其是二词同时出现时，需要严格辨别，二者还是有区别的。信息是普遍存在的，但并非所有的信息都是信息资源，只有经过人类加工、可被利用的信息才可称为信息资源。在英文中，"资源"一词为复数时，常指信息及与信息管理有关的设备、技术、资金和人员等的集合体，多指网络信息资源。

为了便于本书的学习和理解，我们对信息资源做出如下简明扼要的定义：

> 信息资源是可供人们直接或间接开发和利用的各种信息集合的总称。

信息中的载体信息和主体信息是信息资源的最基本的组成部分。

3. 信息资源的特点

由于信息是信息资源中最核心的部分，因此信息资源的特点与信息的特点有相同之处。下列 8 个特点主要是信息资源中核心部分载体信息和主体信息的特点。

① 客观性。信息既不是物质，也不是能量，信息就是信息。不论你是否认识到，信息总是存在着的。

② 记载性。信息必须借助一定的符号存储于一定的载体（包括人脑）中，才能被表现。没有载体就没有信息。信息与载体如同内容与形式的关系一样，既不能将二者混为一谈，也不能将二者割裂开来。

③ 传递性。信息可以通过一定的载体在空间、时间上传递，不受地域、时间的限制，从近到远、从古到今，均能传递。

④ 动态性。信息是对事物存在方式及其运动方式的反映，随着事物的变化，信息也将变化。信息的动态性是指信息的时效性。信息如果不能及时反映事物的最新变化，其时效性就会降低。信息的价值与信息反映事物的时间成反比，即反映的时间越快，信息的价值越大。

⑤ 相对性。由于人们认识能力与认识条件的不同，信息接收者（信宿）获得的信息及信息量的多寡亦不同，从这个意义上说，信息的价值具有相对性。

⑥ 增长性。物质资源与能量资源的使用具有消耗性，而信息资源的使用，不但不使信息资源数量减少，而且在利用后，会产生更多的信息。

⑦ 共享性。不同的用户可在同一时间或地点，或者不同的时间或地点共同利用同一种信息资源，而不需要任何的限制条件。与信息资源的增长性特点一样，信息资源共享的双方或多方均不会损失信息内容，相反还会产生新的信息。

⑧ 规模性。作为整体，信息资源要求具有一定的量，分散、片面的信息不能较好地反映事物的情况，极易产生虚假的"垃圾"信息，不能构成信息资源。

1.1.2 信息资源的类型

信息资源的主体是信息，按照不同的标准，可以分为不同类型。

按照本体论和认识论的角度，信息资源可以分为"生信息资源"和"熟信息资源"；按照信息所描述的对象，可以分为自然信息资源、生物信息资源、人工信息资源、社会信息资源和文化信息资源；按照表现的形式，可以分为文字信息资源、图像信息资源、声音信息资源和数据信息资源；按照信息资源的开发程度，可以分为潜在信息资源与现实信息资源两大类。现实信息资源又可以分为口语信息资源、体语信息资源、实物信息资源和文献信息资源。文献信息资源又可以分为印刷型信息资源、缩微声像型信息资源和数字化信息资源（原为机读型信息资源或电子信息资源）。数字化信息资源包括网络信息资源（含多媒体信息资源）和单机信息资源。由于网络信息资源发展迅速、数量庞大、作用益增，且有许多"未优化""无保存和流传价值"的资料，如 BBS、微信、钉钉等，已超出"文献"的范围，因此有必要将网络信息资源从文献信息资源中分离出来，单独列类，加以突出。

近年国内外流行"记录信息资源"这一术语，指记录和存储在传统介质和现代介质上的信息和知识，包括图书、期刊、数据库、网络等。如果将"文献"定义为"记录知识的一切载体"，那么"记录信息资源"的外延比"文献信息资源"要大些；但如果加上"信息"二字，文献被定义为"记录信息和知识的一切载体"，那么"记录信息资源"与"文献信息资源"的含义就差不多了。但一般来说，记录信息资源外延广泛、含义明确、不易误解，而文献信息资源则有历史感。记录信息资源包括非数字化信息资源和数字化信息资源。下面对信息资源的一些主要类型尤其是目前常用的文献信息资源和网络信息资源进行介绍。

1. 口语信息资源（亦称零次信息资源）

口语信息资源是以口头语言（如交谈、聊天、授课、讨论等）方式获得的信息资源，是没有记录的仅靠口口相传的信息，其特点是传递迅速、互动性强，但稍纵即逝、久传易出差异。代代相传的口碑、传说、口述回忆等虽然包含着极有价值的信息，但是许多信息并不十分准确与可靠。因此，通过会议、讲演、电视、广播、聊天等方式了解到的信息应该立即记录下来，并加以证实。

2. 体语信息资源

体语信息资源是以手势、表情、姿势（如舞蹈、体育比赛、杂技等）方式传递的信息资源。中国人竖大拇指表示称赞，点头表示同意；美国人耸肩表示无可奈何，手指做成"V"状表示"必胜"；暗送秋波、喜上眉梢是指以眼、眉传达信息的例子。这类信息直观性强、生动丰富、印象深刻、极富感染力，往往起到"此时无声胜有声"的效果，但信息的容量有限。

3. 实物信息资源

实物信息资源是以实物（如文物、产品样本、模型、碑刻、雕塑等）形式表述的信息资源。其特点是直观性强、感觉实在、信息量大，但需要通过知识、智慧、经验和工具挖掘隐含的大量信息。如秦始皇兵马俑、维纳斯雕像、人造卫星等包含着大量信息。

4. 文献信息资源

文献信息资源是以文字、图形、符号、声频、视频等方式记录在各种载体上的知识和信息资源，包括图书、连续出版物（期刊、报纸等）、小册子及学位论文、专利、标准、会议录、政府出版物等。它记录着无数有用的事实、数据、理论、方法、假说、经验和教训，是人类进行跨时空交流、认识和改造世界的基本工具。这类信息经过加工、整理，较为系统、准确、可靠，便于保存与利用，但也存在信息相对滞后、部分信息尚待证实的情况。整体上，这类信息是当前数量最大、利用率最高的信息资源。

按照各种标准，文献可以分为不同类型：按加工情况分，可以有一次文献、二次文献和三次文献；按载体形式分，可以有书写文献、印刷文献、缩微文献、音像文献、机读文献等；按内容的学科范围分，可以有社科文献、科技文献等。

一种具体的文献可能具有两种或两种以上文献类型的特征，如《南京大学学报（社科版）》

既是期刊，又是一次文献，也是印刷文献和社科文献。国家标准《文献类型与文献载体代码》（GB 3469—1983）根据实用标准，将文献分成 26 个类型，即专著、报纸、期刊、会议录、汇编、学位论文、科技报告、技术标准、专利文献、产品样本、中译本、手稿、参考工具、检索工具、档案、图表、古籍、乐谱、缩微胶卷、缩微平片、录音带、唱片、录像带、电影片、幻灯片、其他（盲文等）。下面介绍一些主要类型的文献。

1）图书

国家标准《情报与文献工作词汇·传统文献》（GB 13143—1991）对图书（book）的解释是：一般不少于 49 页并构成一个书目单元的文献。按照联合国教科文组织（UNESCO）和国际标准化组织（ISO）规定，49 页不包括封面与扉页，48 页或少于 48 页的小书被称为小册子（pamphlet）。

图书是文献中最古老、最重要的类型，按文种，可以分为中文图书、日文图书、西文（英、法、德等拉丁文字）图书等；按作用范围，可以分为通俗图书、教科书（教材）、工具书等；按写作方式，可以分为专著、编著、汇编、翻译、编译等；按出版卷帙，可以分为单卷本、多卷本等；按刊行情况，可以分为单行本、丛书、抽印本等；按版次情况，可以分为初版本、重版本、修订本等。

2021 年 2 月 28 日，国家统计局发布《中华人民共和国 2020 年国民经济和社会发展统计公报》指出，我国 2020 年出版图书 101 亿册（张），预计人均图书拥有量 7.24 册（张）。

教科书（textbook）：系统归纳和阐述某学科现有知识和成果的教学用书；材料精选、释义清晰、归纳系统、分析准确、段落分明、文字易懂、循序渐进是其特点；通常书中有章节内容提要、思考题、作业、推荐书目、参考文献等。

工具书（reference book）：供查找和检索信息和知识用的图书，是求知治学的得力工具，也是"信息检索导论"课程要掌握的重点出版物。内容概括、信息量大、排列有序、查检快捷是其特点；包括指示线索型和资料型工具书两大类，前者有书目、索引、文摘等，后者有字词典、类书、政书、百科全书、年鉴、手册、名录、图谱、传记资料等。

专著（monograph）：对某学科专门主题进行较全面、系统论述的图书；内容广博、论述系统、观点成熟是其特点；书后一般有引文注释、参考文献和主题索引。专著是科学研究成果的体现，具有较高的学术价值。

丛书（series）：汇集多种图书、冠以总书名的成套图书，通常是为了某特定用途或特定读者对象，或围绕某一主题而编撰的。一套丛书内的各子书一般有相同的版式、书型、装帧形式，各子书均可独立存在，并有独立的书名。有整套丛书的编者，亦有各子书自己的编者或著者。可以一次出齐，也可陆续出版。

2）连续出版物

连续出版物（serial publication）是指具有统一题名、定期或不定期以分册形式出版、有卷期或年月标识、计划无限期连续出版的文献，包括期刊、报纸、年度出版物及其他连续性报告、会议录、专著性丛刊等。连续出版物是与图书并列的最主要的文献类型，内容新颖、报道及时、出版连续、信息密集、形式一致是其主要特点。据统计，目前世界上的连续出版物约有 130 万种，现期连续出版物约有 50 万种，是极其重要的信息来源。

期刊（periodical）：通常每年至少出两期、每周至多出一期（包括一期）的连续出版物，包括周刊、旬刊、半月刊、月刊、双月刊、季刊、半年刊等，是连续出版物的主体和信息源的主体。由于期刊具有广、灵、快等特点，因此期刊上载有大量的、原始性的第一手资料和原创性的观点和成果。尽管有些成果不够成熟和全面，但信息含量很大，具备很强的参考性。

期刊中既有一次文献，亦有二次文献和三次文献。刊载以第一手资料形成的学术论文、会议记录等为主的期刊是一次文献期刊；在一次文献基础上经过加工排序、专供检索资料的期刊为二次文献期刊，主要指期刊性目录、索引、文摘等；在二次文献基础上，浓缩大量一次文献中有价值信息与知识的综述、评述性期刊为三次文献期刊。二次文献期刊和三次文献期刊亦称检索期刊。检索期刊所收录的对象90%以上是期刊信息资源。在目前出版的电子出版物或检索工具中，绝大部分是期刊或检索期刊。

据2020年发布的《2019年全国新闻出版业基本情况》，2019年全国共出版期刊1 0171种，平均期印数11957万册，每种平均期印数1.21万册，总印数21.89亿册，总印张121.27亿印张。目前，我国各类图书情报单位共引进外文期刊约3万种，其中著名、常用的检索期刊均有收藏。掌握期刊尤其是检索期刊的有关知识对学好"信息检索导论"课程意义重大。据《中国科技期刊发展蓝皮书（2020）》，截至2019年底，我国科技期刊总量为4958种，仅次于美国（12274种）和英国（6214种）。其中，中文科技期刊4429种，占绝大多数（89.33%），英文科技期刊359种（7.24%），中英文科技期刊170种（3.43%）。学科分布中，基础科学类期刊1556种（31.38%），技术科学类期刊2267种（45.72%），医药卫生类期刊1135种（22.89%）。

报纸（newspaper）：以报道新闻及其评论为主、出版周期比期刊更频繁、多为活页的连续出版物。它包括日报、隔日报、三日报、周报、旬报等。其特点是内容丰富、信息量大、出版迅速、发行面广、读者众多，但资料较庞杂零散，不易积累与保存，利用目录、索引等检索工具查找与利用报纸信息往往能起到事半功倍之效。据《2019年全国新闻出版业基本情况》，2019年全国共出版报纸1851种，平均期印数17303.34万份，每种平均期印数9.35万份，总印数317.59亿份，总印张796.51亿印张。

年度出版物（annual，yearbook）：汇集年内重要资料、每年出版一次的连续出版物，包括年报、年鉴、年度进展、年度指南与手册、按年修订的百科全书等；内容较为系统、资料性强、便于查检是其特点。

其他连续出版物：除报刊、年度出版物以外的连续出版物，通常不定期连续出版，或大多有一总名、各分册又有单独题名的连续出版物；包括不定期或每一年以上定期出版的会议录、报告、专著性丛刊（monographic series）、期刊性图书（mook，magazine-book）等。丛刊与丛书的不同之处主要在于是否"计划无限期出版下去"。有限期的集合为丛书，从属于图书；计划无限期的集合则为丛刊，从属于连续出版物。

3）特种文献

特种文献是指有特定内容、特定用途、特定读者范围、特定出版发行方式的文献，包括学位论文、研究报告、专利、标准、产品样本、会议录、档案和政府出版物。在特种文献中，有些文献根据需要，可以作为图书或连续出版物或期刊论文正式出版或发表；而更多文献非正式出版，在内部发行，国内外同行称这些文献为"灰色文献（gray literature）"。尽管这类文献有的并非很成熟、可靠，但是其内容新颖专深、实用性强、信息量大、参考性高、利用率高，是极为重要的信息资源。

学位论文（dissertation；thesis）：为获得学位，在导师指导下完成的研究与成果的学术论文，包括学士论文、硕士论文和博士论文。较高层次的学位论文要求作者系统掌握某学科的理论知识，并运用这些知识研究、解决有关问题，以表明自己的专业研究能力。专家答辩委员会通过的硕士、博士论文，一般具有较高的专业水平和一定的独特性、系统性。有的论文答辩通过后正式出版或发表，有的则不公开发表。每年全世界有成千上万的论文通过答辩。据国家统计局数据，我国 2020 年在学研究生人数为 314 万，毕业硕士研究生为 72.9 万人。

研究报告（research report）：表述实验、研究、鉴定等工作成果的报告，包括社科报告、科技报告、咨询报告等，反映最新研究成果、应用价值高是其特点。按发行范围，研究报告可以分为绝密报告(top secret report)、机密报告(secret report)、秘密报告(confidential report)、非密报告（unclassified report）、解密报告（declassified report）。解密后或根据需要，研究报告可以正式发表，但多数不公开发表，仅供有关部门使用或参考。

专利（patent）：由政府专利机构出版的、有创造发明的设计、制造工艺的详细说明，表明在一定年限内发明所有者享有制造、使用、销售占有权的法律性文献。专利包括专利申请书、专利说明书、专利公报等。其内容新颖详尽、先进实用、准确可靠、数量庞大，全世界 90%以上的新技术是通过专利文献发表的。据国家知识产权局发布的数据显示，2020 年，我国发明专利授权 53.0 万件。截至 2020 年底，我国发明专利有效量为 305.8 万件，其中大陆地区（不含港澳台）发明专利有效量 221.3 万件，每万人口发明专利拥有量达到 15.8 件。2020 年，我国实用新型专利授权 237.7 万件。截至 2020 年年底，实用新型专利有效量为 694.8 万件，外观设计专利授权 73.2 万件，外观设计专利有效量为 218.7 万件。

标准（standard）：由权威机构批准、颁布的、可供人们执行的技术规格的规范性文献，包括文献标准、产品标准等。标准是为社会获得最佳效益，根据科技和经验的坚实成果，经所有有关人士的合作、协商或一致同意而起草的，具有约束性、针对性、时间性，是了解国家经济、文化和科技水平的重要信息资源。

产品样本（trade catalogue）：厂商为介绍、推销其产品而印发的文献，包括产品说明书、产品目录、企业介绍等；其内容详尽、可靠性好、直观性强，虽新颖性不如专利文献，但成熟性较之更强。

会议录（proceedings）：含有在会议上交流的论文，一般还有有关会议报道的文献。会前经过专家评审、修改过的会议文献，质量较高。有的会议录作为图书出版，有的在期刊上发表，有的则不公开发表，仅在一定的专业领域里发行。

档案（archives）：国家、机构和个人从事社会活动留下的具有历史价值的文献，包括信件、日记、备忘录、会议纪要、照片、报告、协议、证书等。档案是历史的原始记录，具有重要的凭证价值、参考价值和情报价值。按内容分，可有政治档案、经济档案、科技档案等；按表现形式分，可有书面档案、形象档案、声音档案等。

政府出版物（government publication）：由政府机构制作出版或政府机构制作并指定出版社出版的文献，包括法律、法令、议案、决议、通知、统计资料等行政性文献和科技文献。政府出版物的出版发行形式多种多样，或以图书、小册子、期刊的形式正式出版，或内部出版；或为印刷型，或为机读型。其数量庞大、内容广泛、资料可靠，是极重要的信息资源。西方国家对政府出版物极为重视，大多设有专门出版机构和图书馆管理机构，加强其管理和利用。

5. 网络信息资源

网络信息资源是一种新型的数字化信息资源，是以电子形式存储于世界上成千上万台计算机组成的网络中的信息资源，包括各类数据、电子文件、学术论文、图书、软件、商业活动等各种信息。

因特网（Internet）于 20 世纪 70 年代起源于美国，80 年代后期得到迅速发展，1992 年因特网主机已超过 100 万台。截至 2020 年年底，全球网民数量已突破 49 亿，全球互联网的渗透率达到了 63.2%，亚太地区的互联网用户数已经跃居全球第一，占全球互联网用户的 59.5%，如表 1-1 所示。

表 1-1 全球互联网用户和人口统计（截至 2020 年 12 月 31 日）

地 区	总人口	占全世界比例	互联网用户数	渗透率	互联网用户比例
非洲	1357198684	17.30%	633856924	0.467	12.80%
亚洲	4309503789	55.00%	2563503922	0.595	51.80%
欧洲	835700837	10.70%	727848547	0.871	14.70%
拉丁美洲	658382700	8.40%	477824732	0.726	9.70%
中东	263933993	3.40%	184856813	0.700	3.70%
北美	370146066	4.70%	332910868	0.899	6.70%
大洋洲	43138089	0.60%	29066532	0.674	0.60%
汇 总	7838004158	100.00%	4949868338	0.632	100.00%

来源：internetworldstats 网站

我国从 1994 年开始发展因特网，近年来发展极快。2021 年 2 月 3 日，中国互联网络信息中心（China Internet Network Information Center，CNNIC）在北京发布第 47 次《中国互联网络发展状况统计报告》。截至 2020 年 12 月，我国网民规模达 9.89 亿，较 2020 年 3 月增长 8540 万，互联网普及率达 70.4%。其中，农村网民规模为 3.09 亿，较 2020 年 3 月增长 5471 万；农村地区互联网普及率为 55.9%，较 2020 年 3 月提升 9.7 个百分点。在网络覆盖方面，贫困地区通信"最后一公里"被打通，贫困村通光纤比例达 98%。我国网络支付用户规模达 8.54 亿，较 2020 年 3 月增长 8636 万，占网民整体的 86.4%。我国电子政务发展指数为 0.7948，全球排名从 2018 年的第 65 位提升至第 45 位，取得历史新高，达到全球电子政务发展"非常高"的水平，其中在线服务指数由全球第 34 位跃升至第 9 位，迈入全球领先行列。

截至 2020 年 12 月，我国的 IPv4 地址数量为 38923 万个，IPv6 地址块数量为 57634 个 /32。我国域名总数为 4198 万个。其中，.cn 域名总数为 1897 万个，占我国域名总数的 45.2%。国际出口带宽为 11 511 397 Mbps。我国网站数量为 443 万个，网页数量为 3155 亿个。

根据不同标准，网络信息资源可以分为各种类型。按交流方式，网络信息资源可以分为非正式出版信息资源（电子邮件、电子会议等）、半正式出版信息资源（各单位的信息等）和正式出版信息资源（电子期刊、电子图书等）；按加工程度，可以分为一次信息资源、二次信息资源和三次信息资源；按利用性质，可以分为开发性信息、注册式信息、交流式信息；按存取方式，可以分为邮件型、电话型、揭示板型、广播型、图书馆型、书目型信息；按内容，可以分为商务、科技、社科、教育、娱乐信息等。

6. 多媒体信息资源

多媒体信息资源是将电信、电视、计算机三网相互融合，集图、文、声于一体的信息资源，包括网上广播电视、专题论坛、网上广告等。多媒体信息打破了报刊、图书、广播、电视单向媒体的界限，形成交互式媒体信息。多媒体信息资源使人们对各种信息的收集、加工、处理、存取和利用更接近自然，更接近人的生活习惯和工作方式，代表今后发展的方向。通过主题、文本、模板匹配、视频检索等方式，可以对多媒体信息资源进行检索。

本书主要讲述记录信息资源（文献信息资源、网络信息资源）的检索。

1.2 信息检索的概念和类型

信息检索（information retrieval），又称为情报检索，萌芽于图书馆的参考咨询工作，20世纪 50 年代才固定成专用术语。随着信息爆炸（information explosion）和以计算机技术为核心的信息技术的迅速发展，信息检索的概念与类型都在发生新的变化。

1.2.1 信息检索的概念

有关信息检索的定义，目前国内外有不同的表述，代表性的定义有以下几种。

1. 信息检索过程说

《图书馆学百科全书》认为，信息检索是"指知识的有序化识别和查找的过程。广义的情报检索包括情报的存储与检索，而狭义的情报检索仅指后者"。国内许多有关情报检索或信息检索的教材、工具书采用此说或在此基础上加以发展。例如，武汉大学《信息检索》教材认为，"信息检索是从任何信息集合中识别和获取信息的过程及其所采取的一系列方法和策略。从原理上看，它包括存储与检索两方面。"该定义基本采取第一种说法，但加了"一系列方法和策略"。Ricardo Baeza-Yates 等认为，"信息检索是对信息项进行表示、存储、组织和存取"。这里在信息后面加了"项"字，并将"存储"细化成"表示、存储、组织"。

2. 全息检索说

上海交通大学信息检索专家王永成教授认为，全息检索就是"可以从任意角度，从存储的多种形式的信息中高速准确地查找，并可以按任意要求的信息形式和组织方式输出，也可仅输出人们所需要的一切相关信息的电脑活动"。这里强调的是"任意"和"多种形式"，且必须由计算机来完成。

3. 概念信息检索说

Chank 等专家认为，概念信息检索是基于自然语言处理中对知识在语义层次上的析取，并由此形成知识库，再根据对用户提问的理解来检索其中的相关信息。传统文献检索是基于关键词、主题词为核心的标引和检索，不同的是，概念信息检索用概念而不是关键词来组织信息。尽管关键词、主题词可以表示信息的概念和内容，但在很多情况下并不能确切表达，因此常造成误检和漏检。

4. 本书说

信息检索是从大量相关信息中利用人机系统等方法加以有序识别和组织，以便及时找出用户所需部分信息的过程。所谓"大量相关信息"，是指包括文字、音频、视频、动态和静态信息在内的各种信息；所谓"人机系统"和"各种方法"，是指利用关键词、主题词和概念分析等方法人工或自动将信息有序化；所谓"及时找出用户所需部分信息"，是指一切以用户为本，全方位、多角度提供检索入口和检索结果。

信息检索包含存储和检索两部分。存储是对有关信息进行选择，并对信息特征进行著录、标引和组织，建立信息数据库；检索则利用信息数据库，根据提问制定策略和表达式。只有将大量无序的信息通过一定的方法使之有序化，检索才有可能。概念分析，即将概念转换成系统语言，是存储和检索共有的过程，因此从这个意义上讲，信息存储是信息检索的逆过程，两者是不可分割的一个整体。

显然，本书的"信息检索"定义是在吸收了上述各种定义合理内核的基础上，根据信息检索最新发展情况得来的，具有较大的包容性和发展空间。

1.2.2 信息检索的类型

为了便于理解信息检索的概念，根据不同的标准，信息检索可以分成不同类型。

1. 按检索内容分

1）数据信息检索

数据信息检索（data information retrieval）是将经过选择、整理、鉴定的数值数据存入数据库，根据需要查出可以回答某问题的数据的检索。这些数值型数据各种各样，包括物理性能常数、统计数据、人口数据、国内生产总值、外汇收支等。数据检索不仅能查出数据，还能提供一定的运算推导能力。用户获得各种经过整理、计算过的量化信息，从而为定量分析提供依据。例如，数据信息检索可以回答"上海中心大厦有多高"或者"2020年中国经济增长率是多少"之类的问题。

2）事实信息检索

事实信息检索（fact information retrieval）是将存储于数据库中的关于某事件发生的时间、地点、经过等情况查找出来的检索，既包含数值数据的检索、运算、推导，也包括事实、概念等的检索、比较、逻辑判断。例如，数据库中存储的信息有如下事实：① 张三是 A 校的学生；② A 校的学生都学"信息检索导论"课程。那么，该检索系统能够回答用户提出的"张三学'信息检索导论'课程吗"这种问题。事实信息检索比数据信息检索复杂。

3）文献信息检索

文献信息检索（document information retrieval）是将存储于数据库中的关于某主题文献的线索查找出来的检索。文献信息检索通常通过目录、索引、文摘等二次文献，以原始文献的出处为检索目的，可以向用户提供有关原文献的信息。例如，文献信息检索可以回答"十年来国内外有关图书情报学的专著和论文有哪些"的问题。正因为此，有的书中又称它为"书目检索"或"书目信息检索"。

2. 按组织方式分

1）全文检索

全文检索（full text retrieval）是将存储于数据库中的整本书、整篇文章中的任意内容信息查找出来的检索。全文检索可以根据需要获得全文中有关章、节、段、句、词等的信息，也可进行各种统计和分析。例如，它可以回答"《红楼梦》一书中'林黛玉'一共出现过多少次"这样的问题。

2）超文本检索

超文本检索（hypertext retrieval）是对每个节点中所存信息及信息链构成的网络中信息的检索。超文本检索强调中心节点之间的语义连接结构，靠系统提供的复杂工具进行图示穿行和节点展示，提供浏览式查询，可以进行跨库检索。

3）超媒体检索

超媒体检索（hypermedia retrieval）是对存储的文本、图像、声音等多种媒体信息的检索。超媒体检索是多维存储结构，有向链接，与超文本检索一样，可提供浏览式查询和跨库检索。

3. 按检索设备分

1）手工检索

手工检索（hand retrieval）是人直接用手、眼、脑组织、查找印刷型文献的检索。其优点是直观、灵活、不需各种设备和上机费用，在查找某些信息时，仍然可用。但查找较复杂的、较大课题的资料信息时，费时费力，效率不高，有的甚至无从查找。

2）机器检索

机器检索（machine retrieval），又称为计算机检索，是通过机器对已数字化的信息按照设计好的程序进行查找和输出的过程。按机器检索的处理方式，机器检索分为脱机检索和联机检索；按存储方式，机器检索分为联机检索、光盘检索和网络检索。机器检索不仅大大提高了检索效率，还拓展了信息检索领域，丰富了信息检索的研究内容。

本书第 4~7 章专门论述手工检索、光盘检索、联机检索和网络检索。

1.3 信息检索的研究内容、研究方法和作用

信息检索作为一门新兴的边缘性交叉学科，仅有几十年的历史，但是信息量的激增、社会对信息的急迫需求，尤其是计算机、网络通信技术、超媒体技术、智能技术等的快速发展，已使信息检索的研究内容大为丰富。

1.3.1 信息检索的研究内容

信息检索是一门关于信息资源存储、整序、查找理论和方法的学科，其研究内容包括检索理论、检索语言、数据库、著录、标引和组织法、检索系统、检索策略、检索服务等。

1. 检索理论研究

检索理论是在检索活动中总结出来的系统化的知识。其研究内容包括：信息与信息资源的定义，信息检索的定义、类型、特点、作用、研究对象、方法、内容、理论基础、术语规范、原理与原则，相关学科等的研究。信息检索模型是信息检索理论中探讨较多的主题之一。

2. 检索语言研究

检索语言原指从自然语言中精选出来，并以简练形式表示文献、信息的受控语言的集合，

现指受控语言和自然语言（未规范的书面语言）。其研究内容包括关键词、主题词、词表编制、分类表编制、概念分析、规范档、代码标识等的研究。当前应加强检索语言兼容化、规范化，尤其是网络数据库中不同检索语言的转换、自动分类、自动标引、网络搜索工具等的研究，以及搜索与浏览检索的整合研究。

3. 数据库研究

数据库是多个相互关联的数据的集合，是信息检索系统必不可少的组成部分。其研究内容包括数据库建设规划与协调共享、收录信息与文献的筛选、文档结构、维护与更新、版权、市场、效果评价、数据库跨库检索、Z39.50 标准等的研究。当前应加强对异构数据库系统信息资源一体化整合和检索、知识库、数据仓库的研究。

4. 著录法研究

著录法是对信息与文献形式特征和内容特征进行分析、选择和记录的方法。其研究内容包括国内外著录标准、规则和格式、各种信息与文献著录方法、CN-MARC、UNI-MARC、US-MARC、Dublin Core（都柏林核心）元数据、XML 等的研究，当前应重视电子型文献及网络信息的著录研究。

5. 检索系统研究

检索系统是由有序化的信息资源、设备、检索方法和策略等组成的集合体。其研究内容包括系统设计、运行和评价。当前应重点开展对计算机检索系统软硬件配置、设计与评价、智能化应用等的研究。

6. 检索策略研究

检索策略是在分析信息需求提问时确定的检索途径与检索用词，并明确各词之间逻辑关系和查找步骤的安排。其研究内容包括对用户需求提问的分析、检索表达式、检索符号的设置与应用、步骤优化等的研究。当前应加强对检索策略自动调节、修改的研究。

7. 检索服务研究

检索服务是根据用户要求，由专门人员帮助查找信息，并将结果提供给用户的工作。其研究内容包括对服务手段、服务方式、用户培训、定题服务、检索效果评价（查准率、查全率）等的研究。当前应加强对个性化信息服务的研究。

随着计算机技术、网络技术、人们信息需求等的迅速发展，信息检索领域不断出现新的分支和内容，如基于内容的多媒体（multimedia）信息检索、多语种、跨语种信息检索和交互性信息检索等。

基于内容的多媒体信息检索是在克服基于描述（description-based）的多媒体信息检索不足的情况下发展起来的。基于描述的多媒体信息检索只是对画家姓名、音乐作品类型、出版年份等形式信息的描述，不能准确地揭示多媒体内容的特点。而基于内容的多媒体信息检索可以揭示图像的颜色、形状和纹理，音乐的音频、响度和音高等内容特征，通过比较检索提问和检索系统的多媒体信息之间的相似度，决定检索结果。检索提问不是检索词，而是多媒体本身，如与所需查询信息相似的一幅图画或一段乐谱，这些检索提问可以随时制作，也可在已有的多媒体信息中选择一个相近的例子，因此，基于内容的多媒体信息检索法也被称为

"例子检索法"（search by example），除了包括图像检索、音乐检索，还有语言和录像的检索。

多语种、跨语种信息检索是指检索提问和检索结果使用同一种语言，但使用的数据库包括多个语种的信息。而跨语种检索除与多语种检索具有相同的多语种数据库外，其检索提问和检索结果也采用不同的语种。如检索提问是中文，检索的结果为英文。机器自动翻译检索提问和检索结果，多种叙词表的编制是该检索的重要研究内容。

交互性信息检索是指用户与检索系统之间有互动过程。目前得以开发和支持的交互性检索技术包括交互性提问、检索框面积扩增、实时检索帮助和相关反馈等。交互性提问是指用户在构成检索提问时，通过与系统的互动问答做出最后的选择；检索框面积扩增是指由系统根据用户的需要，增加检索框的面积；实时检索帮助是系统根据用户在检索过程中遇到的问题，有针对性地提供实时的检索帮助，以提高检索效率和准确性；相关反馈是指系统根据检索的情况，自动限制或扩大检索条件，以提高检索效果的技术，完全由机器自动完成。

1.3.2 信息检索的研究方法

信息检索的研究从属于图书馆学与情报学，涉及自然科学、社会科学、人文科学的许多学科和领域，如脑科学、认知科学、计算机科学、信息科学、语言学、逻辑学，以及矩阵记数法、概率论、最优化理论、模式识别、系统分析等。因此，其研究方法也多种多样，除了各学科都通用的一些研究方法，如观察法、实验法、调查法、模拟法、归纳与演绎法、分析与比较法等外，还广泛采用文献计量学法（bibliometrics）及在此基础上发展起来的信息计量学法（infometrics）、科学计量学法（scientometrics）、目录学法及分类法、主题法、著录法、排序法、咨询法等独特的研究方法。信息检索的研究尤其应重视一些新颖独特的研究方法，如信息方法：信息系统分析方法、信息系统综合方法、信息系统进化方法等。

1. 信息系统分析方法

信息系统分析方法是指在认识复杂事物的工作机制时，不能仅局限于物质和能量的观点来分析，更重要的是要从信息的观点出发来进行分析，抓住事物运动的状态和状态变化方式（其内部结构的状态和状态变化方式及外部联系的状态和状态变化方式，即信息），把事物的运动过程（工作过程）看成一个信息过程，弄清这个信息过程包含的各环节，以及这些环节之间的逻辑关联和数量关系，从而建立一个能够反映该事物工作机制的信息模型。这样，一旦这个信息模型明确了，这个事物的工作机制也就清楚了。

2. 信息系统综合方法

信息系统综合方法是指在模拟、设计、综合或构造一个人工系统（通常是复杂的人工系统）时，首先从信息的观点出发，根据用户提出的要求（通常是对系统的功能和指标的要求），运用自己的知识，构造出能够满足用户功能要求的信息模型；然后，进一步明确模型中各环节应当满足的功能指标，明确各环节之间的逻辑关联和数量关系；接着，应用现有的物质、能量的技术手段来实现这个模型，把信息模型转变为物理模型，并在实验条件下检验这个模型系统，看它是否能够满足用户提出的要求，以确定是否需要对模型、设计做出修正，以及如何修正。

3. 信息系统进化方法

信息系统进化方法是指在变革、改善或优化一个高级复杂系统时，首先从信息的观点出发，利用信息技术的手段和方法获得该系统现时的运动状态及其变化方式的形式（语法信息）、内容（语义信息）和效用（语用信息），从中判断该系统当前的"优度"，将它与目标"优度"相比，找出两者之间的"差距"，进一步加工改变系统当前状态、缩小差距，达到"目标优度"的策略信息，然后按照策略信息的引导，通过控制作用改变该系统的状态及其变化方式，使它逐渐逼近目标，实现性能的优化，完成系统进化的过程。

信息系统分析方法、信息系统综合方法和信息系统进化方法三者一起，充分体现"分合有机互动"方法论的精髓，对于研究复杂问题具有重要价值。

1.3.3 信息检索的作用

在当今信息社会，是否具有或具有多大的信息获取能力已成为衡量人才的信息技术能力的重要标准之一。对于图书情报学、信息管理学的专业人员来说，掌握信息检索的理论与方法不仅有利于本专业的学习与研究，还有利于今后其他学科的研究和事业的发展。具体来说，信息检索具有如下作用。

1. 能较全面地掌握有关的必要信息

掌握一定量的必要信息是进行研究、搞好工作的首要条件，也是进行正确决策前的必不可少的环节。信息检索可以有目的、较系统地获得某一主题的必要信息，以避免零散的、片面的甚至虚假的信息的干扰。

2. 能提高信息利用率，节省时间与费用

信息无时无处不在，一般来说，公信度高的、较准确的信息才会被收集、组织和存储在检索工具或数据库中，以供检索和利用。有目的地查检检索工具所获得的必要信息比直接翻阅信息要快数十倍，因此信息检索可以帮助用户在信息的海洋中尽快找到所需信息，节省人力和物力。

3. 能提高信息素质，加速成才

所谓信息素质（information literacy），是指具有获取信息的强烈意识，掌握信息检索的技术和方法，拥有信息鉴别和利用的能力。美国图书馆协会认为，信息素质是指一系列处理信息的能力，包括：确认信息的需求；确认解决某问题所需的信息类型；找到所需的信息；对找到的信息进行评估；组织信息；使用这些信息有效地解决问题。通过本书的学习，读者可以增强信息意识，掌握检索技巧，从而有利于专业知识的学习，加速成才。

1.3.4 信息检索的发展趋势

信息检索技术经过先组式索引检索、穿孔卡片检索、缩微胶卷检索、脱机批处理检索发展到今天的联机检索、光盘检索、网络检索等，经历了由低级到高级的过程，这主要依赖于信息技术的发展和信息用户的信息检索需求，这些始终是推动现代信息检索理论与技术发展

的重要动力。目前，随着计算机技术和通信技术的发展，信息检索已经发展到网络化和智能化的阶段。信息检索的对象从相对封闭、稳定一致、由独立数据库集中管理的信息内容扩展到开放、动态、更新快、分布广泛、管理松散的网络内容。因此，信息检索必将出现信息智能化、可视化、集成化、个性化、多样化的检索引擎。

1. 信息检索的智能化

信息检索的智能化是计算机检索技术应用的新阶段，是基于自然语言的检索形式，计算机根据用户提供的用自然语言表述的检索要求进行分析，然后形成检索策略进行搜索。信息检索智能化能够代替或辅助用户完成如选词、选库、构造检索式，甚至在数据库中进行自动推理查找等功能，系统对知识库检索推理的结果，可以使用户得到能够直接加以利用的信息，是建立在一个或多个专家系统基础上的信息检索系统。用户需要做的只是告诉计算机想做什么，至于怎样实现则无须人工干预，这意味着用户将彻底地从烦琐的规则中解脱出来。信息检索智能化主要体现在以下几方面。

1）检索技术的智能化

为了实现信息检索的智能化，新型检索系统在实践中采用了大量的新型检索技术。例如，采用语义检索技术，自动抽取能够描述文献内容的概念，用文中的关键词或与之相应的主题词加以标引，用户在系统的辅助下选用合适的词语表达自己的信息需求，在此基础上，两者之间进行概念匹配，匹配在语义上相同、相近、相包含的词语。例如，用户要查询的是"操作系统"，"UNIX"也是与之相匹配的词语。

2）检索结果处理的智能化

人们在进行信息检索时，期望获得高查全率，同时不希望包含与主题不相关的文档，也就是期望获得高查准率。要实现这两点却是非常困难的，因此新型检索系统提出了各种基于人工智能和机器学习的方法。例如，根据用户的访问量对结果进行排序；根据一定的条件对搜索结果进行优化过滤（如信息格式的支持与转换），减少重复信息和垃圾信息，应用聚类技术对搜索结果进行联机聚类等；跟踪用户的兴趣爱好，建立面向领域的用户需求的模型库，并对信息检索结果进行一定程度上的知识提取，将人类专家的经验知识精练转换为共享知识，从经验数据、实例、数据库和出版物中获取知识的各种学习方法。

3）检索服务的智能化

在检索服务方面，从预测用户的需求入手，判定用户是在寻找快速的回应还是精确的检索结果，并分析查询中隐含的"意义范围"，即词语在不同领域的含义。例如，对"bond"的检索需要分析是金融债券"financial bond"、化学键"chemical bond"，还是人名"James Bond"。目前，网络搜索引擎开始了这方面的尝试，在接受用户提问时试图理解用户的意图，并相应地将检索结果分类编排，如将检索结果分成"推荐链接"、关键词匹配结果等。

2. 信息检索的可视化

信息检索的可视化是将数据库中不可见的语义关系以图像的形式可视化显示，并表达用户检索过程。一个可视化的环境为用户展示更丰富、更直观的信息，一个透明的检索过程使检索更容易、更有效。可视化信息检索技术缩短了用户理解信息的时间，提供了感觉与思考之间的有效反馈机制，代表着信息检索的未来，将取代以布尔逻辑为基础的、传统的信息检索系统，如 OPAC 搜索引擎。随着网络技术的发展和 XML、RDF、Ontology、Grid 在信息组织、构架中的应用，可视化检索的优势将越来越突出，成为现代检索技术的发展方向之一。

可视化信息检索包含两方面：一是检索过程的可视化，二是检索结果的可视化。检索过程的可视化是指用户在检索过程中各检索对象之间的关系以可视化的形式展现在用户面前，用户顺着可视化的检索画面一步一步地发现检索结果。

目前，国内外已出现了较有影响力的可视化信息检索系统。国家卫星气象中心提供了可视化检索页面，用户可以用鼠标在地图上框定检索区域，也可直接输入经纬度、经度范围、起始时间和终止时间检索，或者按省份进行可视化检索气象卫星资料或检索图形，实现气象卫星空间信息共享。复旦大学图书馆在其主页推出可视化图书查询系统，用户可单击某一架某一层的藏书并放大，检索途径有书名、作者、排架号等。斯坦福大学高线出版社（HighWire Press）推出的主题地图（TopicMap）也是一种可视化检索系统，将不同概念主题按学科之间的关系构成主题树，用户可以看到学科与学科之间的关系，以及每个学科下子学科的数目。用户通过拖动鼠标来选择自己感兴趣的主题，最后显示每个等级主题下的论文数目。在出门旅游时，百度地图提供的可视化检索可以给用户带来非常便利的服务。

3. 信息检索的集成化

信息检索集成化本着无缝化、集成化、统一界面的检索思想，为解决异构数据的"一站式"获取而提出，能实现对数字资源库群的分布式管理及跨平台、跨语种的网络化存取，是传统信息检索的重要突破。信息检索的集成化带来的优势有：资源集成共享，大大拓展了信息检索空间；统一检索界面，用户只需输入一次用户名和口令，登录到统一的 Web 用户界面，通过统一窗口来操作各种不同的后台应用，不受终端设备的限制，用户的信息素养需求最小化；操作智能，从自然语言理解的角度响应用户的请求，具有良好的跟踪与反馈功能，用户能随时随地获得联机帮助与指导，掌握自己的检索动态。

信息检索的集成化可以概括为以下类型。

1）基于协议的集成检索

用户将查询请求由浏览器通过 HTTP 发给 Web 服务器，再由 HTTP－Z39.50 协议转换网关将其转换为 Z39.50 请求，发给一个或多个 Z39.50 服务器，进而访问索引数据库并负责收集所有 Z39.50 服务器返回的查询结果，整合后统一以 HTML 页面的形式返回给用户浏览器。

2）基于中间件的集成检索

中间件将用户的查询请求分解成对不同原始数据源的独立访问请求，通过标准（ODBC/JDBC）或非标准的数据接口（API）对原始数据源进行实时访问，并将结果整合后通过发布系统（或直接）返回给用户。

3）基于元搜索引擎的集成检索

用户向元搜索引擎发出检索请求。元搜索引擎再根据该请求，通过统一用户界面帮助用户在多个搜索引擎中选择和利用合适的（甚至同时利用若干）搜索引擎来实现检索操作，向多个搜索引擎发出实际检索请求；搜索引擎执行元搜索引擎检索请求后，将检索结果以应答形式传送给元搜索引擎，元搜索引擎将从多个搜索引擎获得的检索结果去重、合并，再以应答形式传送给实际用户。

目前，信息检索集成化研究主要体现在以下几方面。

1）跨库检索

信息检索不仅能实现对同一节点的、不同数据库的同时检索，也能检索分布在不同地域的各种不同的然而相关的数据库，大大节省用户的检索时间，提高检索效率。信息检索的实现取决于两项工作：一是各种数据库都要使用通用的程序语言，遵循统一的格式，向标准化发展；二是建立高层信息搜索管理中间件系统。如登录中国知网的检索平台（如图1-2所示），可以一次性从学术期刊、博硕（论文）、（学术）会议、报纸、年鉴、专利、标准和成果等不同类型的信息源中检索到用户需要的文献。

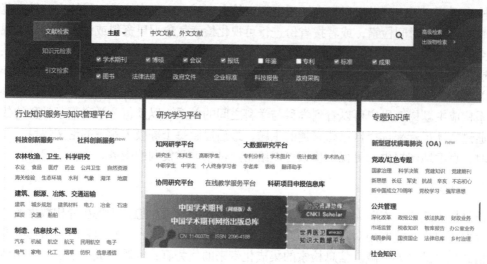

图1-2　中国知网跨库检索

　　2）跨语言信息检索

　　跨语言信息检索（Cross Language Information Retrieval，CLIR）是指用户用母语提交查询信息，搜索引擎在多种语言的数据库中进行信息检索，返回能够回答用户问题的所有语言的文档。如果加上机器翻译，返回结果可以用母语显示。跨语言信息检索目前还处于初步研究阶段，主要的困难在于语言之间在表达方式和语义对应上的不确定性。国际上，跨语言信息检索研究领域定期召开的一些会议也反映了当今跨语言信息检索的研究热点和趋势。这些重要会议分别是文本检索会议（TREC）、跨语言评价论坛（CLEF）、日本国家科学信息系统中心信息检索系统测试集会议（NTCIR）、美国计算机协会信息检索特殊兴趣小组会议（ACM SIGIR）。WorldWideScience.org是由国家和国际科学数据库和门户组成的全球科学门户网站，提供来自世界各地的数据库一站式搜索，以及实时搜索和翻译全球分散的多语种科学文献，如图1-3所示。

　　3）多媒体检索

　　多媒体检索包括基于描述的多媒体检索和基于内容的多媒体检索。基于描述的多媒体检索就是用一个关键词来描述所要查找的图片或音乐，如可以用"dog"来查找狗的图片，也可以用"moon"在Lycos的MP3搜索引擎中查找相关音乐。基于内容的多媒体检索就是用一些视觉特征来查找多媒体信息，这些视觉特征包括颜色、形状、纹理等。

　　根据媒体对象的不同，多媒体检索可以分为图像检索、视频检索、语音检索、音乐检索等。这些研究也形成了自己的研究社区，如著名的图像视频检索会议CIVR（ACM Conference on Image and Video Retrieval）。自2002年开始，针对视频检索的国际著名评测会议TRECVID也召开了多届。很多搜索引擎都专门开发了多媒体检索平台，如百度音乐专门提供了音乐作品的检索。

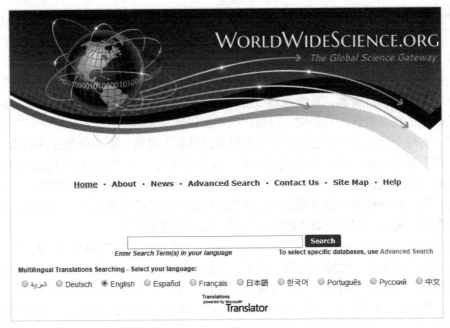

图 1-3　跨语言检索平台

4）分布式信息检索

分布式信息检索是同时查询多个文档数据库的技术和方法。具体来说，检索系统在收到用户的查询时，先按照相关性对文档数据库进行选择，把查询送往选出的文档数据库，并从中得到返回的检索结果，最后进行合并统一返回给用户，根据用户应用需要和存取方便来配置信息资源。分布式信息检索综合应用分布式的人工智能、神经网络、智能演算、并行推理、机器学习等技术，评估各类资源与用户需求的相关性，选择最好的知识源和数据库集合，分别执行并行检索，最后利用聚类、综合分析与学习等智能处理方法，产生全局一致的、有效的检索结果。

4. 信息检索的个性化

个性化信息检索是指能够为具有不同信息需求的用户提供个性化检索结果的技术，即对不同用户提交的同一种查询词语也能按照不同的用户需求而生成不同的检索结果。传统信息检索系统在发展初期大多基于布尔检索模型，该模型用关键词或布尔查询表达式表示文档。对于给定的用户查询，系统通常将数据库中的文档集合分为两部分：一部分包含符合查询条件的文档，另一部分包含不符合查询条件的文档。从用户角度，这些文档集合中分别包含与用户需求相关的文档及一些与用户需求不相关的文档。对于用户的查询请求，检索结果中常常不可避免地包含许多不相关文档，使人们难以从中辨别和选择。虽然用"and"操作符连接关键词作为布尔查询式输入可减少输出文档的数量，但往往会丢失许多相关文档，这通常不符合用户真实的信息需求。

个性化信息检索的目标在于：用户在表达查询请求时，不需要认知其信息需求的所有内容。系统会根据用户模型将最有价值的信息自动推荐给用户，同时用户不必进行查询修改便可得到满意的查询结果，系统为用户提供的信息更有针对性，检索结果的文档排序与用户需求一致，这样用户不必浪费时间下载、阅读大量的不相关文档。

个性化信息检索的原理如下：用户提出查询请求，选择主题，用户个性 Agent 确定用户兴趣，信息搜索程序根据用户兴趣进行信息搜索，搜集结果经过信息过滤，按统一的相关度评级排序，组织起来返回给用户，查询到的信息由用户挑选，组织到信息数据库中，此数据库记录用户就某一专题所查询的网上资源，同时追踪这些资源的新变化，加以有效管理，方便用户在本地调用信息资源。系统通过与用户的交互，不断修正知识库和兴趣库，同时系统对用户所确认的信息进行内容挖掘，对用户兴趣加以预测和补充。

目前，支持个性化信息服务所需的支撑技术已经基本成熟，如 Web 数据库技术、数据推送技术、网页动态生成技术和智能代理技术，满足不同用户的"个性化"（personalization）功能将得到加强，从而用户可在一定程度上改变检索结果显示的格式。用户还可以预先选择自己的信息源，向各种用户自身满意的信息源提问索取特定类型的信息，甚至对命中结果进行进一步限定，要求仅提供权威性的可靠结果，从而提高查准率。

RSS（Really Simple Syndication，简易信息聚合）是一种消息来源格式规范，用来聚合经常发布更新数据的网站，如博客文章、新闻、音频或视频的网摘。随着 RSS 被广泛采用，提供 RSS Feeds 的站点越来越多，包括专业新闻站点、电子商务站点、企业站点甚至个人站点等。这样，用户可以根据自己的喜好订阅多个站点，通过一个 RSS 阅读器，为用户提供多来源信息的"一站式"的个性化服务。信息聚合用户搜索的每个关键词均生成 RSS Feed 的链接，如果用户订阅了该 RSS Feed，以后只要与关键词有关的内容就会自动添加到 RSS Feed 中，用户可以长期关注有关关键词的某特定领域。

5. 信息检索的多样化

在信息爆炸的今天，信息增长速度惊人，特别是尖端科学、新兴学科信息增长更快，数量呈指数级增长，数据类型复杂，内容交叉重复。为了准确迅速地检索到所需的信息，用户必须熟练掌握自己专业领域的常用检索工具和检索系统。随着计算机和信息技术的飞速发展，尤其是 Internet/Intranet 技术的发展，给传统的信息检索模式带来了巨大的变革。国际互联网经过多年的发展，已经成为名副其实的信息资源宝库。信息资源库呈现信息资源丰富、数据更新快、共享性强和检索方式灵活多样，用户可以通过多种途径和方式获得自己所需资源。如查询我国专利信息可以通过国家知识产权局，也可以通过中国知网等数据资源整合平台，还可以通过国家科技图书文献中心等平台获取。查询我国科技报告可以从国家科技报告服务系统获取。

6. 移动搜索的兴起

移动设备（以手机为代表）的高普及率、手机网络的高覆盖率和发展前景、手机和用户的紧密绑定关系、手机的庞大用户群等因素使基于手机的信息搜索具有重要的商业价值。WWW、SIGIR 等一系列顶级检索会议多次举行了移动搜索的研讨会。与普通搜索一样，手机搜索同样要对信息进行获取、组织和提供访问。不同的是，目前手机搜索研究的基本出发点是突破手机输出（主要指屏幕显示）和输入的限制。由于手机屏幕尺寸的限制，一方面要求返回的搜索结果更精确，尽量杜绝垃圾信息；另一方面，要求在有限的屏幕空间下结果的布局更合理，显示更简洁，显示重点更突出，便于用户进一步操作。这需要综合排序算法、信息过滤、文本分析、摘要、人机交互等技术。而由于在手机上用户输入的限制，在检索交互上往往要通过拼音文字转换、查询推荐、查询补全等技术来尽量减少用户的输入负担。当然，手机搜索中除了文本搜索，多媒体搜索也是一个重要组成部分。媒体的标注、显示、传输都是手机多媒体搜索中主要的研究问题。另外，根据手机本身的特点，可以考虑把用户因素、地理位置等上下文环境（Context）因素考虑在内进行搜索结果的优化研究（如进行个性化搜索 Personalized Search 或者本地搜索 Local Search）。

7. 社会化挖掘及搜索

近年来，互联网越来越呈现出明显的社会化趋势，以 Delicious 等为代表的社会化标签网站积累了大量数据，以 Facebook 为代表的社会化网络得到网民的广泛参与，以 Twitter、新浪微博为代表的新的信息共享和传递机制展现出勃勃生机。这些新生事物一方面促进了一些新的搜索应用的出现，如 Twitter 搜索、微博搜索等；另一方面，由于其蕴含了大量社会化信息（用户信息、用户关系信息、用户行为信息、信息关联信息等）而为其他应用提供了十分宝贵的数据。研究人员正在挖掘这些数据背后隐藏的规律和深刻内涵，即社会化挖掘及搜索（Social Mining and Search）研究，来进一步提高信息检索的效果。

本章小结

信息（information）是所有事物的存在方式和运动状态的反映，信息资源是人类存储于载体（包括人脑）上的已知或未知的可利用的信息。它们具有客观性、普遍性、无限性、相对性、抽象性、依附性、动态性、共享性、传递性等特点。知识（knowledge）是人的大脑通过思维重新组合的系统化了的信息。情报（information，intelligence）则是有特定传递对象的特定知识或有价值的隐含、秘密的信息，是受众第一次接触的、有利害关系的有用的关键信息。智能是利用信息和知识解决给定问题的综合能力。信息资源中，文献信息资源与网络信息资源最为重要。

信息检索是从大量相关信息中利用人机系统等方法加以有序识别与组织，以便及时找出用户所需的信息的过程，是研究检索理论、检索语言、数据库、著录、标引和组织法、检索系统、检索策略、检索服务等的一门学科。信息检索具有较全面地掌握有关的必要信息、提高信息的利用率，节省时间与费用，提高信息素质、促进成才的重要作用。信息检索的发展趋势是智能化、可视化、集成化和个性化。

本章概述了信息、信息资源和信息检索的基本概念，着重讲述了"信息"一词的起源、含义及现代各学科对信息定义的不同理解，信息资源与信息的异同，作为重要信息资源的文献信息，如图书、期刊、报纸、学位论文、专利等；在此基础上，分析了信息检索的不同定义，讲述了信息检索的各种类型及信息检索的研究内容、研究方法、作用和发展趋势。

习 题 1

1. 比较信息、信息资源、知识、情报、文献概念的异同。
2. 知识理论包括哪些主要内容？

3．评述记录信息资源与文献信息资源、网络信息资源的特点。

4．信息检索、文献检索、情报检索有何联系？

5．信息检索的研究内容和方法主要有哪些？

6．信息检索的发展趋势还有哪些？

7．结合本人专业实际，简述信息检索在提高信息素养方面的作用。

8．大数据环境下，信息检索面临哪些挑战和机遇？

9．人工智能技术在信息检索中有哪些应用？

第2章
信息检索理论与方法

　　海量而杂乱的信息如何才能被控制，如何才能被有序化，如何才能被快速而准确地检索出来？这里涉及信息的整理、加工和利用等基本问题。遵循一定的科学原理，按照一定的科学方法，将信息内容和形式特征较准确地描绘出来，利用各种标识符号标记出来，并以人工或机器容易识别的方式把信息组织起来，就能够为信息检索提供必要的条件。根据信息需求提问和已被有序化了的信息库的情况，优化检索途径、步骤和检索词及检索式，就能快速、准确地获取所需要的有用信息。有关知识构成了信息检索理论和方法的一些主要内容。掌握这些内容，不论是对手工检索还是对机器检索来说，都是非常重要的。

通过本章学习，读者可以了解（或掌握）：
❖ 信息检索的原理与方法。
❖ 信息资源的著录方法。
❖ 信息资源的标引方法。
❖ 信息资源的排检方法。

2.1 信息检索的原理和方法

本节主要介绍信息检索的一般原理、信息检索的基本特征、信息检索系统的要素与类型、信息检索语言的构成、信息检索的基本程序和使用技巧，主要包括信息检索策略的构造、信息检索步骤的实施及信息检索方法的运用等内容。

2.1.1 信息检索原理

1. 信息检索的一般原理

根据信息检索的定义，存储和检索是信息检索的两个核心。

信息检索的一般原理可以这样表述：以信息的充分交流和有效利用为目标，在对大量分散的信息进行搜集的基础上，标引人员以文献或信息描述体构成文献或信息库，提炼或选取用以表达文献或信息特征和主题内容的标识，按一定的方式分别予以有序化组织，建成各种各样的检索系统，在统一存储和检索过程所使用检索和名称规范的基础上，将用户表达检索课题的标识与检索系统中表达文献或信息特征的标识进行相符性比较，若双方标识一致，则将具有这些标识的文献或信息按要求从检索系统中输出。在用户的信息检索过程中，检索系统输出的文献可能是用户需要的最终信息，也可能是用户需要的文献线索，用户按此信息的指引，可进一步获取需要的最终文献和信息。

信息检索原理如图 2-1 所示。

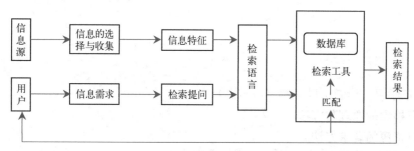

图 2-1　信息检索原理

随着计算机技术、通信技术和高密度存储技术的迅猛发展，利用计算机进行信息检索已成为人们获取文献或信息的重要手段。计算机信息检索能够跨越时空，在短时间内查阅各种数据库，还能快速地对几十年前的文献资料进行回溯检索，而且大多数检索系统数据库中的信息更新速度很快，检索者随时可以检索到所需的最新信息资源。科学研究工作过程中的课题立项论证、技术难题攻关、跟踪前沿技术、成果鉴定和专利申请的科技查新等都离不开查询大量的相关信息，计算机检索是目前最快速、最省力、最经济的信息检索手段。

计算机信息检索包括信息存储和信息查找两个过程。

计算机信息存储的过程为：将收集到的原始文献进行主题概念分析，根据一定的检索语言抽取出主题词、分类号及文献的其他特征进行标识或写出文献的内容摘要，再把这些经过

"前处理"的数据按一定格式输入计算机并存储,计算机在程序指令的控制下对数据进行处理,形成机读数据库,存储在存储介质（如磁带、磁盘或光盘）上,完成信息的加工存储。

计算机信息查找过程为:用户对检索课题加以分析,明确检索范围,弄清主题概念,然后用系统检索语言来表示主题概念,形成检索标识及检索策略,输入计算机进行检索;计算机按照用户的要求将检索策略转换成一系列提问,在专用程序的控制下进行高速逻辑运算,选出符合要求的信息并输出。计算机检索的过程实际上是一个比较、匹配的过程,检索提问只要与数据库中的信息的特征标识及其逻辑组配关系相一致,则属"命中",即找到了符合要求的信息。计算机信息检索过程如图 2-2 所示。

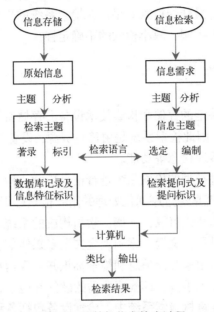

图 2-2　计算机信息检索过程

信息检索的根本目的是从大量的文献或信息中查找符合用户需求的特定文献或信息。由于用户的检索需求具有强烈的用户个性特征,因此,目前的信息检索系统采用了压缩转换的方式,即将文献内容、用户需求分别转换为文献标识和提问标识,借助文献标识与提问标识之间的对比,进行文献与提问是否符合的判断,从而最终完成信息检索的任务。所以,信息检索的本质是提问标识与文献标识的对比和匹配。

2. 信息检索的特征

根据信息检索的一般原理和本质,信息检索存在如下特征。

1) 信息检索的相关性

"相关性"是一个关键性的特征。所谓相关性,从检索系统的角度,是指信息检索时规定的一篇正文与表示信息提问的另一篇正文的符合程度;从用户角度,是指文档所含信息与用户需求信息两者的概念之间的匹配程度。信息检索的相关性特征要求信息检索系统不仅检出的文档的主题（核心内容）与用户的信息需求相匹配,还要求检索系统完全"领会"用户提交的查询信息所表达的真正需求。

2) 信息检索的不确定性

信息检索的不确定性可以从两方面得到反映:一是信息存储过程中标引的不确定性,不同标引员在给同一信息对象进行标引时会选用不同的标引词，即标引词选用的不一致性；二是信息检索中的不确定性，信息检索的实质并没有直接处理信息和原始用户需求，提供的只是信息表示和信息查询表示的关系。这就涉及用户检索词选用的准确度问题，不同的用户或同一用户的不同时期在检索词选用中都存在不确定性。信息检索的不确定性要求必须完善信息检索系统和检索策略。

3）信息检索的逻辑性

在检索语言方面，检索词表作为检索语言的核心，自身编排具有很强的逻辑性；在检索策略方面，检索策略要求加强检索提问的逻辑处理与查找步骤的科学安排，正确的检索策略优化了检索过程，有助于取得最佳的检索效果；在检索系统的用户界面上，系统要根据实际情况选择特定的逻辑进行动态控制，减小检索的不确定性。

3. 信息检索系统与信息检索语言

1）信息检索系统

信息检索系统是指拥有特定的存储和检索技术设备、存储有经过加工的信息资源、供用户检索所需信息的工作系统，因此检索系统是由信息资源、设备、方法、人员等因素组成的，具有采集加工、存储、查找传递信息等功能。

无论采用什么手段对何种类型的检索系统进行信息检索，检索系统必须具备四大要素。

① 检索文档。检索文档就是经过序列化处理并附有检索标识的信息集合。例如，手工检索系统使用的检索文档是由卡片式目录、文摘、索引构成的系统，计算机检索系统使用的是存储在磁性或光性介质上的目录、文摘、索引或全文及多媒体信息所构成的数据库。

② 检索设备。检索设备是用来存储信息和检索标识并实现信息检索标识与用户需求特征的比较、匹配和信息传递的技术手段，即检索所需的硬件环境。在手工检索系统中，检索设备是指印刷型检索工具；在计算机检索系统中，检索设备包括各种类型的主机、终端、计算机外围设备和网络通信传输设备。

③ 系统规则。系统规则是用来规范信息采集分析、标引著录、组织管理、检索与传输等过程的各项标准体系，如检索语言、著录规则、检索系统构成与管理、信息传输与控制标准、输出标准等规则。

④ 相关人员。相关人员是指用于检索系统的人员，主要包括信息用户、信息采集分析员、信息标引员、系统管理与维护员、检索服务人员等。

完整的信息检索系统主要由文献选择、信息检索语言、文献标引、信息查找、用户与系统交互匹配六个系统组成。

① 文献信息选择子系统。文献信息选择子系统对特定检索系统收录什么范围的文献信息做出抉择，决定检索系统文献信息内容。依据文献信息选择子系统做出的不同选择，检索系统可分为书目检索系统（题录型和文摘型）、数据检索系统、事实检索系统、全文检索系统、多媒体检索系统、综合性检索系统、专科性检索系统、专题性检索系统、多类型文献检索系统、单类型文献检索系统等。

② 检索语言和名称规范子系统。检索语言和名称规范子系统对文献存储和检索两个过程中的文献信息特征和检索提问特征的语言形式做出规定。依据检索语言和名称规范子系统的特征，检索系统可分为分类检索系统、主题检索系统、自然语言检索系统、题名检索系统、

人名检索系统等。

③ 标引著录子系统。标引著录子系统在分析和选取文献信息的内容和形式特征基础上，根据具体的检索语言和名称规范，选择准确的文献信息标识。依据标引著录子系统的特征，检索系统可分为人工标引检索系统、自动标引检索系统、标准格式检索系统、非标准格式检索系统。

④ 查询子系统。查询子系统将检索用户的需求进行分析，并根据具体的检索语言和名称规范确定检索标识、构造检索式。依据查询子系统的特征，检索系统可分为委托式检索系统、非委托式检索系统、脱机检索系统、联机检索系统等。

⑤ 交互子系统。交互子系统通过同用户商谈收集反馈信息，弄清用户的真实需求，形成明确的检索概念，并将它准确地表达出来。这是制订正确的检索策略的前提。

⑥ 匹配子系统。匹配子系统将文献信息标识与检索标识进行相对性比较。

2）信息检索语言

信息检索的最终目标是以作为检索结果的文献信息来满足用户对于特定信息的需求。为实现这一目标，信息检索系统必须在文献与用户之间建立起特定的对应关系或通信联系。由于文献数量多，信息内容包罗万象，用户需求又各不相同，因而这种对应关系或通信联系的正确形成必须依赖统一的交流语言，以此来描述文献和信息内容的特征，同时描述用户需求的特征。只有两者采用共同的语言，才能使文献特征的标识与需求特征的标识彼此对应，互相联系起来，完成检索的标识匹配过程，达成信息的创造者与使用者之间的信息交流。这种信息交流中沟通双方的语言，即在信息检索中用来联系文献信息与用户需求的语言，就是信息检索语言。所以，信息检索语言是适应信息检索的需要并为信息检索特设的专门语言，也称为标引语言、索引语言等。

按构成原理，信息检索语言可以分为表述文献外表特征的语言、表述文献内容特征的语言。其中，表述文献外表特征的语言有题名语言、著者语言、号码语言；表述文献内容特征的语言有分类检索语言、主题检索语言等。

按组配方式，信息检索语言可以分为先组式语言、后组式语言。先组式语言是指在文献信息检索之前，表达文献信息内容的标识已经事先组配好的信息检索语言。后组式语言是指表达文献主题概念的标识，在编制检索语言词表和标引文献时，都不曾预先规定组配关系，而是在进行检索时，用户根据检索需要，按照组配规则临时组配起来的信息检索语言。

按照规范化程度，信息检索语言可以分为规范化语言、自然语言。规范化语言又称为受控语言，是指人为地对标引词和检索词的词义进行控制和管理的语言。简单地说，规范化语言是一种由主题词表或分类表控制的检索语言，包括主题语言中的叙词、标题词和分类语言。自然语言是直接从原始信息中抽取出来的未经规范化处理、用以揭示信息主题概念的自由词，如关键词语言。除了一般的事物名称、科学术语，自然语言还包括俗名、商品型号和缩写等，具有不用编制词表、及时跟上事物发展、准确表达事物新概念、选词灵活方便、专指性强、标引和检索速度快等优点，便于计算机检索。

常用的信息检索语言有分类检索语言（如等级体系分类语言、分面组配分类语言）、主题检索语言（如标题词语言、单元词语言、叙词语言、关键词语言等）。由于信息检索语言是文献信息资源标引的主要依据，各种分类检索语言的特点和应用领域将在 2.3 节详细介绍。

2.1.2 信息检索方法

信息检索的方法多种多样，分别适用于不同的检索目的和检索要求。在信息检索过程中，具体选用哪种检索方法，由于客观情况和条件的限制不尽相同。但是常用的信息检索方法有常规检索法、引文法和循环检索法。

1. 常规检索法

常规检索法，又称为常用检索法、工具检索法，是以主题、分类、著者等为检索点，利用检索工具获得信息资源的方法。常规检索法首先要明确检索目的和检索范围，熟悉主要的检索工具的编排体例和作用。根据检索方式，常规检索法又可分为直接检索法和间接检索法；根据检索要求，常规检索法又分为顺查法、倒查法和抽查法。

1）直接检索法

直接检索法是指直接利用检索工具进行信息检索的方法。直接检索法所使用的多为便捷型的工具，其中的信息是经过高度浓缩的知识产品，从学科上可分为综合性和专业性。对所收的信息按主题概念的大小构成条目，如以中文的笔画、笔形、汉语拼音、外文字顺等构成的各种字典、词典、手册、年鉴、图录、百科全书等，可以直接进入其相当的次序位置，获取所需信息资源；只有在概念划分上需稍加推敲的才使用其书后的内容索引，再进入工具书的主体部分，获取所需信息资源。直接检索法多用于查检一些内容概念较稳定或较成熟、有定论可依的知识性问题的答案，即可解决事实性的检索和数据性的检索。

2）间接检索法

间接检索法是指利用检索工具间接检索信息资源的方法，根据不同的课题要求、不同的设备条件，可以选择最适当的方案来实施检索，其内容包含检索课题的分析、检索策略的制订、检索技术的应用等方面。

3）顺查法

顺查法是一种根据检索课题的起始年代，利用所选定的检索工具，按照从旧到新、由远及近、由过去到现在的顺时序逐年查找，直至满足课题要求为止的检索方法。顺查法也是一种掌握某课题全面发展情况的大规模的文献检索方法。顺查法由于是逐年查找，漏检较少，检全率高，在检索过程中不断筛选，剔除参考价值较小的文献。又由于对准需求口径，误检的可能性较小，检准率也较高。这种方法的优点是查全率高，适用于围绕某一主题普查一定时期内的全部文献信息，或者说，适用于那些主题较复杂，研究范围较大，研究时间较久的科研课题。因是逐年、逐种、逐卷地检索，检索的工作量大、费时、费力，多在缺少评述文献时采取。此法可用于事实性检索，但更多地用于文献信息检索。

4）倒查法

与顺查法相反，倒查法是利用所选定的检索工具，按照由新到旧、由近及远、由现在到过去的逆时序逐年前推查找，直至满足课题要求为止的查检方法。倒查法多用于新课题、新观点、新理论、新技术的检索，检索的重点在近期信息上，只需查到基本满足需要时为止。倒查法的目的是获取某学科或研究课题最新或近期一定时间内发表的文献或研究进展情况。倒查法省时，查得的信息有较高的新颖性，但查全率不高。

5）抽查法

抽查法是一种利用检索工具进行重点抽查检索的方法。抽查法是针对某学科的发展重点和发展阶段，抓住该学科发展较快、文献信息发表较多的年代，拟出一定时间范围，进行逐年检索的一种方法。抽查法的检索效果较好、检索效率较高，但漏检的可能性较大，因此使用时必须熟悉学科的发展特点。

任何学科的发展，从整体上看都具有脉动性，即都要经历高峰期和低谷期。某学科高峰期所发表的文献数量要远远高于低谷期，抽查法就是有重点地检索学科高峰期的文献。只需付出较少的检索时间、人力和工作量，就可能获取较多的文献，从而提高检索效率。

2. 引文法

文献之间的引证和被引证关系揭示了文献之间存在的某种内在联系。引文法（也称为跟踪法）就是利用文献后所附的参考文献、相关书目、推荐文章和引文注释查找相关文献的方法。这些材料不但指明了与读者需求最密切的文献线索，而且往往包含了相似的观点、思路、方法，具有启发意义。循着这些线索去查找，引文法不仅利用了前人的劳动成果，省却了很多时间和精力，还可能在原来的基础上有新的发现。

引文法适合历史研究或对背景资料的查询，缺点是越查材料越旧，追溯得到的文献与现在的研究专题越来越疏远。因此，最好是选择综述、评论和质量较高的专著作为起点，它们所附的参考文献筛选严格，有时还附有评论。由于引证文献间关系的模糊性和非相关性引起"噪声"，引文法的查全率往往不高，而且往前回溯年代越远获取的文献越陈旧。美国科学情报所于 1961 年出版了《科学引文索引》（Science Citation Index，SCI）、《社会科学引文索引》（Social Science Citation Index，SSCI）和《艺术和人文科学索引》（Art and Humanity Citation Index，AHCI），中国科学院情报中心于 1995 年 3 月编出的《中国科学引文索引》（Chinese Science Citation Index，CSCI），南京大学于 1999 年编出的《中文社会科学引文索引》（Chinese Social Sciences Citation Index，CSSCI）等，都是引文法检索的有力工具。

图 2-3 是中国知网期刊论文数据库自动生成的单篇文献的引文网络，统计了每篇论文的参考文献、二级参考文献、引证文献、二级引证文献、共引文献和同被引文献的数量，用户可以通过链接来了解相关文献的信息。Web of Science 等引文数据库也提供了单篇论文相关文献的信息。

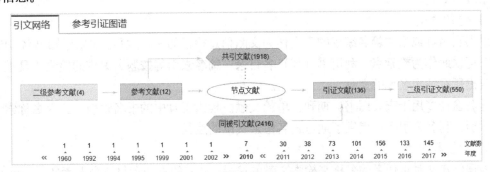

图 2-3　单篇文献的引文网络

3. 循环检索法

循环检索法，又称为交替法、综合法、分段法，即交替使用回溯法和常规法来进行文献检索的综合检索方法。检索时，循环检索法先利用检索工具从分类、主题、著者、题名等入手，查找出一批文献信息，然后通过精选，选择出与检索课题针对性较强的文献，再按其后所附的参考文献回溯查找，不断扩大检索线索，分期分段地交替进行，循环下去，直到满足检索要求为止。同时，为了提高检索效率，需要根据参考文献的特点，对五年之内的重要文献一般都会引用，所以可以采用跳过五年然后用检索工具找出一批文献进行回溯，循环交替，直至满足检索需要为止。循环检索法兼有常规检索法和回溯检索法的优点，可得到较高的查全率和查准率，尤其适用于那些过去年代内文献较少的课题。

总之，在实际检索中，究竟采用哪种检索方法最合适，应根据检索条件、检索要求和检索背景等因素确定。

检索条件是指是否有充分的检索工具可利用，在没有检索工具的情况下，可采用以回溯法为主的检索方法。

检索要求是指准、快、全。这三者之间是互相制约的，难以兼得。若要求以"全"为主，则应采用顺查法或循环法；若要求以"准"为主，则应采用倒查法；若要求以"快"为主，则应采用抽查法。

检索背景是指待查课题所属学科的发展情况，即该学科从何时开始研究、何时研究达到高峰、何时研究处于低谷等。若能准确地知道此背景情况，可采用以抽查法为主的检索方法。

2.1.3　信息检索途径

信息检索工具是把众多的各类信息资源进行分析加工后，按照一定的特征标识、排检、组织而形成的信息集合体。信息检索就是分析一些既定标识，从信息集合中选取信息。因此，检索途径是与文献信息的特征和检索标识相关的。根据文献的外部特征和内容特征，信息的检索途径分为两大类型。

1. 文献外部特征检索途径

文献的外部特征是文献检索载体的外表上标记的可见的特征，如题名（刊名、书名、篇名）、责任者（著者、编者、译者、专利权人、出版机构等）、号码（标准号、专利号、报告号、索取号等）。

1）题名途径

以书刊名称或论文篇名编成的索引作为文献信息检索的一种途径。如果已知书名、刊名、篇名，可以此作为检索点，利用书（刊）名目录、篇名索引等按题名编排的检索工具进行检索，查出所有特定名称的文献。

题名途径多用于查找图书、期刊、单篇文献。检索工具中的书名索引、会议名称索引、书目索引、刊名索引等均提供了通过题名检索文献的途径。

2）责任者途径

根据已知文献责任者的名称来检索文献的途径。文献的责任者包括个人责任者（personal author）、团体责任者（corporate author）、专利发明人（inventor）、专利权人（patentee）和学术会议主办单位（sponsor）等。

利用责任者（著者）途径检索文献，主要利用著者索引（author index）、著者目录（author

bibliography)、个人著者索引（personal author index）、团体著者索引（corporate author index）、专利权人索引（patentee index）等。

责任者途径的特点是：专业研究人员一般各有所长，尤其是某些领域的知名学者、专家，他们发表的作品具有相当的水平或代表该领域发展的方向，通过著者线索，可以系统地发现和掌握他们的研究的发展状况，可以查找某著者的最新论著。

在使用责任者途径检索文献时，要了解著者索引编排的规则并熟悉著者姓名的一般知识，如欧美国家的习惯是名在前、姓在后。

3）号码途径

根据文献信息出版时所编的号码来检索文献信息的途径。如果已知某一文献的特定编号，如技术标准的标准号，专利说明书的专利号，科技报告的报告号或合同号、任务号，文献收藏单位编的馆藏号、索取号、排架号等，可以此作为检索点，利用各种号码索引和目录直接检索到这一特定的文献。

总之，以文献外部特征为途径进行检索，最大优点是它的排列与检索方法以字顺或数字为准，比较机械、单纯，不易错检或漏检，因而适用于查找已知篇名（书名、刊名）、著者姓名或序号数码的文献，可直接判断该文献的有无。

2. 文献内容特征检索途径

文献的内容特征是文献记载的知识信息中隐含的、潜在的特征，如分类、主题等。以文献的外部特征作为检索途径适宜用来查找已知文献题名、著者姓名或序号的文献，而以文献的内容特征作为检索途径更适于用来检索未知线索的文献。

1）分类途径

分类途径是一种按照文献资料所属学科（专业）属性（类别）进行检索的途径。分类途径就是以课题的学科属性为出发点，按学科分类体系来查找文献信息，以分类作为检索点，主要利用学科分类表、分类目录、分类索引等按学科体系编排的检索工具来查找有关某一学科或相关领域的文献信息。分类途径能较好地满足族性检索的要求，使同一学科有关文献集中在一起，使相邻学科的文献相对集中。

2）主题途径

主题途径是一种按照文献的内容主题进行检索的途径，即将文献主题用语词表达并按语词字顺检索文献的途径。主题途径就是以课题的主题内容为出发点，按主题词、关键词、叙词、标题词等来查找文献。以主题作为检索点，主要利用主题词表、主题目录、主题索引等按主题词的字顺编排的检索工具来查找有关某一主题或某一事物的文献信息。主题途径能较好地满足特征检索的要求，使讨论某一事物或主题的不同学科文献集中在一起。

主题途径适合查找比较具体的课题，能较好地满足检索要求。

3）分类主题途径

分类主题途径是分类途径与主题途径的结合，比分类体系更具体，无明显的学术层次划分；比主题法更概括，但保留了主题体系按字顺排序以便准确检索的特点。

综上所述，分类途径和主题途径是文献检索的常用途径。两者各有特点，前者以学科体系为基础，按分类编排，学科系统性好，适合族性检索；后者直接用文字表达主题，概念准确、灵活，直接性较好，适合特征检索。

文献的这些特征均可作为检索点和匹配的依据，并可作为信息检索的途径。信息检索途径的实现过程如图 2-4 所示。

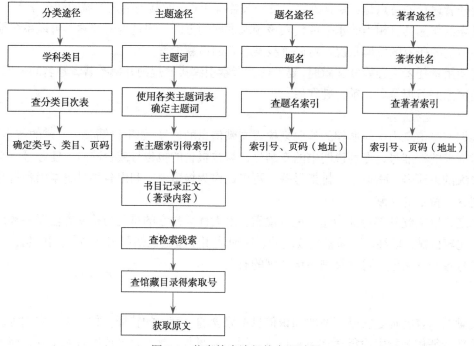

图 2-4　信息检索途径的实现过程

2.1.4　信息检索步骤

信息检索步骤就是根据既定课题要求，利用检索工具查找有关信息资料的具体过程。实际上，信息检索是信息检索策略的具体化，包括信息需求分析、检索系统（数据库）选择、检索词确定、检索表达式构造与提交、检索结果显示与优化等（如图 2-5 所示）。

目前，信息检索主要可概括为手工检索、机器检索两大类型，手工检索的步骤和策略在 4.2 节中有具体介绍，下面着重介绍机器（计算机）检索的过程和步骤。

1. 明确信息检索需求

明确信息检索需求，这是信息检索最基本的要求，也是制订检索策略的依据。信息需求是指现实的信息需求，即用户以自己方便的形式表达的及时获取问题解决所需的完整可靠的信息的要求。信息检索需求表达，实际建立用户与"信息资源"相关性。图 2-6 是由 Mizzaro 提出的相关性理论框架，是一个包含信息资源、用户信息需求、时间、构件四个维度的相关性概念模型，其本身主要基于集合论知识而构建。在 Mizzaro 模型中，用户的信息需求被划分为四层，分别为：真实的信息需求（Real Information Need，RIN）、感知到的信息需求（Perceived Information Need，PIN）、检索请求（Request）和查询提问（Query）。

由图 2-6 可以看出，用户的 RIN 经由感知而转变为 PIN，PIN 则需要经过自然语言的表达形成检索请求，检索请求需要被形式化为符合检索系统语法要求的提问式。面对真正的信息需求，用户不一定能全部意识到，而他表达出来的需求也可能与 RIN 和 PIN 有差别。用户

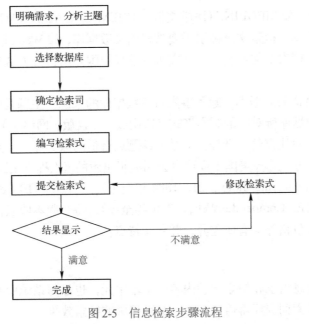

图 2-5 信息检索步骤流程

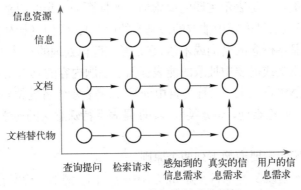

图 2-6 Mizzaro 的相关性理论框架

信息需求最终实际是要给检索系统提供一个查询提问。例如，想查询钱学森撰写的中文期刊论文，他的信息检索策略最终表达成"作者是钱学森；文献类型是期刊论文；语种为中文"。

2. 选择检索系统

当用户的信息需求通过一定方式表达出来后，接下来根据需求来选择相应的检索系统。选择检索系统的前提是要对检索系统的相关信息有一个较为全面的了解。了解的内容包括检索系统中的资源类型、资源覆盖学科、主题、时间范围等。《中国学术期刊（网络版）》是世界上最大的连续动态更新的中国学术期刊全文数据库，以学术、技术、政策指导、高等科普及教育类期刊为主，内容覆盖自然科学、工程技术、农业、哲学、医学、人文社会科学等领域，收录国内学术期刊 8000 种。其产品分为十大专辑：基础科学、工程科技Ⅰ、工程科技Ⅱ、农业科技、医药卫生科技、哲学与人文科学、社会科学Ⅰ、社会科学Ⅱ、信息科技、经济与管理科学，分为 168 个专题。它收录了自 1915 年至今出版的期刊，部分期刊回溯至创刊。

选择检索系统的关键是数据库的选择。数据库的类型和学科范围决定了其适用于不同的检索对象和可满足不同的检索需求。例如，只检索文献信息的题名、作者、出处和文摘，可用书目文摘型数据库，如 MEDLINE（医学文摘）、CHEMICAL ABSTRACTS（美国化学文摘）、INSPEC（科学文摘）等。检索文献被引需要选择引文数据库，如 Web of Knowledge、Scopus、CSSCI、CSCD 等。检索中文期刊论文全文可以选择中国知网、万方数据和重庆维普的期刊全文数据库。

因此，要选择合适的数据库，除了事先对各数据库的来源、主题及内容结构做充分调查研究，还需要了解数据库所对应的版本形式（印刷版、光盘版、网络版），并进行试验，通过各库实际检索结果的对比评价，选择出对某一课题最合适的数据库。如查找有关工程技术领域的文摘型数据库，可以选择美国工程信息公司编辑出版的《工程索引》，该数据库有三个版本：印刷版（The Engineering Index，EI，1884 年至今）、光盘版（EI Compendex Plus，1989年至今）和网络版（EI CompendexWeb，1970 年至今），每个版本收录范围、更新周期、时间跨度、检索方法及价格等均有所差异，并各具特点。

3. 确定检索词

检索词是表达信息需求和检索课题内容的基本单元，也是与系统中有关数据库进行匹配运算的基本单元。检索词选择得恰当与否，会直接影响检索效果。

检索词可分为四类：一是表示主题的检索词，如标题词（指经规范化处理的先组定组式的词汇）、单元词（指从信息内容中抽取的最基本的词汇）、叙词（指从信息的内容中抽取的能概括表达信息内容基本概念的名词或术语,它是经规范化处理的自然语言词汇)、关键词(指从信息单元的题目、正文或摘要中抽取的能表征信息主题内容的具有实质意义的词语，它是未经规范化处理的自然语言词汇，又称为自由词）；二是表示作者的检索词，如作者姓名、机构名等；三是表示分类的检索词，如分类号等；四是表示特殊意义的检索词，如 ISBN、ISSN、引文标引词等。

检索词的选择与确定主要遵循下列两个原则。

第一，根据检索课题涉及的学科专业和技术内容选词。例如，检索有关"信息检索模型"方面的文献。除了使用"信息检索模型"作为检索词，"布尔模型、向量空间模型、概率模型、潜在语义索引模型、神经网络模型"等都是具体的信息检索模型，同样可以检索到"信息检索模型"相关的文献，而且专指性更强。信息检索模型的研究分布在图书情报学、计算机科学、语言学等不同学科领域。用户要根据自己的信息需求来针对性地选择相关的检索词。

第二，对检索词进行处理。因为一个概念可以用不同的词来描述，这些词从不同的角度反映着同一概念的不同内涵，具有不同的切题深度和广度。要使用主题词表进行比较对照，选用规范化的词汇作为检索词。同一个检索词在不同的领域和场合具有不同的概念和含义，而且在数据库记录的不同字段或位置会派生出不同的概念和含义。尽量使用国际上通用的术语，避免使用一词多义的词汇，如"cell"，既表示生物学中的"细胞"，又表示电学中的"电池"，易造成误检。

总之，要处理好检索词的切题性和匹配性的关系。选择较上位的概念词作为检索词，有利于提高检索的匹配性，但降低了切题性。相反，选择较下位的概念词会提高切题性，却降低了匹配性。因此，要强调哪一方，需要根据信息需求的类型和检索的具体情况，合理利用主题词的上、下位关系，正确抽取检索词。

例如，在美国政府科技信息服务（National Technical Information Service，NTIS）数据库

中检索有关"液体火箭发动机"文献时，如果不考虑上、下位主题词，那么选用的检索式为：

```
liquid propellant rocket engines
```

经检索，命中记录为 838 篇。

如果考虑上、下位及同位主题词，那么选用的检索式为：

```
(liquid propellant rocket engines) and (hydrogen oxygen engines) and (hydrazine engines)
 and (rocket engines) not (solid propellant rocket engines)
```

经检索，命中记录为 2534 篇。

由此可见，考虑上、下位主题词所检出的文献篇数大约是不考虑上、下位主题词所检出的文献篇数的三倍。

在检索式中，各检索主题词之间的关系为：

```
rocket engines
    liquid propellant rocket engines
        hydrogen oxygen engines
        hydrazine engines
    solid propellant rocket engines
```

hydrogen oxygen engines 和 hydrazine engines 都属于 liquid propellant rocket engines，是它的下位主题词，rocket engines 是 liquid propellant rocket engines 的上位主题词，而 liquid propellant rocket engines 和 solid propellant rocket engines 是同位主题词，同属于 rocket engines，所以应从 rocket engines 中去除 solid propellant rocket engines，余下部分即为 liquid propellant rocket engines。因此，采用上、下位主题词检索有助于提高信息的查全率。

4. 构造检索表达式

在信息检索过程中，检索提问与存储标识之间的对比匹配是由计算机程序自动实现的，构造检索表达式的核心是构造一个既能表达检索课题需求，又能被计算机识别的检索表达式。检索表达式是检索策略的具体体现，是计算机程序实现自动检索的依据。

在信息检索系统中，有的信息检索需求非常明确，其表达式就比较简单，通过系统提供的菜单就可以完成，如"作者="袁隆平"；期刊名称="中国图书馆学报""等。但有时信息检索需求比较复杂，就需要通过使用布尔逻辑算符、位置算符、截词算符、限制符等来构建检索表达式，将检索词进行组配，确定检索词之间的概念关系或位置关系，准确地表达课题需求的内容，以保证和提高检索的查全率和查准率。

在构造检索表达式之前，一定要弄清所使用数据库的检索功能和所采用的操作算符，这样才能有效地进行信息的检索。如截词算符，在 EI Compendex 中用"*"表示，在 Dialog、UMI PQDD 中用"?"表示，而在 OCLC 中用"+"表示等。

检索表达式的构建在系统中通常应用于专业检索。专业检索用于图书情报专业人员查新、信息分析等工作，使用逻辑运算符和关键词构造检索式进行检索。在检索表达式中用来连接各词的算符按其功能不同可分为逻辑算符、位置算符、截词算符和限制符等。不同的数据库会采用不同的符号或文字来描述词与词之间的组配关系（如表 2-1 所示）。

1）逻辑算符

逻辑算符，又称为布尔逻辑算符，是利用布尔代数中的逻辑运算符来描述检索词之间的

表 2-1　不同检索数据库中检索算符的比较

数据库名	逻辑算符	位置算符	截词算符/通配符	限　制　符
EI Compendex	and, or, not	w(w/f, w/n, w/0), near, adj	* /?	Keywords, Subject Terms, Author(s), Affiliation, Serial Title, Abstracts, Title, Publisher
UMI PADD	and, or, not (and not)	W/n, Pre/n	?	Abstract(AB), Advisor(AD), Author (AU, AT), Degree Date(DA, YR), Degree Name(DG), Language(LA), Title(TI), Subject Term(SU, TE, DE), Publication Number(PN), Publication Date(PD), School Name(SC)
Dialog	and, or, not	W(nW), N(nN), L, S	? /*	Title(TI), Abstract(AB), Subject Term (DE), Author(AU), Company Name (CO), Corporate Source(CS), Document (DT), Journal Name(JN), Language (LA), Publication Date(PD), Publication Year(PY), Sales(SA), Update(UD)
OCLC	and, or, not	W, N	+, −	Keyword(Kw), Access Method (Am), Corporate Name(co), Author (Au), Descriptor(de), Publisher(pb), Conference Name(cn), Title(ti), Standard Number(sn), Personal Name(pn), Publisher Location(pl), Update Date(up), Series Title(se)
AltaVista	and(and not), or, not	near	* /*	Title, URL, Host, Domin, Link, Anthor, Image, Text, Language, Date
Lycos	and, or, not	adj/n, near/n, far/n, before/n	/$	Title, URL, Web, Host/Domain, Language, Date
Excite	and, or, and not		+, −	Title, URL, Summaries, Language, Date, Web, New, Images, MP3/Audio, Video

关系。逻辑算符的作用是把若干检索词或词组连接起来，构成一个检索式的基本框架，指定文献的检索词必须出现或不出现的条件。常用的有三种：逻辑与（and 或*），逻辑或（or 或+），逻辑非（not 或-）。

2）位置算符

位置算符是指表示词与词之间位置关系的符号。位置算符的作用是对复合检索词进行加工修饰，限制词与词之间的位置关系，弥补了布尔逻辑算符只是定性规定检索词的范围的缺点，可提高检索结果的查准率。常用的位置算符主要有(W)、(nW)、(N)、(nN)、(F)、(S)、(L)等，其表达形式因检索系统而异。

① (W)——With 之缩写，表示算符两侧的检索词按此前后衔接的顺序排列，词序不可变更，且两词之间不许有其他的词或字母，但允许两词之间有空格、标点符号。如 CD(W)ROM 相当于检索 CD ROM 或 CD□ROM。

② (nW)——n Word 之缩写，表示算符两侧的检索词之间允许插入 n 个实词或系统禁用词（通常指系统中出现频率高而不能用来检索的冠词、介词和连接词，如 an、and、by、for、from、of、the、to、with 等），两词词序不可变更。

③ (N)——Near 之缩写，表示算符两侧的检索词必须紧密相连，两词词序可变，词间不允许插入任何其他词或字母，但允许有空格或标点符号。

④ (nN)——表示算符两侧的检索词之间允许插入 n 个实词或系统禁用词，两词词序可变。例如，Railway (2N) Bridge 表示 Railway Bridge、Railway of Bridge、Railway of the Bridge 等。

⑤ (S)——Subfield 之缩写，表示算符两侧的检索词必须同时出现在文献记录的同一子字段、句子或短语中，词间允许插入多个实词或系统禁用词，词序可变。

⑥ (F)——Field 之缩写，表示算符两侧的检索词必须同时出现在文献记录的同一字段中，

词间允许插入多个实词或系统禁用词，词序可变。若不需同时出现在篇名字段、文摘字段、叙词字段、关键词字段等，则要加以限定。

⑦ (C)——Citation 之缩写，表示算符两侧的检索词必须同时出现在一条文献的记录中，词间允许插入多个实词或系统禁用词，词序可变，字段不限。

⑧ (L)——Link 之缩写，表示算符两侧的检索词之间有一定的从属关系。

3）截词算符

截词算符是指在检索词的合适位置进行截断。截词算符的作用是对检索词进行截词处理，解决一个检索词的单、复数问题，词干相同而词尾不同的问题及英美词汇拼写差异的问题等。截词检索是指在检索标识中保留相同的部分，用相应的截词算符代替可变化部分进行的检索。常用的截词算符有"*""?""$"等。由于截词检索是隐含的布尔逻辑或的检索，因此能够防止漏检，提高查全率。

截词的类型很多，按截断的字符数量，可以分为有限截断和无限截断。

有限截断是指检索词串与被检索词实现只能在指定位置可以进行匹配，常用"?"表示，如"acid??"可以匹配 acid、acidic 等，但不能检出 acidicty 等。

无限截断是指检索词串与被检索词实现部分一致的匹配，常用"*"表示，截断形式有左截断（又称前截断，后方一致）、中截断（又称前后截断，任意一致）和右截断（又称后截断，前方一致）。左截断是指检索词与被检索词实现词间的后部相同，即对词干同而前缀不同的概念进行检索，如"*magnetic"，可以检索出含有 magnetic 或 paramagnetic 的信息，但无法检索出含有 magenetics 的信息。右截断是指检索词与被检索词间的前部相同而后缀不同的检索，如"acid*"可检出含有 acid、acids、acidic 等词的信息。中截断指检索词与被检索词之间只需任意部分匹配即可，如"*relation*"可检出 relation、relations、interralation 等信息。几乎所有的检索系统都有有限截断、无限截断和右截断功能，但左截断和中截断功能并不是每个系统都有的。

4）限制符

限制符的作用是限制检索词或检索式在数据库记录中出现的字段位置。数据库中可供检索的字段通常分为基本检索字段和辅助检索字段。基本检索字段主要有题名（/TI）、文摘（/AB）、主题词（叙词，/DE）和标识词（/ID），适用于各种数据库。辅助检索字段主要有作者（AU=）、语种（LA=）、出版年代（PY=）、刊物名称（JN=）、文献类型（DT）等字段。这些限制符在不同的系统或数据库中有不同的表达形式和使用规则，在进行字段限制检索时，应参阅系统及有关数据库的使用说明，避免产生误检。下面以 Dialog 为例来说明限制符的使用方法（如表 2-2 所示）。

【例 2-1】 要检索钱伟长在清华大学或上海大学时发表的文章。其检索式为：

> AU =钱伟长 and （AF =清华大学 or AF =上海大学）

【例 2-2】 要检索钱伟长在清华大学期间发表的题名或摘要中包含"变分原理"的文章。其检索式为：

> AU =钱伟长 and AF=清华大学 and （TI =变分原理 or AB = 变分原理）

由上可知，选择的检索标识只能表达信息需求的不同侧面，不能反映需求的完整内容。只有用逻辑表达式将不同的检索标识组合在一起，才有可能表达完整的检索课题。一般来说，"与"和"非"组合使用得越多，信息需求的概念表达得就越深，检索式的切题性就越高。反

表2-2 中国知网专业检索的运算符使用说明

运算符	检索功能	检索含义	举 例	适用检索项
='str1'*'str2'	并且包含	包含 str1 和 str2	TI='转基因'*'水稻'	所有检索项
='str1'+'str2'	或者包含	包含 str1 或者 str2	TI='转基因'+'水稻'	
='str1'-'str2'	不包含	包含 str1 不包含 str2	TI='转基因'-'水稻'	所有检索项
='str'	精确	精确匹配词串 str	AU='袁隆平'	作者、第一责任人、机构、中
='str /SUB N'	序位包含	第 N 位包含检索词 str	AU='刘强 /SUB 1 '	文刊名&英文刊名
%'str'	包含	包含词 str 或 str 切分的词	TI%'转基因水稻'	全文、主题、题名、关键词、
='str'	包含	包含检索词 str	TI='转基因水稻'	摘要、中图分类号
=' str1 /SEN N str2 '	同段, 按次序出现, 间隔小于 N 句		FT='转基因 /SEN 0 水稻'	
=' str1 /NEAR N str2 '	同句, 间隔小于 N 个词		AB='转基因 /NEAR 5 水稻'	
=' str1 /PREV N str2 '	同句, 按词序出现, 间隔小于 N 个词		AB='转基因 /PREV 5 水稻'	主题、题名、关键词、摘要、
=' str1 /AFT N str2 '	同句, 按词序出现, 间隔大于 N 个词		AB='转基因 /AFT 5 水稻'	中图分类号
=' str1 /PEG N str2 '	全文, 词间隔小于 N 段		AB='转基因 /PEG 5 水稻'	
=' str $ N '	检索词出现 N 次		TI='转基因 $ 2'	

之, 增加"或"组合或减少"与"组合, 可得到较好的匹配性, 但可能有较大的误检率。因此, 只有根据检索课题的具体情况, 灵活地运用各种逻辑方法和检索技巧, 构制合理、恰当的提问表达式, 才能取得满意的检索效果。

例如, 构造"有关造纸废水的处理技术"方面文献的检索式。首先, 抽取检索词:

```
造纸-paper making, paper pulp
废水-waste paper
处理-treat, treatment
```

其次, 构造检索式:

```
(paper w making or paper w pulp) and waste paper and (treat or treatment)
```

5. 实施检索策略并进行结果分析

1) 获取检索信息

手工检索策略的实施主要是靠人的大脑将检索策略中信息需求涉及的有关提问特征(如主题词、分类号、作者姓名等)与检索系统中提供的检索标识进行比较分析, 筛选出与信息需求一致的检索结果。

计算机检索策略的实施主要是将构造好的检索提问表达式, 输入计算机检索系统, 使用检索系统认可的检索指令进行逻辑匹配运算, 并输出(或显示)检索结果。在这个过程中, 对检索结果进行阅览和筛选, 找出满足信息需求的检索线索。

因此, 无论是手工检索还是计算机检索, 若检索结果内容较多, 则要进行二次检索, 进行缩检; 若检索结果内容太少, 则要进行扩检; 若检索失败或结果与课题的相关度很小, 则需要更改检索策略。

2) 索取原始信息

在索取原始信息前, 需要对获取的检索结果进行归类整理, 并按相关度进行排序, 从而获取相关度最高、最有价值的原始信息。索取原始信息的方式有: 利用图书馆馆藏目录获取原始信息; 利用联机信息系统, 用联机传递、E-mail、Fax 或脱机邮寄的方式获取原始信息;

利用网络信息系统，网上提出订购请求，获取原始信息；利用有关全文数据库，打印、下载原始信息等；利用学术搜索引擎、预印本系统、机构知识库等途径公开获取。

6. 检索策略的修改和完善

由于检索课题千差万别、检索系统的情况各不相同，加上检索人员水平不一。所以，提出的检索词往往具有较大的局限性、随机性和盲目性，有可能导致检索的失误。这就要求在检索时不断了解反馈信息，及时修改检索策略。在检索之前，可以通过向专家咨询，查询有关的一次文献、词表和数据库指南等。反复分析、修改检索词，尽量减少不确定因素，正确表达信息需求。在检索过程中，应充分利用"人机对话"的有利条件，随时根据检索过程中的信息反馈情况调整检索策略。在检索之后，对检索结果进行分析评价，并建立文档，为今后的检索积累经验。

对信息检索来说，检索策略的好坏与检索表达式的建立、检索途径的选择、检索词的选用和检索词之间逻辑关系直接相关，还与检索人员对语言学的了解、对事物的认知能力、专业知识水平的高低有密切关系。另外，对检索系统的特性和功能的掌握及外语水平都会影响课题检索的结果。一个好的检索策略既可以优化检索过程、节省检索时间和费用，又可以获得最佳的查全率和查准率。

2.1.5 案例分析

1. 以《科学引文索引》为例介绍信息检索的方法与途径

Web of Science 是由美国科技信息所（Institute for Scientific Information，ISI，现属科睿唯安（Clarivate Analytics））推出的学术信息资源整合平台。ISI 凭借其独特的引文机制、网络的链接特性和 ISI Links 机制，使用户可以在统一的界面同时跨库交叉检索（Cross-Search）多个数据库，一次性获得包括期刊、专利、会议录和网上信息在内的多种类型的文献信息。这个平台不仅有效地整合了自身出版的一系列数据库，也建立了与其他著名出版公司的数据库群、原始文献、图书馆 OPAC 和日益增多的网页等信息资源之间的相互链接，如 BIOSIS（生命科学信息数据库）、Dialog 数据库系统、著名的专利文献出版机构 Derwent、Delphion，以及 CAB Abstracts、MEDLINE、Current Drugs、FSTA（食品科技文摘）等，构成了一个综合性、多功能、规模更庞大的信息检索平台。

从 Web of Science Core Collection（如图 2-7 所示）的帮助文档可以看出，该数据库提供了从主题、标题、作者、作者标识符、团体作者、编者、出版物名称、DOI、出版年、地址、增强组织信息、会议、语种、文献类型、基金资助机构、授权号、入藏号、PubMed ID 共 18 个检索途径，为用户从不同角度检索相关文献提供了便利。该平台还提供了对检索结果的自动统计功能和文献管理工具 Endnote。

用户可以利用这个平台检索其收录期刊的发文信息。如要检索 Scientometrics 上发表的期刊论文，就可以将其表达式确定为：

```
PUBLICATION NAME: ("Scientometrics")
Timespan: All years. Indexes: SCI-EXPANDED, SSCI, A&HCI, CPCI-S, CPCI-SSH, BKCI-S, BKCI-
SSH, ESCI, CCR-EXPANDED, IC.
```

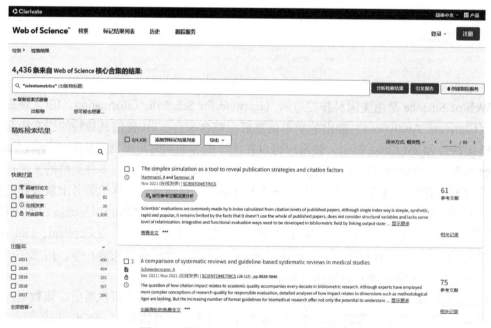

图 2-7　Web of Science 检索平台主页

检索结果如图 2-8 所示。

图 2-8　刊名为 Scientometrics 的检索结果

对于用户获得的首次检索结果，该平台还允许用户从高被引论文、开放获取论文、发文时间、学科分类、基金资助、文献类型、作者等从不同角度对检索结果进行筛选，可以对个人、机构、国家等研究对象的发文信息和被引信息进行检索。由于其收录期刊的权威性，它已经成为重要的信息检索平台。

2. 利用百度学术引擎检索"大数据"方面的 2021 年发表的中文期刊论文

百度学术于 2014 年 6 月上线，是百度旗下的免费学术资源搜索平台，致力于将资源检索技术和大数据挖掘分析能力贡献于学术研究，优化学术资源生态，引导学术价值创新，为海内外科研工作者提供最全面的学术资源检索和最好的科研服务体验。

利用百度学术的高级检索，在包含精确检索词后面输入"大数据"，发表时间为 2021 年，检索词出现位置为标题，如图 2-9 所示，约 23900 条记录。

图 2-9 标题中包含"大数据"的 2021 年的期刊论文

百度学术还对检索结果的学科、发表期刊、关键词、作者、机构等信息进行了自动统计，提供了相关热搜词、研究点分析和检索词百度百科的链接。这些功能为用户更好地分析、利用检索结果和改善检索策略提供了便利。

与大数据相关的热搜词包括云计算、数据挖掘、数据分析、Mapreduce、数据新闻、Hadoop、图书馆服务、深度分析和互联网金融。这些词反映了大数据相关的一些技术、服务和应用。它们为用户信息需求的进一步明确和检索策略的调整提供了一定的参考。

百度学术提供了单篇论文的标题、作者、发文时间、关键词、摘要等信息，提供了相似文献、参考文献和引证文献、年度引用的研究点分析等信息，还为用户获取原文提供了链接，免费下载和求助全文功能。

2.2 信息资源著录法

所谓著录，是指在编制目录时，对具体文献的各种形式特征、内容特征及物质形态等进行分析、选择和记录的过程。著录法就是关于如何进行著录的具体规定和具体做法，按照一定的方法和规则，对某具体文献或信息源的内容和形式特征所做的描绘就形成了一条款目或记录。一条款目或记录是一种文献或一种信息源的高度概括和浓缩。有了款目或记录，才能对款目进行各种标引，才能在标引的基础上对款目进行编排，才能通过款目对庞杂的信息资源进行有序的组织和控制，才能进行有效的检索。因此，著录出高质量的款目或记录是信息检索的基础性工作，而要做好这一工作，必须了解各种著录标准和规则。

目前，常用的著录规则有《英－美编目条例（第 2 版）》（Anglo-American Cataloguing Rules version 2，AACR2）、《国际标准书目著录》（International Standard Bibliographic Description，ISBD）和中国国家标准《文献著录总则》《西文文献著录条例》《连续出版物著录规则》等，机读目录格式（Machine Readable Catalog，MARC），如美国的 USMARC（LCMARC）、中国的 CNMARC、英国的 UKMARC、国际图联的 UNIMARC 等，以及元数据（Metadata），如都柏林核心元素集（Dublin Core Element Set，DC，简称都柏林核心）等。

一切著录规则（或条例）都是以款目编制方法为主要内容的，通常包括著录规则、适用范围、著录项目、著录格式、著录来源、著录文字、标识符号及各著录项目的具体细则规定。本节主要从传统著录法、MARC 和元数据三方面来介绍信息资源的著录法。

2.2.1　传统著录法

传统著录法是相对于 MARC（机读目录）和元数据著录而言的，是指按照《国际标准书目著录》（ISBD）等标准和规则的要求统一进行规范化的著录，但著录方式是手工操作或利用计算机进行分项著录，形成规范的卡片目录，然后手工编排各款目的著录法。传统著录法的原理对理解 MARC 和元数据著录均有助益。

文献著录的结果是款目。款目是揭示文献内容和形式特征的记录事项。文献内容是指文献的学科内容，其基本特征主要从文献的正文获得，通过提要项和排检项的分类号、主题词反映出来。文献形式包括两种：一种是文献外表的文字记载，如题名、责任者、出版发行情况等，其基本特征主要从文献正文以外的题名页、版权页等处获得，通过题名、责任者项、版本项、出版发行项、丛编项反映出来；另一种是文献物质形态，又可分为内容形态和外部形态，前者指数量（页数）、图，后者指文献的尺寸、开本、装订、附件等，其基本特征从文献的整体形态获得，并通过载体形态项反映。

下面以中国文献著录国家标准《文献著录总则》为例来介绍文献著录的操作实践。中国《文献著录总则》依据 ISBD，将文献特征著录项目确定为九大项，大项下又相应设置若干小项。具体内容如下。

1. 题名与责任者项
1.1　正题名
1.2　并列题名
1.3　副题名及说明题名文字
1.4　文献类型标识
1.5　第一责任者
1.6　其他责任者
2. 版本项
2.1　版次及其他版本形式
2.2　与本版有关的责任者
3. 文献特殊细节项

4．出版发行项

4.1 出版地或发行地

4.2 出版者或发行者

4.3 出版日期或发行日期

4.4 印制地、印制者、印制日期

5．载体形态项

5.1 数量及其单位

5.2 图及其他形态

5.3 尺寸或开本

5.4 附件

6．丛编项

6.1 正丛编名

6.2 并列丛编名

6.3 副丛编名及说明丛编名文字

6.4 丛编责任者

6.5 国际标准连续出版物编号（ISSN）

6.6 丛编编号

6.7 附属丛编

7．附注项

8．文献标准编号及有关记载项

8.1 国际文献标准编号

8.2 中国文献标准编号

8.3 装订

8.4 获得方式

9．提要项

　　该规则适用于普通图书、连续出版物、古籍（善本）、电子资源等的著录。文献的著录是以著录款目格式来表述的，如普通图书著录款目格式（如表 2-3 所示）、连续出版物著录款目格式（如表 2-4 所示）和图书著录款目样例（如表 2-5 所示）等。

表2-3　普通图书著录款目格式

索取号	正题名=并列题名:副题名及说明题名文字/第一责任者；其他责任者.—版次及其他版本形式/与本版有关的责任者.—文献特殊细节.—出版发行地: 出版发行者, 出版发行年 (印刷地: 印刷者, 印刷日期)
	页数或卷册数: 图; 尺寸或开本+附件.—(丛编名/责任者, 国际标准连续出版物编号; 丛编编号·附属丛编)
	附注 国际标准书号; 中国标准书号（装订）: 获得方式 提要
	Ⅰ. 题名　Ⅱ. 责任者　Ⅲ. 主题词　Ⅳ. 分类号

表2-4　连续出版物著录款目格式

索取号	正题名. 分册标识, 分册题名=并列题名. 并列分册标识, 并列分册题名: 其他题名信息/第一责任者, 其他责任者.—版本.—卷期年月标识.—出版地: 出版者, 出版年.—文献数量; 其他形态细节; 尺寸+附件.—(丛刊题名; 丛刊标识)
	出版周期 附注 其他题名 分类号　　主题词 ISSN=识别题名

表 2-5　图书著录款目样例

I712.45 111	乱世佳人＝Gone with the wind/(美)米切尔(Mitchell，M.) 著；黄怀仁，朱攸若译.—杭 州：浙江文艺出版社，1991.4 1034 页；20cm 本书另有译名：飘 ISBN 7-5339-0367-6：$10.70 　Ⅰ. 乱… Ⅱ. ① 米… ② Mitchell ③ 黄… ④ 朱… Ⅲ. 长篇小说 Ⅳ.I712.45

2.2.2　机读目录

机读目录（MARC）是计算机处理书目信息的先决条件，也是书目数据库赖以存在的基础。机读目录是指任何形式的计算机都可以阅读或识别的目录，包括美国国会图书馆开发的 USMARC（MARCⅡ、LCMARC）和以此为基础研制的各种 MARC 格式，如我国的 CNMARC（China MARC Format）、英国的 UKMARC、国际图联的 UNIMARC 等。

机读目录格式规定书目在数据机读介质上的表示和标识方法，包括机读记录的构成、各数据字段在机读介质上的总体安排与内容结构。根据 USMARC 格式，不少机读目录相继问世。由于这些机读目录格式存在不同程度的差异，给计算机系统之间传输和交换机读书目数据造成了障碍，因此需要有一种国际通行的通用通信格式或交换格式。

通用通信格式是以现有的、有影响的机读目录格式为蓝本来设计的。通用通信格式按通行范围的不同可分为国家通信格式、地区通信格式和国际通信格式三大类。国家通信格式是指通行于一个国家，如美国的 USMARC、英国的 UKMARC、加拿大的 CANMARC、法国的 MONOCLE、德国的 MABI、日本的 JapanMARC、中国的 CNMARC。地区通信格式是指通行于一定的地区范围，如法语国家的 InterMARC。国际通信格式是指国际范围内通用的，如 UNIMARC、《通用通信格式》(CCF)。

通信格式的构成主要包括标准化的记录结构、内容标识符、记录内容、字符集和代码表。记录结构是书目记录在机读介质上的总体安排。按国家标准 ISO 2709 的规定，一条机读目录记录应由头标区、目次区、数据字段区三部分组成，数据字段区又分为控制字段区和书目字段区。内容标识符是标识数据元素并为其提供附加信息的一套符号，包括字段标识符、指示符、子字段标识符。记录内容是编目条例规定的具体书目信息，如著者、题名、版本等。下面以 USMARC 和 CNMARC 为例来介绍机读目录著录法。

1. USMARC 格式

USMARC 按文献类型可分为图书、连续出版物、档案与手稿、计算机文件、地图、乐谱、视觉资料七种格式。由于这七种格式不是在一个总的统一格式之下制订的，因而各种格式之间仍存在不少差异。为了方便编目员的操作，尤其为了适应文献类型和载体形式多样化、复杂化的发展趋势，又推出了一体化的 USMARC 格式。它将七种格式容纳于一个统一的格式之中，统一定义字段、指示符和子字段，除了头标和 006～008 控制字段描述特定的文献类型，其他字段对于任何一种文献类型都有确定的定义。

1）USMARC 的记录格式结构

USMARC 格式分为头标区、目次区、可变控制字段区、可变数据字段区四部分。每个字段的末尾有字段分隔符，每个记录最后一个字段的末尾有记录结束符。其格式结构为：

头标区	目次区	可变控制字段区	可变数据字段区

2）USMARC 的记录头标及数据字段的说明

① 头标区：对一条记录的总体说明，包括该记录的总字数和记录状态，由 24 个字符组成。字符位置规定为 00 至 23，其对应的数据元素如表 2-6 所示。

例如，"00893nas0 22002651 450"表示：该记录总长度为 893 个字符，数据的起始地址为 265，目次区长度为 265-24（头标区长度）-1（目次区结束分隔符）= 240 位字符；每个字段由 12 位组成，共 20 个字段（240/12=20）；每个字段描述文献的一个特征，由 2 位指示符和多种子字段组成。字段的长度分为定长和不定长，不定长字段可以重复其字段本身或重复其子字段，格式较复杂。

② 目次区：列出记录中有哪些数据字段及其在记录中的位置，由计算机在输入时根据数据的实际情况自动计算、生成，包括若干固定长度的目次字段。每个字段 12 个字符，由字段标识符（3 位数字）、字段长度（4 位数字）、字段起始地址（5 位数字）组成。其结构如下：

目次 1			目次 2～目次 n	记录结束符
字段标识符（3 位）	字段长度（4 位）	字段起始地址（5 位）		

③ 可变控制字段区：书目数据的一部分，列出记录的控制号、输入数据的性质等。可变控制字段没有指示符和子字段代码，由单个数据元素或若干固定位置的定长数据元素组成（如表 2-7 所示）。

④ 可变数据字段区，如表 2-8 所示。

一条 USMARC 记录至少必须包括如下必备字段：008 字段（固定长数据单元）、084 字段（分类法及其版本）、153 字段（类号）、154 字段（一般说明索引词）、753 字段（非受控术语索引），以及根查、注释、索引词（字）及组号方法字段等。

1999 年，美国、英国、加拿大三国为协调三种 MARC 格式，推出了新的 MARC 格式 MARC21。但三种格式要最终合并成一种格式还需努力。

2. 中国机读目录格式

1985 年，国家图书馆（原北京图书馆）自动化发展部依据 UNIMARC，制订了中国机读目录的通信格式；经过试用和修改，于 1989 年正式发布《中国机读目录通信格式》（Machine Readable Catalog Format in China，CNMARC）；1993 年至 1994 年，国家图书馆根据《UNIMARC 手册》制订了中国文化行业标准 CNMARC（中国机读目录）格式和使用手册。

CNMARC 格式适合专著、连续出版物、测绘资料、乐谱、音像资料、计算机文档等文献类型，在结构上符合国际标准 ISO 2709，在字段设置上符合 UNIMARC，并兼顾汉字文献与汉字信息处理的特点，增设了一些必要的字段和子字段。

1）CNMARC 的记录格式结构

CNMARC 的记录格式分为记录头标区、地址目次区和数据字段区三部分。每个字段的末尾有字段分隔符，每个记录最后一个字段的末尾有记录结束符。其记录格式结构为：

记录头标区	地址目次区	数据字段区	记录结束符

表 2-6 USMARC 数据元素

数据元素名称	字符数	字符位置	含 义	备 注
逻辑记录长度	5	00～04		由计算机自动生成
记录状态	1	05	a=由简编升级的记录 c=修改过的记录 d=已删除的记录（逻辑删除） n=新记录 p=由在版编目升级的记录	编目员输入
记录类型	1	06	a=印刷型文字资料（不包括手稿文字资料） c=印刷型乐谱 d=手稿型乐谱 e=印刷型地图 f=手稿型地图 g=放映介质 i=非音乐性录音资料 j=音乐性录音资料 k=二维非放映图形 m=计算机文件 o=多载体配套资料 p=混合型资料（档案与手稿） r=三维制品或自然生成物 t=手稿型文字资料	编目员输入
书目级别	1	07	a=专著分析级（组成部分） b=连续出版物分析级（组成部分） c=合集 d=子集 m=专著 s=连续出版物	编目员输入
控制类型	1	08		编目员输入
未定义	1	09		空位
指示符长度	1	10		由计算机自动生成
子字段代码长度	1	11		由计算机自动生成
数据基地址	5	12～16		由计算机自动生成
编目等级	1	17	=完全级 1=完全级（未核实文献实体） 2=次完全级（未核实文献实体） 5=部分级 7=最简级 8=预编级 u=级别不明 z=不适用	编目员输入
著录标准	1	18	=非 ISBD 标准 a=AACR2 i=ISBD u=标准不详	编目员输入
连接记录要求	1	19		空位
目次区结构	4	20～23		由计算机自动生成

表 2-7　USMARC 可变控制字段

字段	字 段 名	备 注
001	记录控制号	
005	最后一次作业的时间和日期	
006	定长数据元素——附件特征	格式一体化后新增，主要提供附件的书目特征
007	载体形态定长字段	
008	定长数据元素	用固定位置的代码描述书目记录的基本特征（如出版日期、国别、插图、内容特征

表 2-8　USMARC 可变数据字段

字段	字 段 名	含 义
01X～09X	号码与代码	010～084 控制信息、数字、代码
1XX	主要款目	153，154 分类号码和术语
20X～24X	题名及与题名相关信息	
250～29X	版本与出版项	253 复合单纯参照
3XX	载体形态项	353 复合相关参照
4XX	丛编说明	453 无效类号根查字段，应指向 153 中的有效类号
5XX	附注	553 有效类号根查字段，应指向 153 中记录的另一有效号
6XX	主题	680～685 注释字段（包括范围、使用说明、辅助说明及沿革注释）
700～75X	附加款目	700～754 索引术语
76X～78X		761～768 组号方法（包括类号复分与仿分、合成类号的组成、引用优先次序说明）
800～830	丛编附加款目	
841～855	馆藏信息	
856	电子信息	用来链接书目记录与有关的网络电子信息资源 指示 1 表示检索方式：0=E-mail，1=FTP，2=远程附录方式 子字段：主机名、检索号、压缩信息、路径、所要检索的文件名、处理器要求输入的指令等
9XX	本馆自定义	

2）CNMARC 的记录头标及数据字段的说明

① 记录头标区（Record Label）。记录头标是根据 ISO 2709 制订的对记录进行处理时所需的通用信息。记录头标出现在每个记录开头，是必备的和不可重复的，而且没有字段号、指示符或子字段标识。头标中的数据元素是由字符位置标识的，是定长数据，总长度为 24 个字符。字符位置规定为 0 到 23。其对应的数据元素如表 2-9 所示。

表 2-9　CNMARC 数据元素

数据元素名称	字符数	字符位置	含 义	备 注
记录长度	5	0～4	整个记录的字符数，包括记录头标、地址目次区和数据字段三部分。有 5 个十进制数字，右对齐，不足 5 个数字时必须填 0。当为了交换而组装成 MARC 记录时，该项数据由计算机自动产生	由计算机自动生成
记录状态	1	5	c=经修改过的记录 d=被删除的记录 n=新记录 0=曾发行较高层记录 p=曾发行不完整的记录或出版前记录	由编目员输入或转换程序生成

表 2-9 CNMARC 数据元素

数据元素名称		字符数	字符位置	含 义	备 注
执行代码	记录类型	1	6	a=文字资料印刷品 b=文字资料手稿 c=乐谱印刷品 d=乐谱手稿 e=测绘资料印刷品 f=测绘资料手稿 g=放映和视听资料（电影、幻灯插片、透明胶片、录像制品、教学用电影片） i=非音乐性录音资料 j=音乐性录音资料 k=二维图形（图画、设计图等） m=多媒体 r=三维制品和教具 u=拓片 v=善本书	编目员输入或转换程序生成。著录时，一般选择"a"
	书目级别	1	7	a=分析级（组成部分） b=连续出版物分析级（组成部分） c=合集 m=专著 s=连续出版物	编目员输入或转换程序生成著录时，一般选择"m"或"c"，且不进行分析著录
	控制类型	1	8	=层次关系未定 0=无层次关系 1=最高层记录 2=最高层以下层次的记录（所有低层记录）	编目员输入或转换程序生成
	未定义	1	9		空位
指示符长度		1	10	由1位十进制数表示，一般取2	由计算机自动生成
子字段标识符长度		1	11	由1位十进制数表示，一般取2	由计算机自动生成
数据基地址		5	12～16	由5位十进制数表示，不足5位时空位补0。表示第一数据字段相对于记录的起始字符位置，它等于头标区和地址目次区（包括该区末尾的字段分隔符）的字符数量的总和。通常在组装MARC记录时自动生成	由计算机自动生成
记录附加定义	编目等级	1	17	0=完全级，表示编制机读记录时，曾与出版物核对过 1=次级1，表示编制机读记录时，未与出版物核对过 2=次级2，表示该记录为出版前记录（或在版编目记录或预编记录） 3=次级3，表示该记录不属于完整编目的记录	编目员输入或转换程序生成。表示机读记录的完备性及编制记录时是否与出版物实体进行过核对
记录附加定义	编目等级	1	17	0=完全级，表示编制机读记录时，曾与出版物核对过 1=次级1，表示编制机读记录时，未与出版物核对过 2=次级2，表示该记录为出版前记录（或在版编目记录或预编记录） 3=次级3，表示该记录不属于完整编目的记录	编目员输入或转换程序生成。表示机读记录的完备性及编制记录时是否与出版物实体进行过核对
	著录格式	1	18	表示在编制200～225字段时是否依据了ISBD的规定： =记录为完全级ISBD格式 i=记录为部分的或不完全的ISBD格式 n=记录为非ISBD格式	编目员输入或转换程序生成。著录时一般采用完全级ISBD格式，取空格
	未定义	1	19		空位
地址目次区结构		4	20～23	字段长度（20）：一般取值为4 起始字符位置（21）：一般取值为5 执行定义部分（22）：一般取值为0 未定义（23）：为空格	由计算机自动生成

② 地址目次区（Directory）

目次 1			目次 2	其他目次	字段分隔符
字段号（3 位数）	字段长度（4 位数）	字段起始字符位置（5 位数）			

字段长度包括该字段全部字符：指示符、子字段标识、行文或代码数据及字段结束（分隔）符。

字段起始字符位置是指该字段第一个字符处于数据字段区中的位置。每个数据字段的第一个字符的位置为 0。该字符在整个记录中的位置，由头标第 12~16 位的数字标明。

③ 数据字段区（Data Fields），为可变长数据字段，所含的信息有如下两种形式。

数据（控制）字段（00-）结构：

数　据	字段分隔符

数据字段（01~999）结构：

指示符		子字段标识	数据	其他子字段	字段分隔符
指示符 1	指示符 2	$a			

3）CNMARC 的功能模块

CNMARC 数据字段由 10 个功能块组成（如表 2-10 所示）。

一条 CNMARC 记录不可能全部包含所有字段，但必须具备 5 个必备字段（001 记录标识号、100 通用处理数据、101 作品语种、200 题名与责任说明、801 记录来源），而其他字段可根据国家编目条例、本行业或本单位的著录规范及检索需求选择使用。

4）样例分析

下面以 CNMARC 格式为例来说明 MARC 格式的著录实践。

【例 2-3】 《中国邮政》（连续出版物）。

```
03585nas002200493    45
001122001000028
011  $a 1002-2287$d￥6.00（2001）
091  $a11-2024
092  $aCN$b82-385$cM393
100  $a20010226a19769999m y0chiy0120    ea
1010 $achi
102  $aCN$b110000
106  $ar
110  $aafaz   0yy0
2001 $a 中国邮政$AZhong Guo You Zheng$dChina post$zeng$f 中国邮政编辑部$Fzhong Guo You Zheng Bian Ji Bu
207 0$a1976-19?? $a1981, no. 1 (1981, 1, 12) - = [总 1]-
210  $a 北京$b 北京市西城区北礼士部甲 8 号（邮编 100044）$c 全国邮政新闻宣传中心$d1976-
215  $d26cm
300  $a1981-1989 年正文、版权页中英文对照
300  $a 根据 2001, no. 2 著录
304  $a1981-1985 年由中国邮电部该理编辑部编辑出版
326  $a 月刊$b1994-
326  $a[刊期不详]$n1976-19??
```

表 2-10　CNMARC 的功能模块

功能块	功能块名称	含　义	定义的字段范围	
0XX	标识块	包括记录和作品的标识号码	001 记录标识号 091 统一书刊号	010 ISBN 092 订购号
1XX	编码信息块	包括描述作品的各个方面的定长数据元素（通常是编码数据）	100 通用处理数据 102 出版或制作国别 106 文字形态特征	101 作品语种 105 专著编码数据 110 连续出版物编码数据
2XX	著录块	包括 ISBD 所规定的除附注项和标准号以外的有关著录项目	200 题名与责任说明 文献特殊细节： 206 测绘资料数学数据 208 印刷乐谱的特别说明 210 出版发行 225 丛编	205 版本说明 207 连续出版物卷期编号 230 计算机文件特征 215 载体形态
3XX	附注块	包含的附注是以自由行文方式对著录项目或检索点进一步陈述的信息，涉及文献或其内容的物理组成的各方面	300 一般性附注 326 连续出版物出版周期附注 327 内容附注（或主要栏目） 330 提要文摘或全文	304 题名与责任说明附注 345 采访信息附注
4XX	款目连接块	包括以数字和文字形式（如丛编、ISBN等）对其他记录的标准连接，还可包括相关记录的记录标识号对其他记录的链接	410 丛编　411 附属丛编　421 补充或增刊 422 正编或正刊　423 合订或合刊　448 改回 430 继承　431 部分继承　432 替代 433 部分替代　434 吸收　435 部分吸收 436 合并　437 分自　453 译为 454 译自		
5XX	相关题名块	包含除正题名外而又通常出现在出版物实体上的与所编文献相关的题名	500 统一题名 510 并列正题名 531 连续出版物缩略题名 540 编目员补充题名 545 章节题名	501 作品集统一题名 517 其他题名 532 连续出版全称题名 541 编目员翻译题名
6XX	主题分析块	包括由词语或符号构成的不同系统主题数据	600 个人名称主题 605 题名主题 607 地名主题 675 国际十进分类法分类号（UDC） 676 杜威十进分类法分类呈（DDC） 680 国会图书馆分类法分类号（LC） 686 其他分类号 690 中国图书馆图书分类法分类号（CLC） 692 中国科学院图书馆图书分类法分类号	601 团体名称主题 606 学科主题 610 非控主题词
7XX	知识责任块	包含对所编实体的知识内容的创作负有某种责任形式的个人或团体的名称	701 个人第一责任者 711 团体第一责任者	702 个人其他责任者 712 团体其他责任者

326　$a 半年刊$b1981—1989

326　$a 双月刊$b1990—1993

3270 $a 理论研讨$a 热点透视$a 经营天地$a 管理与服务$a 技术交流$a 邮政通信网$a 电子邮政$a 邮政金融$a 法治经纬$a 集邮园地$a 业务学习$a 大家谈$a 绿苑风采录$a 环球邮政

345　$aTel. : (010) 68315883; E-mail: chnpost@public.bta.net.cn

434 1$12001 $a 邮政技术

5101 $aChina post$zeng

6060 $a 邮电经济

6060 $a 邮电业

690　$aF6$v4

701 0$a白金良$ABai Jin Liang$4主编
71102$a中国国家邮政局$AZhong Guo Jia You Zheng Ju$4主办
801 0aCNbNLC$c20010226$gISBD (S)

【例2-4】 《电子商务世界》（连续出版物）。

01376nas002200385   45
001122001030012
011 $a 1009-8240$d￥10.00 (2001)
091 $a11-4515
092 aCNb82-199
100 $a20010226a20019999mk y0chiy0120   ea
1010 $achi
102 aCNb110000
106 $ar
110 $aafaz   0yy0
2001 $a电子商务世界$ADian Zi Shang Wu Shi Jie$dE-commerce world$zeng
207 0$a2001, no. 1 (2001, 1) -
210 $a北京$b北京市百万庄南街1号（邮编100037）$c《电子商务世界》编辑部$d2001-
215 $d29cm
326 $a[月刊]
3270 $a编读往来$a环球观察$a特别报道$a企业应用$a官员论语$a论断与咨询$a总裁专稿$a企业巡礼$a学者战略
  $a成功案例$a省市信息化与电子商务$a解决方案$aEC之路$a产品技术$aECM评论$aE家争鸣$a业界动态$a海外采
  风$a网络妙侃$a调查表
345 $aTel.：(010) 68993878; Fax.：(010) 68311390; Web: http://www.ecw.com.cn
430 1$1011 $a1008-729X$12001 $a制造业设计技术
5101 $aE-commerce world$zeng
6060 $a商品流通
6060 $a计算机应用
6100 $a电子商务
690 $aF724.6$v4
701 0$a黄永友$AHuang Yong You$4总编
71102$a机械工业信息研究院$AJi Xie Gong Ye Xin Xi Yan Jiu Yuan$4主办
801 0canbNLC$c20010226$gISBD (S)
905 $a1$cQ$dF724$e001$y2001, no. 1-

【例2-5】 《中国青年》（连续出版物）。

01039nas 2200361   45
0010000108419
00520010604154300.0
011 $a1002-9532
091 aCNb11-1001
092 aCNb2-39
100 $a19940908a19489999km y0chiy0121   eb
1010 $achi
102 aCNb110000
106 $ar
110 $aafaz   0yy0
2001 $a中国青年$d= Chinese Youth
207 0$aNo.1 (1948.12) -no.103 (1952.12) $a1953, no.1-

```
210   $a 北京$c 中国青年杂志社$d1948-
215   $a v.$d26cm
315   $a 本刊 1966, no.16—1977 休刊
326   $a 月刊$b1982—
326   $a 周刊$b1948—1949
326   $a 半月刊$b1950—1966
326   $a 月刊$b1978—1980
326   $a 半月刊$b1981
50011$a 中国青年（中国青年杂志社）
5101  $aChinese Youth
5401  $aZhong Guo Qing Nian
6100  $a 青年$a 中国
690   $aD4$v3
692   $a33.4$v2
71102$a <<中国青年>>杂志社$AZhong Guo Qing Nian Za Zhi She$4 编辑
71202$a 中国共产主义青年团中央委员会$AZhong Guo Gong Chan Zhu Yi Qing Nian Tuan Zhong Yang Wei
      Yuan Hui$4 主办
```

【例 2-6】 《西行漫记》（专著）。

```
00996nam0 2200361   450
0010000155619
00520010618102800.0
010   $dCNY1.30
091   $a3002.216
099   $aCAL 012000674333
100   $a19950713d1979    em y0chiy0121    ea
1011  $achi$ceng
102   $aCN$b110000
105   $af   z  000yd
106   $ar
2001  $a 西行漫记$Axi xing man ji$f（美）斯诺（E.Snow）著$g 董乐山译
210   $a 北京$c 三联书店$d1979
215   $a406 页$d19cm
300   $a 本书原名：《红星照耀中国》
300   $a 书名原文:Red star over China
5101  $aRed star over China$zeng
5171  $a 红星照耀中国$Ahong xing zhao yao zhong guo
60102$a 中国工农红军$x 史料
607   $a 陕北革命根据地$x 史料
686   $aK726.87$v3$2CNNJU
690   $aK269.5$v3
701 1$a 斯诺$Asi nuo$bE.$g（Snow, E.）$4 著
702 0$a 董乐山$Adong le shan$4 译
801 0$aCN$bXJTU
801 2$aCN$bNUL$c20010615
905   $aNUL$dK726.87/（3）4
920   $a232010$z1
998   $aXJT
```

【例 2-7】 《乱世佳人》（专著）。

```
01020nam0 2200337   450
0010000357014
00520010611142500.0
010  $a7-5339-0289-0$b 精装$dCNY13.80
099  $aCAL 012001222600
100  $a20010611d1991   em y0chiy0120 ea
1011 $achi$ceng
102  $aCN$b330000
105  $ay  z   000ay
106  $ar
2001 $a 乱世佳人$Aluan shi jia ren$dGone with the wind$e 全译本$f（美）玛格丽特·米切尔（Margaret
     Mitchell）著$g 黄怀仁，朱攸若译$zeng
210  $a 杭州$c 浙江文艺出版社$d1991
215  $a1032 页$d20cm
300  $a 本书又译《飘》
300  $a 本书原名:Gone with the wind
5101 $aGone with the wind$zeng
5401 $a 飘$Apiao
6060 $a 长篇小说$AChang Pian Xiao Shuo$y 美国$z 现代
686  $aK726.85$v3$2CNNJU
690  $aI712.45$v3
692  $a47.6352$v2
701 1$a 米切尔$Ami qie er$b 玛格丽特$4 著
701A1$aMitchell$bMargaret$4 著
702 0$a 黄怀仁$Ahuang huai ren$4 译
702 0$a 朱攸若$Azhu you ruo$4 译
801 0$aCN$bNLC
801 2$aCN$bNUL$c20010611
905  $aNUL$dK726.85/（10）5
920  $a232010$z1
```

2.2.3　元数据

元数据（Metadata）是关于数据的数据，或者是关于数据的结构化的数据。元数据的含义目前仍在探讨中。从已有的论述看，元数据的含义是逐步发展的。元数据一词起源于计算机科学，原先主要指网络资源的描述数据，用于网络信息资源的组织；其后逐步扩大到对各种以电子形式存在的信息资源的描述数据。由于传统的书目数据（如图书馆卡片、图书的版权说明、磁盘的标签、MARC、AACR）与数字信息资源的描述数据在本质上并无不同，因此，目前元数据这一术语实际上适用于各种类型信息资源的描述记录。

元数据描述的对象包括图书、期刊、磁带、录像带、缩微品、论文、科技报告和各种形式的网络信息资源等；描述成分通常是从信息资源中抽取出来的用于说明其特征、内容的数据，如题名、版本、出版数据、相关说明等。从目前使用的情况看，元数据的含义实际上与传统文献领域中的著录款目性质相同，是一种在电子环境中使用的著录数据。区别在于，传统文献的著录只是局限于对完整的、静止的信息内容的处理，不适合网络环境下对动态的多媒体信息的处理。也就是说，元数据是识别信息资源的所在及其属性的记录，既包括文档名、URL 等信息源的记录数据，也包括图书馆系统、情报系统等人工加工后的种种结构化的数据记录，如书目信息、文摘、索引、综述等。

网络环境下的信息检索，目前主要是用 Yahoo、Lycos、AltaVista 等搜索引擎，其工作方式是通过自动搜索程序来抓取网页信息，然后以自动拆字（词）做索引的方式建立数据库，检索效率低，检索结果数量大，且有用信息少。尽管这种方式也采用了 SGML（标准通用置标语言），但它是一种在 HTML（超文本置标语言）环境下只注重页面表示形式而不注重内容的元数据，其主要缺点是显示能力和结构性描述差，无法深入语义内容等。

为解决上述问题，又出现了新的元数据项目，如美国联邦地理数据委员会的地理元数据项目 FGDC、适用于档案和原稿的 EAD、广泛使用于图书馆界和情报界的 DC 等。这些元数据虽有相似性，但彼此之间难以兼容，在 W3C（互联网联盟）的授权下，制订出符合多种需要且具有灵活性的 RDF（Resource Description Framework，资源描述框架），支持互联网上的各种元数据格式。RDF 是一个与任何特定语法都无关的抽象的资料表达模式，用来反映资源（Resource）、属性（Property）和属性值（Value）。XML 与 RDF 结合起来，使各种元数据的格式都可以出现或运行在同一个界面上，提高了元数据的规范化和互操作性。

1. 都柏林核心集的信息描述项目

在众多的元数据项目中，都柏林核心集是图书馆界或情报界应用最广、影响最大的一个国际性项目。都柏林核心元数据集（DC）简称都柏林核心集，于 1995 年 3 月由 OCLC 与 NCSA（国家超级计算机应用中心）联合发起，52 位来自图书馆界和计算机网络界的专家共同研究产生，其目的在于建立一套描述网络电子文献的方法，以实现网上信息的辨识、查询和检索。该项目的中心议题是如何用一个简单的元数据记录来描述种类繁多的电子信息，使非图书馆专业人员也能够了解和使用这种著录格式，以更有效地描述和检索网上资源。

DC 的描述项目由 15 个基本元素集组成，分为三部分。

1）内容描述部分

Title（题名）：由创建者或出版者赋予资源的名称，一般指资源对象的正式公开名称。例如：

```
Title = The Wolf Lewkowicz Collection
```

Subject（主题）：描述资源主题或内容的关键词、词组短语或分类号。主题和关键词最好取自一个受控词表或是一个规范的分类体系。例如：

```
Subject = Jews·History·1789–1945
```

Description（说明）：资源内容的文本描述，包括类文件的文摘或可视资源的内容描述。说明元素可以包括但不限于以下部分：文摘、目录、对以图形来表示内容的一个参照，或者一个有关内容的自由文本描述、版本说明、注释等。例如：

```
Description = Web site maintained by Marc Zissman; material copyrighted by Marshall
   L. Zissman and Sol J. Zissman
```

Source（来源）：二次资源的出处信息，当前资源可能源自来源资源的一部分或全部，最好通过一个正式标记体系的字符串或数字指向参考资源。例如：

```
Source = http://www.blm.gov
```

Language（语种）：反映资源知识内容的语种，采用 RFC1766（http://info.internet.isi.edu/in-notes/rfc/files/rfc1766.text）中定义的由两个英文字母组成的语言代码（取自 ISO 639 标准），也可采用由 3 个英文字母组成的语言代码（取自 ISO 639-2 标准）。例如：

```
    Language = eng（ISO 639-2）
或  Language = en（ISO 639）
```

Relation（关联）：该资源与其他资源之间的关联，表达一些资源同另一些资源之间有正式关联但彼此分离的资源之间的关系。其值应从 Relation 的列表中选取。例如：

```
    Relation = http://www.studyusa.com
```

Coverage（覆盖范围）：资源知识内容的时空特征，包括空间位置描述（一个地名或地理坐标）、时间段描述（一个时间标识、日期或一个日期范围）或管辖范围（如已命名的行政实体）。Coverage 应使用受控词表。例如：

```
    Coverage = Canada
```

2）知识产权部分

Creator（创建者）：创建资源内容的主要责任者，可以是某个人、某个团体或某项服务系统，一般用创建者的名字来标识，如文献作者、视频资源的艺术家、摄影师、插图作者等。例如：

```
    Creator = Lewkowicz, Wolf
```

Publisher（出版者）：负责使资源成为可取得和利用状态的责任者，可以是某个人、某个团体或某项服务系统，一般用出版者的名称来标引。例如：

```
    Publisher = National Academy Press
```

Contributor（其他责任者）：指在创建者元素中未被指定为最主要的知识贡献者，但仅次于在创建者中指定的个人或团体的其他责任者，可以是某个人、某个团体或某项服务系统，一般用其他责任者的名字来标引。例如：

```
    Contributor = Zissman, Sol J.
```

Rights（权限）：有关资源本身所有的或被赋予的权限信息，可以指一个权限管理的陈述，也可以指一个权限管理陈述的标识，或提供资源权限管理信息内容的服务器的标识，一般包括知识产权、版权或其他各种各样的产权。

3）外形描述部分

Date（日期）：指以现有形式出现的资源制作日期，应与资源的创建或出版日期相关。DC 发布机构建议，Date 格式应符合 ISO 8601[W3CDTF]规范，采用 8 位数字，按照 YYYY-MM-DD 格式表示。例如：

```
    Date = 2002-11-08                        （指 2002 年 11 月 8 日）
```

Type（类型）：有关资源内容的特征和类型，包括描述资源内容的分类范畴、功能、特性或集合层次的术语。其值应从资源类型列表中选取。例如：

```
    Type = Text data
```

Format（形式）：资源的数据格式，用于注明需要什么软件或硬件来显示和执行该资源，一般包括资源的媒体形式或尺寸。Format 元素可以用来决定对资源进行操作或显示所需的软件和硬件，其值应从 Format 的列表中选取。例如：

```
Format = text/html
```

Identifier（标识符）：用来标识资源的字符串或数字。资源的标识应采用符合正式标识体系的规范的字符串及数字组合，如网络资源标识中的 URI（Uniform Resource Identifier，统一资源标识符），其他通用的唯一性标识如 ISBN（国际标准书号）、ISSN（国际标准刊号）等。

2. DC 修饰词及其类型

DC 修饰词是对 DC 未修饰词（15 个元素的语义）进行限定和修饰的词，并具有未修饰词的含义和对具体资源描述的专指性特点。DC 修饰词由控制词汇和编码体系组成，如 DDC、LCSH、MeSH 等，增加了描述的精确性，可以进一步明确元素与资源本身的关系。

DC 修饰词分为元素修饰词（Element Refinement）和编码体系修饰词（Encoding Scheme）两类。

1）元素修饰词

元素修饰词缩小了元素的含义范围，使其具有专指性。修饰词与未修饰词共享一个含义，只是对未修饰词的含义范围做了进一步的限定。

目前，DC 元素集在以下元素中没有元素修饰词。

- ❖ 题名：Alternative（交替题名）。
- ❖ 说明：Table of Contents（目录），Abstract（文摘）。
- ❖ 日期：Created（创建），Valid（有效），Available（可获得），Issued（发行），Modified（修改）。
- ❖ 格式：Extent（范围），Medium（媒体）。
- ❖ 关联：Is Version Of（版本继承），Has Version of（版本关联），Is Replaced By（被替代），Replace（替代），Is Required by（被需求），Requires（需求），Is Part Of（组成部分），Has Part（部分为），Is Referenced By（被参照），References（参照），Is Format Of（格式转换于），Has Format（已有格式）。
- ❖ 覆盖范围：Spatial（空间），Temporal（时间）。

2）编码体系修饰词

编码体系修饰词包括如下。

- ❖ 主题：LCSH（Library of Congress Subject Heading，国会图书馆主题词表），MeSH（Medical Subject Headings，医学主题词表），DDC（Dewey Decimal Classification，杜威十进分类法），LCC（Library Congress Classification，国会图书馆分类法），UDC（Universal Decimal Classification，国际十进分类法）。
- ❖ 日期：DCMI Type Vocabulary（DCMI 类型列表）。
- ❖ 格式：IMT（互联网媒体类型）。
- ❖ 标识符：URI。
- ❖ 来源：URI。
- ❖ 语种：ISO 639-2（语种名称代码），RFC 1766（语言身份标签）。
- ❖ 关联：URI。
- ❖ 空间覆盖：DCMI Point（DCMI 地理位置），ISO 3166（标识国家名称的 ISO 3166 代

码），DCMI Box（DCMI 框图），TGN（地理名称词表）。

❖ 时间覆盖：DCMI Period（DCMI 时间范围），W3C-DTF（基于 ISO 8601 的 W3C 的日期和时间编码规则）。

3. 资源描述框架

元数据提供了对全球分布式信息的发现和存取，但不同的元数据在语义（元数据的概念实体的定义，如定义 DC 中题名或日期元素的含义）、语法（规定该元数据体系是如何被表达与描述的）和结构（描述了各元数据的概念实体，如 DC 元素之间的相互关系）等方面各具特色，因而在某种程度上影响了元数据的交互操作。而应用程序中对元数据的有效利用需要有关语义、语法和结构方面的通用协定。资源描述框架（Resource Description Framework，RDF）由此应运而生，为多种元数据的交互操作提供平台。

RDF 是 1997 年 10 月万维网协会（World Wide Web Consortium，W3C）正式发布的草案。RDF 不仅是一个简单的元数据方案，还是一个能对结构化的元数据进行编码、交换和再利用的体系框架。这种结构通过对通常意义上的语义、语法和结构的支持，提供了各种元数据体系的互操作性。RDF 本身并不对各种元数据进行语义定义，而是提供一种框架体系，使不同的用户或团体能够在这一框架下定义他们自己的元数据的元素。RDF 采用 XML（eXtensible Markup Language，可扩展标记语言）作为交换和处理元数据的通用语法结构体系。XML 提供了与供应商无关的、可由用户扩展、认证的置标语言体系，既提供了可读性，也有表达复杂结构的能力。RDF 利用了 XML 严谨的结构，避免了语义上的二义性，从而为元数据的编码、交换和机器自动处理提供了保证。RDF 通过一个简单又功能强大的数据模式支持不同元数据语言之间的模块化的互操作能力。

1）RDF 的语法体系框架

RDF 的语法体系框架可分为两层：RDF 核心（RDF Core）和关系描述（Utility Relations）。RDF 的核心定义比较简单，基于如下假设：任何一个可被标识的"资源"（Resource）都可以被一些可选择的"属性"（Properties）描述（如尺寸、名字、制作者等），每个属性的描述都有一个"值"（Value）。此定义可用三位元（Triples）来描述：第一个元素是一个属性类型元素，第二个元素是一个节点（Nodes）元素，第三个元素可以是节点元素，也可以是元素值（RDF 字符串）。RDF 的表达式为：

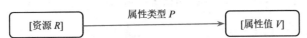

其中，"资源 R"和"属性值 V"表示节点元素，"属性类型 P"表示连接关系。整个表达式描述（Description）为：属性值 V 是资源 R 的属性类型 P 的值。例如，"南京大学网络信息中心是南京大学主页的作者（即制作者）"，转化为 RDF 表达式为：

若用三位元形式表示，则为：

{作者，[http://www.nju.edu.cn]，"[南京大学网络信息中心]"}

同一个节点（三位元的第二个元素）的三位元集合可以组合成为 RDF 描述，在同一个资源的多个属性进行描述时，RDF 描述就显得很有用。一个 RDF 描述可以表示为：

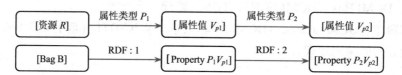

每个 RDF 描述都有它自己的节点元素（如上述表达式中的[Bag B]）来标明这个三位元的集合，同时每个 RDF 描述可以作为另一个 RDF 描述的节点元素。

在每个 RDF 描述中，属性类型和任何对属性值的特性及限定都将由一个或更多的体系（Schema）来定义。同一个描述类型定义应来自同一体系，每个体系应由 URI 来进行声明，这个 URI 仅作为指明这一体系的标识或指向一个机器可读的体系描述。

（2）RDF 的关系描述

DC 基本元素集基于 RDF 的句法描述如图 2-10 所示。图 2-10 的上半部分是一个符合 RDF 核心定义的 RDF 语句，从下半部可以看到，在 RDF 的句法描述中，每个完整的语句描述都以 rdf：description 标记包起来，同时以 rdf：about 指出当前这个 RDF 语句要描述的资源对象的标识。

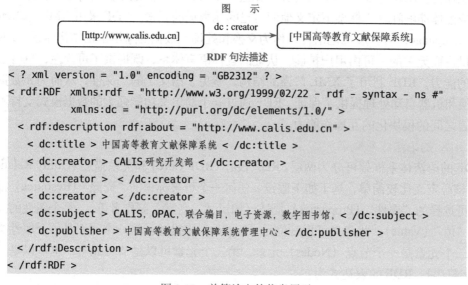

图 2-10　单篇论文的信息展示

2.2.4　都柏林元数据与机读目录之比较

1. DC 与 USMARC 的比较

DC 元数据是用来描述、支持、发现、管理和检索网络资源的信息组织方式，其最大特点是数据结构简单，信息提供者可直接编码。

USMARC 是用于描述、存储、交换、控制和检索的一套机读书目数据标准，主要针对印刷型书本的描述，随着 856 字段的引入，也可被用来对电子文本进行描述。其数据结构严密，能很好地描述电子信息，且著录格式严格遵循 AACR2 有关规定，能确保数据元素组成具有统一性，有利于数据交换。DC 与 USMARC 的区别和联系如表 2-11 和表 2-12 所示。

表 2-11　DC 与 USMARC 的区别

项　目	DC	USMARC
著录格式	15 个基本著录项 Title, Subject, Description, Language, Source, Relation, Coverage, Creator, Publisher, Contributor, Rights, Date, Type, Identifier, Format 可重复使用或选择使用，并可拥有子类型和子模式	由 3 部分组成 头标区：位于每条记录开头（24 个字符位），提供此记录的必要参数 目次区：包括若干固定长的目次字段，每项 12 个字符位，由字段标识符、字段长度、字段起始地址组成 数据区：9 个功能块，标识块、编码信息块、标目块、标目附注块、单纯参照根查块、相关参照根查块、分类号块、连接标目块、来源信息块
著录对象	网络资源（或数字资源）	印刷型出版物、图像、缩微、视听、资料、软件、数据库、电子资源（856 字段）
著录主体	创建者与信息提供者（非专业图书馆人员）	研究与学术活动
著录详简	简洁有弹性，易掌握和使用	详尽且细致，格式严密繁杂
显示形式	使用 HTML 的 META 标签（tag）的"NAME"和"CONTENT"属性进行描述，同时将每个单元都加了著录标识（label），著录时可使用 HTML 为输出结果的网络产品形式，也保留了自己的著录标识和系统	在自己的软件系统中著录，输出著录结果，再将著录结果使用 HTML 加以标识
产生途径	通过 OCLC 网络编目软件直接制作，在空白的工作单中按 DC 著录规则，填入每个字段的内容，或录入人员根据 MARC、MARC Text Area、DC Text Area、DC RDF、DC HTML 等方式输入数据，系统将这些格式的数据自动生成 DC 元数据 通过 import 方式获取，即将记录从其他系统中以 ISO-2709 通信格式，按纯文本输出，并粘贴到 import 文本框中，然后转入 CORC 系统	通过专用的编目软件，编目员须经过严格培训，掌握了著录规则与软件操作方法后方可进行编目

表 2-12　DC 与 USMARC 的联系

DC 元　素	DC 修饰词、词表	USMARC
Title（题名）	（题名）	24500$a（title statement）
Identifier（标识符）	ISBN（国际标准书号）	020 $a（International Standard Book Number）
	ISSN（国际标准连续出版物号）	022 $a（International Standard Serial Number）
	URI（统一资源标识符）	85640$u（electronic location and access）
Publisher（出版者）	Place（出版地）	260 $a（publication, distribution）
	Name（出版者名称）	260 $b（publication, distribution）
Contributor（其他责任者）	NameConference（会议名称）	7112 $a（added entry-meeting name）
	NameCorporate（团体名称）	7102 $a（added entry-corporate name）
	NamePersonal（个人名称）	7001 $a（added entry-personal name）
Creator（创建者）	NameConference[创建者名称（会议名称）]	7112 a4（added entry-meeting name）
	NameCorporate[创建者名称（团体名称）]	7102 a4（added entry-corporate name）
	NamePersonal[创建者名称（个人名称）]	7001 a4（added entry-personal name）
Coverage	（覆盖范围）	500 a3（general note）
	Spatial（空间范围）	5228 $a（geographic coverage note）
	Temporal（时间范围）	513 $a（type of report and period covered note）
Date（日期）	Available（存取日期）	3708 ab（hours）
	Created（创建日期）	260 $g（publication, distribution）
	Issued（发行日期）	260 $c（publication, distribution）
	Modified（修改日期）	562 $c（copy and version identification note）

DC		USMARC
元　素	修饰词、词表	
Description （说明）	（说明）	5208 $a（summary）
	Summary（摘要）	520 $a（summary）
	Abstract（文摘）	5203 $a（summary）
	Note（注释）	500 $a（general note）
	Version（版本说明）	250 $a（edtion statement）
	VersionDatails（版本细节）	562 $c（copy and version identification note）
Format （格式）	（格式）	8564 $q（electronic location and access）
	Extent（格式扩展）	300 $a（physical description）
	Medium（媒介格式）	340 $a（physical medium）
	IMT（互联网媒体类型）	8564 $q（electronic location and access）
Rights （权限）	（权限）	540 $a（terms governing use and reproduction note）
	URI Rights（URI 权限）	8564 u3（electronic location and access）
	Access（访问限制）	506 $a（restrictions on access note）
Source （来源）	（来源）	78608$n（data source entry）
	URI Source（URI 来源）	78608$o
Type （类型）	Aarc2-gmd（AACR2 通用资料名称）	245 $h（title statement-medium）
	LCSH（国会图书馆主题词表）	6557 a2（index term-genre/form）
	MeSH（医学主题词表）	
	Oclcg（OCLC 资源类型表）	
	Nite（注解）	5168 $a（type of computer file or data note）
Relation （关联）	（关联）	7870 $n（nonspecific relationship entry）
	IsFormatOf（格式转换关联）	7760 in（additional physical form entry）
	HasFormat（格式转换关联）	
	IsPartOf（部分关联）	7730 in（host item entry）
	IsPartOfSeries（连续出版物部分关联）	4900 $a（series statement）
	IsReferencedBy（参照关联）	5100 $a（citation/references note）
	IsReplaceBy（替代关联）	78500in（succeeding entry）
	IsRequiredBy（需求关联）	538 $a（system details note）
	IsVersionOf（版本关联）	77508in（other edition entry）
Subject （主题）	Class（分类号）	084 a2（other call number）
	ClassAuto（自动分类号）	6999 $a（added class number）
	Geographic（国会图书馆主题词表-主题标目）	6514 $a（subject added entry-Geographic Name）
	NameConference（会议名称）	61124 $a（subject added entry-meeting name）
	NameCorporate（团体名称）	61024 $a（subject added entry-corporate name）
	NamePersonal（个人名称）	60014 $a（subject added entry-personal name）
	TitleUniform（统一主题）	63004 $a（subject added entry-uniform title）
	Topical（主题）	6504 $a（subject added entry-topical）
Language （语种）	RFC-1766	546 abRFC 766（Lauguage note）
	ISO369-2	0410 $a（language code），也可由 00835-37 位 Lang 后生成

2. DC 与 CNMARC 的比较

DC 与 CNMARC 都是著录信息资源特征和内容的基本规范，可以提供某信息资源的完整的著录数据，是识别、分析、比较信息资源的基本依据。

1) DC 与 CNMARC 的联系

DC 与 CNMARC 的联系主要体现在以下三方面。

❖ 完备性：都设置了完备的著录项目，可以比较完整地揭示某信息资源的基本特征。
❖ 规范性：都对著录的等级、标识及规范的使用做出了相应的规定，可以准确、方式一致地进行描述。
❖ 兼容性：都具有比较强的可扩充性、兼容性，可以充分满足各种信息资源著录的需要和在不同系统之间转换的需要。

DC 与 CNMARC 作为信息资源著录的规范，二者是兼容的，在目前的描述框架下可以对各个数据集合进行兼容互换，如表 2-13 所示。

2) DC 与 CNMARC 的区别

针对不同的著录对象，DC 和 CNMARC 是在不同的技术环境下发展起来的两种著录规范，必然存在差异。

CNMARC 主要是针对传统文献著录和识别的需要设置的，其特点主要表现如下。

❖ 详尽性：著录项目设置充分，对传统资源特征的著录项目设置详尽，虽然也可以进行网络资源的著录，但针对网络资源的著录项目相对比较概括。
❖ 等级性：有明确的等级性、次第性，各著录项目有明确规定的次序和等级。
❖ 规范性：对著录的表达有严格要求，如对于外国作者名，要求按规定以直序或倒序的方式著录等。
❖ 专指性：采用人工标识，适合专业文献单位使用，是一个以文献专业人员为处理主体的著录规范。

DC 的著录项目则根据网络资源的特点和需要，按照资源内容描述、知识产权描述、外部属性描述三种基本类型设置，项目的设立更加充分。与 CNMARC 相比，DC 的著录规范的特点主要表现在如下几方面。

❖ 简明性：元素集的成分含义明确，易于理解，便于操作，同时具有机械操作和人工理解的作用。
❖ 易用性：对所描述的数据的形式没有严格规定。例如，对于外国人名，可以按作者原次序记录，也可以按文献单位要求的次序记录；对于主题数据，可以采用推荐的词表进行标引，也可以直接用自由词加以标引。
❖ 选择性：对描述的元素成分没有限制，所有元素成分都是可选择的。
❖ 独立性：即语法独立性。各元素之间没有固定的次序，所有元素都是独立的，可以按照任何次序加以显示。
❖ 可重复性：所有元素都是可以重复的，可以根据需要对有关的数据进行记录，从而增强了充分描述信息资源的能力。
❖ 可扩展性：DC 为集合的扩充提供了充分可能。所有元素成分都可以在现有的基础上，根据需要进一步设置子项目，加以扩充。
❖ 兼容性：各种元数据之间具有比较好的兼容性，可以在现有框架下，在不同元数据集合之间进行转换。

表 2-13　DC 与 CNMARC 的对照表

DC	CNMARC
Title（题名）	2001　$a 正题名$d 并列题名$e 副题名及其他说明文字 5101　$a 并列正题名 5171　$a 其他题名 5321　$a 完整题名
Creator（创作者）	2001　$f 第一责任者 7000　$a 个人主要责任者 7010　$a 个人等同责任者 7100　$a 团体主要责任者 7110　$a 团体等同责任者
Subject（主题）	6100　$a 非控主题词 6060　$a 普通主题 675　$a 国际十进分类法分类号（UDC） 676　$a 杜威十进分类法分类号（DDC） 680　$a 国会图书馆分类法分类号（LCC） 686　$a 其他图书馆分类法分类号 690　$a 中国图书分类法分类号（CLC） 692　$a 中国科学院图书馆图书分类法分类号（LCCAS）
Description（描述）	330　$a 提要或文摘
Publisher（出版者）	210　$a 出版发行地$c 出版发行者
Contributor（其他责任者）	7020　$a 个人次要责任者 7120　$a 团体次要责任者 2001　$g 其他责任者
Date（日期）	210　$d 出版发行时期
Type（资源类型）	2001　$b 一般资料标识
Format（格式）	300　$a 一般性附注
Identifier（资源标识符）	010　$a 国际标准书号（ISBN） 011　$a 国际标准连续出版物号（ISSN） 020　$a 国家代码$b 国家书目号$z 错误的国家书目号 856　$u URL
Source（来源）	300　$a 一般性附注
Language（语言）	1010　$a 正文语种$b 中间语种$c 原作语种
Relation（关联）	300　$a 一般性附注
Coverage（覆盖范围）	1220　$a 作品内容时间范畴 661　$a 年代范围代码 660　$a 地区代码
Right（权限管理）	300　$a 一般性附注

DC 可结合网络资源的生产，由创建者在信息资源生产的过程中对元数据进行描述，也可以由网络信息组织者加以描述或补充。由于网络元数据是以结构化的方式记录在信息资源内或独立建立并与其联系的，依据 DC，就可以通过对元数据的发现和利用，作为网络资源搜索和处理的工具。

2.2.5　元数据的应用

元数据的应用范围广泛，如图像检索、导航和图像集合中浏览，视频，音频和演讲，结构化的文献管理，地理和环境信息系统，数字图书馆，支持信息存取的混合多种媒体等。在整个世界范围内，元数据正受到各行各业的重视，并被在越来越多的领域中应用。

1. 元数据在国外的应用

1）美国的教育资料网关

1998年，美国教育部（US Department of Education）和国家教育图书馆（USA National Library of Education）责成位于锡拉丘兹大学（Syracuse University）的信息与技术科教资源中心信息与技术交换处（ERIC Clearinghouse on Information and Technology）开发了教育资料网关（Gateway to Educational Materials，GEM）项目。

该项目通过发展和利用都柏林核心元素集 DC 及其利用的相关程序来达到预期的目的，为美国的教师在互联网网站上提供课程计划、课程单元和其他互联网上的教育资源检索方面的资料而建立一个可操作性架构。其任务是，利用 HTML 规范和互联网浏览器，定义元数据架构和受控词汇，鼓励设计 GEM 元数据的原型界面，设计和推行检索元数据的收获工具（Harvester），开发用于维护 GEM 轮廓及其受控词汇的组织结构等。

2）北欧的万维网索引

北欧万维网（Nordic Web Index，NWI）是于 1998 年利用北欧各国的 5 个合作服务点建立的，以元数据为基础，可以实现包括题名、文献作者和 URL 等字段的检索，可以提供区域内北欧网络标引服务等。

3）欧洲研究与教育信息服务之开发项目

欧洲研究与教育信息服务之开发（Development of a European Service for Information on Research and Education，DESIRE）项目由欧盟（European Union）赞助，作为第四个框架程序之研究领域的远程信息处理的一部分。该项目由英国图书馆和信息联网办公室（The UK Office for Library and Information Networking，UKOLN）统一协调，参与者包括 University of Bath、Loughborough University、Kobibklijke Bibliotheek、National Library of the Netherlands 和 University of Bristol。DESIRE 项目在基于主题的信息网关中为记录使用一般的元数据格式，并由 UKOLN 元数据小组（UKLON Metadata Group）编制了用于转换的高级别映射表。

4）北欧元数据项目

元数据的开发虽始于美国，但应用元数据最广泛的地区是欧洲和澳大利亚。到目前为止，世界上最大的元数据项目就是北欧元数据项目（The Nordic Metadata Project）。它也是当前在都柏林核心集 DC 应用方面最著名和成功的研究项目之一。

北欧元数据项目是一个大规模的区域性跨国合作项目，由北欧五国（挪威、瑞典、芬兰、丹麦、冰岛）的学者共同合作。该项目于 1996 年 10 月到 1998 年 3 月实施，其核心合作组织是丹麦图书馆联合中心。

北欧元数据项目旨在评估现有的元数据格式，发展 DC，在有可能的情况下将 DC 转化为北欧机读目录格式 MARC，以及为北欧互联网文献提供元数据检索服务。

该项目的发展历程分为五个阶段：评估现有元数据格式，提升都柏林核心集，制订都柏林核心和北欧各国机读编目格式（MARC）间的转换对照表，制作实作机制（语法和使用者环境等），利用都柏林核心集改进北欧网络资源的检索。

该项目的主要特点如下：

❖ 采用都柏林核心集 DC 作为主要的资源描述格式。

❖ 重点研究 MARC 和 DC 间的相互转换与合作，目的是如何将 DC 融入和应用于图书馆中。

❖ 涵盖的资料种类和领域较广，提供了多种选项的著录格式模板，如北欧诸国通用的区域性主题词表和分类法、常见的国际性主题词表和分类法（如美国国会图书馆的主题词表 LCSH、杜威十进分类法 DDC 等）及专业性的主题词表和分类法（如计算机所使用的计算分类系统 CCS）等。

❖ 使用方便，界面友好，修饰词采用了下拉菜单的方式等。

2. 元数据在中国的应用

1）中国大陆的元数据研究

在中国大陆，迄今最成熟的元数据标准是中国机读目录格式 CNMARC，而其他元数据在中国大陆的应用与发展尚处于起步阶段，应用的领域还不够广泛。目前，一些研究机构已经开发出元数据的应用系统，如由中国 21 世纪议程管理中心、国家科委、国家计委、国家经贸委和中国科学院等共同开发的"中国可持续发展信息共享示范系统"，已经推出地理、海洋、植物、自然灾害等元数据的数据库，并且向社会开放。而在图书馆界，元数据还停留在研究与开发阶段。北京大学图书馆、清华大学图书馆、国家图书馆、上海图书馆和广东中山图书馆等正在积极组织力量开发元数据项目，有的已经完成了格式的制订，如清华大学的建筑元数据项目和北京大学的拓片元数据项目已经进入实验阶段，取得了可喜的成果。

① 原文化部科技司的数字式中文全文文献通用格式

为加强中国公共图书馆文献资源建设，推动图书馆自动化、网络化和数字图书馆的发展，原文化部科技司提出制订《数字式中文全文文献通用格式》，并将任务下达给广东省中山图书馆，供中国大陆各级公共图书馆以计算机可读形式建立馆藏数字化中文全文文献资源。这是建立数字图书馆元数据库的一个重要标准。该标准适用于采用中文全文检索技术的计算机系统，可作为中文全文文献信息的交换格式。

该标准格式规定了文本、图像和多媒体等类型文献元数据的规范和定义，可用于普通图书、古籍、连续出版物、标准文献、科技报告、学位论文、地图资料、缩微资料、计算机文档等类型文献的元数据处理，是连接数字图书馆对象和网络用户的桥梁与纽带。

该标准采用可变长字段的文献格式，每个字段以换行符作为结束符，并严格遵循《中国文献编目规则》和有关的国际和国家文献工作标准，坚持准确、完整地进行文献著录；还具有通用性，既可作为中文全文文献信息的交换格式，也可作为计算机系统的内部存储格式。按照此格式，广东中山图书馆建立了网上图书馆和数十个全文数据库，接入广东邮电 169 网，面向社会服务，接受用户的评价和实践的检验。

该标准格式是以 DC 1.1 版本为基本框架，结合中文文献数字化处理的特点和要求，在保持符合国家和国际标准通用规则的基础上设计的，除了采用 DC 的 15 个项目，还增加了记录控制号（Record）项目。

由于全文检索系统 TRS 的支持，用户可以快速检索元数据记录中的任何字符（包括目次和篇名），通过 URL 直接获得原文。这样既满足了基本的检索需要，又避免了全文记录自动标引所产生的大量冗余信息，并为数字图书馆中文元数据库的建立奠定了基础。

② 中国大陆的数字图书馆项目

目前，全球范围已有近 20 个国家和地区的数字图书馆在创建中，第一批规模型成果已开始在互联网上陆续出现。1995 年，北京图书馆（现名为中国国家图书馆）开始对发达国家的数字图书馆研究进行跟踪，并先后在原文化部等部委申报了若干有关研究项目，在国家有关部门的支持下，进一步验证了一些关键技术。

目前，在中国大陆，影响最大的数字图书馆建设项目如下。

中国试验型数字式图书馆（China Pilot Digital Library Project，CPDLP）：1997 年，由国家计委批准立项的国家重点科技项目，实施期限为 1997 年 7 月至 2000 年 12 月。其实施内容包括两大部分：一是研制一套初步成型的数字式图书馆的实现技术，应具有与国际主流技术接轨的特点，同时适合在中国推广；二是逐步建设一个规范化的分布式数字式资源库，在资源组织和描述上，强调符合本项目总体技术组的统一要求。该项目计划由中国国家图书馆、上海图书馆、深圳图书馆、中山图书馆、南京图书馆、辽宁图书馆参与，模仿美国数字图书馆倡议计划（Digital Library Initiative），侧重技术方案的实现，兼顾资源的数字化，并设立了一项软课题研究。该项目最小元数据集合采用都柏林核心 DC，其实现采用 RDF 方式，并分为两层，第一层为都柏林核心 DC，第二层为 MARC 或 TEI 标题，在资源建设中要求按此两层实现。

中国数字图书馆工程：1998 年 8 月 25 日，"中国数字图书馆工程"筹备领导小组成立；2000 年 4 月 5 日，由文化部牵头召集的中国数字图书馆工程联席会议第一次会议在国家图书馆召开，标志着中国数字图书馆工程正式启动，即将由试验阶段进入有规划、有组织、科学有序的实质性操作阶段。其中，元数据方案的制订是最基本和至关重要的部分，需要建立数字图书馆国家中心的元数据共享检索系统和元数据资源中心。该中心使用并行数据库技术和分布式计算机系统来支撑海量的元数据系统。

清华大学建筑数字图书馆（Tsinghua University Architecture Digital Library，THADL）：由清华大学图书馆、清华大学计算机科学与技术系、清华大学建筑学院三方精诚合作共同研制开发。1999 年 10 月，清华大学建筑学院开始构建清华大学建筑数字图书馆。在经过一系列的可行性调研后，清华大学建筑数字图书馆课题组于 2000 年 3 月 5 日成立，并将此项目立项，开始正式投入运作。目前，清华大学建筑数字图书馆已能提供中国营造学社史信息导航、学社资料成果信息导航和新营造学社资料方面的服务。清华大学建筑数字图书馆的元数据基本上采取的是都柏林核心。

北京大学的中文 Metadata 标准研究：北京大学数字图书馆研究所、北京大学图书馆数字图书馆工程的重点研究项目。该项目试图以各类"中文文献"（如具有鲜明的中文特征的金石拓片和敦煌古卷、善本、舆图等）为资源实体对象，研究中文文献元数据标准，并在其基础上制订中文文献元数据示范数据库。项目组由北京大学数字图书馆研究所的人员组成，分别来自北京大学图书馆、CALIS 管理中心和北京大学信息科学中心。

目前，中国大陆还有许多其他机构正进行元数据的研究，如上海图书馆等。但中国大陆元数据研究的针对对象大都偏重于古籍、珍贵史料等，这自然与版权问题有一定的关联。同时，更是因为，一方面为了更好地保存此类文献，阅读条件较为苛刻，使得此类文献的利用大受限制；另一方面，此类文献数量极少，可获取性较低，需求者较难获取，而数字图书馆的建立能较好地解决此类问题。

2）中国台湾地区的元数据研究

（1）分散式元资料实验系统

分散式元资料实验系统（Metadata Experimental System，MES）是 1996 年 6 月由中国台湾辅仁大学吴政睿副教授建立的，目的是让读者透过该系统对元数据及其未来的可能运作方式有更具体的认知，并利用此系统测试和验证元数据的功能和效用。MES 是一个开放性的实验系统，任何人都可以上网著录自己的网页或文件，以供他人查询和检索。

MES 包含两种元数据类型：DC 和互联网工程任务小组（IETF）正在规划中的 URI（统一资源标识符）架构（包含 URN、URL、URC）。其中尤以 DC 的功能最为完整，采用与 HTML 2.0 完全兼容的格式。

MES 包括四个子系统：注册子系统、DC 子系统、查询子系统和 URL 子系统。其主要特色为：提供著录、检索的功能，开放性设计，将 URN 作为资源（或文件）的唯一识别码等。

（2）梵蒂冈地区中文联合馆藏系统

梵蒂冈地区中文联合馆藏系统（United Chinese System，UCS）是在 MES 的基础上，于 1998 年 12 月推出的直接以 DC 为其资料描述格式，并在图书馆中应用的一个实用系统。该系统在当时世界上的 WebPAC 中属创新之举。

UCS 的主要特色为：对所有资源的查询、新增和修改都是通过 Web 接口（万维网）方式进行的；既可处理传统的图书馆馆藏，也可处理时下流行的万维网网页，也可将书目数据（或印刷资料）与万维网网页（或电子档案）合并处理等。

（3）资源组织与检索之规范

资源组织与检索之规范（Resources Organization and Searching Specification，ROSS）是 1998 年 10 月由中国台湾地区图书情报学界推行的数位博物馆专案计划下的一项分项计划。

ROSS 计划的目的在于深入研究全球数字图书馆系统或信息界已研发的电子信息元数据及信息组织系统，并针对中国台湾珍藏文物和文献的特性，建立一套适用的信息组织之模式，作为中文环境数字图书馆系统设计之基础。

ROSS 分两个阶段实现：第一阶段是"数位博物馆专案计划——资源组织与检索之规范"，1998 年 10 月 1 日至 1999 年 8 月 31 日；第二阶段为"数位博物馆资源组织与检索之规范与系统实作"，2000 年 3 月 1 日至 2001 年 2 月 28 日。

（4）中文资讯元资料交换

中文资讯元资料交换（Metadata Interchange for Chinese Information，MICI）是 ROSS 计划的一项重要成果，包括管理段、著录段、主题段、形式段、关联段、典藏段、重制段和附注段等八个基本段，采用字段值的形式。为了符合国际发展的潮流，MICI 采用都柏林核心及其限定词机制来建构 MICI-DC 的形式。

（5）数位博物馆专案计划

数位博物馆专案计划包括两部分：一是合作机制与环境建置，中国台湾"中研院"的二十五史等汉籍数据库、中国台湾大学建置的平埔族文化史等，都取得了初步成效，但仍需进行机构间的整合、协调与规划。中国台湾大学、暨南大学、清华大学等的学者共同建立了一个合作机制，加速推动中国台湾科学、文艺等教育性网络内涵的发展。二是主题系统先导计划，通过文化艺术性、科学教育性示范网站的建立，希望平衡目前互联网文化性、教育性内涵之匮乏。目前，数位博物馆专案邀请专家学者撰写脚本并编辑制作大众化且有内涵的网页，目前推出了"淡水河溯源"和"平埔文化资讯网"等八个主题先导计划。

3）小结

在互联网迅速发展的全球大环境下，在中文网络信息资源的组织过程中，元数据日渐担当起重要的角色。

为充分利用已有的都柏林核心数据，建立 DC 与中文机读目录格式 CNMARC 之间的映射关系实属必要。因而，我国首次提出了 DC 与 CNMARC 各数据单元之间的映射，而建立的 CORC 系统是目前唯一将 MARC 和 DC 统一在一个系统内自由转换的系统。通过此计划，有关人员可以进一步直接检测 MARC 和 DC 互相映射的实效，探索资源描述等方面的发展趋势。可是，参与 CORC 计划的代价是高昂的，当务之急是尽快研究、开发出一个专门针对中文网络信息资源的兼容 CNMARC 和中文化 DC 的系统，从而更有效地、大范围地研究中文网络信息资源的发现、存取、检索和利用，更切合中国实际地探讨元数据的发展前景。

2.3 信息资源标引法

标引是通过对文献或信息资源的分析，选择确切的检索标识（如分类号、主题词、关键词、人名、地名等），用以反映该文献或资源内容的过程。通常指选用检索语言词或自然语言词反映文献主题内容，标引是内容的主题分析和用词表达两个步骤的结合。英文"Indexing"意为标引（还指索引法）。标引是文献加工中的重要环节，是款目或记录编排的基础和根据，对信息检索效果有直接的、决定性的影响。通过标引，各种目录、索引等检索工具才能编成。各种标引词存储于计算机内，才能实现对文献或信息的检索。利用何种检索标识进行标引，就形成了各种标引法。按使用检索标识或语言的类型，标引可以分为分类标引法、主题标引法、关键词标引法和名称（人名、地名、书名等）标引法等。由于计算机信息检索系统和信息数据库的应用，又出现了自动标引。

2.3.1 分类标引

分类标引，又称为归类，是指依据一定的分类语言，对信息资源的内容特征进行分析、判断、赋予分类标识的过程。

分类标引工作是对信息资源进行分类组织的基础和前提,对文献开发利用具有重要意义。通过对信息资源赋予分类标识，信息机构可以将各种信息资源纳入相应的知识门类，建立起相应的分类检索系统。这样，用户只要根据一定的信息资源特征，就可以按照系统提供的途径进行查找，从资源集合中检索出需要的文献。

1. 分类标引要求

要保证信息资源的标引质量，分类标引工作应遵循如下要求。

① 标引的准确性：指将资源归入对应的学科和专业，以及分类体系中最专指、最切题的类目。

② 标引的充分性：指根据使用需要，充分揭示有检索价值的资源的主题。对只涉及一个

主题对象的资源，只归入一个对应的类目；对同时涉及多个主题的资源，应采用适当的标引深度，进行分类标引，既要保证查全率，又要兼顾查准率。

③ 标引的一致性：指同一主题内容资源标引结果的一致性。要保持较高的一致性，不仅应提高标引人员的素养，还应通过规范标引程序和建立明确的规则等。

④ 标引的适用性：指标引应考虑系统的特点和用户的检索需要，使标引结果适用。

要实现上述目标，必须根据分类标引的特点，掌握和了解分类标引方法、分类标引规则和分类法的特点及使用环境。

2. 分类标引方法

按编制方式，分类标引方法可分为等级列举式（层累式）、分面组配式和列举组配式三种，如表 2-14 所示。

表 2-14　分类标引方法对照表

	等级列举式	分面组配式	列举组配式
含义	将所有的类目组织成一个等级系统，并且采用列举方式编制的分类法。它将类目体系组织成一个树状结构，按照划分的层次，逐级列出详尽的子目，在以线性形式显示时，以缩格表示类目的等级关系	利用概念分析与概念综合的原理，把表达信息内容和形式的概念进行分面分析和分面标引而构成的分类体系。整个分类表全由复分表组成，即只给出一些基本概念的划分标准，而不给出实际使用的概念子项	是等级列举式与分面组配式的结合，是一种在详尽类表的基础上，广泛采用各种组配方式的分类法
优点	从一定角度出发有层次地揭示信息资源，类目展开比较系统 分类结构显示直观，易于把握、使用 标记简明，号码单纯，适于分类排架	标引专指，可通过组配，揭示复合主题 标记表达性强，可表达主题成分所属的分面，便于根据需要调整组配次序，进行多元检索 适应性强，可通过组配，表达新产生的复杂主题 易于管理和修订	以列举式类表为基础，具有一定的直观性 广泛采用组配方法，基本上可以达到分面类表同等标引水平
缺点	揭示专门主题能力差 类表具有一定的凝固性 不能自动生成新类 不利于类表管理	类目体系是隐含的，直观性差 类目是根据组配建立的，类目划分不均衡 标引难度大，专业素养要求较高 标记成分复杂，号码冗长，不适于排架	列举式类表的管理修订工作，需要较大的工作量 类目之间的组配要求使用多种辅助符号，标记复杂、冗长
典型代表	美国的《杜威法》、美国的《国会法》、中国的《中图法》	印度的《冒号分类法》、英国的《布立斯书分类法》	欧洲的《国际十进分类法》、俄国的《图书馆书目分类法》

3. 分类标引规则

分类标引规则是根据检索系统的需要，并结合分类表和信息资源的特点而确定的。按照分类标引规则的特点和涉及的内容对象范围，分类标引规则一般可分为分类标引基本规则和分类标引一般规则。

1）分类标引基本规则

分类标引基本规则是整个分类过程中必须始终遵循的规则，是从信息资源分类原则中引申出来，并结合分类标引的基本要求确定的，其内容包括如下几方面。

（1）性质标引

信息资源的分类标引是根据其性质并结合各自的特点进行的标引。

传统文献分类体系是以学科为中心建立的类目体系，一般应在分析文献主题对象的同时考虑其内容的学科属性。例如，《华北地质构造》，应先按学科归入"P54 区域大地构造学"，再按地区归入华北地区，即 P548.22。

网络分类体系是以主题或学科为中心建立的类目体系，一般应根据类目的设置特点，各入其类。

文学、艺术形式的资源，通常应根据其特点，按照其体裁、形式等标引。例如，《潘天寿国画作品集》，应按其形式和作者的国别归入艺术大类"中国绘画"下的"现代国画"，即 J222.7。

工具书、目录、索引、文摘等，应根据类目体系的规定和使用需要，同时按内容和形式归类。例如，《物理学文摘》，通常按文摘处理，归入综合性图书下的相关类目，即 Z89:O4；若按专业分散处理，可归入物理学类，再按总论复分表分，标引为 O4-7。

（2）从属关系标引

信息资源的分类标引必须能体现分类法的逻辑性、等级性和次第性，即凡能归入某一类的资源，必然带有其上位类的属性。

例如，《当代短篇小说选》，应归入"I247 新中国成立后作品"的"I247.7 新体短篇小说"类，而不归入"I207.427 短篇、故事"类（因其为新中国成立后短篇小说评论和研究）。

（3）内容标引

信息资源应依据其内容归入分类体系中内涵和外延最符合其内容的、最准确的类目。标引时，不仅应准确确定信息资源的学科归属，还应按照学科展开的层次，区分总论和专论、理论和具体应用的区别，将其归入最准确的类目。

例如，《大白菜贮藏》，应按其论述对象的范围，归入相应层次的类目，即 S634.109，而不应归入"S379 农产品贮藏"或"S609 园艺产品收获、初加工、贮藏"。

又如，奥斯特洛夫斯基的《钢铁是怎样炼成的》，是一部小说，应归入 I 类，而不能仅凭书名把其归入 T 工业技术类。

（4）用途标引

资源分类是为使用服务的，必须根据使用的需要归入用途最大的类。

例如，供管理部门使用的检索系统，在标引"工业企业管理"资源时，可根据使用需要，将各领域有关管理的信息资源集中于 C93 管理学中的应用管理学下，用组配编号法标引，应归入 C939：F406，而不应归入所应用的相关类目。

（5）对象标引

对于社会科学特定对象的信息资源，应注意对其内容性质进行揭示。特别是在网络信息资源的组织中，由于网络资源缺乏控制和管理，应注意检索系统的导向性和思想性，杜绝不健康或损害国家主权和利益的站点或信息。

2）分类标引一般规则

分类标引的一般规则是从著作方式的角度提出来的，适用于各知识门类的分类规则。不同主题类型、写作方式、编辑出版形式等的资源具有不同的标引要求和规则。

（1）单主题、多主题信息资源的分类标引

单主题信息资源是论述某一特定主题对象的资源，一般应根据该资源对事物、对象研究的学科角度，按照论述的内容范围进行标引。例如，《教育心理学》，应按其学科内容归入教育类下教育心理学的专类 G44。

多主题信息资源是同时论述两个或两个以上的事物对象的资源，一般应按其所论述的主题对象及其关系，区别情况进行分类。

同时涉及两个并列关系的主题，应按重点或在前主题归类，并同时为另一个主题作附加分类。例如，《气焊与气割》，可按前主题归入气焊类 TG446 并为气割作附加分类，互见 TG481。

对于两个同属一类且有共同直接上位类的并列主题，可视情况归入其共同的上位类。例如，《玉米、高粱育种技术》，可归入其上位类禾谷类作物 S510.3。

同时涉及三个或三个以上的并列主题，一般可根据其涉及的范围，归入共同的上位类或概括性类目。

对具有从属关系的两个主题，一般应按其大主题归类；若研究重点是小主题，则应标引小主题。例如，《植物学与植物生理学》应归入大主题所属的植物学类 Q94。

（2）简单主题、方面主题和联结主题的分类标引

简单主题只论述一个基本主题对象的资源，一般应按照主题对象的学科性质归类。例如，《人口统计学》，应归入"人口学"下的专类 G921。

方面主题论述某主题一方面或多方面的资源，一般应根据资源论述的方面及各方面之间关系的不同情况归类。

单一方面的主题，应从学科角度归类。例如，《中国茶文化史》应归入中国文化史 K203；《日本的茶道》，应归入日本风俗习惯 K893.13。

多方面的主题，应根据不同方面之间的关系确定其归属。若同属一类，应归入其共同的上位类；若不属同一类，应按重点归类。例如，《中国茶经》，全面介绍中国茶叶的发展史、功用、制作、饮用、风俗习惯及茶树栽培等，内容涉及文化史、农业、轻工业、经济等门类，应按其重点归入中国文化史 K203。

联结关系，主题涉及两个或多个具有联结关系的主题对象，包括应用、比较、影响、因果等关系类型，通常应在分析其关系类型的基础上，各入其类。

应用关系主题，一般应按被应用到的主题归类。例如，《微型计算机在汽车检测中的应用》，应归入汽车工程下的相应类 U472.9。

比较关系主题，一般按重点论述的内容归类。例如，《中印近代文化的比较研究》，重点论述印度文化的特征，应归入印度近代文化史 K351.403。

影响及因果关系主题，一般应按被影响或表示结果的主题对象归类。例如，《帝国主义和中国政治》，论述帝国主义对我国近代的影响，应归入中国近代史 K25；《气候变迁对我国农业的影响》，着重论述气候变迁对我国农业生产的影响和关系，应归入我国农业 S162.22。

（3）丛书、多卷书的分类标引

丛书，是将多种独立的著作汇集为一套，并冠有一个总书名的出版物类型，一般采用分散标引，即先按丛书中的各单书的内容标引，再根据情况确定是否为丛书编制综合分类款目。例如，《哲学的改造》（汉译世界学术名著丛书），分散标引归入 B712.51。

有时还采用集中标引，即先按整套丛书的内容标引，再分别为每种书进行分析标引，并在类号中加丛书复分号"-51"。例如，《情报检索语言论文选》（中国图书馆学情报学选丛），集中标引为 G25-51，分析标引为 G254.0。

多卷书，是将一套完整著作分为若干卷、册出版的文献类型，一般应对整套书标引，视情况决定是否加多卷书号"-51"，有时应以各卷为单位进行分析标引。例如，《病理学》（病理解剖学分册），综合标引归入 R36-51，分析标引归入 R361；《古代汉语》（共 4 卷），标引为 H109.2。

（4）参考工具书的分类标引

参考工具书包括词典、百科全书、年鉴、手册等，一般应根据其内容范围、出版形式，结合资源组织进行标引。

综合性参考工具书，通常应集中标引，归入 Z 综合性图书。例如，《中国大百科全书》归入 Z227.1。

专科性参考工具书，一般应按内容归入有关的知识门类，同时采用相应的总论复分号对其形式加以揭示；或集中于"综合性图书"类的相应专科类目下，再使用组配方式对其学科内容加以揭示。例如，《经济统计年鉴》，分散标引为 F222-54，集中标引为 Z58:F222。

（5）检索工具书的分类标引

检索工具书包括目录、索引、文摘等，通常应结合资源组织需要加以标引。

综合性检索工具书，通常应归入"综合性图书"类的相应门类。例如，《国外期刊目录 (1977)》，标引为 Z87。

专科性检索工具书，一般采用集中标引，即先集中归入"综合性图书"大类的相应门类，再按组配法揭示其学科；也可采用分散标引，即先分散于有关各类，再在学科的分类号后加总论复分号"-7"。例如，《敦煌学著作目录》，集中标引为 Z88:K870.6，分散标引为 K870.6-7。

专书索引，一般应随原书归类。其中，对于马列经典作家的著作及研究的检索工具书，《中图法》在马列大类下设有专类，通常可归入相应专类。例如，《十三经索引》，归入"十三经"所属的类目 Z161.1；《马克思恩格斯全集目录》，归入"马克思恩格斯全集学习"下的专类 A813。

（6）对著作的研究、注释的分类标引

有关著作研究的资源包括评论、研究、注释、改编等多种类型，一般应依具体情况而定。

科学著作的评论、研究、注释一般随原书归类，必要时可使用专类复分表对著作方式加以区分。例如，《荀子全译》，应归入中国哲学下荀子专类，按专类复分表区分，标引为 B222.64。

马列经典作家著作的评论、研究，应按分类体系的要求，归入有关评论、研究专类。例如，《<矛盾论>解析》，归入 A841.24。

文学作品的评论、研究，应按研究对象的国别、体裁归入各体裁文学的评论和研究的有关类目。例如，《三国演义研究集刊》，归入中国小说评论的有关专类 I207.413。

缩写、节选的资源，若内容性质未发生变化，一般仍随原书归类；若内容性质有较大改变，则应重新归类；从一种体裁改写为另一种体裁的文艺作品，或者将其他门类的作品改编为文艺作品，一般应按改写后的体裁归类。

（7）特种文献的分类标引

技术标准，综合标引归入"T-65 工业规程、技术标准"类，分散标引按专业各入其类，以总论复分表号码加以揭示。例如，《信息交换用汉字编码字符基本集》(GB 2312—1980)，分散标引为 TP391-65，集中标引为 T-652.1。

专利文献，在自然科学总论和工业技术设有 C18、N18、T-18 等专类，有关各学科的专利可各入其类，再以总论复分号-18 复分。

（8）技术报告、学位论文的分类标引

标引时，一般按其内容性质进行归类。例如，《国外社会科学信息网络建设》(科技报告)，标引为 C1。

（9）非书资料的分类标引

非书资料指非印刷型文献，可分为声像资料和缩微资料两类。一般应根据文献内容的学科属性加以标引，并依据总论复分表揭示其媒介形式。例如，《英语口语》（录音带），标引为H319.9-792。

（10）网络信息资源的分类标引

网络信息资源的标引，一般应按分类体系的特点，各入其类，有两种方式：一种是采用传统分类体系，并以此为基础进行必要的增补，目前国外依据 DDC、UDC、LCC 等建立的网络分类检索系统基本上属于此类；另一种是采用直接以网络资源为对象编制的分类体系，Yahoo、搜狐等网络分类检索系统属于此类。例如，"国际图联"网站采用《中图法》，标引为 G25-20。

4. 对常用几种分类法的评价

信息资源分类标引的依据是分类法，而分类法主要是通过类目体系的系统排列进行词汇控制的。各种分类法虽然在组成方式上存在着差异，但其组成结构基本上是相同的。对于分类法的结构组成大致有两种划分方法：其一是按照分类法组成部分的功能，将分类法的组成分为类目体系、标记符号、说明与注释、类目索引四部分；其二是按照分类法的形式，将其分为编制说明、主表、副表、标记符号、类目索引五部分。

目前，国内外常用的分类法有多种。中国常用的分类法主要有《中国图书馆图书分类法》（Chinese Library Classification，CLC，简称《中图法》）、《中国科学院图书馆图书分类法》（简称《科图法》）、《中国人民大学图书馆图书分类法》（简称《人大法》）、《中国图书资料分类法》（简称《资料法》），以及部分高等院校自主编制的图书分类法，如《南京大学图书馆图书分类法》（简称《南大法》）等；国外常用的分类法主要有《杜威十进分类法》（Dewey Decimal Classification，DDC，简称《杜威法》）、《国际十进分类法》（Universal Decimal Classification，UDC）、《美国国会图书馆图书分类法》（Library of Congress Classfication，LCC，简称《国会法》）等，还有阮冈纳赞的《冒号分类法》（Colon Classification，CC）、《布利斯书目分类法》（Bliss Bibliographic Classification，BC）等分面分类法。下面仅就几种常用的体系分类法进行对照（如表 2-15 所示）和评价（如表 2-16 所示）。

下面以《中图法》为例来阐述，如 TN710.1，由五级类目组成，其含义为：

T	工业技术
TN	无线电电子学、电视技术
7	基本电子电路
10	电子电路及设计
1	电子管电路

目前，《中图法》已成为类分中文文献的标准分类法，多年来一直采用连续修订制，2010年完成第 5 版，2021 年完成第 5 版电子升级版，为人工标引和计算机自动标引创造了良好的条件。目前已有学者提出，以《中图法》为基础，编制适用于数字信息资源的"信息资源分类法"或"数字资源分类法"。

表 2-15　常用分类法对照表

项目名称		《杜威法》	《国际十进分类法》	《国会法》	《中图法》	《科图法》	《人大法》	《资科法》
版本形式		1876年第1版 1885年第2版 1891年第4版 1958年第16版 1965年第17版 1971年第18版 1979年第19版 1989年第20版 1996年第21版	1905年第1版（法文版） 第2版（法文版） 第3版（德文版） 第4版（英文版） 第5版（法文修订版） 第6版（日文版） 第7版（西班牙文版） 第8版（德文版） 等23种不同语言的版本	1901年第1版 至2001年已有43个分册，并进行陆续修订	1975年第1版 1980年第2版 1990年第3版 1999年第4版 2010年第5版	1958年第1版 1982年第2版 1994年第3版	1954年第1版 1955年第2版 1957年第3版 1962年第4版 1982年第5版 1996年第6版	1975年第1版 1982年第2版 1989年第3版 2000年第4版
体系结构		层累制	层累制	层累制	层累制	层累制	层累制	层累制
标记符号		纯阿拉伯数字	纯阿拉伯数字	字母数字混排	字母数字混排	纯阿拉伯数字	纯阿拉伯位数字	字母数字混排
基本部类	数量	3		6	5	5		
	内容	理性知识 想象知识 记忆知识		总类 哲学 历史和地理 社会科学 艺术和文学 科学技术	马列主义、毛泽东思想 哲学 社会科学 自然科学 综合性图书	马列主义、毛泽东思想 哲学 社会科学 自然科学 综合性图书	总结科学 社会科学 自然科学 综合性科学	
基本大类	数量	10	10	21	22	25	17	38
	内容	000 计算机、信息及总类 100 哲学和心理学 200 宗教 300 社会科学 400 语言 500 自然科学 600 技术 700 艺术和娱乐 800 文学 900 历史和地理	0 综合性图书 1 哲学 2 宗教 3 社会科学 4 自然科学 5 应用科学 6 艺术 7 语文、文学 8 地理、历史	A 总类 B 哲学、心理学 C 历史：辅助科学 D 历史：世界史 E-F 历史：美洲史 G 地理、人类学 H 社会科学 J 政治 K 法律 L 教育 M 音乐 N 美术	A 马克思主义、列宁主义、毛泽东思想、邓小平理论 B 哲学、宗教 C 社会科学总论 D 政治、法律 E 军事 F 经济 G 文化、科学、教育、体育 H 语言、文字 I 文学	00 马克思列宁主义、毛泽东思想 10 哲学 20 社会科学 21 历史、历史学 27 经济、经济学 31 政治、社会生活 34 法律 36 军事、军事学 37 文化、科学、教育、体育 41 语言、文字学 42 文学 48 艺术	1 马克思主义、列宁主义、毛泽东思想 2 哲学 3 社会科学 4 经济 5 军事 6 法律 7 文化、教育、科学、体育 8 艺术 9 语言、文字 10 文学 11 历史	同《中图法》，只是把其16个二级类目工业技术类T下的16个二级类目作为一级类目使用，即： TB 一般工业技术 TD 矿业工程 TE 石油、天然气工业 TF 冶金工业 TG 金属学与金属工艺 TH 机械、仪器工业 TJ 武器工业 TK 能源与动力工程 TL 原子能技术

项目名称	《杜威法》	《国际十进分类法》	《国会法》	《中图法》	《科图法》	《人大法》	《资料法》
基本大类内容			P 语言、文学 Q 科学 R 医学 S 农业 T 技术 U 军事学 V 海军 Z 书及图书馆学	J 艺术 K 历史、地理 N 自然科学总论 O 数理科学与化学 P 天文学、地球科学 Q 生物科学 R 医药、卫生 S 农业科学 T 工业技术 U 交通运输 V 航空、航天 X 环境科学、安全科学 Z 综合性图书	49 无神论、宗教学 50 自然科学 51 数学 52 力学 53 物理学 54 化学 55 天文学 56 地球科学（地学） 58 生物科学 61 医药、卫生 65 农业科学 71 工程技术 90 综合性图书	12.地理 13.自然科学 14.医药、卫生 15.工程技术 16.农业科学 17.综合性科学、综合性图书	TM 电工技术 TN 无线电电子学、电信技术 TP 自动化技术、计算机技术 TQ 化学工业、手工业 TS 轻工业 TU 建筑业 U 交通运输 V 航空、航天 X 环境科学、安全科学 Z 综合性图书
通用复分表 标准复分表 地理复分表 人物复分表 文学复分表 语言复分表 人种种族 民族种族 语种复分表 人员复分表		独立使用的通用辅助符号 通用辅助表的复分号 专用辅助表复分号 形式复分表 地区复分表 年代复分表 主题复分表 汇编复分表 著者复分表		总论复分表 世界地区表 中国地区分表 世界时代表 中国时代表 中国各民族表 世界各民族表 世界地域区分表 通用时间、地点复分表		综合复分表 世界地区表 中国地区表 中国民族复分表 国家时代表 中国时代复分表 世界种族与民族表 国际地区复分表 通用时间、地点复分表	总论复分表 世界地区表 国际地区表 中国地区表 中国时代表 国家时代表 世界种族与民族表 通用人物表 通用环境表 通用时间、地点复分表

表2-16 对几种常用分类法的评价

分类法	优 点	缺 点
《杜威法》	使用相关排列法，统一了图书排架和目录组织 采用数字层累标记制，通用性好，易排、易检、易理解使用 类目体系等级分明，列类详尽，易扩充组配，助记性和等级性强 配置详细的相关索引，提供从主题字顺查类途径 有稳定管理机构，利于类表的发展	大类体系未能反映学科门类间的联系 大类设置已不能适应现代科学发展的需要 过分以美国为中心，影响他国使用 小数标记易扩充，但专指主题号码过长，不利于排架 修订中类目的变动和复分表的编制，给重新分类带来实际来实际问题
《国际十进分类法》	最先提出概念分析原理，并将其用于文献标引，是组配分类的先驱 类表列举详尽，组配灵活 标记具有较强的表达性，通过使用各种辅助符号表达主题成分，可用于轮排，适合计算机检索	基本上沿用DDC体系，大类划分不够均衡 组配规则过于灵活，影响标引的一致性 号码冗长，组配符号种类繁多，不利于手工排检 缺乏强有力的管理机构，造成版本管理和修订不一致，系统性、体系混乱，限不上文献标引的实际需要
《国会法》	一部依据文献保证原则编制的分类体系，能较好地适应文献标引的实际需要 类表由各学科专家编制，适合研究性图书馆的分类特点 标记简短，容纳性强，使用组配少，便于号码配置 修订基于日常目编日工作，增补和变动及时 类表结构稳定，变动少，类目增补不必改动原有类号	缺乏明确的分类理论指导，类表的系统性、规律性差 类目设置及组织方式受国会馆的西方倾向的修订和协调，整体性差 采用详尽列举方式，无统一的索引，更新费用大 顺序标记，篇幅巨大，但表达性差，在计算机系统中不利于通过标记对类表等级进行显示
《中图法》	大类体系合理，符合现代文献的分类特点 类目体系的展开有系统，适用。类表展开有较强的规律性，且兼顾文献组织与检索的需要 重视类表的灵活性。为用户提供了"设置文普类目、类目参照、编制选择类目、双表列类等" 追求编号技术的最佳结合。类表采用字母数字结合的混合号码，以层累标记制方式配号，重视类号助记性 类号简明，同时使用八分法、双位制等改进其容纳性 发展了适合各种规模和对象的配套产品 管理健全。由常设机构负责类表管理，有明确的管理形式，保证其及时跟上科技发展和标引实践的需要	部分类目体系仍需完善 通用复分表有待完善改进。目前通用复分表中未设置语种、人物复分表等 分类系列表间的协调。如何根据不同文献单位的特点，合理处理好各版本之间的不同要求，需进一步解决

2.3.2 主题标引

主题标引是依据一定的主题词表或主题标引规则，赋予信息资源语词标识的过程。具体而言，主题标引是在主题分析的基础上，以一定的词表或标引规则作为依据，将信息资源中具有检索意义的特征转换成相应的主题词，并将其组织成表达信息资源内容特征的标识的过程。按照是否使用词表，主题标引可分为受控标引（指依据特定词表赋予检索标识）和自由标引（指直接采用自然语言语词（如关键词）进行标引，采用关键词进行标引时亦称关键词标引）两类。本节主要讲述受控标引。

1. 标引方式

标引方式是根据资源特点和使用需要确定的标引和揭示文献主题的形式。其标引方式包括整体标引、全面标引、对口标引、综合标引和分析标引等。

1）整体标引

整体标引，亦称浅标引，是一种概括揭示信息资源基本主题内容的标引，只揭示信息资源中具有检索价值的整体性主题，而不揭示所涉及的各种从属性主题内容。例如，《信息管理》一书，只标引"信息管理"主题内容，不对附属主题内容进行揭示。

整体标引常用于手工检索系统。在实际操作中，对某资源进行整体标引，一般只赋予1～2个分类号，标引词数量限制为2～8个。

2）全面标引

全面标引，亦称深标引，是一种充分揭示信息资源论及的所有有检索价值的主题概念的标引，不仅揭示文献论述的整体主题，还揭示符合检索系统要求的所有主题概念。例如，《黄河水质变化浅析》一文，应将水质、变化、水质污染、黄河、农药污染、城市污水、河流污染、预测等主题概念一一加以标引和揭示。

全面标引可以加深对信息资源内容的揭示程度，有利于提高查全率，适用于使用主题标识并结合机检系统处理专业领域的论文、技术报告等类型文献；以图书为对象的标引，一般不宜采用全面标引的形式。在实际操作中，对某资源进行全面标引时，主题词的标引数量通常保持在5～20个，分类标引较少使用全面标引。

3）对口标引

对口标引，亦称重点标引，是一种只揭示信息资源中适合本专业需要的主题内容的标引。对口标引具有较强的针对性，可使标引工作较好地适合用户的实际使用需要，改进费用效益比，提高查准率。有明确服务对象的专业信息单位常采用此标引方式。

4）综合标引

综合标引是一种以丛书、多卷书、论文集、会议录、标准汇编、档案的案卷等为单位进行的概括性标引，应揭示资源的主题内容和资源类型。

例如，《机械设计丛书》在以整套书为单位进行标引时，应标引整体内容——"机械设计"，还应揭示资源类型——"丛书"。

5）分析标引

分析标引是一种根据资源中部分片段或集合型资源的构成单元进行的标引。

例如，《西行漫记》一书，是研究毛泽东生平活动的重要资料，可在对全书进行整体标引的同时，将这一部分内容以分析标引的方法加以揭示。分析标引在进行整体标引或综合标引的同时揭示资源中有检索价值的主题内容。

标引方式通常应结合检索系统的设备条件、资源特点、收藏范围、用户需求、标引种类等多种因素加以考虑。手检工具多采用先组式标引，对资源内容的揭示一般比较概括，宜采用整体标引，必要时可结合分析标引；机检系统以后组式标引为主，通常对主题的揭示比较充分和完备，宜采用全面标引。分类标引具有系统组织和揭示的作用，比较适合整体性标引；主题标引则适合于灵活地进行分析标引或需要时进行全面标引。综合性信息单位对普通图书资料一般采用整体标引，必要时以分析标引加以补充；对丛书大多同时采用综合标引和分散标引；对多卷书、论文集、会议录等只采用综合标引，必要时进行分析标引；一般只对特定领域的科学论文、技术报告等进行全面标引。专业信息单位通常结合本单位的需求，适当采用对口标引，必要时对专业领域的资源进行全面标引。

2. 标引方法

主题标引方法按照选词方式，可分为标题法、元词法、叙词法，如表 2-17 所示。

表 2-17　主题标引法对照表

	标 题 法	元 词 法	叙 词 法
含义	以标题词为主题标识，以词表预先确定的组配方式标引和检索的方法	以元词为主题标识，通过字面组配的方式表达资源主题的方法	以从自然语言中精选出来的、经过严格处理的词语作为资源主题标识，通过概念组配方式表达主题的方法
优点	采用列举式词表，形式直观 定组式标题结构固定，含义明确 按照词表列举的标题和副标题进行标引，操作简便 主要通过参照方式对词汇进行控制，并揭示标题之间的相关性	词表体积小 标引专指度高 便于从不同主题词角度检索 适合对专指主题进行标引	结构完备，词汇控制严格，可根据检索系统的需要对词汇进行有效控制 组配准确，标引能力强，能够准确、专指地标引和揭示各种主题内容 检索效率高，可通过灵活组配方式进行多途径检索，以达到较好的检索效果 对检索系统适应能力强，可同时适用于标识单元和文献单元检索方式，既能较好地满足计算机检索系统的要求，又能满足手工检索系统的需要
缺点	因采用列举式，造成收词量巨大、专指度相对不足、修订量大等问题 大量采用定组式标题，在手检工具中使用时只能从规定的组配顺序入手进行查找，无法实现多元检索，影响检索效果	直接性差 不适合查找论述基本主题的资源 采用字面组配方法，在字面分解与语义分解不一致时，容易造成误差 早期的元词法未建立参照系统，无法进行相关资料的检索	由于词汇控制要求严格，词表编制和管理的难度大，需要花费较多人力、物力 资源标引须在概念分析的基础上进行，标引难度大，要求高

3. 标引规则

1）基本规则

（1）查词规则

查词规则包括叙词标引、组配标引、靠词标引、增词标引和自由词标引。

叙词标引，应采用正式叙词、专指叙词和上位叙词（《汉表》中的词）等。例如：

义务教育	Y	普及教育	/采用正式叙词
电视		/不用上位叙词	
广播电视		/采用此专指叙词	/采用专指叙词
卫星广播电视		/不用下位叙词	

图书分类法	/用上位叙词	/采用上位叙词
《人大法》	/词表中未收入该专有名词	

采用叙词标引时，并非叙词越多越好，应视情况而定。一般情况下，图书标引时叙词数量应为1~8；机检时，叙词数量可适当增加。

组配标引，当词表中无相应专指叙词时，可选用词表中最接近、最直接关联的叙词进行组配标引。例如，"商业企业管理"主题，《汉表》中无相对应的专指叙词，必须在与该主题相关的叙词"商业、企业、管理、企业管理、商业企业"等中选用最接近、关系最密切的叙词"商业企业、企业管理"进行组配标引。

靠词标引，即选用含义相近的叙词进行标引，同时应为被取代的词与选用的近义词建立参照关系，并设置款目记入词表，以备查核。例如，"图书注销"主题，选用"图书登记"这一含义相近的叙词进行靠词标引。

增词标引，对于词表明显漏收的词，或者表达新学科、新理论、新技术、新材料、新发展的词（如黑客、电子商务、网页制作等），或者出现频率较高的词（如网络安全），或者可能出现二义性结果的词，或者地名、人名、机构名、著作名等，均可采用增词标引。

自由词标引，即直接采用自然语言中的语词进行标引。此类词通常不收入词表，不对其进行词间关系处理。

（2）组配规则

组配标引是将两个或两个以上叙词按照一定的逻辑关系结合在一起，表达资源主题，主要包括交叉组配和限定组配。

交叉组配是指选用若干具有交叉关系的叙词进行组配，表达一个复合的子概念，通常以符号"："为组配标识。例如，国际铁路联运，标引为"铁路运输：国际运输：联合运输"。

限定组配是以表示事物的叙词和表示事物特称、属性、方面的叙词进行组配，表示一个新的专指概念，通常以符号"-"或"，"为组配标识。它包括如下4种类型。

❖ 特称限定组配：表示某事物与其部分概念之间的组配。例如，拖拉机发动机，标引为"拖拉机-发动机"。

❖ 方面限定组配：表示某事物与其方面概念之间的组配，包括材料、性质、现象、状态、工艺、理论、地区、时代、文献类型等。例如，电子元件生产工艺，标引为"电子元件-生产工艺"。

❖ 说明语限定组配：通常用于对事物进行补充说明，表示事物的性质、特征等，可以使用叙词或自然语言作为说明语。例如，胶体的生物学方法生产，标引为"胶体-生产，生物学方法（自然语言）"。

❖ 联结限定组配：表示事物与具有联结关系的事物的组配。例如，环境保护与可持续发展的关系，标引为"环境保护-关系-可持续发展"。

2）一般规则

（1）单主题、多主题信息资源的标引

单主题信息资源，可根据该资源研究的主题对象进行标引。例如，现代城市交通安全教程，标引为"市区交通-交通运输安全"。

多主题信息资源，一般应按照主题对象之间的并列关系或从属关系进行分组标引。如并列关系主题超过四个，可使用上位叙词标引。例如，《数据通信与计算机网络》，标引为"数据通信，或者计算机网络"；从属关系主题的《网络安全与黑客》，标引为"计算机网络-安全，或者黑客"。

（2）简单主题、复合主题和联结主题信息资源的标引

简单主题信息资源，可直接按资源的论述对象（事物、学科、现象等）进行主题标引。例如，《审美教育》，标引为"美育教育"。

复合主题信息资源，应根据资源论述的对象和方面进行组配标引，必要时可进行轮排。全面论述某事物对象的资源，仍按主题对象标引。例如，《装配式钢筋混凝土桥梁》，标引为"钢筋混凝土：桥梁"。

联结关系主题信息资源，应根据主题关系类型（应用关系、比较关系、影响关系、因果关系等）和收词情况进行主题标引，并应依据不同主题对象互为主、副标题进行轮排。

例如，《运筹学在纺织工业中的应用》，标引为"运筹学-应用-纺织工业"；《WTO与地方行政管理制度研究》，标引为：行政管理-制度-地方-中国-影响因素-世界贸易组织，或者世界贸易组织-影响-行政管理-制度-地方-中国。

（3）论及地区、时代信息资源的标引

论及地区、时代信息资源的标引是指论及某地区或某时代有关主题内容的信息资源，应根据论述的特点和检索系统的需要加以处理。例如，《意大利政党》，标引为"政党-意大利-现代"；《宋代哲学史》，标引为"哲学史-中国-宋代"。

（4）传记信息资源的标引

传记一般同时涉及人物对象及其活动领域两方面，应根据其侧重进行标引。例如，《老舍年谱》，标引为"老舍（1899—1966）-年谱"；《爱因斯坦与相对论》，标引为"爱因斯坦，A.（1879—1955）-生平事迹，或者相对论"；《世界著名科学家传》，标引为"科学家-传记-世界"。

（5）文艺领域作品的主题标引

文艺领域作品包括以文艺为研究对象的资源和文艺作品，应根据其特点进行标引。例如，《当代女作家小说集》，标引为"短篇小说-女作家-中国-现代"；《唐山大地震》，标引为"报告文学-中国-现代，或者地震-唐山-报告文学"。

（6）丛书、多卷书、论文集的主题标引

丛书的主题标引大体与分类标引相同，可采用综合标引和分析标引的方式。例如，《文献编目论文选》（图书馆学情报学丛书），综合标引为"图书馆学-丛书，或者情报学-丛书"，分析标引为"编目"。

多卷书的主题标引，一般采用综合标引。例如，《中国审美文化史》（先秦），标引为"美学史-中国-多卷书，或者美学史-中国-先秦时代"。

论文集的主题标引，一般以该书的内容对象进行整体标引，对其中的单篇著作不再进行分析标引。例如，《面向21世纪的情报语言学》（会议录），标引为"检索语言-中国-会议录"。

（7）参考工具书的主题标引

综合性参考工具书，应以"百科全书、年鉴、手册"为主标题，以国家、地区名称及表示年代的主题词为副标题，年鉴还应标明具体年代。例如，《中国百科年鉴》（1999），标引为"年鉴-中国-1999"。

专科性参考工具书，应从主题内容和编制形式两方面进行标引。以表示主题内容的主题

词为主标题，以表示编制形式的主题词为副标题。例如，《国际工商管理手册》，标引为"工业经济-经济管理-世界-手册，或者商业经济-经济管理-世界-手册"。

语言或专科词典，一般应以文种、词典类型或学科对象进行标引。例如，《汉语大词典》，标引为"汉语-词典"；《辞源》，标引为"汉语-古代-词典"；《简明英汉因特网词典》，标引为"互联网-词典-英、汉"。

（8）检索工具书的主题标引

综合性的检索工具书，应以相应的目录、索引主题词为主标题，以涉及的地区、年代为副标题。例如，《全国总书目》（1990），标引为"目录-中国-1990"。

专科性目录、索引，应以表示主题内容的主题词为主标题，以相应表示编制形式的主题词为副标题。例如，《敦煌学论著目录》，标引为"敦煌学-目录"。

产品目录、金石目录等应以反映对象的主题词为主标题，与表示目录形式的主题词组配标引。例如，《1949—1999邮票目录》，标引为"邮票-中国-1949—1999-图书目录"。

（9）特种文献的主题标引

标准、规程、专利资源，一般应从主题对象、资源类型、国家地区三方面进行组配标引，以主题对象为主标题。其中，凡已批准为国家标准或部颁标准的规程、规范，应按标准进行标引；未被批准的，仍按规程、规范标引。例如，《通信技术标准汇编　移动通信卷》，标引为"通信技术-国家标准-中国"。

科技报告、学位论文的主题标引，一般应从主题内容、文献类型，以及学位级别、高等学校或研究机构名称等方面进行标引。例如，《元数据研究》（博士学位论文），标引为"元数据-研究-学位论文，博士-北京大学；或者学位论文，博士-北京大学-元数据-研究"。

（10）非书资料的主题标引

非书资料，一般应以主题内容为中心，同时对其载体形式加以揭示。例如，《第九交响曲》（激光唱盘），标引为"交响曲-德国-光盘"。

（11）网络信息资源的主题标引

网络信息资源的主题标引与传统文献的标引方法相同，一般应在对该信息资源进行主题提示的同时，提示其类型，以便同时从资源类型的角度加以限制。

4. 几种主题词表的评价

信息资源主题标引的依据是主题词表（又称为叙词表），而主题词表是一种将标引人员或用户使用的自然语言转换成规范化的系统语言的术语控制工具。常用的主题词表有：国外使用最广的标题表《美国国会标题表》（LCSH），专业叙词表《医学标题表》（MeSH），中国使用的综合性叙词表《汉语主题词表》（《汉表》），以及在《中图法》的类目与《汉语主题词表》的叙词对应的基础上编制的分类主题词表《中国分类主题词表》，如表2-18所示。

5. 对主题标引与分类标引的评价

关于主题标引与分类标引，由于其组织方式不同，在不同系统中采用的类表或词表不同，因而存在着一定的差异性；由于二者又都是信息资源标引和检索的重要手段，因而又存在着一定的联系和相通之处，可以相互借鉴，结合进行。具体评价如表2-19所示。

表 2-18　对几种主题词表的评价

	LCSH	MeSH	《汉表》	《中国分类主题词表》
含　义	美国国会图书馆在编目实践的基础上编制的标题表	美国国立医学图书馆编制的专业叙词表	中国科技情报所和国家图书馆主持,根据现代文献标引和检索的需要编制的一部大型的综合性叙词表	在《中图法》类目与《汉表》主题词对应的基础上,将分类法与主题法、先组与后组融为一体的文献标引和检索工具
规　模			3 卷 10 册	2 卷 6 册
收词量	23.9 万个规范记录 22.2 万个用代参照	1.9 万个叙词 82 个副主题词	10.8 万条（正式主题词9.1 万,非正式主题词 1.7万）	分类法类目 5 万个 主题词及主题词串 21 万余条
版本形式	印刷本 机读版 缩微版	联机检索使用版 查阅《医学索引》使用版	印刷版 机读磁带版（自然科学部分）	
基本组成	主表 副表 使用说明	主表 副表 使用说明	主表 附表 辅助索引	
款目结构	标题和非标题款目按字顺排列。包括标题与非标题、分类号、注释和参照项	叙词和非叙词款目及副主题词混合按字顺排列。包括叙词和非叙词、树形结构号、注释信息和参照	叙词及相关语义关系项构成的字顺表	主题词的音序和字序结合排序
辅助工具	《主题编目手册》 《编目服务公报》 《名称规范档缩微版累积本》 《自由浮动子标题字顺索引》	《树形结构表》 《主题词变更表》	范畴索引 词族索引 轮排索引 英汉对照索引	《中国主题词表标引手册》 《分类号–主题词对应表》
优点	实用性强,建立的标题有充分资源保证,反映了国会馆及协作编目单位编目文献的主题 是标题法基本原理的体现,重视用户用词习惯,选用通用专指词作为标题,重视标引的一致性和对相关性的揭示 探索了主题法标引的一系列技术和方法,其标题组配引用次序、复合标题的建立形式及各类文献标引的方法,是建立各类型标题的参考依据 由国会编目部负责定期修订并备有《手册》等配套工具书,保证其使用的一致和规范	词表主题词是在医学文献标引的基础上编制的,应尽可能吸收新出现的专业术语 树形结构表划分级别深,列类详尽,远超一般叙词表的范畴索引,有利于从分类角度对叙词进行查找和使用 设置多种参照,对叙词间关系进行全面显示,全面建立词间的语义关系,可从多角度查找,提高查全率和查准率 注释种类多样、说明详尽,标引注释和编目注释避免了标引和编目的不一致;历史注释和联机注释易于回溯性检索	结构完备 词汇丰富 探索了词表编制方法 探索了叙词表的实际使用方法 国家图书馆在发行的印刷卡片、机读目录及在版编目数据上都使用《汉表》的主题词,是国内文献单位通用的综合性主题标引工具	通过将《中图法》类目与《汉表》主题词对应,建立一个分类语言与主题语言结合的一体化工具,可同时实现分类主题的标引和检索,简化操作程序,降低标引难度,改进标引和检索质量 分类法部分将《中图法》《资料法》融为一体 主题法部分收入原有叙词、新增及组配形式的主题词 改进了字顺表的款目结构和排检方法,采用音序和字形结合排序,符合用户查找习惯,使得编排紧凑,便于查找使用
缺点	缺乏统一的理论指导,不同时期在标题方式和形式等处理中存在不一致 参照不严密,缺乏规律性和一致性,许多款目未作互逆参照、在从传统标题参照形式向叙词参照形式转换时未准确揭示关系类型 缺乏专指度,采用先组方式无法充分标引专指文献 社会科学领域的标题有强烈的美国中心和政治、社会等方面意识形态的影响	作为一部从标题表发展起来的叙词表,仍带有不少标题表的特点 副主题的使用除在部分主标题下列出外,同时采用副标题组配方式,且使用范围常有变化,增加了使用的难度	在结构上,印刷型词表篇幅巨大,组成分散,编排不紧凑,整体性较差 在词汇上,个别专业收词过多,存在不平衡的问题 在词间关系处理上,无关联词数量大,词表易用性差 无统一管理机构 版本单一	表中的类目和对应的主题词间只是一种先组语文和后组语文之间的兼容互换关系,很难进行两者之间精确的转换,不少类目下对应主题词的数量往往不够,不能详尽包括标引较深层次类目所隐含的主题 类目的处理由人工按照概念关系的理解转换而成,存在随意性和不一致性

表 2-19　对主题标引与分类标引的评价

		主 题 标 引	分 类 标 引
联系	标引对象	都以信息资源的主题内容为揭示和转换对象，在对资源属性的分析过程中，都以主题内容为主要标准，以国别、时代、资源形式等其他属性为次要标准	
	数据来源	都以信息资源的题名、目次、提要等说明文字及正文等为标引依据	
	标引过程	一般都需要首先进行主题分析，在弄清主题内容的基础上进行标识的转换和确定，并需遵循一定的标引程序；在处理方法上，通常都以一定的主题类型和结构模式作为主题分析的依据；都要根据文献的类型特点确定对应的标引方式或揭示方法等	
区别	主题分析	不必考虑资源的学科属性，可以直接按其内容对象进行标引	侧重从学科角度进行组织和揭示，除需要确定待标引内容对象外，还必须进一步弄清其研究的学科角度
	转换途径	以字顺系统为主要途径，可直接从语词出发进行查找。使用的叙词表，属后组式检索语言，词表中只列出供标引使用的基本概念，必须根据收词情况对待标引主题概念进行分解转换，有时需反复查找，难度较大	以分类表为工具，一般必须通过分类体系层层查找。使用的等级列举式类表，类目列举详尽，可以直接从类表中查找相应的类目进行标引，转换明确、直观
	标识特点	标引的结果是主题词 在标识的构成方式上，《汉表》采用后组形式，在确定先组式标题时，需要将转换结果按主题概念间关系组织，须经过选择主标题，确定主题词的引用次序等步骤，必须熟练掌握相应技术	标识的结果是分类号 在标识的构成方式上，《中图法》采用整组号码，配号次序由分类法预先规定，形式固定
	揭示特点	通过组配方式揭示主题，对内容的揭示较为专指，适合对资源包括的主题进行灵活指引，充分揭示其主题内容	以学科体系为展开的基础，子目的列举受到先组式体系的束缚，适合对资源的整体内容进行标引，对主题对象的揭示比较概括

2.3.3　关键词标引

关键词标引是用非规范化的自然语言——关键词来表达文献或信息资源主题内容的过程。严格地说，关键词标引是主题标引的一种。由于关键词目前应用广泛，又是最早用于计算机信息检索的自然语言形式，因此本节单独讲述。

关键词标引早期主要用计算机自动抽取文献题名、文摘或正文中有检索意义的语词，通过轮排生成各种类型的关键词索引，包括题内关键词索引、题外关键词索引、双重关键词索引等。

1. 关键词索引的类型

1）题内关键词索引

题内关键词索引（Keyword in Context Index，KWIC），又称上下文关键词索引，由 IBM 的卢恩首创，是最早出现的机编索引，1960 年首次用于美国化学文摘社出版的《化学题录》（Chemical Titles）。

KWIC 索引的编制特点是：使用禁用词表选择标题中具有检索意义的词作为关键词，并将其作为确定索引条目的依据；关键词的排检点设于标题的中部，所有索引条目按关键词的字顺竖向排列；保留文献篇名关键词前后的上下文；款目后跟随该信息资源的位置。其优点为：可以以排检点为中心对同一关键词有关的资源进行集中检索；缺点：将索引的排检点设置在中部不符合用户的使用习惯。

2）题外关键词索引

题外关键词索引（Keyword out of Context Index，KWOC），是 KWIC 索引的改进形式。

由于 KWIC 将排检点设置在中部不符合用户查找习惯,KWOC 将索引标目的位置从中部移至左端或左上方,标目下完整列举文献篇名。索引编制时,关键词置于左端,将条目轮流置于篇名中的每个关键词之下,原篇名中关键词用特定符号代替或予以保留,其后跟文献地址,整个条目按关键词的字顺排列。KWOC 标目形式与普通主题索引基本一致,符合读者的查阅习惯。其缺点是条目中作为排检点的检索词在字顺序列中是分散的,不利于相关主题的集中查找。

3) 双重关键词索引

双重关键词索引(Double KWIC Index),是 KWIC 索引与 KWOC 索引的结合形式,采用双重标目,在篇名之外设置第一个主标目,再在篇名的左端按副标目(第二关键词)排列。双重关键词可以通过两个关键词的组配进行查找,有助于提高查准率;选择左端为排检点,符合检索习惯;但索引篇幅大,编印成本高。

2. 关键词索引编制的步骤及特点

1) 步骤

① 将经过少量人工处理的文献篇名(包括增补的关键词)输入计算机。

② 计算机自动进行分词和抽词,并使用禁用词表除去篇名中的介词、连词等非关键词。

③ 进行轮排,使每个关键词都轮流用作标目,同时保留其上下文。

④ 拼接索引款目、排序和编辑,最后交付印刷。

由于西方词汇之间有空格,计算机对关键词的识别处理较方便,以上各步除了输入和编辑需要人工辅助,其余均由计算机实现。

2) 特点

① 关键词法基本属于自然语言,在标引时只需进行少量控制或不控制。

② 通常使用禁用词表(Stop-list)来淘汰题名中的非关键词。禁用词表通常收入介词、连词、冠词及没有实际意义的词等。

③ 一般不建立关键词表。

3. 评价

关键词索引的优点如下。

① 简洁性。标引时无须查看词表,直接根据题名、文摘中的语词进行标引,简单易行,可降低对标引人员的要求,节省标引时间。

② 易用性。易于使用计算机编制,实现检索工具编制过程的计算机化,保证资源传递的及时性及生产过程的高效性和低成本。

③ 及时性。能及时更新词汇,出现在题名、文摘中具有检索意义的词汇均可立即用于标引和检索。

其缺点如下。

① 关键词检索工具的质量直接受资源题名质量的影响。

② 作为一种自然语言形式,关键词语文未进行同义词、相关词的处理,用户检索时很难依靠自己的了解查全同一概念的不同词形及进行相关词的检索,会增加负担,影响查全率。

③ 题名中的不少语词为通用概念,它们为检索入口建立的检索款目没有实际检索意义。

④ 由于汉语存在分词难题，应用计算机进行汉语关键词抽词标引仍需要解决词汇切分问题。

2.3.4 名称标引

名称标引是用人名、地名、题名表达文献或信息资源主题内容的过程，包括人名（如文献的责任者）标引、题名（如书名、刊名）标引、地名标引等。下面以责任者标引和题名标引为例解释名称标引。

1. 责任者标引

责任者是指对文献中的著作内容进行创造、整理，负有直接责任的个人或团体。个人责任者包括一个或多个；团体责任者指以机关团体或会议名称发表著作的单位。相应地，责任者标引也应包括个人责任者和团体责任者的标引。个人责任者包括第一责任者和其他责任者；团体责任者则包括机构名称和会议名称。对于中国责任者，一般采用直序的方法进行标引，如郭沫若、费孝通等；对于外国责任者，日本、朝鲜、越南、匈牙利、新加坡等采用直序方法进行标引，如（日）西园寺公一、（朝）金元哲、（越）黄文欢、（匈）米克沙特·卡尔曼（Mikszáthkálmán）、（新加坡）李光中等，其他国家则采用倒序方法进行标引，即名在前、姓在后，如（丹麦）安徒生（Andersen，H. C.）、（德）歌德（Goethe，J. W.）等。

2. 题名标引

题名是指直接表达或象征、隐喻文献内容的主题及其特征，并使之个别化的名称。题名的形式可以是一个或一组字、词，或者由字母、符号组成，包括正题名、并列题名、副题名、说明题名文字等。与之对应，题名标引也应包括正题名标引、并列题名标引、副题名标引及交替题名标引、书脊题名标引等。

2.3.5 其他标引

除了前面已介绍的分类标引、主题标引、关键词标引、名称标引，还有利用计算机自动实现的标引，即自动主题标引和自动分类标引。

1. 自动主题标引

自动主题标引，是指根据计算机内信息（标题、文摘或全文），借助一定算法自动给出反映文献主题内容的词，以代替人的脑力劳动。自动主题标引有两种形式：抽词标引和赋词标引。这两种标引都需要先将文献、信息资源变成机读形式。抽词标引常采用词频统计、位置加权等方法来确定标引词，一般用相对频率代替绝对频率的效果较好。赋词标引是将词表存入机器内部，以供计算机对比选用标引词之用。汉语信息标引的主要障碍来自汉语词汇的切分，目前用于自动标引的汉字切分技术主要有：词典法、切分标记法、单汉字标引法及智能分词法等。

利用计算机实现对信息的自动标引需要解决的问题是：抽取关键词、分析确定标引词。

下面以词典分词法为例来说明信息资源的自动标引。

词典分词法是通过构造一个机内词典（主题词典、关键词典、部件词词典等），并将其与被标引的信息（抽取关键词）进行匹配，当从处理的信息中得到词典词汇时，即把它作为后备标引词记载下来。之后，根据取词对象确定标引词，若从标题中取词，只需判断所取出的词是否重复；若从文摘或全文中取词，需根据词频统计的结果，去除低频词，将高频词作为标引后备词。最后，根据系统规定的标引词的数量确定标引词，从而实现了信息资源自动标引的过程。

2. 自动分类标引

自动分类标引是利用计算机分析资源内容，并为其自动分配分类号。计算机实现对资源的自动分类，首先要解决的是资源聚类，即通过对给定的资源集合分析、计算其相似度，根据设定的相似度阈值，将相似程度高的资源聚在各自的类中，并自动分配类号。聚类方法主要有单遍聚类、逆中心距聚类、自上而下精分法、密度测试法和图论分类法等。

3. Folksonomy（分众分类法）

folksonomy 这个词由 folks（大众）与 taxonomy（分类学）组合而来，也有人译作社会分类法，是指一种由用户对 Web 资源（网页、图片等）标注，进而集合大众对某资源的标注来对该资源分类的协同工作方式。在这种模式下，用户既是标签（tag）的使用者，也是创造者。用户标注的标签反映了用户对于资源的认知，而不同的用户对同一资源标注不同的标签，从不同方面反映该资源的属性。在 Web 2.0 时代，Web 提供了对网页、图片等进行标注的机制，互联网用户可以方便地对浏览的信息进行标注。Folksonomy 的典型系统有 Delicious（分享书签的网站）、Flickr（分享照片的网站）等。通过 Delicious 网站，用户可以保存自己喜欢的网页，同时根据自己的相关性判断对网页标注标签，有同样兴趣的用户即可通过标签查找到网页并进行浏览。Folksonomy 有很多好处，如：允许本体（ontology）、辞典及分类系统的发展，可以搜索及方便地浏览，可以发现新事物、发现社区，进行协作推荐等。Folksonomy 也有难点，如各种语言标签的混合，标签的单复数、歧义、同义及抽象具体的程度难以控制，垃圾标签的干扰等。一些学者也在利用自然语言处理等技术开展研究，力图解决这方面的问题。

2.4　信息资源排检法

信息资源检索工具都采用一定的方法编排，使内容有序化，便于用户检索。信息资源的排检方法有多种，任何一种排检方法都有其自身的局限性，所以一般是以一种排检方法为主，辅以其他方法，增加检索途径。因此，为了更有效地利用信息资源检索工具，提高检索效率，有必要熟悉和掌握几种最常用的排检方法。

常用的排检方法可以分为两大类：一类是字序法，通常称为字顺法或查字法，包括中文排检法（如形序法、音序法和号码法）和外文排检法；另一类是类序法（按内容编排），包括分类法、主题法等。另外，还有其他排检法，如时序法、地序法、谱系法等。

2.4.1 字序法

字序法，又称为字顺法或查字法，是按照一定顺序排检单字或复词的一种方法，是信息资源检索工具的一种重要排检方法。一般的字典、词典、索引和百科全书都采用这种方法。字序法又分为中文排检法和外文排检法。

1. 中文排检法

中文排检法包括形序法、音序法和号码法。

1）形序法

形序法是指按照汉字的形体特点设计的排检顺序的方法，主要包括笔画法、笔顺法和部首法。

（1）笔画法

笔画法是按照汉字笔画数目为序来排列汉字的一种方法。基本形式是：笔画少的居前，多的居后；同笔画者，再按部首或起笔笔形排列；笔画和笔形相同，再按字形结构，先左右体形字，次上下体形字，后整合体形字。

笔画法的优点是简单易学，又适应汉字的特点；缺点是由于汉字的笔画搭配比较复杂，简体字与繁体字、规范体与手写体差别很大，而人们的书写习惯又往往因人而异，这些都会导致笔画判断的误差，给准确、迅速地查找带来困难。例如，《康熙字典》中 12 画的汉字就有 3642 个，检索速度很难提高。

采用笔画法编排的工具书较多，如《中国人名大辞典》《中国古今地名大辞典》《十三经索引》等。有些工具书正文虽不是按笔画排列，但附有笔画辅助索引，如《辞海》（1989 年版）、《四角号码新词典》（1978 年版）等。

（2）笔顺法

笔顺法是按起笔笔形或笔顺确定先后顺序的一种排检方法。按汉字的起笔笔形的排列，笔顺法有多种顺序。4 种笔形的有 3 种，即"寒来暑往法"（丶一丨丿）、"江山千古法"（丶丨丿一）、"元亨利贞法"（一丶丿丨）。其中以"寒来暑往法"较为合理。5 种笔形的有 2 种，即"一丨丿、乙"和"一丨丶、丿乙"等。

笔顺法虽然简单，但因书写习惯不同，笔顺和起笔有时难以确定，因此使用不太普遍，仅有少数几种工具书利用笔顺法编排，如陈德芸编的《古今人物别名索引》。又如，《新桥字典》是以"一丨丶丿"的笔顺为序的。而《辞海》（1979 年版）的笔画查字表主要是用起笔笔形作为笔画法的补充。

由于笔顺法比较烦琐，为了保证笔顺的规范性，应采用 1964 年 12 月公布的《印刷通用汉字字形表》（文字改革出版社，1986 年版），其中规定了 6196 个汉字的字形和笔顺。

（3）部首法

部首法是按照汉字的偏旁不同来分门别类地排列单字的一种方法，这是中文工具书中应用最普遍和最常用的一种编排方法。

汉字可以分为独体字和合体字。独体字（即单体字）是没有表音意义的纯粹表意字，数量较少。绝大多数汉字是合体字，即由形旁（也称意符）和声旁（也称声符）组成的形声字。

所谓"部首"，就是根据"偏旁"所分的门类，把一些在形体上有相同部分的汉字归到一起，取这些字相同的部分作为"部首"。例如，"灼、炬、烤、熔、烫、灸"等字，"火"是偏旁，是形体共有的部分，这些字集中起来，即可列入"火部"，"火"列在该部之首，即为"部首"。将同一部首的字归为一部，每部统属的字再按笔画多少的次序排列，称为部首检字法。

部首法历史最久，应用最广。汉代许慎著《说文解字》，把 9353 个汉字按照偏旁归纳为540 个部，创立了部首，字体以小篆为准。后来的字书沿用了这一方法，但为适应楷体，将部首加以归并。之后，虽然对部首进行了不断调整和改进，但它们的编排方法基本相同，即按部首的笔画数目多少依次排列，同部首的字再按部首以外的笔画数目依次排列。明代梅膺祚《字汇》简化为 214 个部首，清代《康熙字典》沿用。《中华大字典》、旧版《辞源》和《辞海》，以及《大汉和辞典》《中文大辞典》等，都使用这一部首法。修订本《辞源》因使用繁体字，也采用之。

《康熙字典》将 214 个部首依其笔画的多少，分别编在子丑寅卯辰巳午未申酉戌亥 12 集里，检字时，只要知道该字的部首在哪一集里，就可在哪一集按部首查出所需要的字。为便于记忆而编制了十二集部首歌诀："一、二子中寻，三画问丑寅，四在卯辰巳，五午六未申，七酉八九戌，其余亥部寻。"例如，查"宥"字，依此歌诀，从寅集中查到"宀"部首，从"宀"部首下的六画中即可查到"宥"字。

《辞海》（修订本）按部首排列正文。部首按笔画排次，笔画相同者按"一丨丿丶乙"五种起笔笔形排列。查字时，先根据笔画查到部首，再根据部首以外的笔画数，便可查到该字。例如，查"轨"字，先按四画查到"车"部首，再在此部首下按二画查，便可查到该字。

部首法的优点在于符合汉字的结构特点，能把纷繁复杂的大量汉字按部首归并集中，检索时有规律可循。但其缺点主要有：一是部首位置不固定，有些字难以确定属于什么部首，如"古、和、句、史、咒、囊"等字都属口部，但"吉"属士部，"杏"属木部。又如，"民"在氏部，"年"在干部，"者"在老部，"表"在衣部；"青、音、香、鼓"等字成为部首。二是形体不同的偏旁属于同一部首，如"心、忄"等属心部。三是不同的检索工具书中的部首数量不一。因此，在检字时应注意使用的检索工具书的有关说明。

2）音序法

音序法是按照汉字的读音及表示读音的语音符号的顺序排检汉字的方法，主要包括汉语拼音排检法、注音字母排检法、韵部排检法、威妥玛式排检法和声部排检法。

（1）汉语拼音排检法

1958 年 2 月 11 日，全国人民代表大会一届五次会议批准推行《汉语拼音方案》，该方案被广泛应用于工具书的编排。1982 年，国际标准化组织承认汉语拼音为拼写汉字的国际标准，汉语拼音开始走向世界。

汉语拼音排检法按照汉语拼音方案字母表的顺序排列字头：ABCDEFGHJKLMNOPQRSTWXYZ，即在英语 26 个字母中除了 I、U、V，共 23 部。根据每个字的拼音，依照汉语拼音字母的顺序排列。排列时，先按字音的首字母排，首字母相同再按第二个字母顺序排，以此类推；如果字母都相同，再依阴平、阳平、上声、去声顺序排列；读音完全相同的汉字，按起笔笔形（一丨丿丶乙）顺序排列。

汉语拼音排检法易排易查，单字排序比较固定，且符合国际上工具书的编排规则，是一种比较好的排检方法，现为许多工具书所采用。例如，《新华字典》《现代汉语词典》《中国大百科全书》的正文采用此法编排，新编的索引也多采用此法。汉语拼音排检法的缺点是遇不认识的字或读音不准的（普通话）语音时，就无法使用此法。所以，使用这种方法编排的工具书也要附有其他检字法。例如，《新华字典》采用汉语拼音排检法和部首法两种相配合。

（2）注音字母排检法

注音字母于 1913 年由读音统一会制定，1918 年由北洋政府教育部公布推行。1958 年的《汉语拼音方案》公布以前一直是汉字的重要注音体系，字典、词典大多用注音字母标明读音。例如，新中国成立前的《汉语词典》《新华字典》（1956 年版）《同音字典》（1959 年版）和《国语辞典》等就按注音字母音序编排。现在中国台湾地区仍在使用。

注音字母的形体是利用汉字的偏旁改造而成的，共 40 个，声母 24 个，韵母 16 个。

按注音字母排列的字典中，一般先依声母的次序、再依韵母的次序排列，全书第一音节是ㄅㄚ（ba），最后一个音节是ㄩㄥ（yong），其他同汉语拼音排检法。注音字母排检法目前已被淘汰，取而代之的是汉语拼音排检法。

（3）韵部排检法

韵部排检法是中国古代的一种音序排检法，将所收词先按其所属韵部汇集在一起，再依上平声（阴平）、下平声（阳平）、上声、去声、入声分部，分部中再按同音字分类排列。对于复音词条目，要么按条目的末字分韵排列，要么按条目的首字分韵排列。

韵部排检法主要用于古代的字书、韵书等。例如，《佩文韵府》《经籍纂诂》《辞通》《历代地理志韵编今释》《九史同姓名略》等都采用了韵部排检法。中国古代影响较大的韵目系统有宋代修订的《广韵》和《集韵》，分为 206 个韵部；南宋《礼部韵略》归并为 107 部；金元的"平水韵"又合并为 106 个韵部（如金人王文郁的《平水新刊礼部韵略》），明代初年编的《洪武正韵》把韵目改订为 76 部，但最通行的是"平水韵"106 部（特别在明清代以来流行极广），许多分韵编排的重要工具书都采用这一韵目系统，如《佩文韵府》和《经籍纂诂》等。

106 部韵部排检法是：先按上平声、下平声、上声、去声、入声分部，第一部下再分若干韵，然后按照韵部排列字。此法要求懂得古韵，所以现在大多数人使用起来非常不便。为此，现代编纂出版的一些与古代读音关系密切的工具书，也有采用韵部排检法的，但一般与其他现代人熟悉的检字法配合使用。

在不熟悉韵部排检法时，可以利用《中华大字典》、旧《辞海》、新旧《辞源》等工具书，这些书每个字头下都注明所属韵部。例如，要查"骨"字，可先从《辞源》中查出"骨"字属"月"韵，再到所要查的工具书的入声月韵里去查。《佩文韵府》和《辞通》的新印本都附有首字的四角号码和笔画索引，可以直接利用索引查找所需条目。

（4）威妥玛式拼音排检法

英国人威妥玛（Thomas F. Wade，1818—1895 年）在 1867 年编写的汉语课本《语言自迩集》中设计了用拉丁字母拼写汉字的较完善的方法，故称为威妥玛式拼音法（Wade System），后来经过改进，又被称为威妥玛－翟理斯式拼音法（Wade-Giles System），是英文中拼写汉字的主要方法，通行已久。编排工具书时，依拉丁字母的次序排列，不分声调。哈佛燕京学社编辑出版的《引得》所附拼音检字即采用此法。西方编纂的汉学工具书也大都用此种编排方法。过去用威妥玛式拼写中国的人名、地名现已统一改用汉语拼音字母拼写。

要注意威妥玛式拼写方法与汉语拼音字母的区别，如 ch'un（春）、hsia（夏）、ch'iu（秋）、tung（冬）、jih（日）、yueh（月）。此外，威妥玛式不仅 zh 与 j 不分，还往往不标送气符号，所以"朱、楚、居、瞿"可能都拼作 chu。

（5）声部排检法

声部是指古代声母。现在沿用的是唐、宋人归纳出的 36 个古声母：见溪群疑、端透定泥、知切澄娘、帮滂并明、非敷奉微、精清从心邪、照穿床审禅、影晓匣喻、来、日。如清代王引之的《经传释词》。

3）号码法

号码法是形序法的一种变形，又称为笔形代码法。号码法是以数码代表汉字的某些笔形或部件，并据此排列先后顺序的一种方法。较常用的号码法有四角号码法和中国字庋撷法。

（1）四角号码法

四角号码法是根据汉字方块形体的特点拟定的，将汉字的笔形分为 10 种，分别用数字 0～9 代表。笔形号码的口诀是："横一垂二三点捺，叉四插五方框六，七角八八九是小，点下有横变零头。"取四角号码的方法是：先将汉字的四个角的笔形转换成四个数字，每字按左上角、右上角、左下角、右下角的顺序取号，再将四个数字连成一个代码，即成四角号码，如排列时依四角号码的大小为序，将汉字依次排列，"端"字的四角号码为"0212"。

四角号码法的优点是：只要熟悉规则，可以见字知码，取号简便，检索迅速。其缺点是：与其他排检法相比，规则复杂，变形的笔形较多，不易掌握。采用此法的工具书有《中国丛书综录》和《二十四史纪传人名索引》等。

"四角号码检字法"最早用于商务印书馆 1928 年出版的《四角号码学生字典》，以后得到普遍应用。为适应简化字及字形规范，对四角号码做了修改，改称"四角号码查字法"，又称新四角号码法。目前出版的工具书采用新法、旧法的均有。新法与旧法的取角方法有所不同，旧法笔形依通行的手写体，而新法笔形以《印刷通用汉字字形表》的规定为准。例如，《现代汉语词典》和《四角号码新词典》附有《新旧四角号码对照表》，列出了主要不同点。

（2）中国字庋撷法

"庋撷"（guǐ xié）二字有放入取出之意，用以代表汉字之解剖排列法，其英文为 alphabetization。中国字庋撷法是把笔形变为号码，但变的方法比较复杂。只有燕京大学引得（索引）编纂处 1931—1950 年编辑出版的 64 种《引得》采用中国字庋撷法编排。

汉字的重要笔形共 10 种，中国字庋撷法将"庋撷（繁体）"二字的笔形拆开，即得 10 种笔形，各以号码代之。

"庋"包括："丶"（0），"一"（1），"丿"（2），"十"（3），"又"（4）。

"撷"（其繁体字为"擷"）包括："扌"（5），"糹"（"撷"的繁体字"擷"中间部分为"糹"）（6），"厂"（7），"目"（"页"之繁体字"頁"中间部分为"目"）（8），"八"（9）。

中国字庋撷法又把汉字分为 5 种体类，以"中""国""字""庋""撷"为代表，分别用 1～5 代表，然后在每体中各取四角笔画号码按次序排列之，即得其字之数码，两字之先后次序，以其数码之大小按升序排列。例如，"口"和"册"二字皆属第一体，试依其体之取角次序求得每字之上左、上右、下左、下右之号码，则"口"为 1/8888，"册"为 1/8833，因此"册"字应排在"口"字之前。

中国字庋撷法的取号次序根据具体字体而定，具体取号方法如下。

"中"：体 1，取号次序为"左上、右上、左下、右下"。例如，"口"为 8888，"毋"为 8885，"勹"为 2820，"亏"为 1020，"尺"为 8890，"司"为 1882 等。此为单体字，不得断写两段，凡为上下或内外两段而其中一段只余一笔（如勹亏尺）者皆不得断。

"国"：体 2，取号次序为"先为外部左上、右下，后为内部左上、右下"。例如，"開"为8273，"因"为 8839，"全"为 9077，"匡"为 8177，"馬"为 8260，"魁"为 2103，"幽"为2866 等。此为包托体字，即三面或四面受围、下面受托或上面被盖而右面被遮之字，若试分为两部分，其中一部分只余一笔或被外皮隔断为两点者（如巾勺司曰戍舟）皆归入"中"体。

　　"字"：体 3，取号次序为"先为上半部左上、右下，后为下半部左上、右下"。例如，"昌"为 8868，"符"为 6693，"羔"为 9136，"矛"为 1072，"豆"为 1891 等。此为上下体字，可断为上下两段，而每段皆含两笔以上者，凡不转而向下之横皆属上段，如羔、矛二字；凡上段有盖伸于下或下段有笔伸于上者，皆不属此体。

　　"庋"：体 4，取号次序为"先为左斜部右上、左下，后为右下部左上、右下"。例如，"厝"为 1238，"乍"为 9070，"皮"为 3284，"友"为 3084，"欠"为 8290 等。此为左殻体字，字之上面及左边受遮蔽者。凡本可归入"字"体，亦可归入此体者，皆应归入"字"体，如衣、虎、差等字。

　　"撷"：体 5，取号次序为"先为左半部左上、右下，后为右半部左上、右下"。例如，"候"为 9029，"刻"为 0922，"郴"为 3632，"孔"为 1321，"胤"为 2061，"州"为 2022 等。此为左右体字，凡断为左右两部，但左部不得为一点，如心字属"中"体等。

　　取得号码后，再算这个字有几个方格，把方格数加在号码后（无方格则加 0，超过 9 个方格数的仍为 9）。例如，"夕"为 1/20200，"凸"为 1/88880，"亞"为 1/70700，"回"为 2/88881，"田"为 2/88904，"目"为 2/88113 等。

　　中国字庋撷法取号的规定很烦琐，不易掌握，主要用于检索新中国成立前出版的 64 种《引得》。因此，在查找各种引得时可以借助所附的笔画检字。近年出版的《燕京大学引得（索引）影印本》增编了四角号码检字法和汉语拼音检字法，使用较为方便。

2. 外文排检法

　　目前，世界上有 2000 多种语言，多数有文字，其中使用范围超过 5000 万人口的语言有 13 种，即汉、英、法、俄、西、意、日、德、阿拉伯、印度、孟加拉、葡萄牙和印尼语。联合国的正式工作语言有汉、英、俄、西、法、阿拉伯语 6 种。

　　外文工具书的排检方法主要有字顺排检法、分类或主题排检法、时序排检法、地序排检法和列表排检法等。选择何种方式作为排检方法，要视工具书所收资料的具体性质和编写目的而定。

　　一般来说，工具书的主体部分若采用分类方法作为排检手段，在卷末就会有一个详尽的字顺索引，以提供多渠道的检索途径。例如，《英国国家书目》（BNB），其正文部分按杜威十进分类法排列，其周刊便有作者和书名字顺索引。每月的最后一期都有全月累积的作者、书名、主题字顺索引。

1）字顺排检法

　　字顺排检法是机械地按字母或词的顺序进行排列，最符合快速查检的要求，是工具书最常用的排检方法之一，一般包括书名（title）、作者（author）和主题（subject）字顺。使用此法进行排检，不必预先掌握或记住任何既定的组织体系或排列方法，直接按已知的或设想适用的检索词检索即得，直接便捷，适用于语言词典、百科全书、传记词典、地名词典，以及书目、索引、文摘等类型的参考工具书和检索工具书。

按字母系统分，外文可分为西文、俄文、日文等文种，西文包括英文、法文、德文、西班牙文、葡萄牙文等拉丁文字母的拉丁语系，通常西文（拉丁文）、俄文、日文单独分别排列。若将西、俄、日等外文混排在一起，可以先将俄文、日文拉丁字母化，即按俄文、日文的读音，用拉丁字母表示，然后按拉丁字母顺序排列。俄文字母与拉丁字母音译对照表如表 2-20 所示，拉丁字母与日文字母音译对照表如表 2-21 所示。

表 2-20　俄文字母与拉丁字母音译对照表

俄　文	拉　丁	俄　文	拉　丁	俄　文	拉　丁	俄　文	拉　丁
А	A	Н	I	С	S	ь	'*
б	B	й	I	т	T	ы	Y
В	V	к	K	у	U	ъ	'*
г	G	л	L	ф	F	э	Z
д	D	М	M	х	KH	ю	YU
Е	E	Н	N	ц	TS	я	YA
Ё	E	О	O	ч	CH		
ж	ZH	п	p	ш	SH		
э	Z	р	R	Ш	SHCH		

表 2-21　拉丁字母与日文字母音译对照表

a(ア)	i(イ)	u(ウ)	e(エ)	o(オ)
ka(カ)	ki(キ)	ku(ク)	ke(ケ)	ko(コ)
sa(サ)	shi(シ)	su(ス)	se(セ)	so(ソ)
ta(タ)	chi(チ)	tsu(ツ)	te(テ)	to(ト)
na(ナ)	ni(二)	nu(ヌ)	ne(ネ)	no(ノ)
ha(ハ)	hi(ヒ)	fu(フ)	he(ヘ)	ho(ホ)
ma(マ)	mi(ミ)	nu(ム)	me(メ)	mo(モ)
ya(ヤ)		yu(ユ)		yo(ヨ)
ra(ラ)	ri(リ)	ru(ル)	re(レ)	ro(ロ)
wa(ワ)				
n(ン)				
ga(ガ)	gi(ギ)	gu(グ)	ge(ゲ)	go(ゴ)
za(ザ)	ji(ジ)	zu(ズ)	ze(ゼ)	zo(ゾ)
da(ダ)	ji(ヂ)	zu(ヅ)	de(デ)	do(ド)
ba(バ)	bi(ビ)	bu(ブ)	be(ベ)	bo(ボ)
pa(パ)	pi(ピ)	pu(プ)	pe(ペ)	po(ポ)

kya(キヤ)	kyu(キユ)	kyo(キヨ)
sha(シヤ)	shu(シユ)	sho(シヨ)
cha(チヤ)	chu(チユ)	cho(チヨ)
nya(二ヤ)	nyu(二ユ)	nyo(二ヨ)
hya(ヒヤ)	hyu(ヒユ)	hyo(ヒヨ)
mya(ミヤ)	myu(ミユ)	myo(ミヨ)
rya(リヤ)	ryu(リユ)	ryo(リヨ)
gya(ギヤ)	gyu(ギユ)	gyo(ギヨ)
ja(ジヤ)	ju(ジユ)	jo(ジヨ)
ja(ヂヤ)	ju(ヂユ)	jo(ヂヨ)
bya(ビヤ)	byu(ビユ)	byo(ビヨ)
pya(ヒヤ)	pyu(ヒユ)	pyo(ヒヨ)

（1）拉丁文字顺排检法

拉丁文字顺排检法存在两种不同的具体操作方法，即按字母顺序排检法（letter by letter）和按词顺序排检法（word by word）（或称为逐词排检法、一贯排检法、彻底字顺排检法）。注意，这两种排检法不能同时在一种工具书或一种检索体系中使用，因为同一个书名或篇名分别按这两种排检法所产生的结果是不同的。例如：

Letter by Letter	Word by Word
Court	Court
Courtauld	Court baron
Court baron	Court customs
Court customs	Court-martial
Courtenay	Court masque
Courtesy	Courtauld
Court-martial	Courtenay
Court masque	Courtesy
Courtrai	Courtrai
Courtship	Courtship

在实际应用中，"word by word"排检法应用较广，国内外大多数图书馆的字顺目录几乎都采用此种排检法，一些历史悠久的著名工具书也多用之，因为它能把首词相同的款目集中于一处，达到族性检索的作用。例如，在传记词典中，同姓氏的被传者将集中于一处。

此外，"word by word"排检法对复合词、带前缀的姓氏及其他特殊语言现象可能产生混乱的情况，必须辅以具体的排列细则加以限定，才能确保排检结果的一致性。

因此，在西文字顺排检时应注意一系列细节问题：

❖ 关于在款目之首或当中的虚词（如冠词、连词、介词等）的取舍问题。

❖ 关于首字母、缩写字的排检问题。

❖ 关于数字、年月等的排检问题。

❖ 关于不同拼写形式词的排检问题，如 Catalog 与 Catalogue，Labor 和 Labour 等。

❖ 关于某些姓氏前缀的处理问题，如 M，Me，Mac 和 St，Sant 等。

❖ 关于同名异义款目的排检问题，如同为 Washington 的一组款目，如人物、地方、事物、事件等，孰前孰后，如何区分等。

❖ 德文中的 4 个变音字母 A，U，O，B，根据国际惯例，可按 A=AE，U=UE，O=OE，B=BE 来排。

（2）日文字顺排检法

一般情况下，日文书刊的排检方法是：以西文开头的日文书刊，按拉丁字母顺序排在前面；以假名开头的日文书刊，按五十音图顺序排在西文书刊后；以日文汉字开头的日文书刊排在最后。

除了使用汉字，日文还使用日本独特的字母叫"かな（假名）"，每个"かな"都有两种写法，一种叫"ひらがな（平假名）"，另一种叫"かたかな（片假名）"。"ひらがな"是在古代取汉字的草体字创造出来的。现在一般使用"ひらがな"，只有在表示外来语等时才用"かたかな"。

在日本，以日文汉字开头的日文书刊的排检法主要有三种：五十音图排检法、部首排检法和笔画排检法。

五十音图排检法：把日语汉字的读音按五十音图顺序排列，对日本人来说较为方便，只要知道其汉字的音读或训读中的任何一种读音即可，但对中国人而言很难实现，因为中日汉字的读音不同，如遇到没学过或学过忘了读音的字，就无法利用五十音图顺序进行排检。

日文的字母按照它的 5 个基本母音，即あ（a）、い（i）、う（u）、え（e）、お（o）排列成字母表。这个字母表从它基本音节的数目，取名为“五十音图”。

在日本采用的罗马字拼音读法是独特的，与中文采用的拼音读法不同，请特别注意。日本的五十音包括基本音节、濁音和半濁音，并列于表 2-22 和表 2-23 中。

表 2-22　日文基本音节表（括弧内为"かたかな"，注音为罗马字拼音）

五十音图-1	偁（傾）抜	偄（僀）抜	偆（僂）抜	偊（僄）抜	偍（僆）抜
偁（傾）峴	偁（傾）a	偄（僀）i	偆（僂）u	偊（僄）e	偍（僆）o
偐（僇）峴	偐（僇）ka	偒（僉）ki	偔（僋）ku	偗（僌）ke	偙（僐）ko
偝（僒）峴	偝（僒）sa	偟（僔）si	偡（僗）su	偣（僙）se	偦（僜）so
偨（僂）峴	偨（僂）ta	偪（僠）chi	偱（僣）tsu	偰（僥）te	偲（僩）to
側（僫）峴	側（僫）na	偵（僯）ni	偸（僰）nu	偹（僱）ne	偺（僲）no
偼（僴）峴	偼（僴）ha	偽（僸）hi	傁（僼）hu	傂（僿）he	傎（儂）ho
傑（儅）峴	傑（儅）ma	傒（儈）mi	傓（儉）mu	傔（儊）me	傕（儌）mo
傗（儎）峴	傗（儎）ya	偄（僀）i	備（儐）yu	偊（僄）e	傛（儓）yo
傜（儔）峴	傜（儔）ra	傝（儕）ri	傞（儖）ru	傟（儗）re	傠（儘）ro
傢（儚）峴	傢（儚）wa	偄（僀）i	偆（僂）u	偊（僄）ne	傪（儝）o
—	傫（儞）n	—	—	—	—

表 2-23　日文的濁音和半濁音（括弧内为"かたかな"，注音为罗马字拼音）

濁音	あ（ア）段	い（イ）段	う（ウ）段	え（エ）段	お（オ）段
か（カ）行	が（ガ）ga	ぎ（ギ）gi	ぐ（グ）gu	げ（ゲ）ge	ご（ゴ）go
さ（サ）行	ざ（ザ）za	じ（ジ）ji	ず（ズ）zu	ぜ（ゼ）ze	ぞ（ゾ）zo
た（タ）行	だ（ダ）da	ぢ（ヂ）ji	づ（ヅ）zu	で（デ）de	ど（ド）do
は（ハ）行	ば（バ）ba	び（ビ）bi	ぶ（ブ）bu	べ（ベ）be	ぼ（ボ）bo
半濁音	あ（ア）段	い（イ）段	う（ウ）段	え（エ）段	お（オ）段
は（ハ）行	ぱ（パ）pa	ぴ（ピ）pi	ぷ（プ）pu	ぺ（ペ）pe	ぽ（ポ）po

部首排检法：根据汉字的形体特征，取其形旁相同的部分适当归类的排检方法（详见第 2.4.1 节的中文排检法）。此法不单纯依靠汉字形体特征，而是以具备所查汉字的知识为前提的。如“肝”字，必须了解在古汉语中“月”与“肉”的关系，才能推断出部首是“肉”，从而完成其排检过程。总之，无论是在中国还是在日本，虽然此法历史久远，但至今还没有一种规范的部首排检法。部首表中确定部首的原则和方法、部首和部属字的次序、部首名称等方面，在实际运用中很不统一。因此，很难进行日语汉字的排检工作。

笔画排检法：按汉字笔画多少及笔形先后顺序排列（详见 2.4.1 节的中文排检法）。

以上三种方法是目前较通用的日语汉字排检方法，各具特点、相互补充。

在中国，对日语书刊常采用汉语拼音排检法（详见 2.4.1 节的中文排检法）。采用此法排检日文汉字符合中国人的直接思维方式。但仍应注意一些日文自造汉字，以及字形不同但很相近字、字形差别较大字（如中文的书、斗，对应日文的害、团）、异字混淆字（如中文的滨、沉，对应日文的站、沈）、中文多音字（如中文的盛：chéng，shèng）等的排检。

（3）俄文字顺排检法

俄文属于斯拉夫语系，其字母有别于拉丁字母，在外文工具书或数据库的款目或记录排检中，俄文通常按俄文字母顺序单独排列。如需与西方字母混排，则必须将俄文字母拉丁化。

2）其他排检法

在外文工具书中，其他排检法通常分别用于某些特定类型的工具书，如：分类或主题排检法多用于书目、索引、文摘和手册等类工具书；时序排检法多用于年表、历表、大事记及历史纲要之类的工具书；地序排检法多用于地图集和年鉴等类工具书；列表排列法多用于年鉴及统计资料等类工具书。

分类排检法和主题排检法需按既定的分类表（如 DDC、UDC、LCC 等）或主题词表（如 LCSH；《西尔斯主题词表》，Sears List of Subject Headings，MeSH 等）进行标引，再按标引的结果——标记符号排检，而且具体某种书的排检方法因所用的具体分类表或主题词表而异。

2.4.2　类序法

类序法是按照文献或信息资源内容，分门别类排列的方法。类序法包括分类法和主题法。但具体的排法不同：分类法按类名的逻辑等级排列，更多的是按代表类名的、由字母或数字代码组成的类号排列；主题法则按主题类名的字顺排列。

1. 分类法

分类法是将词目、条目或文献按知识内容或学科属性分门别类地加以归并集中，按逻辑原则排列顺序的一种排检方法。分类法包括四部分类法、体系分类法和组配分类法，便于按类进行检索。书目、索引、类书、政书、年鉴、手册等工具书大都按分类法编排。

1）四部分类法

四部分类法是把文献按照所反映的知识内容归类编排，加以组织，进而形成分类目录。

中国第一部分类目录是西汉刘歆编撰的《七略》，分为 6 类。东汉班固编撰的《汉书·艺文志》沿袭了"六分法"的体系，分为六艺、诸子、诗赋、兵书、术数、方技六略。晋代改为四部。魏征编撰的《隋书·经籍志》，就以经、史、子、集的名称标志四部类名。自此，四分法就成为图书归类的标准。四分法主要适用于古籍的检索。

清代乾隆年间纂修《四库全书》、纪昀等在编《四库全书总目》时，将四部划分为 44 类，其中又有 15 类再分子目。

《四库全书总目》的分类法至今仍是类分古籍的主要分类法。《中国古籍善本书目》采用修订的四部分类法，分为经、史、子、集、丛书五部 48 类。

掌握四部分类法，要了解各部类收录的范围，在检索时才能找到所需的古籍文献。例如，欲查《本草纲目》，该书属医类，此类属子部，按子部依次查找，便可查到该书。

四部分类法各部类的内容如下。

经部：易、书、诗、礼（周礼、仪礼、礼记、三礼总义、通礼、杂礼书）、春秋、孝经、五经总义、四书、乐、小学（训诂、字书、韵书）。

史部：正史、编年、纪事本末、别史、杂史、诏令奏议（诏令、奏议）、传记（圣贤、名人、总录、杂录、别录）、史抄、载记、时令、地理（总志、都会郡县、河渠、边防、山川、古迹、杂记、游记、外记）、职官（官职、官箴）、政书（通制、典礼、帮计、军正、法令、考工）、目录（经籍、金石）、史评。

子部：儒家、兵家、法家、农家、医家、天文算法（推步、算书）、术数（数学、占候、相宅、相墓、占卜、命书、相书、阴阳五行、杂技术）、艺术（书画、琴谱、篆刻、杂技）、谱录（器物、食谱、草木、鸟兽虫鱼）、杂家（杂事、异闻、琐语）、释家、道家。

集部：楚辞、别集、总集、诗文评、词曲（词集、词选、词话、词谱、词韵、南北曲）。

2）体系分类法

体系分类法是以学科的类为基础，概括文献的内部特征及某些外部特征，运用概念划分的方法，按照知识门类的逻辑次序，从总到分、从一般到具体、从简单到复杂，进行层层划分，所有不同级别的类目中，层层隶属，形成一个严格有序的直线知识门类的等级制（又称为层累制）体系。体系分类法是根据分类法所分配的类号进行排检。

20 世纪以来，一些以现代科学分类为基础的图书分类法陆续出现。分类法的基本原则是知识的系统性，归类标准是学科的性质。最初曾采用的是《杜威十进分类法》（DDC，三部类 10 大类，采用纯阿拉伯数字标记），又陆续出现了诸多分类法，如《人大法》（四部类 17 大类，采用纯阿拉伯数字标记）、《科图法》（五部类 25 大类，采用纯阿拉伯数字标记）、《中图法》（五部类 22 大类，采用字母与数字混合标记）、《国际十进分类法》（UDC，10 大类，采用纯阿拉伯数字标记）和《美国国会图书馆图书分类法》（LCC，六部类 21 大类，采用字母与数字混合标记），见表 2-15 的常用分类法对照表。

3）组配分类法

文献分类法按结构原理可分为体系分类法和组配分类法两大类型。早期的文献分类法大都属于体系分类法，随着科技的飞速发展与文献量的剧增，列举式的体系分类法越来越难以适应文献分类的需要。这是因为列举式分类法不能充分揭示文献主题之间的关系，不便于对新主题、复杂主题及细小主题进行分类。为了解决这一问题，分面组配理论开始出现，印度图书馆学家、教育学家阮冈纳赞（S.R. Ranganathan，1892—1972 年）于 1933 年首次明确提出了分面组配理论并编制出第一部分面组配分类法——《冒号分类法》（Colon Classification，CC）。冒号分类法的思想体系是把事物分为本体、物质、动力、空间和时间五种基本范畴，按分面公式和连接符，把不同的面组配成一个能表达完整概念的类号。

组配分类法属于先组式信息检索语言，其类表由许多表达简单主题的概念组成。在标引阶段，再根据需要转换成复合主题，这就使类目间的转换易于进行，且基本保持类目转换的等价性，体现了人类知识的多维性与概念的多向成族性。

组配是指把两个或多个主题概念按照一定的规则组合起来，表达一个更专指的主题概念。组配是提高文献标引的专指度和提供多元检索途径的重要措施，是显示概念之间关系的方法：主从关系或相交关系，也是对概念之间逻辑运算关系的表达。

组配分类法包括分面组配分类法、组配体系分类法和体系组配分类法三种。

分面组配分类法是由若干面构成的，这些面都是基本范畴，都可以作为检索的途径，无主次之分。分面组配分类法只限于在一个比较窄小或比较单纯的专业范围使用，比较适合标识单元方式检索系统，或者用于文献单元方式检索系统而实行轮排。

组配体系分类法和体系组配分类法都是分面组配与体系分类相结合的混合分类法。前者以分面组配为主，接近于分面组配分类法，如阮冈纳赞的《冒号分类法》；后者以体系分类为主，接近于等级体系分类法，如《国际十进分类法》。但是，二者与分面组配分类法有比较明显的差别，即组配体系分类法和体系组配分类法都是首先按学科体系分类再进行分面组配的。

组配体系分类法首先将知识分为一些基本类（基本大类和习惯类），构成一个作为主干的体系结构；然后每个基本类进一步作分面分类，则相当于一个分面组配分类法。基本类的立类标准可以是一个学科领域，也可以是一个主题领域，依具体情况而定。

体系组配分类法基本上是体系分类法，但大量采用分面组配方法，即使用各种通用复分表、专用复分表、仿分及组配符号、合成符号等，并且使分类号尽量保持分段的组配形式。

事实上，组配分类法与体系分类法的理论基础与方法基础是基本相同的，其优缺点可以相互弥补，而且组配分类法具有很强的容纳性和灵活性，对事物具有较强的网罗性，更容易适应现代科技发展的高度分化与高度综合，因此，后来很多分类法的编制和修订引入了分面组配技术。作为中国准国家标准的《中图法》逐步扩大了通用复分表幅度，增加了专用复分表的数量，扩大了仿分方法与组配方法的运用，这些都表明了《中图法》在原来的体系分类法的基础上，组配因素在不断增多。有关学者指出，《中图法》在组配技术的应用上仍有进一步加强的必要，应该对《中图法》继续进行分面改造，使其逐步发展成为一部半体系半分面分类法。

目前，由于组配分类理论尚不完善，将组配分类法应用于图书情报工作领域仍然有一定的局限性，所以最好结合体系法与组配法的长处，形成混合型分类语言（体系组配一体化），其中融入大量组配因素，将大大提高分类法的兼容性。

总之，分类排检法体现了知识的学科属性和逻辑次序，其优点是便于按类查考某种知识或文献，而且能较全面地得到同类相关资料，其局限是分类方法、类目设置、词目归并往往因书而异，极不固定，查考时需先熟悉分类情况。

2. 主题法

主题法是一种以规范化的自然语言为标识符号来标引文献中心内容的一种排检方法。作为标识符号的"规范化自然语言"（主题词），是一种概括了文献的中心内容或对象，又用来标引和检索文献的标准词汇。

所谓规范，是指对自然语言中的同义词、近义词、同音词、多义词等词语按文献检索的要求进行优选和限定其内涵，从而提高文献检索效率。

主题法要结合字序法来组织标题或关键词，一般按首字的汉语拼音或笔画顺序排列。

主题法与分类法提供了两种检索途径。主题法的主要特征是知识的直指性，而分类法的主要特征是知识的系统性。

与分类法相比，主题法的主要优点是：能把属于不同学科、不同知识体系中论述同一主题的资料集中标引出来，揭示资料比较深入、广泛。其主要缺点是：查考文献资料时，需要正确地选取主题词，否则难以准确地查到。

主题法根据选词原则、词的规范化措施、编制方法和使用规则的不同，可以分为标题法、单元词法、叙词法、关键词法四种，但基本原理是一致的。主题词表是标引、检索文献的主要工具。

1）主题词表

主题词表（叙词表、标题表等）是一种将自然语言转换为信息检索语言的术语控制工具，是图书情报工作者标引文献的工具，也是读者查找主题词的工具。

国外比较有名的综合性主题词表有《美国国会图书馆标题表》（1980 年版），社会科学方面有《美国教育资源情报叙词表》（1969 年版）等。

国内比较有代表性的主题词表是《汉语主题词表》（1980 年版）。

2）《汉语主题词表》

《汉语主题词表》是中国自编的一部综合性的大型主题词表，由中国国家图书馆（原北京图书馆）、中国科技情报研究所等 505 个单位集体编制，1980 年正式出版。《汉语主题词表》是汉字信息处理系统工程的配套项目，适用于文献的电子计算机存储和检索，也可用于组织图书馆的卡片式主题目录或编制各类文献的书本式主题索引等。

《汉语主题词表》包括主表（字顺表）、附表、词族索引、范畴索引和英汉对照索引，分为 3 卷 10 个分册，全表共收录主题词 108568 条。第一卷是社会科学部分，包括主表和索引，收录主题词 23500 余条；第二卷是自然科学部分，包括主表和索引，收录主题词 65200 余条，非正式主题词 12913 条；第三卷是社会科学与自然科学共用的附表。

该主题词表款目的著录格式如下：

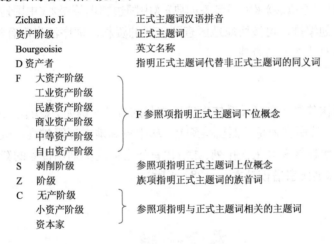

3）主题索引

主题法在国外是信息检索中最常用的方法，几乎每种检索工具都有以主题词顺序排列的检索途径，学术著作也大多附有主题索引。在中国，主题法只用于科技文献信息检索，在社会科学方面仅有少数几种书本式主题索引，有些工具书的辅助索引也采用了主题法编排。

主题索引多使用标题法和关键词编制。例如，《研究马克思恩格斯著作和生平论著目录》按主题词的汉语拼音字母顺序编排，主题词的选择参照《汉语主题词表》；《马克思恩格斯全集主题索引》采用标题法编制，按标题首字笔画排列；《中国百科年鉴》所附内容分析索引采用标题词和关键词混合编制等。

2.4.3　其他排检法

1. 时序法

时序法是按照文献的写作、发表和出版年代或事物发生、发展的时间顺序来编排文献的一种方法。其特点是能够反映文献的产生年代，了解其发展历史。一些时间性较强的检索工具多采用时序法编排，如历表、年表、史事纪年和专门性表谱等。

查找年代和日历的年表、历表（如《中国历史纪年表》和《中西回史日历》等）严格依照年、月、日的自然顺序排列。记载历史事件的大事年表，如《中外历史年表》和《国内外大事记》等，以及记载个人生平事迹的年谱等，也按照事件发生、发展的时间按编年排列。使用时，只需依年、月、日的顺序即可迅速查到所需资料。

一些查找人物资料的工具书也采用时序法按照人物的生平、卒年依次排列。例如，《历代人物年里碑传综表》和《中国历代年谱总录》按人物的生年排列。这种编排方法要附有人名索引配合使用。

2. 地序法

地序法是按照文献中涉及的国家、地域等为标识来编排文献的方法，其特点是能集中同一地区的全部有关文献，能较全面地反映某区域、某国家的历史和现状。地序法主要用于编制地理、地方志和有关农业方面的检索工具书。例如，《中华人民共和国分省地图集》《中国地方志综录》《历代地理沿革表》《中国名胜词典》《中国边疆图籍录》《中国地方志联合目录》等均按当时的行政区划编排，可按所属地区查到需要的资料。地序法也需有辅助索引配合，以便在不知所属地区时能按地名查找。

3. 谱系法

谱系法是按照机构建制、血缘关系依次编排文献的方法。例如，《历代职官表》和《辛亥以后十七年职官年表》等职官表是按照机构建制，从中央到地方逐级排列各政权机构的职官。世系表和族谱则是按照血缘关系依次排列，如清代首任台湾巡抚刘铭传家的《刘氏宗谱》（1943年修）、洪秀全家的《洪氏宗谱校补本》（1981年版）等。

本章小结

信息资源检索工具都采用一定的方法编排，使内容有序化，便于用户检索。为了更有效地利用信息检索工具，提高检索效率，读者需要熟悉和掌握最常用的排检方法。本书涉及的多种排检方法综合归纳如图 2-11 所示。

本章阐述了信息检索原理、方法与步骤，主要包括明确检索主题、选择检索系统、确定检索途径、拟定检索程序和检索结果评价等。检索的具体步骤包括明确需求、分析主题、选择检索工具或数据库、确定检索词、构造检索表达式、提交检索表达式和显示与优化检索结果。本章论述了信息检索的一般原理与方法，主要包括信息著录方法、信息标引方法和信息排检方法等。信息著录方法主要有传统著录法（由九大著录项组成）、CNMARC 著录法（由十大功能块组成）和 DC 著录法（由三大部分 15 个基本元素集组成）；信息标引方法主要有分类标引法（等级列举式、分面组配式和列举组配式）、主题标引法（标题法、元词法和叙词法）、关键词标引法（题内关键词、题外关键词和双重关键词索引）、名称标引、自动主题标引和自动分类标引等；信息排检方法主要有字序法（如形序法、音序法和号码法等）、类序法（如分类法、主题法等）、时序法、地序法和谱系法等。

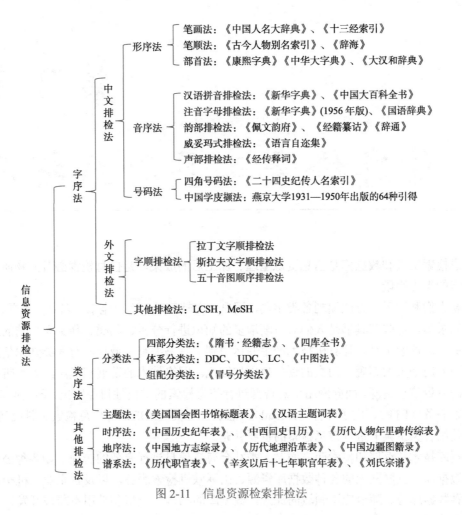

图 2-11　信息资源检索排检法

习 题 2

1. 如何实现 Web 环境下的信息资源检索？
2. 在构建信息检索策略时应注意哪些问题？
3. 如何优化信息检索策略？
4. 如何评价 DC 与 CNMARC 的优缺点？
5. 如何评价主题标引与分类标引？
6. 信息资源排检法有几类，其含义是什么？
7. 什么是 Folksonomy（分众分类法）？与传统分类法相比，它有何优势和不足？

第 3 章
信息检索工具和数据库

信息检索工具和数据库是信息资源整理、加工后的成果，是信息检索必备的物质基础，也是检索的得力手段。

最初人们利用手工方法编制各类字典、词典、文献目录、百科全书、名录、类书、政书、表谱、图录等，这些工具书是人们对日渐增多的知识进行分析、归类、释义和总结的结果，是最早的信息检索工具。计算机技术产生并运用到工具书编纂领域后，对人类知识信息进行分析整理的周期大大缩短，门类的划分也更加细化。网络技术的发展和成熟给人类带来了更加多彩的海量信息资源，面向网络信息资源进行信息检索的重要性日益突出，各类搜索引擎、文件传输服务（FTP）、电子邮件（E-mail）、电子公告板（BBS）等信息检索工具应运而生，并成为使用各类工具书进行信息检索的重要补充。

数据库技术从存储和检索两方面对人类社会海量信息进行有效的管理，如各种公开发行的光盘数据库、互联网上的各种数据库资源、国际联机检索服务，以及各企业、机构内部使用的各种数据库等。随着应用领域的深入，数据库的结构、类型和功用不断被开发，成为当今和未来检索知识信息的最重要的检索系统。

通过本章学习，读者可以了解（或掌握）：

❖ 什么是信息检索工具。

❖ 各种信息检索工具的编制。

❖ 信息检索工具的类型。

❖ 数据库的结构。

❖ 数据库的特点和功用。

❖ 各种类型的数据库及其应用领域。

3.1 信息检索工具概述

为了解决庞大的信息量和人们对其特定需要之间的矛盾，从海量信息中及时获得特定需要的信息，信息检索工具（简称"检索工具"）应运而生，并随着这种矛盾的加深得到不断完善和发展。从文献书目型检索工具到参考工具书，从手工检索工具到计算机检索工具，以及到联机检索、光盘检索等数据库检索系统的出现，检索工具将人类信息资源检索引入了一个全新的应用领域。

3.1.1 信息检索工具的界定

何为检索工具？在有关信息检索的论著中有不同的定义，下面列举代表性的定义。

定义 1：检索工具是报道、存储和查找文献线索的工具，即对文献信息的内部特征和外部特征进行分析筛选，使用一定的检索语言，按照一定的学科或主题范围规范成一定的文献信息条目，采用适当的编排方法，组织在一起而形成的二次文献。

定义 2：检索工具是人们用来报道、存储和查找文献的工具，通常是指其载体为印刷型的检索工具。

定义 3：所谓检索工具，是指按某种方式、方法建立起来的供读者查检文献的一种有层次的体系，是表征有序的文献特征的集合体。在这个集合体中，对所收录的文献的外部特征和内部特征都按需要有着详略不同的描述，每条描述记录（款目）都标明有可供检索用的标识，按一定序列编排，科学地组织成一个有机整体，同时应具有多种必要的检索手段，其中二次文献或三次文献是检索工具的核心和概括。

定义 4：检索工具就是人们用来报道、存储和查找文献情报的工具，是在不同学科范围内对某阶段出版的有关文献进行收集、整理、报道并提供检索途径的二次文献。

定义 5：用来报道、存储和查找文献的工具称为检索工具，通常指以书本或卡片集合形式出现，采用手工方式进行检索的设施（如检索期刊、书目、索引、卡片目录等）。

定义 6：所谓检索工具，是凭以查找有关文献资料的工具与设备，如传统图书馆的目录卡和文摘、早期的穿孔卡片机、计算机检索用的文献数据库及网络搜索引擎等。

定义 7：检索工具包括：提供线索的指示型检索工具（二次文献），如书目、索引、文摘、工具书指南；提供具体信息的参考型检索工具（三次文献），如词典、引语工具书、百科全书、类书、政书、传记资料、手册、机构名录、地理资料、统计资料、年鉴、表谱、图册、政府文献。

定义 8：网络信息检索工具大致可分为三大类型：字典型检索工具，主要用于查询网上用户名、E-mail、URL、服务器地址等；索引型检索工具，为网上信息资源建立索引；交互式检索工具，提供类似商用联机检索的网络信息查询服务。

从以上定义可以看出：检索工具是"报道、存储和查找文献的工具"，这基本上是共识，但对其涵盖的具体内容则有不同的认识，主要分歧表现在以下两方面。

① 文献加工的深度。定义 1、定义 4、定义 5 强调检索工具是"二次文献";定义 2、定义 3、定义 7 强调检索工具是"二次、三次文献";定义 6 除强调二次、三次文献外,还强调数据库,显然数据库检索就不局限于二次、三次文献,还有全文文献,即一次文献。

② 信息处理的手段。定义 2、定义 5 强调检索工具的"印刷型"和"手工"特点;定义 8 强调面向网络的检索工具。

综合分析上述对检索工具的定义,本书基本上倾向于"定义 6"所涵盖的内容,为此对检索工具做出如下定义:

检索工具是沟通信息与用户的桥梁,是人们用来报道、存储和查找各类信息的工具,包括:传统的二次、三次印刷型检索工具,面向计算机和网络的联机数据库检索系统、光盘数据库系统,以及搜索引擎、FTP、BBS、E-mail 等网络检索工具。

3.1.2　信息检索工具的类型

按检索手段的不同,检索工具可以分为传统检索工具(或手工检索工具)和面向计算机和网络的检索工具两种类型。本节主要介绍传统的手工检索工具。

传统检索工具主要是各种类型的工具书。工具书是根据一定的需要、比较完备地汇集某方面的资料,并按特定的方法加以编排,专供读者检索查考有关知识、资料或事实的书籍。根据工具书的体例和功用,工具书可分为检索性工具书、参考性工具书、词语性工具书、表谱性工具书、图录性工具书和边缘性工具书等。

1. 检索性工具书

检索性工具书是在一次文献的基础上整理、编制的提供文献信息线索的二次文献,包括书目、索引、文摘、文献指南,主要用于查找国内外书刊资料。

1)书目

书目是图书目录的简称。但现在的书目已不局限于图书。简单地说,书目是对一批相关的图书、报刊、电子音像出版物等进行著录,按一定次序编排后形成的一种登记、报道和宣传出版物的检索工具。中国是世界上最早出现书目的国家之一,在古代有"目录""略""簿""录""书录""书录解题""题记""题识""考""经籍考""书目""总目提要""综录""总录"等名称。西汉末年,我国便有了正式的书目著作《别录》和《七略》。在英语中,"书目"(bibliography)一词由希腊文"bilion"(书)和"graphein"(抄写)两个单词融合而成,其含义是"the writing of books"(图书的抄写),后来其词义演变成"writing about books"(关于图书的描述)。书目类属词也有用 Index、Guide、Record、Catalog、Bilbliotheca 等的情况。

根据现代书目编制的目的、收录的范围和内容,书目可分为以下几种。

(1)国家图书书目

国家图书书目是揭示某时期国家出版的各类图书的总目。例如,国内有《全国总书目》《中国国家书目》《全国新书目》等,国外有 *International Books in Print*(《国际在版书目》)、*The British National Bibliography*(《英国国家书目》)、*Books in Print: Author*(《美国在版书目:著者》)、*Books in Print: Title*(《美国在版书目:书名》)等。通过这些书目,人们可以了解全国乃至世界其他国家图书的出版情况,以便查找需要的书籍。

还有一些针对特定范围读者的专科或专题书目。例如，国内有《台湾史关系文献书目》《大学生导读书目》《中国现代文学总书目》《晚清新学书目提要》《新世纪教师必读书目导读》《航海图书目录》《中国比较文学百年书目》《东南亚研究图书目录》，国外有 *London Bibliography of the Social Sciences*（《伦敦社会科学书目》）、*The New Cambridge Bibliography of English Literature*（《新剑桥英国文学书目》）、*Scientific and Technical Books and Serials in Print*（《在版科技图书和连续出版物目录》）等。

（2）国家报刊书目

国家报刊书目是揭示某时期国家出版的各类报刊的总目。例如，国内有《中国报刊名录》《中国报刊大全》《中国当代期刊总览》《中文核心期刊要目总览》等，国外有 *Ulrich's International Periodicals Directory*（《乌利希国际期刊指南》）、《日本杂志总览》、*NET. Journal Directory*（《Web 网杂志目录》）等。

（3）馆藏书目

馆藏书目是揭示一个图书馆收藏图书的目录，通常分为卡片目录和书本式目录两种。卡片目录供读者查找馆藏图书和期刊之用，通常至少配有三套目录卡片——分类目录、书名目录和著者目录，以供读者通过不同的途径去查找。书本式目录是馆藏目录的印刷型，既可为到馆的读者查阅使用，也可为不能到馆的读者提供函借或复印之用，更加方便。

（4）联合书目

联合书目是汇总某地区或系统乃至全国的图书馆或文献中心文献信息收藏情况的目录。它的作用是把分散在各地的馆藏书刊从目录上联成一体，使读者既能查到所需书刊，还知道了该书刊的馆藏所在，以便就近借阅。例如，国内有《西文参考工具书联合目录》《西文科技学术会议录联合目录》《天津地方史资料联合目录》等，国外有 *National Union Catalog*（《美国全国联合目录》）、*British Union-Catalogue of Periodicals*（《英国期刊联合目录》）、*Union List of Serials in Libraries of the U.S. and Canada*（《美、加图书馆连续出版物联合目录》）等。

2）索引

索引是将报刊书籍中某些重要的有意义的信息，如书名、刊名、篇名、主题、人名、地名等分别择录出来，按一定方式编排（通常异于原文献的排序），并指明出处，以供检索的工具。索引包括四个基本要素：索引源、索引款目、编排方法和出处指引系统。索引不仅为读者提供多种文献检索途径，还能通过检索词的使用，反映某文献的主题内容以及关于某学科或课题的最新观点和发展趋势。

（1）论文题目索引

例如，《全国报刊索引》（哲社版）将全国公开发行和内部发行的 2000 多种报刊中所刊载的论文题目逐一分析著录出来，并注明论文所在报刊的卷期、页码，专供读者查找有关论文之用。类似的索引工具还有国内的《人民日报索引》《光明日报索引》《解放军报索引》《文汇报索引》《（复印）报刊资料索引》《内部资料索引》《中国社会科学文献题录》《经济科学论文索引》等，国外的有 *Book Review Index*（《书评索引》）、*Accounting Literature Index*（《会计学文献索引》）、*The National Geographic Index*（《美国地理杂志索引》）、*Social Sciences Index*（SSI，《社会科学论文索引》）等。

（2）人名索引

例如，国内有《古今人物别名索引》《室名别号索引》《作家笔名索引》《世界姓名译名手册》《英语姓名译名手册》《日本姓名译名手册》《俄语姓名译名手册》《德语姓名译名手册》《法语姓名译名手册》《世界文学家大辞典》《世界人物大辞典》《外国历史名人辞典》《外国人名辞典》等，国外有 *Personal Name Index to "The New York Times Index"*（《纽约时报索引人名索引》）等。

（3）地名索引

例如，国内有《中国历史地名大辞典》《中国古今地名大辞典》《中外历史地名大辞典》《世界地名辞典》等，国外有 *Webster's Geographical Dictionary*（《韦氏地名词典》）、*Cambridge World Gazetteer*（《剑桥世界地名词典》）等。

（4）字句索引

例如，国内有《汉语方言词汇》《中国俗语大辞典》《古今俗语集成》《通俗编》《俗语典》《中华谚海》《中国谚语》《歇后语大全》《小说词语汇释》《中国古代格言大全》《中国名言大观》《中国名言辞典》《警句格言分类大辞典》《警语名句词典》《世界名言博引词典》《世界名言词典》《中外名言大全》《十三经索引》《论语引得》《韩非子索引》《荀子引得》《杜诗引得》《唐宋名诗索引》等，国外有 *The Oxford Dictionary of Quotations*（《牛津引语词典》）、*Familiar Quotations*（《通晓引语》）、*The Home Book of Quotations*（《史蒂文森引语大全》）等。

3）文摘

文摘是对一定范围内的论文或书籍中的内容进行浓缩，概括地陈述其主要论点、数据、结论等，并注明其出处，按一定的方式编排起来的检索工具。文摘的类型可以从不同的角度来划分：按编写目的，可分为普及性文摘和学术性文摘；按编写方式，可分为题录式文摘、指示性文摘和报道性文摘；按出版形式，可分为期刊式文摘、附录式文摘和卡片式文摘。例如，国内有《经济学文摘》《国外经济文摘》《中国医学文摘》《中国农业文摘》《管理科学文摘》等，国外有 *Book Review Digest*（《书评文摘》）、*Applied Social Sciences Index and Abstracts*（ASSIA，《应用社会科学索引和文摘》）、*Psychological Abstracts*（《心理学文摘》）、*Sociological Abstracts*（《社会学文摘》）、*Historical Abstracts*（《历史文摘》）等。

4）文献指南

文献指南是说明各类文献特点及其查找方法并具体介绍常用工具书及其使用方法的检索工具。例如，国内有《古今中外人物传记指南录》《科技名录指南》《中外专利数据库检索指南》等，国外有 *A Guide to British Government Publications*（《英国政府出版物指南》）、*Guide to Refeence Books*（《工具书指南》）、*Information Sources in Chemistry*（《化学情报源》）、*Information Sources in the Medical Sciences*（《医学情报源》）、*Information Sources in Economics*（《经济学情报源》）等。

2. 参考性工具书

参考性工具书是指能为读者提供各种所需的具体资料的工具书。与检索性工具书仅提供文献线索相比，参考性工具书提供的资料更具体，一般包括百科全书、类书、政书、年鉴、名录、手册等。

1）百科全书

百科全书是以辞典的形式编排的、荟萃各门知识或一门知识的大型参考性工具书，系统、扼要地阐释各学科文化知识，对某学科提供定义、原理、方法、历史及现状、统计数字和参考书等多方面的资料，并着重反映学术上的最新成就。百科全书通常分为综合性百科全书和专科性百科全书。

（1）综合性百科全书

综合性百科全书广泛收集各学科、各领域的知识，内容包罗万象。例如，国内有《中国大百科全书》《未解之谜百科全书》《环球百科全书》等，国外有 *The Encyclopedia Americana*（《美国百科全书》）、*The New Encyclopedia Britannica*（《新不列颠百科全书》）、*Chambers's Encyclopedia*（《钱伯斯百科全书》）等。

（2）专科性百科全书

专科性百科全书一般专收一种或几种学科或某领域的知识。例如，国内有《科学技术百科全书》《中国医学百科全书》《中国企业管理百科全书》《化工百科全书》《材料科学与工程百科全书》《政治经济学百科全书》《奥林匹克运动百科全书》《锡伯族百科全书》《MIT 认知科学百科全书》《最新网络百科全书》《能源百科全书》《药物制造百科全书》《海洋世界百科全书》《美学百科全书》等，国外有 *Academic American Encyclopedia*（《美国学术百科全书》）、*Merit Students Encyclopedia*（《优等生百科全书》）、*Macmillan Encyclopedia of Sciences*（《麦克米伦科学百科全书》）。

2）类书

类书是一种把古籍资料汇集在一起的资料汇编，大多按类编排，是中国特有的工具书种类，收录范围非常广泛。例如，《古今图书集成》总目共六汇编，即历象汇编、方舆汇编、明伦汇编、博物汇编、理学汇编和经济汇编。各汇编下又汇集若干"典"，如博物汇编下汇集了艺术典（专纪农、医、卜、星相、术数，以及画、奕、商贾、佣工、优伶、娼妓之事）、神异典、禽虫典（分纪各动物）、草木典（分纪各植物）；明伦汇编下汇集了皇极典（纪帝王之事）、宫闱典（纪太上皇、后妃、宫女、乳保、东宫、皇子、皇孙、公主、驸马、外戚、宦寺之事）、官常典、家范典、交谊典、氏族典、人事典、闺媛典等。内容之广，无所不收。汇集的内容有些是古籍中有关资料的片段，有些是整篇内容，如明初官修的《永乐大典》、清代的《古今图书集成》、唐朝的《艺文类聚》、宋代的《太平御览》和《册府元龟》，以及《三才图会》和《图书编》等。类书对研究古代文化有重要的功用。

3）政书

政书是记载历代典章制度的史书，是中国特有的工具书种类，主要搜集中国历代或某朝代政治、经济、文化、军事等史料，分门别类，按时代先后顺序编排。编者经过综合概括，据以论述历代典章制度的沿革和发展。

政书可分为通史性质的"十通"和断代性质的"会典""会要"。

（1）"十通"

"十通"即：唐代杜佑撰的《通典》，宋代郑樵撰的《通志》，元代马端临撰的《文献通考》，清代乾隆年间官修的《续通典》《续通志》《续文献通考》《清通典》《清通志》《清文献通考》，以及刘锦藻编的《清续文献通考》。这十部政书是贯通历代典章制度专史的资料汇编，有很高的学术价值和资料价值。

（2）"会典"和"会要"

"会典"和"会要"也是记载一个朝代的典章制度的政书，如《秦会要》《唐会要》《元典章》《明会典》等。但二者的编写方法不同。"会典"纪事以官职为纲，注重记载章程法令和各种典礼；"会要"则分门别类地记载。

4）年鉴

年鉴是一种按年度连续出版的汇集一年内重要资料的工具书，以固定专栏的编排形式，准确、精练地报道有关知识信息。一般设有大事记，可查一年内的重大事件；统计资料，可用于查询相关数据；人物传记，可用于查找重要人物事迹，以及学术著作活动；各学科的专题综述或述评，可获取某学科领域内上一年的新成果。

年鉴一般可分为综合性年鉴、专门性年鉴和统计性年鉴。

（1）综合性年鉴

综合性年鉴收录范围广泛，较全面地反映国家或国际上政治、经济、文化、科学等方面的年度发展状况及有关资料。例如，国内有《中国百科年鉴》《中国年鉴》《广东年鉴》《广州年鉴》《武汉年鉴》等，国外有 *The World Almanac and Book of Facts*（《世界年鉴》）、*Whitaker's Almanac*（《惠特克年鉴》）等。

（2）专门性年鉴

专门性年鉴通常围绕一定的学科、专业或专题等系统地收集有关资料，反映其年度进展情况。例如，国内有《中国对外经济贸易年鉴》《中国出版年鉴》《世界经济年鉴》《中国经济年鉴》《上海经济年鉴》《香港经济年鉴》《广州经济年鉴》《广东物价年鉴》《中国企业年鉴》《上海文化年鉴》《中国商业年鉴》《中国集邮年鉴》《中国税务年鉴》《中国农村年鉴》《中国教育年鉴》《中国人物年鉴》等，国外有 *The Europa World Yearbook*（《欧罗巴世界年鉴》）、*Statesman's Yearbook*（《政治家年鉴》）、*Yearbook of the United Nations*（《联合国年鉴》）、*The Annual Register: A Record of World Events*（《世界大事年鉴》）等。

（3）统计性年鉴

统计性年鉴主要用数字来说明有关领域的进展情况，为读者提供数值数据。例如，国内有《中国统计年鉴》《中国人口统计年鉴》《中国城市统计年鉴》《国家经济和社会统计提要》《湖北统计年鉴》《上海统计年鉴》等，国外有 *U.N. Statistical Yearbook*（《联合国统计年鉴》）、*Statistical Yearbook*《（联合国教科文组织统计年鉴》）、*Current National Statistical Compendiums*（《最新各国统计年鉴》）、*International Trade Statistics Yearbook*（《国际贸易统计年鉴》）等。

5）名录

名录是一种专门对人名、地名、机构名称进行汇集并予以简要揭示和介绍的工具书，可分为人名录、地名录和机构名录。

（1）人名录

人名录收录并简要介绍有关人物的基本情况，包括生卒年月、籍贯、学历、经历、主要贡献等。例如，国内有《中华人民共和国党政军群领导人名录》《中国科学院科学家人名录》《中国普通高等学校教授人名录》《工程人名录》《山东高级科技人员名录》《中国生物技术机构和人员名录》等，国外有 *International Who's who*（《国际名人录》）、*Who's who in America*（《美国名人录》）、*Who's who in the People's Republic of China*（《中华人民共和国名人录》）、*Major 20th-century Writers*（《20 世纪主要作家》）等。

（2）地名录

地名录用于介绍古今中外地方的正确名称、所在地域（国别、省别）、地理位置、古今地名对照表、外国地名中译等，如《中国地名录》《全国乡镇地名录》《世界地名录》等。

（3）机构名录

机构名录收集并简要介绍有关机构的基本情况，包括机构名称、地址、邮编、电话、人员、宗旨、职能、业务范围、产品等。所收录机构包括政府组织机构、大专院校机构、企事业机构、学术研究组织机构等。例如，国内有《中国工商企业名录大全》《中国高等学校大全》《中国图书馆名录》《中国档案馆名录》《上海科技教育卫生单位名录》等，国外有 *The World of Learning*（《世界学术机构指南》）、*American Universities and Colleges*（《美国大学与学院》）、*U.S. Government Manual*（《美国政府手册》）、*Encyclopedia of Associations*（《美国社团大全》）、*Scientific and Technical Organization and Agencies Directory*（《科技机构名录》）、*The International Foundation Directory*（《国际基金会指南》）等。有些专业年鉴附有研究机构名录，也可以作为查找机构名录的工具。

6）手册

手册类似年鉴，但编辑出版时间不受限制，主要汇集某学科或某主题既概括、全面又具体实用的知识和资料。按内容的不同，手册可分为综合性手册和专门性手册。

（1）综合性手册

综合性手册主要收集多个领域的基本知识和参考资料，收录范围较广泛。例如，《中华人民共和国资料手册》《生活科学手册》《世界新学科总览》《新兴学术百科知识》《当代新兴学术手册》《现代科学知识小百科》等。

（2）专门性手册

专门性手册一般汇集某学科或某专业的实用知识和参考资料，内容比较专深、具体，供专业人员或专门人员使用。例如，国内有《各国货币手册》《法学知识手册》《国家机关常用法规手册》《机械工程手册》《物理学手册》《数学手册》《世界近代史知识手册》《世界史编年手册》《国际资料手册》《英语姓名译名手册》《法语姓名译名手册》《世界姓名译名手册》《世界邮票知识手册》《国际经济组织手册》《各国国家机构手册》《国际组织手册》等，国外有 *CRC Handbook of Chemistry and Physics*（《CRC 化学与物理手册》）、*Political Handbook of the World*（《世界政治手册》）、*Physicians' Desk Reference*（《医生案头参考书》）等。

3. 词语性工具书

词语性工具书主要包括各类字典和词典。字典和词典都是汇集字、词、成语，并按一定的次序编排、解释的工具书。就汉语而言，字和词概念不同，因此有字典和词典之分。一般来说，字典汇集单字，并注明其字形、读音、意义和用法；词典主要解释词语的概念、意义和用法。

词语性工具书按字典、词典的内容大致可以分为综合类、成语典故类和专科类三种。

1）综合类

综合类字典、词典广泛收集各领域使用的字和词。例如，国内有《汉语大字典》《中华大字典》《新华字典》《中国书法大字典》《中文形音义综合大字典》《中国图书大辞典》《新修康熙字典》《古汉语常用字字典》《难字小字典》《常用古文字字典》《说文解字》《甲骨文字典》《金文常用字典》《汉语大词典》《中文大辞典》《现代汉语词典》《四角号码新词典》《辞海》《辞源》《简化字繁体字选用字异体字对照表》《文言文虚词大词典》《宋元以来的俗字谱》等，国外有 *Oxford Dictionary of Phrasal Verbs*（《牛津动词短语词典》）、*Webster's Third New*

International Dictionary of the English Language（《韦氏三版新国际英语词典》）、*The American Heritage Dictionary of the English Language*（《美国传统英语词典》）等。

2）成语典故类

成语典故类词典广泛收集各类成语。例如，《中国成语大词典》《中国成语分类大词典》《汉语成语大词典》《中华成语大辞典》《古今成语词典》《常用典故辞典》《成语辞海》《古书典故辞典》《世界成语典故辞典》《中外典故大词典》等。

3）专科类

专科类词典提供某专业或某领域的词汇，实际上是各专业学科的名词术语。例如，国内有《哲学大辞典》《社会科学大辞典》《马克思主义大辞典》《资本论辞典》《伦理学大辞典》《政治学辞典》《军事知识词典》《学校体育大辞典》《中国音乐辞典》《期货交易大辞典》《中国法学著作大辞典》《新编化学大辞典》《常用计量单位辞典》《英汉金属材料及热处理词汇》《交叉科学学科词典》《英汉数据通信及因特网辞典》《现代科学技术词典》《新学科知识词典》《国际电工词典》《世界议会辞典》《世界政党辞典》《中国党派社团辞典》《经济大辞典》《古钱大辞典》等，国外有 *Computer Dictionary*（《计算机词典》）、*World Book Dictionary*（《世界图书词典》）等。

4. 表谱性工具书

表谱性工具书是一种以表格或其他较为整齐简洁的形式，附以简略的文字来记录史实、时间、地理等资料的工具书，具备查考历史年代，查找历史大事，换算不同的年、月、日，以及查考人物生平与官职、地理沿革等功能。表谱性工具书主要有年表、历表和表谱三种。

1）年表

年表是按年代顺序编制的专供查考历史年代、历史大事等资料的检索工具。例如，《中华人民共和国大事记》《中国共产党历史大事记》《中华人民共和国经济大事记》《周恩来生平大事记》《中外历史年表》《外国历史大事年表》《自然科学大事年表》《解说科学文化史年表》《中国历史年代简表》等。

2）历表

历表是一种把不同历法的历日按一定的次序汇编在一起，组成互相对照的表格，以供人们查考和换算不同历法的年、月、日的工具书。例如，《新编中国三千年历日检索表》《二千年中西历对照表》《中西回史日历》《中华实用历书》《百年通历》（新世纪版）等。

3）表谱

表谱主要用于查考人物、职官、地理及科技数据等资料。例如，《国际鉴定数据表》《物理学常用数表》《数据公式》《电子电路大全》《机械产品目录》《计量单位换算表》《历代名人表谱》《中国历史人物生卒年表》《中国历史记录》《历代职官表》《中国历代官制简表》《周恩来年谱》《瞿秋白年谱》《章太炎先生自定年谱》等。

5. 图录性工具书

图录性工具书是一种以图像、文字、符号等反映客观事物特征的工具书，包括地图、历史图录、人物图录、文物图录、艺术图录、科技图像等。

1）地图

地图是将地球表面的自然、社会现象，按照一定的投影方法和缩小比例的方法编制而成的工具书，能概括地反映地表事物和现象的地理分布情况，供查检地名及其位置、查考地理资料之用。地图又可细分为普通地图、历史地图和专门地图。

（1）普通地图

普通地图综合反映地表事物和现象的一般特征，可供查阅地理知识使用。例如，《中华人民共和国地图》和《世界地图》等。

（2）历史地图

历史地图主要反映人类社会各历史时期的发展概况，如不同历史时期的疆域、政治形势、军事形势、战争形势、民族迁徙、重大历史事件、行政区划、地理环境变迁等，主要供学习与研究历史之用。例如，《中国历史地图集》和《中国史稿地图集》等。

（3）专门地图

专门地图一般包括自然地理图、社会经济图、专业技术图等。自然地理图反映地形、地质、气候、土壤、植被等自然地理要素，如《中国自然地理图集》《全国大陆地形图》《江苏省海岛资源综合调查地图集》等。社会经济图反映人口、民族、工业、农业、交通、矿产等社会经济要素，如《中国城市邮政编码地图集》《中国交通地图册》《中国人口主要死因地图集》。专业技术图反映某专业的各方面情况。

2）历史图录、人物图录、文物图录、艺术图录、科技图像

图录是以图像为主体或附以文字说明来揭示历史人物和事物、科技事件发生与发展的过程、仪器与设备的图片等的工具书。例如，《中国历史参考图谱》《中国古代史参考图录》《中国农作物病虫图谱》《中国高等植物图鉴》《中国动物图谱》《中国历代名人图鉴》《中国历代名人画像汇编》《中国古青铜器选》《中国古代兵器图册》《中国书法全集》《中国美术全集》《建筑艺术编》《中国硬币标准图录》《世界常见硬币总汇图说》《当代中国建筑师》《中国乐器》《陆地卫星假彩色影像图》等。

6. 边缘性工具书

边缘性工具书指介于工具书和非工具书之间，既具有一般图书的阅读功能，又具备工具书查检功用的文献，主要包括各类资料汇编、史书、方志等。例如，《中国近代统计史统计资料选辑》《中国近代农业史资料》《政府工作报告》《世界经济统计摘要》《中国社会统计资料》《宋代三次农民起义史料汇编》《中西交通史料汇编》《二十五史》《清史稿》《资治通鉴》《元一统志》《清一统志》，以及各种"通志""省志""市志""县志"等。

此外，面向计算机和网络的检索工具主要是联机数据库、光盘数据库、各类搜索引擎、文件传输协议（FTP）、电子邮件（E-mail）、电子公告板（BBS）及网站分类目录等。具体内容请参见第6章和第7章。

3.1.3 信息检索工具的编制

编制检索工具是为了报道和检索文献信息，使读者能借助各类检索工具迅速、准确、全面地找出所需信息的线索或直接获得原始文献信息。

1. 传统检索工具的编制

早期传统检索工具的编制完全是靠手工进行的，需要花费较多的人力和时间才能完成。

编制的检索工具主要包括：书目、索引、文摘、文献指南、字典、词典、百科全书、年鉴、手册、名录、表谱、图录等。

编制传统检索工具要注意以下几点。

1）确定收录的内容和范围

内容和范围包括什么学科、什么时间、哪些类型的出版物等。例如，确定所编制书目的收录范围是 1900 年至 1984 年上半年国内发表的有关中国社会经济史的论文和著作（包括中国台湾、中国香港）；编制宗教学类文摘、经济学类文摘等；按收录范围，百科全书一般分为综合性百科全书和专业性百科全书；按部头大小，可以分为大百科全书（20 卷以上）、小百科全书（10 卷以下）和单卷本百科全书；人名录的收录范围可定为教育界名人、科技界名人、社会各界名人等；地名录的收录内容包括主要居民点、自然地物、风景名胜、历史古迹、新闻热点发生地等。

2）确定款目的著录项目

著录项目的详简关系到检索工具作用的大小。著录项目主要包括责任者（著者、编者、译者）、题名（书名、篇名）、出处（书的出版者、出版年；报、刊的名称，出版年、卷、期或日期）等。著录时尽可能依据原始文献，若使用二手材料，要注意核查。

3）确定款目的编排方式

著录项目的集合为款目，款目的编排决定了检索工具的查找途径。例如，编制书目可以按学科分类编排，分为哲学、政治学、社会学、经济学、法学、文学、语言学、史学、教育学等大类，大类下再定出目和子目，同一子目下的款目再以内容和时代顺序为主、发表时序为辅来编次；编制辞书可以选择部首、笔画、音序、四角号码中的一种方法为主，再辅以其他方法编制索引；编制百科全书可以采用分类排序、字母顺序排序或两者结合的编排方式等。

4）确定辅助索引

为方便用户的查检，检索工具通常都提供多途径的查检方式。例如，《中国工具书大辞典》除了提供"条目分类目录"的查检方式，还提供"条目笔画索引"的辅助查检手段；《南京年鉴》（2001）除了提供"分类目录"查检方式，还提供"按汉字拼音字母顺序排列的索引目录"；《环球百科全书》除了提供按内容的"分类目录"，还提供了"国际组织索引"和"地名索引"；《中华人民共和国资料手册》除了提供"分类目录"查检方式，还提供"音序索引"；《中华人民共和国地名大辞典》除了提供"地名词目表"的检索方式，还提供"地名的汉语拼音音序索引"和"笔画索引"。

以上四点是编制所有工具书都要注意的共性问题，还要注意不同检索工具在编制时的个性问题。例如，年鉴是按年编纂的，其资料内容在横向上范围广泛，在纵向上栏目具有可比性，这是其他检索工具不具备的特点，也是编纂时应遵循的；而人名录的编制通常要遵循释文编写只反映客观内容，无编纂者的评论或见解这样的编纂原则，或者编纂的资料由本人提供，极少数参照相关资料编写。

2. 计算机技术与检索工具的编制

计算机技术运用到传统检索工具的编制领域后，传统检索工具的编制周期大大缩短。现在，大多传统检索工具的编制都或多或少地借助计算机技术来完成。

借助计算机技术编制传统检索工具的一般步骤包括：正文输入、排版、打印、印刷出版。

其优势主要体现在编辑修改过程的便捷和快速上。尽管少不了人的参与，但在节省人力、缩短编排周期和降低编制成本方面都是一个质的飞跃。现在，基本上所有传统的手工检索工具的编制都会或多或少地借助计算机来完成，并在一些领域已具有了产业化发展趋势。

面向计算机和网络的检索工具的编制，根据不同检索工具的应用特点和功能，编制方法各不相同。例如，各类数据库系统的研制，从早期的二次文献数据库（目录、索引、文摘）发展到后来的一次文献数据库（全文、数值、图像、图形），再到多媒体数据库（文字、数值、音频、视频等混合信息），这些数据库检索工具的研制是要完成一个由数据库、计算机终端、软件、硬件、通信网络组成的完整的检索系统的编制。

就搜索引擎而言，从技术角度，研制搜索引擎需要编制三种软件。一是蜘蛛软件（Spider），即自动收集程序，其作用是负责收集网页的内容；二是索引器（Indexer），其作用是将收集回来的内容进行分析，然后做索引；三是搜索器（Searcher），作用是响应用户的检索请求。此外，还有 Telnet、FTP、Gopher、BBS 等网络资源检索工具，也均属计算机软件产品，是利用各种计算机语言编制的、具有不同检索功能的应用软件。

3.2　数据库概述

数据库（DataBase，DB）是数据管理的最新技术，是计算机科学的一个重要分支。数据库中存储的基本对象是数据（Data）。数据泛指计算机能处理的各种事实、数字、字符等各类符号的集合，如文字、图形、图像、声音、银行的账户记录、产品的销售记录等。它们都可以经过数字化后存入计算机。因此，描述事物的符号记录被称为数据。为了在计算机中存储和处理客观世界的事物，就要抽出能对这些事物进行描述的特征内容组成一条记录（Record）。

例如，在银行账户的记录中，账户的账号、存款、余额、取款、日期作为重要的内容进行如下描述：

```
(210000001852, 80000, 50000, 30000, 2007/12/18)
```

这里的银行账户记录就是数据。这条记录反映的信息是：账号为 210000001852 的客户，存款 8 万元，2007 年 12 月 18 日取款 3 万元，余 5 万元。由同类型的这种记录数据组成的集合就构成了数据库的基本内容。

3.2.1　数据库的功能

所谓数据库，是指长期储存在计算机存储设备上的、可供计算机快速检索的、有组织的、可共享的数据集合。数据库中的数据按一定的数据模型组织、描述和存储，为所有用户共享。例如，表 3-1 是按关系模型（relational model）组织、描述和存储的"期刊篇名数据库"。其中的每条记录类似工具书中的每条款目，属性（篇名、作者、中文刊名、年、期）类似著录项目。该关系数据库类似检索途径（如利用"篇名""作者""中文刊名"等检索）很多、检索功能强大，由分类目录、主题目录、作者目录、书名目录组成的"目录体系"。

这里，数据库本身可被看成一种电子文件柜，也就是说，它是收集计算机数据文件的容

表 3-1　期刊篇名数据库

篇　名	作　者	中 文 刊 名	年	期
企业知识管理能力的模糊综合评价	张新香	科学学与科学技术管理	2008	2
数据仓库在病案管理中的应用研究	廖海波	科学技术与工程	2008	2
企业技术创新国际化过程中的学习模式	陈　恒	经济师	2006	2
运筹学与管理信息系统	朱鲜野	情报科学	2007	9
论元数据互操作的层次	张　东	情报理论与实践	2005	6

器。通常，对这些数据文件执行的操作包括：从现有文件中检索数据、更改现有文件的数据、删除现有文件中的数据、向现有文件中插入数据、删除数据库中的现有文件等。为了有效地利用这些"数据文件"，如向"期刊篇名数据库"中增加新的数据记录、修改原有数据记录中的错误或从该数据库中检索某些数据记录等，都是以数据库中数据记录的科学存储和组织为前提的，所以首先必须解决数据库中所有记录的数据科学组织和存储，以及高效获取和维护的问题。数据库管理系统（DataBase Management System，DBMS）即承担这一任务的软件。

数据库管理系统是位于用户与操作系统之间的一层数据管理软件。数据库在建立、使用和维护时由数据库管理系统统一管理、统一控制，以保证用户能方便地定义数据和操纵数据，并能够保证数据的安全性、完整性、多用户对数据的并发使用，以及发生故障后的系统恢复。其管理功能主要表现在以下三方面。

1）数据定义功能

数据定义功能是指用户可通过数据库管理系统提供的数据定义语言（Data Definition Language，DDL）对数据库中的数据对象进行定义。例如，用描述数据长度的语句或表项分别定义"篇名""作者""中文刊名""年""期"属性的存储空间；用数据命名语句定义"期刊篇名数据库"中的数据名称分别为"篇名""作者""中文刊名""年""期"，以及对数据的类型（如"篇名""作者""中文刊名"定义为字符型，"年"和"期"可定义为数字型）等进行定义。

2）数据操作功能

数据操作功能即用户可通过数据库管理系统提供的数据操纵语言（Data Manipulation Language，DML）实现对数据库的基本操作：数据查询、数据更新、数据插入、数据删除。

3）数据库管理功能

数据库在建立、使用和维护过程中，为保证数据的安全、多用户对数据并发使用及发生故障后的系统恢复，由数据库管理系统统一提供最基本的数据保护等功能，统一控制数据库。

在数据库技术日趋成熟的发展过程中，数据库的种类、数量及数据库本身数据记录的数量都在迅速增多，数据库的安全和定期维护工作越来越重要，需要专门的人员来完成，这些人就被称为数据库管理员（DataBase Administrator，DBA）。数据库管理员是信息技术方面的专业人员，通常包括一些系统程序员和其他技术助理。也就是说，数据库管理员的功能实际上由一组人员来承担，而不是一个人。他们的工作是创建实际的数据库、执行需要实施各种决策的技术控制，并负责确保系统正确执行操作，以及提供各种其他技术服务。可见，一个能高效、安全提供信息检索服务的数据库系统（DataBase System，DBS）是由数据库、数据库管理系统、数据库管理员等共同组成的。它们之间的关系可以表述为：数据库是由数据库管理员运用数据库管理系统进行如建立库结构、增加记录、删除记录、修改记录、查询检索和日常的安全维护等操作的。

3.2.2 数据库的结构

一般，可以从数据库管理系统和数据库用户两个角度考察数据库的结构。

从数据库管理系统的角度看，数据库采用的是三级模式结构：外模式、全局模式和内模式，这是数据库管理系统内部的面向数据库管理员的结构。从数据库用户的角度，数据库的结构可分为集中式结构、分布式结构、并行结构、异构结构、客户—服务器结构和浏览器/服务器结构、非结构化数据库。这里主要介绍数据库用户眼里的数据库。

1. 集中式数据库

集中式数据库是指建立在单一计算机系统上的数据库，无论是逻辑上还是物理上都集中存储在一个大容量的外存储器上，数据库用户只能从这里获取所需要的数据。集中式数据库也可以基于网络结构（如图 3-1 所示），三个集中式数据库管理系统 DBMS1、DBMS2、DBMS3 用网络连接，每个数据库管理系统中的数据库由各自的数据库管理系统集

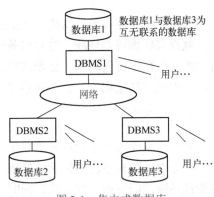

图 3-1 集中式数据库

中管理，它们是相互独立、没有任何联系的。但每个数据库管理系统上的用户都可以通过网络远程登录到另一台机器的数据库系统上，存取其中的数据资源。网上用户虽然可以存取异地计算机机上数据库中的数据，但不能执行全局应用，也就是说，当需要对网络上两个以上数据库系统中的数据进行综合处理时，必须从一台机器退出后，再登录到另一台机器上。典型的例子是银行转账，这要同时涉及两个不同场地的数据库同时更新数据的操作。因此，集中式数据库管理系统只适用于中小型企事业单位，对于大型企事业单位或地理上距离较为分散的行业，由于数据在传输上花费的时间过多，集中式数据库的数据共享就不现实了。

2. 分布式数据库

分布式数据库的数据不是全部存储在一台计算机上的，而是分散地存储在一个计算机网络中的多台计算机上。虽然地点分散，但在整体结构上，分布式数据库系统将整个数据库作为一个整体进行管理和控制，即在逻辑上是属于同一个系统的数据集合。

这里要强调两点。① 数据分布性。数据库中的数据不是存储在一台计算机上的，而是存储在不同区域的多台计算机上的，不同计算机上的数据库被称为局部数据库，分布式数据库就是所有这些局部数据库的集合。② 逻辑整体性。局部数据库的数据在逻辑上是互相联系的，是一个整体，即逻辑上如同集中数据库。这种结构完全不同于分散在计算机网络多台计算机上的那些集中式数据库，因为那些数据库之间没有内在的逻辑联系。

以上意味着：在分布式结构中，各台计算机具有完成局部应用的独立自治的处理能力，同时可借助通信子系统存取网上其他计算机上的数据，从而参与全局应用（如图 3-2 所示）。可见，分布式数据库结构既可以提高数据存取速度，又充分实现了数据共享。

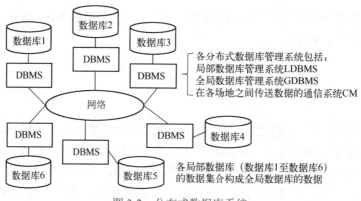

图 3-2 分布式数据库系统

分布式数据库有效地解决了数据传输时间过长的问题，当一项服务属于本地局部数据库时，就没有数据传输问题，这种服务比传统的集中式数据库快得多。只有当查询非本地数据时，才出现数据传输问题。分布式数据库最重要的问题是考虑各独立自治计算机之间的协同工作，因此，从结构上，分布式数据库的管理比集中式数据库管理要复杂许多。

3. 并行数据库

并行数据库源于并行计算机系统的迅速发展和关系数据库中数据操作的低效。

一方面，微机系统的性能价格比不断提高，而处理速度的提高正趋于物理极限，难以适应微机系统性能价格比的要求，同时，硬盘技术的发展滞后于微处理机的发展，表现为硬盘操作中的 I/O 瓶颈问题日益突出。另一方面，在数据库领域，数据库的规模越来越大，应用越来越复杂，特别是在决策支持系统和联机事务处理等方面，对数据库性能提出了更高的要求，以适应事务处理的高吞吐量和低响应时间。并行计算机系统就是从运用多个微处理机、多个内存和多个磁盘等硬件方面考虑协同工作的技术，目的在于提高系统的处理速度。系统可根据需要使用数个、数十个甚至上千个微处理机协同工作，形成大规模并行处理计算机系统，性价比和可用性大大高于大中型计算机系统，并可以完成一些单个微机无法完成的复杂任务。

并行数据库就是在并行计算机上运行的具有并行处理能力的数据库系统。目前对并行数据库系统的研究主要在关系数据库系统上进行，即在并行体系结构的支持下实现关系操作的并行化，以提高关系数据库的效率。它与分布式数据库的区别在于网络通信方面，分布式网络大部分是串行方式，因而时延成为分布式系统的主要问题，而并行系统中使用的是内部并行网，时延问题大大缓解，效率大幅度提高。

综上所述，并行数据库与计算机体系结构密不可分。用于构造并行数据库系统的硬件模型主要有三种：全共享结构（Shared-Everything）、无共享结构（Shared-Nothing）和共享磁盘结构（Shared-Disk）。

1）全共享结构

系统由多个处理机、多个磁盘和一个共享内存构成，如图 3-3 所示。在这种并行处理结构中，处理机、内存和磁盘之间通过互联网络相连，多处理机之间的通信和数据交换通过共享内存直接进行。数据库存储在多个磁盘上，每个处理机可通过互联网络直接存取一个或多个磁盘数据库中的数据，即所有内存与磁盘为所有处理机共享。

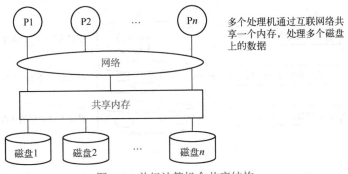

多个处理机通过互联网络共享一个内存，处理多个磁盘上的数据

图 3-3 并行计算机全共享结构

2）无共享结构

在无共享结构中，系统的每个处理机都有独立的内存和磁盘，每个处理机独立访问本节点上的内存和磁盘，各处理机间的通信和数据交换完全靠互联网络实现，如图 3-4 所示。

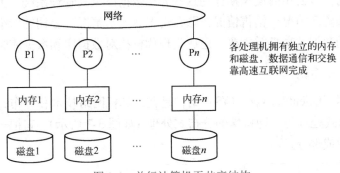

各处理机拥有独立的内存和磁盘，数据通信和交换靠高速互联网完成

图 3-4 并行计算机无共享结构

3）共享磁盘结构

在共享磁盘结构中，各处理机拥有独立的内存，共享系统中的多个磁盘，每个处理机都可直接访问所有磁盘数据库内容，多个处理机和磁盘之间由互联网络连接，如图 3-5 所示。由于各处理机有独立内存，相比全共享结构而言，不会出现内存总线的瓶颈问题，但同样是共享磁盘，因此仍会出现多处理机对共享磁盘访问时产生的瓶颈问题，故系统中处理机的数量不能太多。另外，当某处理机或内存出现故障时，可由其他处理机代替其工作。

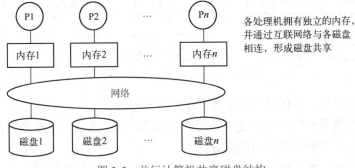

各处理机拥有独立的内存，并通过互联网络与各磁盘相连，形成磁盘共享

图 3-5 并行计算机共享磁盘结构

4. 异构数据库

异构数据库是指由多个各不相同的子系统组成的系统，如图 3-6 所示。

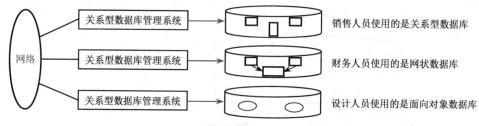

图 3-6　异构数据库管理系统结构

异构数据库源于一些大型机构中的应用需要。例如，某具有悠久历史的大型汽车制造公司可能已经用层次数据库管理系统建立和使用了产品部件数据库，销售人员使用的是关系型数据库，财务人员使用的是网状数据库，设计人员使用的是面向对象数据库，等等。实际情况是，该公司一直存在多个异构数据库管理系统，并已长期应用于不同的管理领域，为了支持这些领域的应用，该公司内便长期存在这些异构数据库及其管理系统。为了更好地了解公司的整体状况，如资产情况、销售情况、账目情况、人员情况、公司的新举措等，异构数据库管理系统之间的数据共享日益重要，已成为现代机构对数据库和数据库管理系统的要求。

5. 客户—服务器结构

客户—服务器（Client/Server，C/S）结构是在计算机网络技术和分布式计算的基础上发展而来的，其协作式处理是一种特殊的分布式处理（如图 3-7 所示）。它把一个计算机应用系统分成三个基本组成部分。

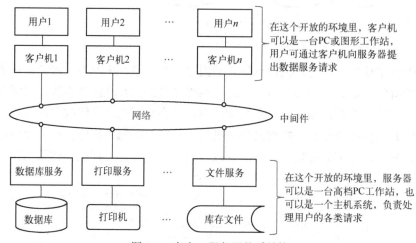

图 3-7　客户—服务器体系结构

服务器：为多个用户提供共享资源服务的计算机系统。

客户机：为最终用户提供业务处理及用户界面的计算机系统，是服务的消费者。

中间件：连接服务器和客户机的部分。

在同一个网络中，客户机根据用户的业务需求，为用户提供相应的人机交互界面，供用户向服务器提出数据服务请求，通过网络将服务请求传递给相关服务器；服务器按请求组织数据，并通过网络把服务结果传送给客户机；客户机完成最终业务处理，或直接显示服务器反馈的内容。

可见，这种结构体现了客户机和服务器在软件成分间的协作处理，又强调了作为硬件的"客户机"和"服务器"之间的协作关系。

6. 浏览器/服务器数据库

浏览器/服务器（Browser/Server，B/S）数据库是一种以 Web 技术为基础的管理信息系统（Management Information System，MIS）。浏览器/服务器结构把传统的 C/S 结构中的服务器分解为一个数据库服务器与一个或多个应用服务器（Web 服务器），从而构成了一个三层结构的服务体系，如图 3-8 所示。

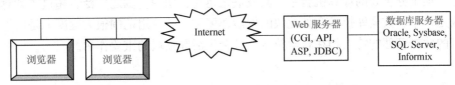

图 3-8　浏览器/服务器结构

第一层是表示层，即浏览器，用户通过浏览器完成与后台的交换及最终查询结果的输出功能。

第二层是具有各种接口技术的 Web 服务器，包括公共网关接口（Common Gateway Interface，CGI）技术、专用应用程序接口（Application Program Interface，API）、ASP（Active Server Page）和 JDBC（Java DataBase Connection）技术等。第二层属于功能层，主要利用服务器完成客户的应用功能。

第三层为数据库服务层（数据层），数据库服务器接受客户请求后独立地进行各种运算。由于所有的应用程序模块都安装在 Web 服务器上，在浏览器上只需要安装一个通用的浏览器软件，因此这种结构简化了客户端，使用户的操作更加方便。此外，这种结构与 Intranet/Internet 完全兼容，具有良好的开放性。

7. 非结构化数据库

所谓非结构化数据库，是指数据库的变长记录由若干不可重复和可重复的字段组成，而每个字段可由若干不可重复和可重复的子字段组成。简单地说，非结构化数据库就是字段数和字段长度可变的数据库。

非结构化数据库就是针对关系数据库模型过于简单、不便表达复杂的嵌套需要、支持数据类型有限等局限，从数据模型提出的全面基于网络应用的新型数据库理论。非结构化数据库主要是针对非结构化数据应运而生的，与目前流行的关系数据库相比，最大区别在于它突破了关系数据库结构定义不易改变和数据定长的限制，支持重复字段、子字段和变长字段，实现了对变长数据和重复字段的处理和数据项的变长存储管理，在处理连续信息（包括全文信息）和非结构信息（重复数据和变长数据）中有着传统关系型数据库无法比拟的优势。

非结构化数据库在数据类型上不仅可以支持字符型、数值型数据，由于其强大的外部文件支持功能，更可以支持任何文件类型，如超长文本、图像、声音等扩展型数据类型；同时，非结构化数据库对于文本、RTF、超文本文档、DOC 等具有检索意义的外部文件类型还能提供强大的索引和全文检索功能。

非结构化数据库兼容各种主流关系数据库的格式，但是它在处理变长数据、文献数据库和网络应用方面更有自己独特的优势：检索的多样化、检索效率较高（如全文检索）等。对于大型信息系统工程、网络上的信息检索、专业网站和行业网站（电子图书馆、电子商务网站）等来说，非结构化数据库都是一项较好的选择。

3.2.3　数据库的特点和功用

数据库技术自 20 世纪 60 年代中期产生以来，已经在众多的应用领域发挥了关键性的作用，成为一项十分重要的计算机技术，其发展之迅速、使用范围之广泛，超过了计算机领域的其他应用技术。数据库技术有如此快的发展速度和广的应用范围很大程度上是由于数据库本身具有的数据管理的特点和在科学技术、社会生活等领域的重要作用。

1. 数据库的特点

1）数据库的数据具有结构化特点

数据库中的数据是通过数据模型描述、整体上结构化的数据。

如图 3-9 所示的"学生基本情况"。学校对学生的管理既要考虑学生的选课管理，还要考虑学生的人事管理。因此，这种数据组织方式为各种管理提供了必要的记录格式，使学校的学生数据结构化了。这就要求在描述数据时，不仅要描述数据本身，还要描述数据之间的联系。这种实现整体数据结构化的方式是数据库的主要特征之一。

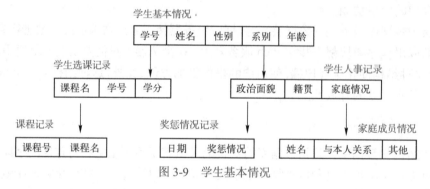

图 3-9　学生基本情况

2）数据库中存储的数据是面向现实世界的

每个特定的数据库中存储的数据并不专门为某应用程序服务，而是为现实世界中所有需要该数据内容的应用领域提供服务，这种面向现实世界提供数据服务的方式是以往人工管理数据和文件系统管理数据无法实现的，是数据库独有的特点。正因如此，数据库生产才能作为一种产业，将人类需要的各种信息资源数据化后存储起来，以提供各种服务。

3）数据库中数据的共享性好、冗余度低

数据的共享程度直接关系到数据的冗余程度。例如，在人工管理数据阶段，数据是无法共享的，数据是面向应用的，即一组数据对应一个应用，再一组数据对应另一个应用，假设两个应用中可能出现许多共同数据，也不得不多次重复组织这些相同的数据，由此两个应用中的相同数据就成为了冗余数据，但鉴于人工管理数据的局限性，这个问题无法解决。到了文件管理阶段，由于文件系统的管理方式是一个文件基本上对应一个应用程序，因此，当不同的应用程序具有部分相同的数据时，也必须建立各自的文件，而不能共享相同的数据，造成数据的冗余。而在数据库中，数据的描述和存储是从整体角度出发的，数据不再面向某应用而是面向整个系统。例如，在图3-9中，"学生基本情况"的数据记录就可以被多个应用共享使用，从而大大减少了数据冗余。

4）数据库中数据的独立性强

数据库中的数据既具有物理独立性，又具有逻辑独立性。数据的物理独立性是指当数据库的存储结构（或物理结构）改变时，通过对数据的存储结构与逻辑结构之间映像的相应改变，可以保持数据的逻辑结构不变，从而应用程序也不必做相应的修改。数据的逻辑独立性是指当数据的总体逻辑结构改变时，通过对数据的总体逻辑结构与应用涉及的局部逻辑结构之间映像的相应改变，可以保持数据的局部逻辑结构不变，由于应用程序是依据数据的局部逻辑结构编写的，因此应用程序不必做相应的修改。数据库数据的这个特点大大减少了对共享数据库中数据的各种应用程序的维护和修改，为数据库的使用提供了极大的便利。

5）数据库由数据库管理系统统一管理和控制

由于对数据实行了统一管理，而且所管理的数据是有结构的数据，因此在使用数据时可以有很灵活的方式，可以取整体数据的各种合理子集用于不同的应用系统，而且当应用需求改变或增加时，只要重新选取不同子集或加上一小部分数据，便可以有更多的用途，满足新的应用需求。例如，要对中国某学科的专题论文情况进行统计分析，就可以利用"期刊篇名数据库"（见表3-1），首先检索这一专题的文章，然后利用"作者"和"中文刊名"属性进行统计分析；如果查找近两年某专题的文章，可利用该数据库的年代限定检索方式，从而只查检2006年和2007年的内容。总之，数据库提供了各种方便使用其数据的功能，通过可检属性选用需要的数据是非常灵活的。

2. 数据库的功用

由于数据库具有数据管理的独特优势，以及使用方便、快捷，其功用体现在现实世界的各应用领域，从一般的事务管理到计算机集成制造系统（Computer Integrated Manufacturing System，CIMS）、办公自动化系统(Office Automation System，OAS)、地理信息系统(Geographic Information System，GIS）等。这里主要讨论与信息资源检索有关的文献数据库的功用。

1）文献数据库对文献信息的规范化管理是以往任何管理方式无法替代的

例如，对一个图书馆来说，建立一个馆藏中文书目数据库对一个文献书籍日趋增多的图书馆内部计划管理来说是十分必要的，利用计算机来查询馆藏中文图书的情况比用手工方式去翻目录卡片要节省更多的时间和人力，即使有印刷型的馆藏中文图书目录，如果对其中的内容进行修改、增加或删除等更新操作，也不是很方便。同样，对于馆藏外文文献及各种报刊的管理存在同样的问题。

2）文献数据库为用户提供了多途径的检索方式

为用户提供多途径的检索方式是文献数据库最重要的功用。在世界数据库产业中，数据库生产已作为信息产业中一项重要的内容，有许多生产者（Producer）和经销商（Vender）进行生产和销售，其中文献数据库的生产占了相当大的比重。为了在市场上赢得用户，除数据库收录的内容外，数据库的检索途径也是衡量数据库质量的一项重要指标。通常文献数据库的检索途径都有多种。例如，按书名（篇名）、作者、关键词、出版者（刊名）检索；在检索结果中再进行二次检索；检索词在检索内容中的位置要求；用布尔代数组合成的逻辑检索表达式进行检索等。此外，可以对检索内容的范围进行限定。例如，检索内容限定在"人文社会科学"领域，或者限定在"工程技术"领域，或者限定检索的年限为 2000 年以来的文献等。

3）文献数据库可以为用户提供多种形式的服务内容

书目数据库是最早的文献数据库形式，以后又有题录数据库等，这些数据库主要为用户提供查找一次文献的线索；文摘数据库则比书目数据库和题录数据库提供的信息量大了许多，有助于用户对要查检的信息资源有较深入的了解；全文数据库则为用户直接提供了原始的一次文献，是用户最终查检的目的所在。在实际应用中，不同用户对信息资源所包含内容的需求程度有所不同，文献数据库提供这种多种形式的服务，为用户检索信息提供了方便。若从不同学科的角度看各种文献数据库，如中国力学文献数据库、中国光学文献数据库、天体测量二次文献数据与书目数据库、地质学俄文图书联合目录数据库、华东地区农业文献数据库、中医药文献数据库、国外石油文献数据库等，则会发现数据库内容在学科上日趋专门化，给用户带来的是更明确、清晰的信息源，无疑对用户信息的查检有更具体的指导作用。

4）文献数据库为用户提供了多渠道的检索服务

目前，文献数据库生产单位和经销商为用户提供的文献数据库检索服务渠道主要有国际联机数据库、光盘数据库、磁盘数据库、磁带数据库、因特网数据库等，用户可以视具体情况选择使用数据库。并不是所有数据库都提供多种渠道的服务，有些只提供单一渠道的服务。

3.2.4　数据库的类型

在数据库研究领域，不论是传统数据库还是新一代数据库，都有一个共同的特点：数据库应用类型的特殊性，即各种数据库的产生都是因某种特殊的（或具体的）需要而出现的，进而成为数据库研究的不同分支领域。从应用需求角度，数据库主要分为数据库发展早期的传统数据库、适用于专门应用领域的数据库、传统数据库技术与其他计算机技术相互结合产生的新一代数据库，以及支持多维数据分析的数据仓库技术。

1. 传统数据库

传统数据库通常指由层次、网状和关系数据模型建立的各种数据库，主要应用于联机事务处理的各领域。

1）情报数据库

情报数据库的应用非常广泛，几乎遍及所有领域。特别是以情报数据库为基础的联机情报检索系统。自 20 世纪 60 年代美国首创联机数据检索的先河，并于 70 年代推出国际联机检索服务以来，经过几十年的发展，情报数据库已成为数据库产品中最成熟的应用系统，联机情报检索系统已经得到了广泛的应用。

情报数据库的开发与利用最早以文献数据库为主，包括书目数据库（如著名的 MARC 数据库）、一次文献数据库（如化学文摘 CA、工程索引 COMPENDEX、世界专利 WPI 等），现在已发展为全文数据库（如美联社新闻全文库、金融时报全文库、中文期刊全文库等）。

按提供情报的级次，情报数据库可分为参考数据库和源数据库；按存储的数据类型，可分为文献数据库、数值数据库、事实数据库和图像数据库；按存储介质，可分为磁带数据库、磁盘数据库和光盘数据库。

（1）参考数据库

参考数据库中的数据是文献或事实的参考内容，主要为用户提供查找源文献或事实的线索，指引用户获取原始情报的出处。例如，文献题录数据库就是一种参考数据库，只提供一次文献的主要元数据，指导用户去具体的原文出处查阅，从而获得完整的情报信息。

（2）源数据库

源数据库指包含原始文献信息全文、完整数据或节录的情报数据库，通常有全文数据库、数值数据库等。源数据库与参考数据库的不同在于：参考数据库只提供获取原始情报的线索，源数据库则直接为用户提供他们最终需要得到的事实、数值或文字信息。

（3）文献数据库

文献数据库是用数据库方式组织的文献信息的集合，是人们开发最早、使用最广泛的一种情报数据库，通常由情报单位或其他专业机构加工、生产，内容一般包括文献的编号、题目、出处、日期、作者、内容等信息。

随着计算机应用技术的不断提高，许多单位，如工矿企业、商业、金融机构、统计机关、科研部门、政府机关等计算机的应用得到了迅速普及。管理的现代化推动情报数据库从以文献数据库为主发展到以非文献型数据库为主。例如，数值数据库、事实数据库、图像数据库等非文献型数据库在应用领域逐渐占据优势。

（4）数值数据库

数值数据库是含有数值数据的一种源数据库，存储的是数字或数字与某些特殊字符表示的数据信息，如国民经济统计数据库及其他各类统计数据库等。

（5）事实数据库

事实数据库中包含对客观事物的概念、属性和变化情况的描述信息。例如，由中国科学院化学所建立的质谱数据库，存有 38711 张国际标准质谱图，存储的数据属性包括化学名称、分子式、分子量、杂原子、离子峰等，数据库系统提供原始谱图阅读子系统、谱图质量指数计算与统计分析子系统和香料化合物质谱检索子系统，为用户提供阅读并鉴定质谱图，以及提供质谱谱图的有关事实。

（6）图像数据库

图像数据库是用数据库方式组织的图像信息的集合，为用户提供图像数据及其检索方法。例如，通过卫星遥测到的地形图信息库、天气云图信息库等都是图像数据库。

由于不同用户对情报的需求不同，因此不同行业的用户除了经常使用专业性强的数据库，对跨学科的综合性情报数据库也会有应用需求。所以，情报数据库无论从内涵还是外延来看，都是涉及面相当广泛的概念，内容非常丰富。

2）图形数据库

图形数据库是以数据库方式组织的图形信息集合，主要为用户提供图形数据及其检索方法。现代科学和许多工程领域采用了计算机图形系统，以加强图形信息的处理和传播。特别在计算机辅助设计（Computer Aid Design，CAD）中，图形数据库起着越来越重要的作用，使图形数据库和图形数据库管理系统的研究不断深入。

一般的字符和数字数据有较好的一致性，而图形数据相对复杂，通常将图形数据分为图元和图段两个基本单位。图元是图形系统中用来构造图形的最基本元素；图段由在逻辑上有联系的一组图元组成，常用于构造复杂图形中的子图形。在一般的交互式支持软件系统中，用户可通过设置参数在屏幕上生成需要的图形，图形数据结构必须适应实时的、动态的和随机变化的要求，而且图形支撑软件会生成一系列表格，以存储与该图形相应的几何信息、拓扑信息和其他辅助信息。因此，图形数据的量是非常大的，最终由图元、图段和子图形构成的复杂图形需要占据相当大的存储空间。

2. 适用于专门应用领域的数据库

为适应数据库应用多元化的要求，在传统数据库的基础上，结合各应用领域的特点，研究适合该应用领域的数据库是时代发展的需要，也是数据库技术发展的趋势之一。

1）统计数据库

统计数据库（Statistic DataBase，SDB）是用于存储、查询统计分析类型数据的特种数据库。统计数据库的数据来自军事、国民经济、科学等部门，是一类重要的信息源。其主要特点如下。

（1）分类属性和统计属性

分类属性数据用以说明计量数据的性质，统计属性的数据是用于统计分析的计量数据。例如，在一个在校博士生的统计数据库中有四个属性：省、市、年龄段、人数。其中，"人数"表示计量数据，是统计属性；"省""市""年龄段"则表示参数数据，用以对"人数"加以类别说明，是分类属性。

分类属性具有较复杂的层次结构。例如，在上述在校博士生的统计数据库中，属性"省"包括多个"市"，还包括多个"年龄段"，即"省"下包含若干"市"，每个"市"又包含若干"年龄段"，每个"年龄段"才对应最终的统计数据。

（2）宏数据与微数据

统计数据库可分为宏数据统计数据库和微数据统计数据库两类。例如，上述在校博士生统计数据库的微数据，可以包括姓名、年龄、性别、专业等属性。对这个微数据统计数据库进行综合统计后，可得到各专业的人数，产生宏数据统计数据库，属性只有两个：专业、人数。因此，在统计数据库中，微数据是描述实际领域中不可分实体的数据，宏数据是对微数据统计数据库进行综合分析的结果数据。

（3）静态性

统计数据库中的数据是从实际领域或科学实验与模拟中采集来的，当采集结束并修改错误后，所有数据将不会再进行修改，这就是统计数据库的静态性。这有别于其他应用领域的数据库。数据的静态性避免了数据库管理系统复杂的并行控制，有助于快速存取方法的设计。

近些年出现了许多新的统计数据库应用领域，如环境保护、气象模拟、空间科学信息管理等。

2）工程数据库

工程数据库是存储、管理和使用工程设计所需数据的数据库。工程数据库所处理的信息主要是计算机辅助设计和计算机辅助制造（Computer Aid Manufacture，CAM）系统中所包含的数据，它们统称为工程数据。

工程数据库应用领域的特点决定了它的特殊性。工程数据通常分为两部分：一部分是存放在标准数据库中的标准数据，另一部分是应用程序运行的结果或中间结果，是动态数据。

静态数据是描述设计环境的信息，如事先设计好的标准零部件、可用原材料、设计的规则、设计的方法等，这些信息能在一定时间内保持不变，所以是静态的，也称为标准数据。可见，标准数据既是静态的，又是预先可知的，它们通常存储在标准库及知识库中。

另一类有关设计对象的数据只有在设计过程中才能产生和确定，属于动态数据。这些信息是随着设计过程的进行而逐步产生的中间结果，以及运行结束产生的最终结果。显然，这类信息是随设计过程的演变而不断变化的，是动态的。因此，动态信息是事先不知道的、难以预测的。

在现实世界中，一个工程对象往往由几十上百个简单实体组成，其工程数据包括产品的几何定义、工程分析、制造工艺、计划管理等方面，对产品设计、制造、管理和销售各方面的内容都要涉及。因此，工程数据远不同于传统数据库处理的数据，工程数据拥有的数据类型是多样的，除了字符和数字，还有图形，且图形是工程数据库中很重要的一种数据类型。在完成一个设计的过程中，一个图形对象可能由成百上千个零部件组成，所以形成的图形数据不仅结构复杂，数据量也非常大，需要占据相当大的存储空间。

3）空间数据库

有两种空间数据库特别重要：一是计算机辅助设计数据库，是用于存储设计信息的空间数据库，主要是关于如何构造建筑物、汽车或飞机等实体的信息，以及用于集成电路和电子设备设计图的信息；二是地理数据库，是用于存储地理信息（如地图）的空间数据库。

空间数据库中的信息由空间数据描述，空间数据是用来表示空间物体的位置、形状、大小及分布特征等信息的数据，适用于描述所有呈二维、三维和 N 维分布的关于区域的现象。空间数据既要表示物体本身的空间位置信息，还要表示物体所处空间的关联信息。

地理信息系统是目前研究最热门的空间数据库应用，主要用数字、文字、图像、图形等来表征地理范围或地理环境固有实体或实体的数量、质量、分布特点、相互联系和规律性。例如，地图数据、遥感图像数据、数字地形数据等就属于地理数据。这些数据既要表征具体实体的空间位置、形状、大小，还要表征与周围环境的关联情况，即分布特征。所以，地理数据包括位置数据、属性数据和空间关系。位置数据用于描述具体实体在地球表面的位置；属性数据描述具体实体的类型、性质等；空间关系描述具体实体与周围环境的邻接关系、关联关系和包含关系。例如，可以用复杂多边形表示地理特征的大型湖泊；某些地理特征的河流可以表示成复杂曲线或复杂多边形，后者取决于其宽度是否重要；年降雨量可以表示成一个数组；等等。

地理信息系统的用途多种多样，包括车辆导航系统、公共服务设施的分布网络信息。例如，电话、供水系统及为生态学家和规划者提供的土地使用信息等。车辆导航系统中存储了关于道路和服务的信息供司机使用。信息包括道路图、道路上的速度限制、道路状况、道路间的连接及单行限制等。这些系统可用来生成联机地图为人们提供服务。

此外，随着地下电缆和管道网络的增多，用于公共设施信息的地理信息数据库变得越来越重要。如果缺少详细地图，一个设施的工程可能毁坏另一个设施的电缆，导致服务的大规模破坏，特别在现代，越来越多的管道、管线、缆线等都铺设在地下。地理信息数据库加上定位系统，可以避免这种灾难。

20 世纪 80 年代以来，地理信息系统的应用开发从解决道路、输电线等基础设施的规划逐渐转向更复杂的领域，并超越了国界的限制，用于解决全球性问题。

4）图像数据库

图像数据库中存储的数据是表示像元灰度值的数据，包括图像的特征、对象的定义、图像之间的逻辑关系等。图像数据库为用户提供图像数据及图像数据的查询方法。

通过卫星遥测到的地形图、天气云图、天文图等数据信息被存入数据库，就构成了各自的图像数据。

3．新一代数据库

新一代数据库是相对于传统数据库而言的，主要是指传统的数据库技术和其他计算机技术相互结合、渗透，使数据库中产生出新的技术内容，从而满足新的数据库应用领域的要求。

1）分布式数据库

分布式数据库的研究始于 20 世纪 70 年代中期，是在集中式数据库的基础上发展起来的，集成了两种技术：数据库技术和网络通信技术。

分布式数据库的特点如下。

① 数据的分布性。数据库中的数据分布在计算机网络的不同节点上，不像集中式数据库那样集中在一个节点上。

② 数据的逻辑相关性。分布在不同节点上的数据在逻辑上属于同一个系统，因此数据间相互联系。它不同于由网络连接的多个独立的数据库系统。

③ 节点的自治性。每个节点都有独立的计算机、自己的数据库和自己的数据库管理系统，因此有独立管理局部数据库的能力。局部数据库中的数据除了为本节点的用户提供服务，还可供其他节点上的用户存取以提供全局性的应用。

根据以上特点，分布式数据库服务具有下列有利因素。

① 信息可以存储在最经常使用的地方，不同于集中式数据库。在集中式数据库管理中，所有数据都存储在一个地方，用户访问任何信息都必须进行远程连接，显然要增加单个计算机的负担。

② 把负载分布到多个计算机节点上，从而提高系统的信息处理能力。一个分布式体系结构可以实现真正的并行处理，这将减少集中式管理中出现的那种对单个资源竞争的情况，时间耗费等大大降低。

③ 加强了扩充性。如果分布式系统当前的配置超过了它的能力或性能需求，可以在系统中增加一个节点，这样系统就容易被升级。这也是分布式系统的一个重要特性。

④ 提高了信息共享的能力和应用程序支持能力。虽然数据保存在产生的地方，但是基于分布式数据库数据在逻辑上属于同一个系统，所以在整个分布式体系结构中都是可以访问的。这就使最有价值的财产——信息的使用率大大提高。

分布式数据库的上述优势为大的公司和企业的数据管理提供了更高效的管理途径。首先，许多企业的数据存储和使用从集中式转为分布式，即在企业内部的各处都能访问共享信息，使企业运作效率更高、更有竞争力。

现在一些商品化的数据库系统，如 Oracle、Ingres、Sybase、Informix 等，都具有分布式数据库的某些特点，称为分布式数据库系统。

2）多媒体数据库

多媒体数据库是数据库技术与多媒体技术相结合的产物，是由文本、图像、声频和视频等多媒体数据组织起来的集成数据库。

多媒体数据库的研究始于 20 世纪 80 年代后期，其研究动因主要源于：① 光盘存储器的发展；② 图形、多窗口、传真、数字转换器等输入/输出介质的发展；③ 光通信系统、通信协议等通信介质的标准化；④ 语义数据模型理论的发展。

多媒体数据有以下特点。

① 数据量大。播放 1 分钟的视频和音频数据需要几十 MB 的数据空间，而这样的数据空间可以放一个小型传统事务处理的数据库。

② 结构复杂。多媒体数据中数据种类繁多、结构复杂，可以是文字、图像、音频等复杂的混合数据。它们具有不同的形式和格式，大多属于非结构化的数据。

③ 时序性。由多媒体数据组成的复杂对象需要有一定的同步机制。例如，一段画面的配音或文字需要与画面同步，这就涉及该画面和所属文字及音频的时序性要求，即出现顺序不能超前也不能滞后。

④ 数据传输的连续性。多媒体数据的传输，特别是声频和视频数据的传输必须是连续而稳定的，否则会出现失真的情况。

多媒体数据的这些特点决定了多媒体系统中的数据处理不能像规范化数据构成的传统数据库一样去对待。在 CAD、CAM、办公自动化、教育等数据库实际应用的许多领域都运用了大量的文本、图形、图像、音频等多媒体数据，这是信息化发展的一种必然趋势。而这些多媒体数据的存储、管理、查询和更新等远不同于传统数据库中的数字、字符数据，需要有专门的数据结构、存储技术、查询和更新方式来支持。

目前，一些大型商品化的数据库管理系统，如 Oracle、Ingres、Sybase 等，都扩充了长属性类型，以存放各种多媒体数据。但从对多媒体数据的有效管理和处理方面来看，还差得很远，至今仍没有一个商品化的数据库管理系统是真正意义上的多媒体数据库系统。

3）面向对象数据库

面向对象数据库的研究始于 20 世纪 80 年代中期。面向对象数据库的引入是为了满足一再出现的复杂信息的共享。因为在许多应用领域需要更复杂的抽象数据类型，如图形、音频、图标、包、清单、队列及地图等，这些数据类型不能用类似传统数据库中"记录"的简单结构来表示，其访问和操作方法也不那么简单，它们各自定义了独特的操作方法。例如，一个地图对象可以定义为经度、纬度、地点的时间维；地形可以用点到点之间的等高线来定义等。除了这些定义，就地图对象而言，它的各区域可能还含有隐藏的数据，我们可以表示人口密度、植物、水源、建筑物信息，这些都是从应用领域中派生的抽象数据类型，传统数据库模型不具备在数据结构上定义这类复杂操作的能力。

面向对象数据库模型相对来说还是一个较新的概念，到目前为止还没有一个被公认的标准或实际应用系统。

4）实时数据库

实时数据库管理有时间限制的数据和有时间限制的事务。例如，在股票交易中，计算机提供的"当前"股票价格可能限制在不超过几秒的时间内，过了这个时间，这个股票价格便不具有意义了。在实际应用领域，还有许多类似这种必须在一段时间内进行环境控制以保证其正确性的实时控制应用，所以操作数据的事务也必须是有时限的。也就是说，一个由实时数据库提供的环境数据事务所决定的行动，只有在一个特定时间前完成才具有实际意义，或者才是正确的。再如，在电话交换和雷达跟踪应用中，一方面需要维护大量共享数据和控制管理，另一方面其应用活动有很强的时间性，要求在一确定的时刻或一定的时间期限内采集外部环境数据，处理采集的数据，及时做出响应。这涉及实时控制技术和数据库技术。

实际应用中事务的这类实时要求决定了实时数据库不仅要具备传统数据库管理系统的逻辑一致性，还要具备时态一致性。所以，实时数据库系统的事务和数据都具有定时性。定时性是实时数据库事务的根本特点，定时可以是绝对、相对或周期时间，如"每3分钟取样一次""每天8点钟开机""若温度达到800度，则在3秒内加入制冷剂"等。

实时数据库中有三种事务：感应事务、更新事务和只读事务。这些事务都会有时序一致性要求。感应事务从外部环境取得环境状态，并将其感应到的数据写入数据库，所以也称为只写事务；更新事务指基于现有数据值导出新的数据值，从而对数据库进行读和写操作；只读事务指用户对数据库进行查询的读取操作。

由于工厂生产过程控制、空中交通管制、数据网络管理、证券交易等许多实际应用领域对实时事务的管理要求迫切，近年来实时数据库系统已发展成现代数据库研究的方向之一。

5）演绎数据库

演绎数据库是具有演绎推理能力的数据库系统，是数据库理论与人工智能研究相结合的产物，是在传统的关系数据库管理系统的基础上增加一个推理机制和建立一组规则来实现的。因此，在演绎数据库系统中，一个数据库由两部分组成：外延数据库和内涵数据库。

外延数据库由传统关系数据库中的关系组成，为演绎数据库推理提供实际数据，其中的关系及关系中的元组均以实际数据库的形式给出，因此被称为外延数据库，这些关系被称为实关系。

内涵数据库是一些规则的集合，即由规则所定义的虚关系组成。这些关系的数据隐藏在规则之内，并不明显地被表示出来，只有通过规则演绎后才能得到它们的实际数据，因此被称为内涵数据库。

演绎数据库可以根据外延数据库中的实数据和实关系推出那些并没有存储在数据库中的虚关系，从而使事实数据大量增加，实际上就是从已知的少量事实规则出发，按基于规则的演绎推理机制推出更多的新的事实。

演绎数据库的推理是为查询数据服务的，在计算机辅助设计、计算机辅助制造、办公自动化等领域有很好的应用前景。

6）模糊数据库

通常，一个数据库是对客观世界的一部分（如一个企业、一个单位或一个事物等）的一种抽象描述。已有的各种代数的和逻辑的方法为确定的或精确的客观事物的描述提供了方便的工具，在很大程度上为数据库各种模型的建立提供了必要的理论基础，尤其是关系数据库系统。然而，在现实世界中有更多的事物和现象大都表露出不完全性或模糊性。例如，陈述"健康状况"时，常用"良好""一般""欠佳"等词；陈述"年龄"时常用"30岁左右"等字样。而"良好""一般""欠佳""30岁左右"都是模糊的概念。此外，现实世界中大多事物之间的相互关系往往呈现出不确定性，即呈现出模糊的特性，如文化程度与犯罪率、身高与体重、体育活动与健康水平等，彼此之间的关系是模糊的。建立模糊数据库的目的就是把模糊性和不完全性引进数据库，采用模糊数学的方法和工具来表征和处理数据库，从而在数据的静态结构和数据的操作上更确切地描述客观世界的本来面目。

综上所述，事物具有的各种模糊性大大拓宽了数据库所能表示的客观事物的范围，使得原来不能表示在数据库中的模糊属性有了表示的可能。各种模糊属性在现实世界中几乎无处不在，这正说明了数据的模糊性对描述客观世界的重要性，也是研究模糊数据库的意义所在。但由于在理论和实现技术上的困难，模糊数据库技术的发展并不快，至今仍没有推出商品化的模糊数据库管理系统。不过，在模式识别、过程控制、案情侦破、医疗诊断、专家系统等领域已得到了较好的应用。

7）主动数据库

各种传统数据库所提供的服务都有一个公共的特性，就是只能根据用户的命令被动地提供服务，即用户给什么命令，系统就完成相应操作，不具备根据数据库的外部环境或内部状态等情况主动为用户提供必要服务的功能（如主动给用户以警告信息、主动切换检索方法），以实现更佳的查询效果等。若数据库具有的内置特征能支持这类功能，就被称为主动数据库。

通常，在主动数据库系统中会采用一个"事件驱动"的规则库，这个规则库的规则决定了该数据库系统有一些什么样的主动性功能，即在某特定事件发生时系统应该主动触发执行哪一动作或哪些动作，从而用户提供主动的服务。例如，一个典型的仓库管理系统除了必须有入库和出库等基本管理功能，往往要求具有对仓库库存的监控功能，也就是说，能在库存太少或太多时主动发出警告之类的信息。

近年来，许多商品化数据库管理系统如 Ingres、Sybase、Oracle、Informix 等都以触发器、规则和类似形式提供主动服务功能，但与主动数据库原型系统相比，只提供了很有限的主动性功能，并没有充分体现主动数据库的特性。这方面的研究还有待深入。

8）并行数据库

并行数据库系统是数据库技术与并行技术相结合的产物，是在并行机上运行的具有并行处理能力的数据库系统。系统发挥多处理机结构的优势，采用先进的并行查询技术和并行数据管理技术，为用户提供一个高性能、高可用性、高扩展性的数据库管理系统。其优势是在性价比方面要比相应大型机上的数据库管理系统高得多。

并行数据库系统研制的动因主要基于以下两方面的因素。

① 硬件方面。在早期的计算机硬件发展过程中，提高微处理器的速度和缩小其体积是提高性能的主要手段，在相当长的一段时间里，对提高计算机系统的性能价格比起到了积极的作用，但已开始趋于物理极限；另一方面，作为计算机重要存储设备的磁盘，其技术的发展一直滞后于微处理器的发展速度，导致微处理器速度与磁盘速度的不匹配，存取数据的瓶颈问题日益突出。

② 软件方面。随着信息技术的飞速发展，许多领域数据库应用的规模迅速加大，众多大型数据库系统相继问世，使得现有的数据库服务器对大型数据库的各种复杂查询的响应时间和联机事务处理吞吐量的要求出现应接不暇的状况。数据库管理系统是应用性极强的软件，能否为越来越多的用户维持高事务吞吐量和低响应时间已成为衡量数据库管理系统性能的重要指标。

鉴于并行数据库系统可以充分利用并行计算机强大的处理能力，研究和开发适应并行计算系统的并行数据库系统就成为数据库学界和工业界的研究热点。在未来的发展中，并行数据库管理系统定会成为并行计算机最重要的支撑软件之一。

9）时态数据库

在现实世界中，伴随人力、物力、财力等物理流的信息流动，时态信息无处不在，主要表现为三种形式：时刻信息、时间区间信息和相对时间信息。时刻信息表示事件发生或结束的时刻；时间区间信息表示事件发生到结束的时间区间；相对时间信息表示甲事件相对于乙事件的时间性质，即发生在之前、之后或重叠时间区间等的情况。在传统数据库中则只反映一个对象在发展的全过程中某时刻的状态，并不联系其过去和未来。随着数据库的广泛应用和普及，从以下两方面提出了管理时态信息的要求。

① 要求管理关于被处理事件的时态信息，如地震、气象、洪涝等自然灾害方面的历史资料，以及人事、金融方面的历史资料等。历史资料能反映事物发生和发展的全过程，有助于揭示事物发生和发展的本质规律性。

② 要求管理数据库系统元事件的时态信息，如数据库系统中数据被查询、修改、删除、更新等的时刻，多用户系统中对封锁解锁的申请、排队及协调资源竞争的时标等。这些数据有助于提高数据库系统的功能。

一般来说，管理上述两类时态信息或其中之一的数据库被称为时态数据库，只管理第一类时态信息的数据库又被称为历史数据库。

关于时态信息的研究始于 20 世纪 70 年代，但由于历史性数据的数量大，时态信息处理一直受到存储技术的制约。到 20 世纪 80 年代，存储技术的迅速发展带动了时态信息管理系统的研究。目前，时态数据库已成为数据库研究领域的一个重要分支。

10）移动数据库

20 世纪 90 年代以来，随着半导体技术和移动通信技术的飞速发展，越来越多的便携式计算设备投入市场，为人们的通信带来了极大的便利。移动终端的数据处理能力、存储容量等性能指标在不断提高，已具备管理一些大规模数据库的能力。

在网络时代，移动终端的应用需求高，即能在任何时间、任何地点、访问任何所需数据，而不只是能访问存储于本机中的数据。这有赖于正在迅速发展并逐渐成熟的移动通信技术与移动计算机的相互结合，实现的关键是移动计算系统。移动计算系统是由固定节点和移动节点构成的分布式计算系统，与传统的分布式计算系统不同的是：在传统的分布式计算系统中，各计算节点之间通过固定的网络连接，并保持网络的持续连接性；而移动计算系统是由固定节点和移动节点共同构成的分布式计算系统，可以使用户不再需要只停留在固定位置而使用分布式系统中的数据，用户可以携带自己的移动终端自由移动，并在移动的同时通过移动通信网络保持与固定节点或其他移动节点的连接，更方便地使用数据。

移动计算环境是一种更加灵活的计算环境，因此可以支持更多类型的分布式应用。例如，许多商务旅客使用便携终端，以便在途中可以工作和访问数据；紧急响应服务使用移动终端在灾难、医疗急救等类似情况的现场访问信息，并输入与当时情况有关的数据；公共信息发布可以使移动用户在任何地点、任何时间通过移动终端方便地获取如股票、天气、交通等方面的公共信息等。移动数据库将作为移动系统中的数据源为用户提供此类信息。

移动数据库技术的研究与实现对未来移动环境中的许多重要应用，如战场移动指挥、移动办公系统等，都会有巨大的实用价值。目前，这是一个较新的研究领域，许多关键技术有待进一步研究和探讨。

本章小结

本章概述了检索工具和数据库的基本概念，在对检索工具和数据库定义的基础上，较详细地介绍了检索工具的类型和编制方法，阐述了数据库作为信息检索系统重要组成部分的特点，讨论了与信息资源检索有紧密联系的文献数据库的功用及数据库的类型和各种结构的数据库系统。

编制检索工具是为了报道和检索文献信息，使用户能借助各类检索工具，迅速、准确、全面地找出所需文献信息的线索或直接获得原始文献信息。

了解检索工具的类型有助于按检索的内容正确地选用恰当的检索工具。

数据库结构的介绍包括集中式数据库结构、分布式数据库结构、并行数据库结构、异构数据库结构、客户—服务器结构和浏览器/服务器结构。

最后介绍了数据库的类型，包括传统数据库（情报数据库和图形数据库）、适用于专门应用领域的数据库（统计数据库、工程数据库、空间数据库和图像数据库）、新一代数据库（分布式数据库、多媒体数据库、面向对象数据库、实时数据库、演绎数据库、模糊数据库、主动数据库、并行数据库、时态数据库和移动数据库）。

读者可以了解信息时代的检索工具与数据库紧密相连，检索工具不仅指传统意义上的印刷型二次文献、三次文献，还涵盖光盘检索、联机检索、搜索引擎等现代型检索系统——以数据库为基本支撑的检索系统。

习 题 3

1. 信息检索工具未来的发展趋势如何？
2. 在信息检索工具编制方面，你认为，目前和今后还需要编制哪些新型的信息检索工具，或者进一步完善哪些已有的信息检索工具？
3. 集中式数据库和分布式数据库的主要区别是什么？
4. 分析各种类型数据库的事务处理功能，谈谈它们的应用发展前景。
5. 了解 NoSQL 数据库的发展历史及其特点。

第 4 章

手工检索

　　手工检索简称手检，又称为纸质型或书本式（含卡片）检索，通常使用一些书本型的检索工具和参考工具书，通过人脑的思考、比较和选择，同时结合手工操作来完成检索任务。对于一些专指性咨询问题和不太复杂的检索课题，手工检索更加方便、快捷。当检索工具尚无电子版本时，手工检索可以弥补机器检索的不足。当机器检索出现设备故障或者检索费用较高时，手工检索优势彰显。手工检索的基本原理和方法是理解机器检索原理和方法的基础。手工检索与机器检索各有其特点，各有其局限性，应根据具体的检索环境和检索条件，选择最恰当的检索方式。手工检索就是使用印刷型检索工具书，因此，熟练掌握印刷型检索期刊和参考工具书至关重要。

通过本章学习，读者可以了解（或掌握）：
❖ 手工检索的特点与局限。
❖ 手工检索的常用方法。
❖ 中外著名印刷检索工具例释。

4.1　手工检索的特点

手工检索利用的文献主要是各种印刷型检索工具和参考工具书，如目录、索引、文摘、字典、词典、年鉴、手册、百科全书、名录、大全等，这些检索工具的内容丰富、编排有序，一般具备分类号、主题词、著者姓名、文献序号和号码代号等必要的检索标识，能提供各种体系的辅助索引，如分类索引、主题索引、作者索引、号码索引等。手工检索是检索人员采用人工匹配的方法进行检索的，具有以下特点。

① 检索过程灵活。手工检索过程通过检索者手查、眼看、思考、比较、选择等步骤来完成，在检索过程中检索者可以边查边考虑，看提问标识和文献标识是否一致，如不符可以及时改变检索策略，因此，手工检索过程非常灵活。

② 检索结果准确。手工检索如果准备充分、策略得当，就能较准确地命中检索结果，最终提供明确的文献线索或确切的知识内容，如数据、定义、公式、结论等。

③ 检索不易查全。由于手工检索文献的标引深度较低，检索点较少，使得文献不容易被全部检索出来，检索的全面性就较难得到保证。另外，手工检索结果与检索者的检索策略和对检索工具的熟悉程度也有很大关系，如果检索者选择的检索策略不当，信息也很难查全。

④ 检索速度不快。手工检索是通过手工翻阅检索工具书来检索的，其速度比机器检索慢得多，尤其在检索较复杂的课题时，更是费时费力，效率不高。

4.2　手工检索的策略

检索策略是指为实现检索目的而制订的检索方案，对整个检索过程起着指导作用。正确的检索策略可以优化检索过程、提高检索效率、节省检索时间。由于手工检索主要是通过人的思维判断来进行的，因此手工检索的策略通常存在于检索者的头脑中，而不必以书面形式写下来。

手工检索策略一般包括分析课题、选择检索工具、选择检索语言、选择检索途径、确定检索方法和步骤等内容。

1）分析课题

在开始检索前，要仔细分析检索课题，明确检索的主题、目的和意图，学科的性质、内容，文献的类型、年代、语种等基本信息。这样在以后的检索中才能做到有的放矢。

2）选择检索工具

在明确检索的范围和要求后，就要根据需求选择合适的检索工具。选择检索工具需要考虑选择与解答提问结合紧密、学科专业对口、覆盖信息面广、报道及时、揭示信息内容准确、有一定深度、索引体系完善的手工检索工具；要审核工具书收录的学科范围、文献类型范围、时间范围、著录单元和项目、条目排检方式、辅助索引等。

3）确定检索方案

确定检索方案包括确定检索语言（标识）、检索途径、检索方法等内容。选定检索工具后，就要选择与课题检索要求相匹配的检索标识，如著者、主题词、分类号、专利号等。手工检索时每次只能选一个检索标识或一个检索词，如果以主题为检索点，每次只能从一个主题词出发，检索的范围较窄。例如，检索有关"汇率对投资的影响"的课题，对它进行分析，可以以分类为检索点，在经济学中的金融类目下查找；也可以以主题为检索点，以"汇率"或"投资"为主题词进行检索。

根据检索标识可选择检索工具提供的相应的检索途径。检索途径由所选择的检索工具提供，主要有分类、主题、作者、号码等途径。其中，分类和主题是最常用的检索途径。分类检索途径以学科体系为入口进行检索，具有族性检索的特点，查全率较高，但是一般只能满足对单维概念的检索。若信息需求范围较宽，泛指性较强时，宜选用分类途径。主题检索途径以叙词或关键词为入口进行检索，具有特性检索的特点，查准率较高，能满足对多维概念的检索，并能及时反映新兴学科、交叉学科和边缘学科的发展状况。若信息需求范围窄、专指性要求强，宜选用主题途径。究竟选择哪一种检索途径，既要根据检索的目的与要求，还要根据所选检索工具可提供的检索途径来确定。当选择的检索工具提供的检索途径较多时，把各种检索途径交叉运用会产生互补效应，从而使检索结果更接近需求。检索者可以从单一途径检索，也可从多种途径查找，以达到更好的检索效果。确定检索途径后，就可以根据课题的研究背景确定检索方法。手工检索方法在4.3节中具体介绍。

4）具体检索

根据已确定的检索工具、检索途径和检索方法，对与检索途径相匹配的工具书进行具体查找。通常情况下，一次检索较难获得理想的检索结果，检索者可根据初步检索结果，有针对性地选择检索词，不断灵活调整检索策略，直到获得较理想的检索结果。

5）获得检索结果

通过反复调整检索策略，具体查找，检索者可找到与检索标识相匹配的文献结果。有的结果直接就能解答有关提问，有的只是获得了文献检索。例如，确切的篇名、著者、摘要、来源等，据此可以通过馆藏目录、联合目录等来获取原文。

4.3 手工检索的方法

检索方法是针对某个检索目的，为实现检索计划或方案所采取的具体操作方法。本书2.1.2节信息检索方法着重介绍了一般性的检索方法。对于手工检索而言，检索目的是以最少的时间、最佳的途径获得最满意的检索效果。在手工检索条件下，常用的检索方法有追溯法、工具法和综合法。

1. 追溯法

追溯法是利用文献末尾所附的参考文献目录和注释引文线索逐一追溯查找原始文献的方法，一般在缺少适用的检索工具或检索工具不配套的情况下使用。

① 由近及远追溯法：利用文献末尾所附的参考文献，由一变十、由十变百地进行追溯查找，查获的资料越查越陈旧。

② 由远及近追溯法：查找某篇文献发表后，被谁引用过，评价如何，该文提出的理论是否得到证实，是否有发展，检索的资料越查越新。

2. 工具法

工具法，也称为常用法，是利用一般检索工具查找文献的方法，这是文献检索中最常用的一种检索方法，科学、省力、省时、高效。根据检索时遵循的时间顺序，工具法可分为顺查法、倒查法、抽查法三种。

1）顺查法

顺查法就是按课题发生的时间，从起始年代由远而近按时间顺序逐年检索文献。一般根据课题的要求查5~10年的文献。使用顺查法时，应对课题的背景及历史状况有所了解，适合检索研究范围广泛，对文献的系统性、全面性要求较高的课题，能全面、系统地普查某特定专题的文献。因为是逐种逐年地查检，检索范围大，所以费时、费力，而且检索效率不高，但检索全面、漏检率低、查准率高。

2）倒查法

倒查法就是按检索课题的时间范围，从现在开始由近而远逆时间顺序检索文献，适用于一些新课题或新内容的老课题。倒查法注重文献的时效性和关键性，在查找中一般注重查阅近期资料，且不必一年一年地往前查到底，只需查到所需的资料够用为止，省时省力，灵活性大，便于了解最新研究成果，检索效率高，但容易漏检，检全率相对来说不如顺查法。

3）抽查法

根据课题的实际需要去检索某时期文献资料的方法叫抽查法。抽查法针对学科发展起伏变化的特点，抓住某学科发展的高峰时期进行重点检索，可以用较少的时间获取较大数量和较高质量的文献。抽查法较偏重于文献的阶段性和代表性，所以使用时必须首先准确地了解和掌握课题的历史发展状况，不要盲目使用。

3. 综合法

综合法，又称为循环法或分段法，即交替使用追溯法和工具法进行文献检索的综合方法。在检索时先用工具法查出一批文献，然后利用检索到的文献所附参考文献目录和注释索引进行追溯检索，扩大线索，以获得更多的文献。采用这种分段进行、交替循环的检索方法获取的文献信息量大、检索效率高，适用于历史悠久、文献需求量较大的课题。当检索工具缺期、缺卷时，也能连续获取所需年限内的文献资料。

以上检索方法都有其优缺点，只有根据检索课题的特点、要求和检索条件灵活运用，才能获得较好的检索效果。

4.4 著名检索工具书的查检

广义的检索工具书是指检索期刊和以图书形式出版的参考工具书，主要有目录（书目）、索引、文摘、综述、百科全书、年鉴、手册、传记、字词典、类书、汇编等。目前，许多著名的检索工具，既有印刷版，也有机读版。下面主要介绍印刷型检索工具书。

4.4.1　目录

目录（catalogue，bibliography），亦称书目，是对图书和其他单独成册出版的文献特征的记载或其他特征的记载和描述。它是以一个完整出版单位的出版物为著录对象，按"本"报道文献的检索工具。目录的类型很多。联合目录是若干图书馆、信息所联合编制的馆藏目录，将分散在各馆、所的馆藏书刊，从目录上联成一体，这样可以充分发挥所藏书刊的潜力，为开展馆际互借、采购协调等工作创造了有利条件，详见 3.1.2 节信息检索工具的类型。常用的目录有《全国总书目》《全国新书目》和各种联合目录。

1.《全国总书目》

《全国总书目》是中国现行的国家综合性图书目录，1949 年创刊，年刊。1949 年至 1954 年由新华书店总店编辑，1956 年以后，由中国版本图书馆《全国总书目》编辑组根据全国各出版社的呈缴本编辑而成，现由新闻出版总署信息中心和中国版本图书馆合作编辑，中华书局出版。它汇集了全国各出版单位当年出版的初版和改版的各类图书（不包括重印本）数万种，基本反映了我国图书的全貌，是检索国内图书的主要工具。

1982 年后，大部分款目下有内容提要。该书目分三部分编辑当年出版的图书，以版权页记载的出版时间为准。第一部分为分类目录，收录汉文出版的目录，按《中图法》类目排；第二部分为专题目录，收录技术标准、盲文书籍、翻译图书、丛书等；第三部分为附录，包括：当年国内报纸、期刊目录，出版社一览表，书名索引，各类图书分类统计表等。

2003 年版收录了 2003 年出版的初版和改版图书共 110144 种，全书由"分类目录""专门目录""附录"三部分组成，分上、中、下三册。每条款目著录有书名、著者、译者、出版时间、页数、开本、装帧、定价、现版图书的说明。从 2004 年开始，《全国总书目》不再出版印刷本目录，改为光盘出版，附《使用手册》。光盘界面格式含中图法分类索引和全国各出版社索引，光盘中每条书目数据包含书名、著者、出版者、关键词、主题词、分类号、ISBN、内容提要等内容，用户可进行全方位的组合检索和单项检索。从国家图书馆的馆藏查询，最新内容为北京希望电子出版社在 2017 年出版的《全国总书目——2013 年》，其载体为光盘（CD-ROM）。

2.《全国新书目》

《全国新书目》是《全国总书目》的姊妹篇，为补充《全国总书目》不能及时报道全国新书出版情况而编辑的目录性刊物，1950 年创刊，为月刊，原由国家版本图书馆编辑出版，现由国家新闻出版署信息中心主办，该刊编辑部编辑出版，曾用名《每周新书目》和《每月新书目》，1955 年 5 月改为现名。1958 年 9 月以前为旬刊，后停刊，1972 年复刊，1973 年正式出版，为月刊，专门收录一个月内全国各出版社出版的新书。2005 年开始改为半月刊。其著录项目、编排方式与《全国总书目》相同。1976 年后辟有各种专栏。2002 年第 8 期的专栏有书业观察、特别推荐、新书评介、畅销书摘、精品书廊、新书书目等，书目按 22 个学科类编排。每期报道约 1500 条书目，每条书目中有内容提要、介绍和评论，对新书起到推荐作用。

中国知网期刊全文数据库收录了该刊 1994 年以来的发文内容，该刊近十年来有新书推荐、书香中国、全民阅读等栏目。该刊还登载少量论文。2021 年还推出了"百年奋斗百年歌""唱响主旋律"等栏目。

3.《中国国家书目》

《中国国家书目》1985 年开始编辑，1987 年由书目文献出版社出版，年刊。北京图书馆《中国国家书目》编辑部编。1995 年至 1998 年版由华艺出版社出版。1988 年起有机读版，印刷版每年一本，光盘版半年更新一次，年报道量 3 万种，包括图书、连续出版物、地图、乐谱、博士论文、技术标准、中国境内出版的外文图书和世界各国出版的中文图书。每条款目按国家标准著录，各款目按《中图法》分类类目排列，同类按题名汉语拼音顺序排。书后附题名索引和著者索引。

4.《四库全书总目》

《四库全书总目》（亦称《四库全书总目提要》）是中国清代官修书目，也是中国古代最大的解题书目。1781 年，由清代纪昀、陆锡熊等根据乾隆皇帝的旨意修编，1793 年由武英殿刊行。收录书籍 10254 种，172860 卷。其中收入《四库全书》的有 3461 种，79309 卷，"存目" 6793 种，93551 卷，基本包括了先秦至清初流传于世的重要书籍，尤其对元代以前的收录较全。著录项目为书名、卷数、著者、书籍来源、内容提要。在提要中，简述著者经历、内容得失、版本异同、文字增删等情况。款目按经、史、子、集四部分类法编排，同一小类以时代编排。书目中有总序、类序、小类按语，旨在说明某类图书的学术源流及立类理由。卷首有乾隆"圣谕"、四库全书馆臣的"表文"及"职名"、凡例等，记载《四库全书》和《四库全书总目》的编辑经过、人员分工和编写体例。为便于阅读，纪昀等于 1782 年不录"存目"，简略提要，辑成《四库全书简明目录》20 卷，由馆臣赵怀玉于 1784 年录出副本，早于《四库全书总目》问世。该书目是中国古典书目的集大成之作，不仅为今人了解和查考古籍提供了方便，还为读书治学提供了便捷的门径。

书目中亦有错漏之处，胡玉缙、王欣夫的《四库全书提要补正》（中华书局，1964 年版）、余嘉锡的《四库提要辨正》（中华书局，1980 年版）、李欲民的《四库提要订误》（书目文献出版社，1990 年版）及《续四库全书提要》（中国台湾商务印书馆，1972 年版）、《续四库全书总目提要》（中华书局，1993 年版）、《四库全书存目丛书目录索引》（齐鲁书社，1997 年版）、《钦定四库全书总目》（整理本）等做了补充修订。

5.《美国出版商目录年报》《美国在版书目：著者、书名、丛书索引》《美国在版书目主题指南》

《美国出版商目录年报》（Publishers Trade List Annual，PTLA）是美国 2000 多家出版商、发行商出版和经销的书目，除了收录印刷本，兼收缩微型资料出版者和数据库出版商的产品。正文按出版商名称字顺排列。书后有出版商名称索引（包括地址和国际标准书号的前缀，Index to Publishers，including addresses and ISBN prefix）、出版商主题索引（包括其出版活动的专业领域，Subject Index to Publishers，including fields of activity）和出版商丛书索引（Index to Publishers' Series）。这 3 个索引均以出版商为对象，即先查出版商、再查其书目。

如果通过图书的著者、书名和主题途径查找图书，就需要查找更重要的两本书目《美国在版书目：著者、书名、丛书索引》（BIP, Books in Print: an author—title—series index to the PTLA）和《美国在版书目主题指南》（Subject Guide to Books in Print）。这两本书分别于 1948 年、1957 年开始出版，可从著者、书名、主题查找 PTLA 的图书，起到 PTLA 索引本作用。BIP 收录了美国 4.3 万家出版商 174 万种图书（至 1997/1998 年度），正文款目按著者和书名分别排列，每条款目下著有出版商、著者或书名、价格、美国国会图书馆分类号、ISBN 等。通常每年 10 月出版，翌年 4 月出补编本。以上三本书目均为商业性综合书目，有则必录，无选择和推荐。BIP 已有网络版，通过鲍克公司的网站注册查阅。

6.《国外人文社会科学核心期刊总览》

《国外人文社会科学核心期刊总览》是中国第一次大规模利用文献计量学原理对国外人文社会科学期刊进行筛选的核心期刊的工具书，是北京大学社会科学处与南京大学社会科学处重点支持的科研项目。1997 年，北京大学出版社出版第 1 版，戴龙基、张其苏、叶继元主编。2004 年出版第 3 版。新版采用了被摘量、被引量、影响因子、流通量、被重要检索工具收录 5 个评价指标，统计文献量 4486 余万篇次，涉及期刊 12722 种，确定了 13 个学科类目的核心期刊 1400 种。学科内容由核心期刊表研究报告、核心期刊表、扩展区期刊表组成，附有核心期刊简介和刊名索引。排序总表中的期刊按综合筛选结果排序（表中列出"中图刊号"），二级学科分类表中的期刊按刊名字顺排列，并给出各种期刊的杜威分类号及在总表中的排序号，核心期刊简介按核心期刊排序总表的次序排列。每条款目著录格式按国家标准，有刊名、起始卷期及年代、出版地、出版者、出版年、载体形态、出版频率、ISSN、杜威分类号、编辑或出版者地址、中译名、内容简介、原刊名等。书末附有刊名字顺索引，少量俄文及日文刊的刊名字顺索引列在英文刊名索引之后。该书对外刊采访、合理布局、参考咨询、学术成果评估、读者投稿有重要参考价值。与该目录配套的是《国外科学技术核心期刊总览》。

7.《国外科学技术核心期刊总览》

《国外科学技术核心期刊总览》，叶继元主编，2003 年 9 月由世界图书出版公司北京公司出版。该书 200 万字，由北京大学、清华大学、复旦大学、浙江大学、上海交通大学、西安交通大学、天津大学、南京大学等 20 多所高校 90 余名专业人员联合研制，全国各学术单位 150 余名学科专家参加了鉴定。本书采用被摘率、被引量、影响因子等定量方法和专家定性方法，选出物理、力学、化学、天文、测绘、地球物理、大气、地质、海洋、地理、医学、林学、水产、仪器仪表、能源与动力、电工技术、电子技术与通信、化工、纺织、食品和水利 21 个一级学科类核心期刊表 25 个，二级学科类核心期刊有 92 个，核心期刊共 2596 种。

8.《中文核心期刊要目总览》

《中文核心期刊要目总览》是由北京大学图书馆及北京十几所高校图书馆众多期刊工作者及相关单位专家参加的中文核心期刊评价研究项目成果，已经出版了 1992、1996、2000、2004、2008、2011、2014、2017、2020 年版共 9 版，主要作用是为图书情报部门对中文学术期刊的评估与订购、为读者导读提供参考依据。

《中文核心期刊要目总览》在 2008 年前每 4 年更新研究和编制出版一次，2008 年后改为每 3 年更新研究和编制出版一次，每版都会根据当时的实际情况在研制方法上不断调整和完善，以求研究成果能更科学合理地反映客观实际。研究方法是定量和定性相结合的分学科评价方法，核心期刊定量评价采用被摘量（全文、摘要）、被摘率（全文、摘要）、被引量、他引量（期刊、博士论文）、影响因子、他引影响因子、5 年影响因子、5 年他引影响因子、特征因子、论文影响分值、论文被引指数、互引指数、获奖或被重要检索工具收录、基金论文比（国家级、省部级）、Web 下载量、Web 下载率等评价指标，在定量评价的基础上进行专家定性评审。经过定量筛选和专家定性评审，从我国正式出版的中文期刊中评选出核心期刊。

9.《乌利希国际期刊指南》

《乌利希国际期刊指南》（Ulrich's International Periodicals Directory）是全球权威的期刊书目数据库，收录 200 多个国家的近 30 万种学术期刊、开放存取出版物、报纸和杂志等，几乎涉及所有学科，由美国著名的书目文献出版公司 R.R. Bowker 于 1932 年创办，1943 年以纽约公共图书馆期刊部门负责人 Carolyn Ulrich 名字命名。《乌利希国际期刊指南》创刊早、收刊全，是目前世界上规模最大、搜罗最全的国际期刊检索工具之一，在全世界享有广泛声誉。

自 1932 年以来，Ulrich's 一直是图书馆员信赖的连续出版物资源，可提供有关世界各地出版的期刊、杂志、报纸和其他期刊的公正、深入的书目和出版商信息。Ulrichsweb 全球连续出版物目录每周更新一次，以提供全球超过 30 万份连续出版物的最新信息，涵盖来自 9 万多家出版商和提供商的印刷、电子和缩微资源。Ulrich 的连载分析系统帮助图书馆专业人员评估其连载馆藏的深度、范围和质量。这个重要的工具包提供了灵活的报告选项，无论是在图书馆自己的馆藏、特定出版商和提供商的产品中，还是在 Ulrichsweb 中，都可以轻松识别和评估有关单个期刊、杂志和其他连续出版物的特定标题的详细信息。Ulrich's 的 Serials Analysis System 增强了 Serials Solutions 为图书馆特定的使用报告和分析提供的评估工具。

10.《华东地区外国和港台地区期刊预订联合目录》

《华东地区外国和港台地区期刊预订联合目录》由华东六省一市共同开发、编辑、制作，1989 年开始出版，目前已出版了 17 本书本式联合目录。该目录由上海科技文献出版社出版，每年一本，收录了江苏、浙江、安徽、江西、山东、福建和上海 688 个单位预订的科技期刊，2005 年收录期刊 10652 种。该目录主要专业范围有经济、图书情报、自然科学、医药卫生、农业科学和工程技术等。该目录编排时，主要参考了中国图书进出口（集团）总公司编印的《外国报刊目录》第 9 版。本目录分订户户号表、目录正文与刊名索引三部分，其中正文部分的分类目录，包括以西文、俄文、日文、中文出版的各类期刊，按中国图书进出口（集团）总公司的原版期刊刊号排列。其著录格式为：

```
500B0092❶ Sciences❷ (0036-861X)❸
科学❹
    SH: 000398, 002166, 002371; JS: 001102; ZJ: 001136❺
```

说明：❶为中图刊号，❷为原刊刊名，❸为国际标准连续出版物编号（ISSN），❹为中译名，❺为订户户号。

书后附四种索引，即拉丁字母起始的报刊名称索引、日文假名起始的报刊名称索引、汉字起始的报刊名称索引、俄文字母起始的报刊名称索引。

户号表的地区标识为：JS—江苏；ZJ—浙江；AH—安徽；JX—江西；SD—山东；FJ—福建；SH—上海。

若要查找所需的资料，首先可根据所查的刊名在刊名索引中查到刊号，然后根据刊号查到所需论文的订购处，再去收藏单位索取原文。

11.《全国高校图书馆进口报刊预订联合目录》

《全国高校图书馆进口报刊预订联合目录》由全国高校图书情报工作委员会期刊专业委员会委托复旦大学图书馆编制，1994 年起，一年一本，连续出版。全书有分类目录、刊名索引和统计表三部分。其中，分类目录以中国图书进出口（集团）总公司编辑的《外国报刊目录》（第 9 版）（万国学术出版社，1999 年）的分类体系为依据，按原版期刊的刊号排序；刊名索引按字母顺序排序；统计表包括专业分类统计、国别与地区统计、预订数统计表和参加单位名单等内容。

2003 年，该目录首次收录了国家图书馆、中国科学院文献情报中心的外刊订购情况。目前，该目录共收录 13692 种期刊，标志着我国三大系统外刊协调从此有了实质性的进展。以 2002 年为例，该目录收录了 111 所高校（包括所有进入 211 工程的重点学校）图书馆 2002 年度进口报刊预订期刊 9757 种。其著录格式为：

7735❶ 738c0018❷ 0038-0644❸ 15❹ 20551 0 0❺

Software ❻

北京理工大学 C1，复旦大学 C1，上海交通大学 C1，河海大学 C1，武汉大学 C1，重庆大学 C1，西安交通大学 C1❼

说明：❶为序号，❷为中图刊号（CBSN），❸为国际刊号（ISSN），❹为出版周期，❺为价格（同时显示三家公司价格，C 表示中图公司价格、T 表示教图公司价格、Z 表示其他公司价格），❻为刊名，❼为收藏单位（C 为中图、T 为教图、Z 表示其他公司），数字表示订购份数。

12.《1833—1949 全国中文期刊联合目录》

《1833—1949 全国中文期刊联合目录》由全国第一中心图书馆委员会图书联合目录编辑组编，1961 年内部印行，共收录 1833 年至 1949 年 9 月中文期刊 19115 种。后增收 1949 年前中国共产党出版的期刊及其他进步期刊，于 1981 年由书目文献出版社出版，收录中国 50 个省市、大学和研究院图书馆所藏中文期刊约 2 万种，每种期刊款目的著录项目有刊名、刊期、编者、出版地、出版者、创刊卷期年月、附注、馆藏单位及所藏刊期。正文期刊款目按刊名字顺排列，书后附索引。

13.《全国西文连续出版物联合目录（1978—1984）》

《全国西文连续出版物联合目录（1978—1984）》于 1990 年由书目文献出版社出版，收录全国 692 个图书情报单位收藏的 1978 年至 1984 年西文连续出版物 18860 种。所收出版物来自 120 个国家和地区，使用文字 56 种。其内容涉及各学科领域，包括期刊、报纸、会议录等 14 种文献类型。本目录内容与 1959 年、1964 年、1982 年的三部《全国西文期刊联合目录》相衔接。正文按题名字顺排列。书前有参加单位代码及编辑人员表、使用说明等。书后附有著录常用语表、著录用标点符号表、不予排列顺序的首冠词表、几种文字的"和"词表、文种代码表、世界各国和地区名称代码表、地区名称缩写表和文献类型代码表等 8 个表及分类索引、缩略题名索引、题名关键词索引和中国图书进出口（集团）总公司刊号索引等 4 个辅助索引。本目录是中国第一部采用国际标准著录、实行计算机辅助编目的大型全国西文连续出版物联合目录，著录规范，内容详尽，但以后没有再出续编版。本目录已被中国科学院文献情报中心（国家科学图书馆）接手，编辑新版，但只出联机版，不再出印刷版。

14.《美国全国联合目录：累积作者索引》

National Union Catalogue: a cumulative author list（NUC，《美国全国联合目录：累积作者索引》）是世界上收录图书最多、质量上乘的馆藏联合目录，由美国国会图书馆编，每年出 9 期，月刊，3 期季累积本和 1 期年累积本。NUC 收录美国 1500 余所图书馆馆藏的图书目录，以西文为主，兼及希腊文、阿拉伯文、中文、日文、俄文等。每条款目著有著者姓名、生卒年、书名、版本、出版、稽核、丛书等信息，以及根查、国会图书馆分类号、杜威分类号、国际标准书号、收藏馆代码等信息。款目按著者姓名字顺排列，附有书名索引、主题索引和丛书名索引。《美国全国联合目录：累积作者索引》是由美国国会图书馆和其他美国、加拿大图书馆编目的书籍的印刷目录，于 1950 年代开始发行，分为两个系列：1956 年前的是一个 754 卷的集合，其中包含以统一字母格式排列的所有旧记录，而 1956 年后的卷则继续连续出版。自 1983 年以来，NUC 已在缩微胶卷上发行。

15.《美、加连续出版物联合目录》和《新连续出版物联合目录》

Union List of Serials in Libraries of the United States and Canada（《美、加连续出版物联合目录》）是世界上收录馆藏连续出版物最多的联合目录之一，由美国 Wilson 公司于 1965 年出版，5 卷本，收录美、加两国 956 个图书馆馆藏的 1950 年以前出版的连续出版物 15 万种。每条款目著录详尽，尤其是刊名的沿革变化，考证详细，这对于了解刊史及其与相关期刊的关系极有助益。如果要了解 1950 年后出版的期刊各馆馆藏情况，则要查阅 *New Serial Titles: a union list of serials commencing publication after Dec. 31*（《新连续出版物联合目录》，1949），于 1953 年改为现名。该目录每年 8 期，有季、年、几年累积本，收录美、加约 800 余所图书馆收藏的连续出版物。该目录按刊名字母顺序排列，有分类索引和主题索引。

4.4.2 索引

索引（Index）就是将书籍、期刊等文献所刊载的论文题目、作者及所讨论或涉及的学科主题、名词术语、所引用的参考文献等，根据一定的需要，经过分析分别摘录，注明其所在书刊的页码，并按一定的原则和方法排列起来的一种检索工具。

索引可分为篇目索引和内容索引两种。篇目索引主要报道期刊、报纸、会议录等论文，把它们按主题、作者、篇名的字顺排列出来，以供查找各篇论文。篇目索引是最简单的文献报道形式。摘录项目只包括论文题目、作者、出处（所在期刊的名称、卷、期、页等），一般无简介或摘要，故又被称为题录。内容索引是指将图书、论文等文献中所包含的事物、人名、地名、学术名词等内容要项摘录出来而编成的索引。内容索引是帮助查阅文献中所包含的各项知识的有效工具，是揭示文献内容的钥匙，比篇目索引更深入、更能提供文献中所包含的情报。

比较著名的索引有《全国报刊索引》《科学引文索引》《社会科学引文索引》《中国科学引文数据库》《中文社会科学引文索引》等。

1.《全国报刊索引》

《全国报刊索引》是中国国内出版报道的国内报纸、期刊资料的大型综合性检索刊物,中国有史以来连续出版时间最长、收录报刊最多、最全面的报刊索引,由上海图书馆编辑出版,1955 年创刊,月刊。原名为《全国主要期刊重要资料研究》,1956 年改名为《全国主要报刊资料索引》,1966 年至 1973 年停刊,1977 年复刊,改为现名。1980 年分为哲学社科版和科技版(简称文哲社版)。《全国报刊索引》年报道量在 40 万条以上。

该索引是从上海图书馆入藏的国内公开发行的 3200 余种报刊中精心挑选出优秀文献后编辑而成的。2002 年 10 月号哲社版报道中文人文社会科学期刊 1516 种和报纸 119 种上的篇名 18255 条,2002 年 10 月号科技版报道中文科技期刊 1479 种和报纸 26 种上的篇名 18531 条。款目采用《全国报刊资料分类表》归类排列,其基本大类类目及类号与《中国图书馆图书分类法》一致,但二级以下的类目和类号系根据报刊资料的特点另行设置。

该索引的著录项目 1991 年前及后(包括 1991 年)有所不同。在 1991 年前是篇名项、著者项、出版项。报纸出版项中的“O”系版次的符号,“②”表示是某报的第 2 版。国外资料如无原著者,在篇名后附“*”。若原著录项不够明确,则以“[ ]”加注。自 1992 年第 1 期(总第 208 期)起,该索引参照国家标准局颁发的《检索期刊条目著录规则》(GB 3793—1983),结合报刊文献的特点,实行标准著录。自 2000 年第 1 期起,本索引增加第一作者的所属单位,其格式为:

顺序号❶ 文献题名❷ 责任者❸ (第一作者所属单位)❹ //报刊名❺.-年,卷(期)❻.-起止页码❼

条目按学科分类,使用时可在分类目录中查找所要类目,根据类目所指页码翻到索引正文即可索取,后附作者索引、题中关键词索引。每期期末附“引用期刊一览表”,各种报刊按报刊名笔画先后排列。本索引是题录性检索工具,只能找到资料线索,要找资料原文,须根据所查到题录中的报纸名或期刊名进一步索取。

《全国报刊索引》已发展成为集印刷版与网络服务平台于一体的综述性知识服务体系,可提供 5 万余种报刊、5000 余万篇文献的一站式知识服务。官网提供 20609 种近代期刊、10787 种现代期刊和 7526 篇会议论文集的信息的检索,以及 1833—1949 年期间的近 67 万幅各类图片。

2.《科学引文索引》《社会科学引文索引》《艺术与人文学科引文索引》

《科学引文索引》(Science Citation Index,SCI)是目前世界上最具权威的通过引文检索和评价论文及期刊的参考工具书,于 1963 年创刊,由美国科学情报研究所(Institution of Scientific Information,ISI)编制,1966 年起为季刊,1979 年改为双月刊。1997 年,Thomson-Reuters 公司将《科学引文索引》《社会科学引文索引》(Social Sciences Citation Index,SSCI,创立于 1973 年)《艺术与人文学科引文索引》(Art and Humanity Citation Index,AHCI,创立于 1978 年)整合,利用互联网开放环境,创建了网络版的多学科文献数据库——Web of Science。2016 年 7 月,Onex Corporate 与 Baring Private Equity Asia 完成对 Thomson-Reuters Scientific 的收购,将其更名为 Clarivate Analytics。《科学引文索引》和《社会科学引文索引》最早回溯至 1900 年,《艺术与人文学科引文索引》最早回溯至 1975 年。

《科学引文索引》共收录 9500 多种学术期刊,内容覆盖数、理、化、农、林、医、生命科学、天文、地理、环境、材料、工程技术等 178 个学科领域;《社会科学引文索引》共收录

3500 多种社会科学领域的权威学术期刊，内容覆盖人类学、法律、经济、历史、地理、心理学等 58 个学科领域；《艺术与人文学科引文索引》共收录 1800 多种学术期刊，内容覆盖考古学、建筑学、艺术、文学、哲学、宗教、历史等 28 个学科领域。

SCI 可以用于评价论文的学术水平、利用价值，分析科学的动态，进行情报跟踪。由于文献量特别大，SCI 按 A、B、C、D 四卷出版，并有年度、五年度累积本。SCI 内容涉及数、理、化、医、农、生、工程技术、应用科学、行为科学等，物理、化学和生命科学所占比例最大。SCI 以收录期刊为主，兼及会议录、专刊、科技报告、图书。SCI 收集的引用文献主要是当年的，少部分是上一年度的，而被引文献则包括历年发表的文献。

SCI 编排独特，以论文作者为线索，再以该作者后附的参考文献为线索进行追溯查找。因此是一种"追溯法"。这种方法以论文作者为线索，在该作者名下列出所有引用论文，这样查到一个作者，就检索到一定数量的文献。例如，作者 A 发表一篇论文（简称 A 文），之后被作者 B、C、D 所引用，A 文被称为"被引用论文"，B、C、D 等的文章则一律被称为"引用论文"。

SCI 索引包括 5 种分索引。

① 来源索引（Source Index）：以来源文章的第一作者（引用者）为标目，注出合著者、文别、篇名、文献类型、刊名缩写或书名、卷期号与页码或版权年、发表年份、参考文献（引文）篇数、第一作者单位与地址。合著者只作为"参见"，但列出原文出处。来源索引最重要，因为其著录项目最详细。

② 专利索引（Patent Index）：按被引用的专利号码（流水号）排列，注出发表年份、专利发明人、申请说明书或公告说明书、国别、引用者姓名及其著作出处，可衡量该专利的利用价值。

③ 机构索引（Corporate Index）：根据"来源索引"中的作者所属机构的所在地及机构名称编制，可了解某一机构有哪些人在何种期刊上或出版物上发表过多少论文，从而可评估这些机构的研究水平，跟踪其科研动态。

④ 轮排主题索引（Permutern Subject Index）：实为篇名关键词索引，即将"来源索引"报道的论文篇名中的两个或以上的实质性词相互组配轮排，可从多个主题查到同一篇文献。

⑤ 引文索引（Citation Index）：以被引作者为标目，只注第一作者，不注合著者，作者下列出被引著作发表的年份、所载期刊的缩写、刊名、卷数、页码、引用作者姓名及引用文献的缩写刊名、卷数、页码。未注明作者姓名的，则列入匿名引文索引。

引文索引按被引用文献作者名顺序编排。每个被引著者名下首先排列被引论文发表年代及刊名等，如果不止一篇文献被他人引用，也悉数列出，之后用一行小黑体字列出一个引文记录。引文索引和来源索引的具体著录格式为：

```
CITATION INDEX
                                    VOL   PG    YR
BECHER AM❶
1975 PREA BIOCHEM 5  1183❷
CHAMOROV.SK        BIOCHEM-MOS    65    541     01 ❸
SOURCE INDEX  ENTRY
CHEATHAM TJ ❹
SMITH JR-REGULAR AND SEMISIMPLE MODULES❺
```

```
BIBLIOGRAPHY ❻          F6479
PAC J MATH 65(2):315~332    01   R ❼
SAMFORD UNIV. BIRMINGHAM.
AL35209.USA❽
```

说明：

❶为被引著者姓名（大黑体），SCI 规定只列出第一著者。

❷为被引论文的著录项（小黑体和斜体），包括 4 位数的年代号、刊名或书名缩写、卷号或章节号，最后的是起始页码。此处的年代若是"**"，则代表年份不详。

❸为引用著者姓名和引用文章的著录项，包括出版物名称缩写、卷号、页、年代及该文的体裁代号（如 R 是评论、W 是计算机评论、L 是通信、B 是图书评论，无代号则是论文、科技报告等）。

❹为第一来源作者。

❺为来源作者的合作者（2 个）。

❻为引文篇名。

❼为来源出处。

❽为作者地址。

如果要利用引文索引通过被引著者姓名检索最新的相关文献，检索方法如下。

（1）预先确定检索点——被引著者姓名，被引文章应当是较早时期发表的，最好是属于同一个研究领域的较重要的文章或专著。

（2）查引文索引。

（3）利用得到的一系列引文作者姓名查来源索引，这样可看到是哪些文章（题目）。

（4）对检索出的引文进行筛选，确定最后的检出文献。

（5）根据检出文献的出处查找原文。

SCI 报道内容广泛，可用来查找一些在专门学科检索工具上查不到的交叉学科文献，可以了解到一篇论文发表后，在世界上引起反响的情况，有利于作专门的科技情报分析和科技情报预测。但由于作者引文行为的不规范性，引文次数不能作为唯一评价指标。对其学术评价作用，既不能高估，也不可低估。其编制原理和方法对中国科学和社会科学引文索引的编制影响极大。目前，SCI 已有光盘版和网络版。

3.《中国科学引文数据库》

《中国科学引文数据库》（Chinese Science Citation Database，CSCD）创建于 1989 年，收录我国数学、物理、化学、天文学、地学、生物学、农林科学、医药卫生、工程技术和环境科学等领域出版的中英文科技核心期刊和优秀期刊千余种，积累 1989 年到现在的论文记录58 万多条，引文记录 8785 万多条。《中国科学引文数据库》内容丰富、结构科学、数据准确。系统除具备一般的检索功能外，还提供新型的索引关系——引文索引，用户可迅速从数百万条引文中查询到某篇科技文献被引用的详细情况，还可以从一篇早期的重要文献或著者姓名入手，检索到一批近期发表的相关文献，对交叉学科和新学科的发展研究具有十分重要的参考价值。中国科学引文数据库还提供了数据链接机制，支持用户获取全文。

《中国科学引文数据库》具有建库历史最为悠久、专业性强、数据准确规范、检索方式多样、完整、方便等特点，自提供使用以来，深受用户好评，被誉为"中国的 SCI"。

《中国科学引文数据库》是我国第一个引文数据库，曾获中国科学院科技进步二等奖，1995年出版了我国的第一本印刷本《中国科学引文索引》，1998 年出版了我国第一张中国科学引文数据库检索光盘，1999 年出版了基于 CSCD 和 SCI 数据、利用文献计量学原理制作的《中国科学计量指标：论文与引文统计》，2003 年推出了网络版，2005 年出版了《中国科学计量指标：期刊引证报告》。2007 年，《中国科学引文数据库》与美国 Thomson-Reuters Scientific 合作，以 ISI Web of Knowledge 为平台，实现与 Web of Science 的跨库检索。中国科学引文数据库是 ISI Web of Knowledge 平台上第一个非英文语种的数据库，2021 至 2022 年来源 1262 种，其核心库期刊 926 种，扩展库期刊 336 种。

《中国科学引文数据库》已在我国科研院所、高等学校的课题查新、基金资助、项目评估、成果申报、人才选拔以及文献计量与评价研究等多方面作为权威文献检索工具获得广泛应用，主要包括：国家自然科学基金委员会杰出青年基金指定查询库；第四届中国青年科学家奖申报人指定查询库；国家自然科学基金委员会资助项目后期绩效评估指定查询库；众多高校及科研机构职称评审、成果申报、晋级考评指定查询库；国家自然科学基金委员会国家重点实验室评估查询库；中国科学院院士推选人查询库；教育部学科评估查询库；教育部长江学者查询库；中国科学院百人计划查询库。

4. 《中文社会科学引文索引》

《中文社会科学引文索引》（CSSCI，Chinese Social Sciences Citation Index）是通过引文检索中国人文社会科学期刊论文及其他出版物和进行科研成果、学术水平、学术影响评价的重要检索工具。它由南京大学于 1998 年开始研制，1999 年香港科技大学加盟资助，共同开发，同年被教育部列为人文社会科学研究重大项目，1998 年首批选用期刊 496 种，主要依据是北大版的中文核心期刊要目总览，再结合专家意见选定。以后则根据本引文库的引文情况和专家意见筛选来源期刊。1999 年，收录期刊 506 种，是根据 1998 年期刊影响因子和专家意见调整选定的。2001 年，根据专家意见和期刊文献计量学指标，选用 2000 年国内出版的中文人文社会科学学术期刊 419 种、海外期刊 17 种、来源文献 5.7 万余篇，被引用文献 28.6 万余篇次。2008 至 2009 年，CSSCI 共收录来源期刊 528 种，扩展版来源期刊 152 种（共计 680 种）、来源集刊 86 种，来源文献 9 万余篇，被引用文献 50 万余篇次。来源文献的检索途径有论文作者、篇名（词）、作者机构、作者地区、期刊名称、关键词、文献分类号、学科类别、基金项目及年代、卷期等 10 余项。被引文献的检索途径有被引文作者、篇名或书名（词）、期刊名称、出版社、年代、被引文献类型等。大多数检索项本身可以实现逻辑式检索，各检索项之间也提供"与"关系的组配检索。目前已由南京大学出版社出版印刷版《中国社会科学研究计量指标——论文、引文与期刊统计（1998、1999 年）》，《中国哲学社会科学学术期刊布局研究》（叶继元主编，2008 年 3 月出版，包括期刊研究报告、CSSCI 来源期刊指南、2770 种学术期刊和被引期刊目录）。CSSCI 目前主要是网络版，并根据需要出光盘版。2006年，组织研发 CSSCI 扩展版数据库。2007 年，研发了 CSSCI 集刊数据库，于 2008 年投入使用。2008 年，组织研发了 CSSCI 检索平台（第二版），于 2012 年投入使用。2014 年，组织研发 CSSCI 一体化检索平台（CSSCI 第三版），于 2017 年投入使用。2015 年，研发了《中文学术图书引文索引（CBKCI）数据库》，于 2017 年 12 月正式发布并投入使用。2021 年 4月公布 CSSCI 来源期刊（2021—2022），其中国内期刊 613 种，报纸理论版 2 种，共 615 种，来源期刊扩展版目录（2021—2022）229 种。

5.《科学技术会议录索引》

《科学技术会议录索引》（Index to Scientific Technical Proceeding，ISTP）是提供世界上各国召开的自然科学各学科会议录的书目信息，检索近期学术会议和以前学术会议情况的重要工具，1978 年创刊，月刊，有年累积本。美国 ISI 编制，收录国际会议以期刊或图书等形式出版的会议论文。据该刊自称，尽管收录了每年出版的会议录近一半，但由于利用了选择技巧，因此可覆盖 75%～90%的会议录。会议录目次（contents of proceedings）是主要部分，其款目按会议录号码顺序编排，号码下给出会议名称、会议地点和日期、会议主办者、刊名、卷期年、全部论文篇名、作者、第一作者地址、起始页码。若为图书，则给出书名、作者、出版者、出版地、出版年、订购地址、价格、美国国会分类法号码和 ISBN。附有分类、轮排主题、主办者、作者、会议地点和团体 6 个索引。

6.《科学评论索引》

《科学评论索引》（Index to Scientific Reviews，ISR）由美国 ISI 编制，1974 年创刊，半年刊。收录世界各国 2700 余种科技期刊及 300 余种专著丛刊中有价值的评述论文，涉及自然科学、医学、工程技术、农业和行为科学等 100 多个学科。其中 200 余种出版物中的所有评述文章全部被收录。对综合性期刊中评述论文的选择利用计算机进行，其选择标准有三条：文章篇名中有"Advance"（发展）、"Review"（评论）和"Progress"（进展）等关键词者；文章后附有 55 篇或以上参考文献者；在多种检索期刊中文章有"R"代码者。计算机打印出初选评述文章的目录后，由情报学家仔细审核，删除明显不符合标准的文章，必要时须阅读全文以帮助判断。有的高质量的评论文章，参考文献不到 55 篇也收。ISR 有四个索引，即研究前沿学科领域索引（Research Front Specialty Index，RFSI）、来源索引（Source Index，SI）、机构索引（Corporate Index，CI）和轮排主题索引（Permuterm Subject Index，PSI）。

7.《读者期刊文献指南》

《读者期刊文献指南》（Reader's Guide to Periodical Literature）是以综合性人文社会科学为主的期刊论文索引（名为"指南"，实为"索引"），1905 年创刊，月刊，美国 Wilson 公司出版；收录期刊超过 460 余种，涉及政治、历史、时事、文化、体育、卫生、保健等方向，兼及天文、宇航、物理、建筑、电影、戏剧等内容；卷末有书评索引（按被评图书的作者排列）。《读者期刊文献指南》历史悠久、实用性强、影响较大。

4.4.3　文摘

文摘（Abstract）是系统报道、积累和检索科技文献的主要工具，是二次文献的核心。文摘的目的是把各种文献以简练的形式做成摘要，使科学工作者能够用较少的时间和精力了解有关文献的基本内容，了解本专业的发展水平和最新成就。

文摘可以分为指示性文摘与指导性文摘两种。指示性文摘，又称为简介，介绍论文探讨问题的范围与目的。指导性文摘，即对文摘的主要内容、论点、方法、结论、有关数据等方面，以简洁文字作摘要叙述，浓缩全文的主要内容。

1.《化学文摘》

《化学文摘》（Chemical Abstracts，CA）由美国化学文摘服务社编辑出版，1907 年创刊，是世界上最负盛名的文摘刊物之一，收录多达 9000 余种，来自 47 个国家（或地区）和 3 个国际性专利组织的专利说明书、评论、技术报告、专题论文、会议录、讨论会文集等，涉及世界 200 多个国家（或地区）60 多种文字的文献。CA 已收文献量占全世界化工化学总文献量的 98%。自 1975 年第 83 卷起，CA 的全部文摘和索引采用计算机编排，报道时差从 11 个月缩短到 3 个月，美国国内的期刊及多数英文书刊在 CA 中当月就能报道。网络版 SciFinder 更使用户可以查询到当天的最新记录。

CA 报道的主要内容有：① 新的化学反应、新化合物、新材料、新工艺、新方法及新理论等；② 新技术、新发明的应用；③ 实验数据、研究成果、作者的判断与结论；④ 关于研究的目的与范围。

1）编排方法

CA 每期内容由文摘和期索引两部分组成。每卷首期的文摘正文之前有导言，导言包括以下内容。

❖ CA 著录的七种文献的著录格式。
❖ 期索引的有关说明。
❖ CA 摘录的原始文献复印本索取提示。
❖ CA 所用资料使用代号。
❖ 专利说明。
❖ CAS 出版物所用的缩略词及符号。

CA 每期文摘的正文按 80 大类顺序编排，每一类文摘，在其类号及类名之下有简单注释，用以说明该类文摘所属的学科范围。每大类的文摘按论文（来源于期刊、科技报告、会议文献、专题综述等）、新书介绍、专利、参见目录四大部分依次编排，每一部分用"-------"分开。

2）著录格式

① 期刊论文著录格式

135:1858d❶ Two-state allosteric behavior in a single-domain signaling protein. ❷
Volkman,Brian F; Lipson, Doron; Wemmer, David E; Kern, Dorothee❸
(National Magnetic Resonance Facility at Madison(NMRFAM), Department of Biochemistry, University of Wisconsin-Madison, Madison, WI 53706 USA).❹
*Science(Washington, DC, U.S.)*❺ **2001**❻, 291(5512)❼, 2429-2433❽ (eng)❾

说明：

❶为文摘号（黑体字），冒号前为卷号，数码后的英文字母是计算机校对符号。
❷为论文篇名（黑体字）一律采用英文，非英文文种均已译成英文。
❸为著者姓名，姓在前名在后，合著者之间用冒号分开。
❹为著者工作单位或论文发送单位、地址及国别。
❺为刊名缩写（用斜体字印刷）。
❻为期刊出版年份（黑体字）。

❼为卷期号，括号内为期号。

❽为论文起讫页数。

❾为原文文种的缩写。

② 科技报告文摘著录格式

135: 331195h❶ Studies on groundwater flow and radionuclide migration at underground environments. Final report of collaboration research between JAERI and AECL.❷ Ogawa, Hiromichi; Nagao, Seiya; Yamaguchi, Tetsuji; Mukai, Masayuki; Munakata, Masaahiro; Sakamoto, Yoshiaki; Nakayama, Shinichi; Takeda, Seiji; Kimura, Hideo; Kumada, Masahiro; Muraoka, Susumu❸ (Department of Fuel Cycle Safety Research Tokai Research Establishment, Japan Atomic Energy Research Institute, Naka-gun, Ibaraki-Ken, Japan).❹ *JAERI-Res.*❺ 2001❻, (2000-052)❼,I-viii, 1-101❽ (Japan)❾

说明：

❶为文摘卷次与文摘号（黑体字）。

❷为科技报告题目（黑体字）。

❸为著者姓名。

❹为著者工作单位及通信地址，通常采用缩写。

❺为科技报告（斜体字）。

❻为报告年份（黑体字）。

❼为报告编号。

❽为报告总页数。

❾为报告文种。

③ 专利文献文摘著录格式

135:2523c❶ Device for propagation and storage of microorganisms.❷ Williams, Michael G.; Hesselroth, Karen E; Rajagopal, Basavapatna S.❸(3m Innovative Properties Company, USA)❹ PCT Int. Appl. WO 01 38, 5599❺ (Cl.C12Q1/00)❻, 31 May 2001❼, US❽ Appl.541, 416❾, 3 Apr 2000;❿ 23 pp.(Eng).

说明：

❶为文摘卷次、文摘号（黑体字）。

❷为专利题名（黑体字），专利题目一般不是原专利的题目，而是 CA 根据专利内容所给出的题目。

❸为专利发明人（团体或个人）名称。

❹为专利权所有者（个人或团体）名称。

❺为专利国别简称、专利号。

❻为美国专利分类号和国际专利分类号。

❼为专利公布日期。

❽为优先权国家代码，无优先权国家代码表示该专利只在国内申请。

❾为专利申请号，前面用"Appl."表示。

❿为申请日期。

最后两项分别为专利说明书总页数、原文文种的缩写。

3）索引系统

CA 的索引有三种形式：期索引、卷索引和累积索引。期索引附于每期文摘后，是检索该期文摘的索引,包括关键词索引(keyword index)、著者索引(author index)、专利索引(patent index)。卷索引将每卷中每期的期索引累积后单独出版,是检索每卷各期全部文摘的索引,包括主题索引(subject index)、普通主题索引(general subject index)、化学物质索引(chemical substance index)、著者索引(author index)、专利号索引(numerical patent index)、专利对照索引(patent concordance index)、专利索引(patent index)、分子式索引(formula index)、环系索引(index of ring system)、杂原子索引(HAIC index)。累积索引基本上每隔 10 卷单独出版一次。累积索引包括的索引种类与卷索引相同,是卷索引的累积本。

4)检索方法

根据 CA 期、卷各种索引的编排及其提供的检索入口,可总结归纳以下几点。

① 若查最新文献资料,可查其索引中的关键词索引;若了解某厂商企业名称或有关的专家学者姓名,则可以使用著者索引。

② 对于组成元素和原子数目已知,价键或立体化学结构明确的化合物,可查阅化学物质索引,而对化学成分或化学物质的大类未定,可查阅普通主题索引。

③ 若已知化学物质的分子式,不熟悉 CA 选用名称,则可查分子式索引,从而得到 CA 所选用的名称、登记号及文摘号。

④ 已知化学物质的 CAS 登记号,则可查登记号手册,得到该化学物质的 CA 选用名称和分子式。再查化学物质索引或分子式索引。

⑤ 复杂的环状化合物,查环系索引得到环状化合物母体名称,根据其母体名称或取代基再查化学物质索引。

⑥ 若知某专利号,想查该专利文摘,则可查专利索引(1994 年前查专利号索引)。得到文摘号,再根据文摘号查到该文献。

⑦ 若所查专利是字库不熟悉的文种,则可利用专利索引(1994 年前查专利对照索引),得到自己文种熟悉的等同专利,进而根据文献线索查找原始文献。

⑧ 利用 CA 的辅助性索引(单独出版)中的"see",将 CA 中不采用的主题词的同义词或化学物质的俗名、习惯名,引见到 CA 选用名称,进而查找有关索引(有 CAS 登记号的,查化学物质索引;无 CAS 登记号的,查普通主题索引);还可利用"索引指南"中"see also"引出参见主题词,扩大检索范围。

2.《科学文摘》

《科学文摘》(Science Abstracts,SA)是科学技术方面的综合文摘,创刊于 1898 年,由 IEEE 主编并出版发行。其数据来源于全球 80 个国家(或地区)出版的 4000 多种科技期刊、2200 多种会议论文集及其他出版物的文摘信息;专业面覆盖物理、电子与电气工程、计算机与控制工程、信息技术、生产和制造工程等领域,还收录材料科学、海洋学、核工程、天文地理、生物医学工程、生物物理学等领域的内容。其对应的网络数据库为 INSPEC,还可在 Web of Knowledge 平台上检索。

1)著录格式

① 期刊论文

78123❶ Structural-desriptive method for the contour processing of optical images.❷
V. G. Zinov'lev.❸ (Mozhaiskii (A. F) Mil. Space-Eng. Univ. St. Petersburg. Russia).❹

J.Opt.Technol.(USA).Vol.67, no.7, P.630-3(July 2000) Translation of:Opt-Mekh.Prom. (Russia), Vol.67.no.7, P.33-7 (July 2000)❺

A structural-descriptive method is proposed for the real-time recognition of optical images of observed objects…❻ (8 refs).❼

说明：

❶为文摘号。每辑每年从 00001 号开始连续编至年终，最后一期的最末一号即该辑全年文摘报道量。文摘号是通过索引查阅文摘条目的依据。

❷为文献篇名。首字母大写黑体字印刷，非英文篇名译成英文篇名后输入。

❸为著者姓名。名在前姓在后，名用缩写，姓用全称。

❹紧跟著者的圆括号，其中是著者工作单位名称、地址及国家（和地区）。

❺为文献出处，又称为文献来源项。此项另起一行。原刊物名（缩写）用斜体字印刷，国别置于括号内。卷、期、起止页码（出版年、月），若是英译刊，则用"译自："(Translation of:）引出原刊的音译刊名；若是非英文刊但是英译刊时，则用"译在："(Translation in:）引出英译刊名。有时文献出处后著有文献收到日期（在方括号内）。

❻为文摘。另起一行，约 300 字。

❼为参考文献数目，放在文摘后圆括号内，有时将文摘员缩写姓名附在参考文献条目后。若著者自编，则用"Author"表示，但常略此项。

② 会议文献

16648❶ **A genetic-based solution to load balancing in parallel computers.**❷ P. Baumgartner, D. J. Cook❸ (learning Planning Lab., Texas Univ., Arlington, TX. USA).❹ 22nd Annual 1994 ACM Computer Science Conference. Scaling Up: Meeting the Challenge of Complexity in Real-World Computing Applications. Proceedings.❺ Phoenix, AZ, USA, 8-10 March 1994.❻ (New York, NY, USA: ACM 1994)❼, 157-64.❽

Efficient use of resources in a parallel computer often requires the redistribution of tasks during the execution of applications…❾ (12refs.)❿

说明：

❶为文摘号。

❷为会议文献篇名（黑体字印刷）。

❸为著者姓名。

❹为著者所在单位（圆括号内）。

❺为会议主持单位及会议名称。

❻为会议召开地点及会议召开的时间。

❼为会议文献汇编出版地、出版者、出版年。

❽为会议文献起讫页码。

❾为会议文献主题内容。

❿为参考文献篇数。

③ 科技图书

95791❶ Modelling preferred work plans. N.R.Taylor(Dept. Of Math.,King's Coll.,London,UK) In book: Intelligent systems and soft computing. Prospects, tools and applications (Lecture Notes in Artificial intelligence vol.1804).❷ B.Azvine, N.Azarmi, D.D.Nauck.❸ [Ed.], p.343-57.Berlin, Germany:Spriger_Verlag(2000), xvii+357pp.❹ [3 543 67837 9].❺

We developed simulations of temporal sequrnce storage and generation by multimodular neural networks based on the frontal lobes system. Possible architectures for the storage and retrieval of temporal sequences are investigated using a cartoon version of the frontal lobes i.e, the ACTION net. This architecture is used to learn preferred work plans in relation to the sequences that a user performs to solve work tasks.❻ (21 refs.)❼

说明：

❶为文摘号。

❷为文献篇名，一般是简化书名，有的是图书中某章节正标题，不是书名的，在编著者后面用（In book：）引出书名和全书的编著者姓名。

❸为编著者姓名。

❹为出版地及国家（和地区）、出版单位（出版年）、页数。

❺为书号，即 ISBN，在方括号中。

❻为文摘。

❼为参考文献篇数。

2）检索方法

SA 的检索方法有以下两种。

① 按分类途径——在某期内检索。

第一步：根据课题，查阅分类目次表，找到该类的起始页码。

第二步：顺序阅读文摘，确定取舍。

第三步：根据文献出处，索取原始文献（不过 SA 同 EI 一样，大约有 40%的原文在国内很难获得）。

② 按主题途径——追溯检索：查某半年、一年或多年信息。

第一步：分析课题，用 INSPEC Thesaurus 仔细拟定主题词。

第二步：使用累积本的主题索引查找文献篇名，并记下文摘号。

第三步：根据文摘号（年号+文摘号）转查月刊（月刊的文摘号范围在封面上），从而得到文摘。

第四步：阅读文摘决定取舍。

第五步：根据文献出处索取原文。

3.《工程索引》

《工程索引》（Engineering Index, EI）名为"索引"，实为"文摘"，1884 年正式创刊，美国机械工程师学会编制，年刊（The Engineering Index Annual），1962 年出月刊本（The Engineering Index Monthly）。内容涉及应用工程技术各学科，如机械、土木工程、环境工程、电工电子、材料科学、结构学、固体物体及超导、生物工程、能源、化工、光学、大气与水污染防治、运输等。每条款目著录有主题词、文摘号、题名、文摘内容、文摘员代号、参考文献篇数、作者姓名及其所在单位和地址、刊名缩写、期刊出版项、卷期年月、出版单位、所在页码。款目按《工程叙词表》（EI Thesaurus）的顺序排列，并有著者索引、主题索引、著者工作机构索引。

EI 的网络版为 Ei Compendex，是目前全球最全面的工程领域二次文献数据库，侧重提供应用科学和工程领域的文摘索引信息，涉及核技术、生物工程、交通运输、化学和工艺工程、照明和光学技术、农业工程和食品技术、计算机和数据处理、应用物理、电子和通信、控制工程、土木工程、机械工程、材料工程、石油、宇航、汽车工程以及这些领域的子学科。其数据来源于 5100 种工程类期刊、会议论文集和技术报告，含 700 多万条记录，每年新增约 25 万条记录，可检索 1884 年至今的文献。

4.《历史文摘》

《历史文摘》(Historical Abstracts, HA) 由美国书目—克利欧出版社 (ABC-CLIO) 于 1955 年创办，是世界上专门出版历史学检索期刊的出版社。1964 年，该社又创办了《历史文摘》的姊妹篇——*America: History and Life*（《美国：历史与生活》）。HA 分 A、B 两部分单独出版，A 部分为近代历史文摘（1450—1914 年），B 部分为 20 世纪文摘（1914 年至今）。每部分每年出版 4 期，大 16 开本，每年报道 25000 余篇文献。

HA 收录了世界上 85 个国家（和地区）约 40 种语言近 3000 种史学及人文社会科学期刊，最早回溯至 1955 年。对于从事世界历史和社会科学研究的同仁来讲，历史文摘是目前世界历史研究中学术价值最高的在线资源。自 2006 年起，历史文摘将 JSTOR 出版社中重要的历史期刊的文摘全部收录进来，其中大部分可回溯至 19 世纪早期，内容包括政治史、外交史、军事史、经济史、社会史、文化史、宗教史、思想史、科技史、医学史、史学书目学和方法论、历史哲学、史志编撰、史学教育、史学会与会议，还包括交叉学科及人类学、政治学、经济学、心理学、大众文化等人文社会科学。每条文摘或简题一律用英文撰写，文摘一般 75～100 个词，简题只有一两句话。每条文摘款目著录文摘号、文献涉及的时间范围、论文作者、篇名、刊名、年月卷期、页码、文摘正文、所引重要资料来源、文摘员姓名。条目按类和地区（国家）排列。每年第 1、2 期后附主题索引和作者索引（包括收录期刊一览表、文摘员一览表）。

5.《中国学术期刊文摘》

《中国学术期刊文摘》（半月刊，创刊于 1994 年）和《中国学术期刊文摘（英文版）》（月刊，创刊于 2006 年）是由中国科学技术协会主管、中国科协学会学术部支持、中国科协科技导报社主办的中国唯一的综合性检索类科技期刊，致力于将我国科学技术各领域的原创性学术成果全面、快速地向科技工作者交流、传播，以我国科技类核心期刊为基础和主体，遴选 500 余种优秀中英文科技期刊为收录源期刊，内容覆盖自然科学、医药科学、农业科学、工程与技术科学，以及部分人文与社会科学。被《中国学术期刊文摘》收录是北京大学图书馆遴选中文核心期刊的标准之一，也是中国科协评审和资助精品学术期刊的重要指标。

两刊每期登载学术论文摘要和综述性论文摘要，以及论文作者姓名和单位、论文学科分类号等多种信息，列有作者姓名索引、关键词索引。年终卷附有全年"来源期刊及其文摘数量统计表""收录文摘的学科分布状况表""作者单位收录文摘数量排名表"。《中国学术期刊文摘》同时收录中国科协系统学术会议论文题录。

为了顺应数字出版时代发展，自 2014 年 1 月开始，文摘数据库网络检索平台正式投入使用，开通了《中国学术期刊文摘》（中、英文版）所收录文摘数据的网络检索功能，从而实现了数字化、网络化的变革。该文摘数据库网络检索平台的开通，使《中国学术期刊文摘》（中、英文版）从过去仅出版纸质期刊，改为纸质期刊与网络数据库同时收录，大大增加了科技论文信息的收录量。

《中国学术期刊文摘》（中、英文版）具有文摘论文质量高、刊载出版时效快、学科分类合理、覆盖领域宽广、查阅检索方便、信息含量大、实用性强等特点，已成为科研单位、高等院校、图书馆及广大科技工作者了解我国最新科技研究成果、学术研究动向的重要参考工具书。

6.《期刊工作文摘（1989—2000）》

《期刊工作文摘（1989—2000）》是国内检索期刊论文的大型工具书，黄晓鹏等编著，2001年9月由北京图书馆出版社出版，288万字，收录1989年至2000年国内出版的704种期刊、22种专著、27种文集、11种报纸上的论文共11823篇，内容涉及期刊工作的各方面，以文摘为主，辅以少量题录。正文按9大类编排，即期刊编辑出版、期刊研究、期刊管理与开发利用、期刊工作现代化、期刊计量学研究、核心期刊、期刊学研究。同类论文款目按论文发表的时间（年、期）顺序排列。各款目按《检索期刊条目著录规则》著录，有序号、题名、作者、作者所在单位及地址、文献出处、刊期或出版日期及所在页码、文摘、图、表、参考文献数。书后附作者索引和关键词索引及期刊引用一览表、其他来源一览表。

4.4.4　百科全书

百科全书（Encyclopedia）来源于希腊文，有全面教育、百科知识之意。百科全书是人类知识的总汇，是记录人类知识最全面、最系统的大型综合性工具书。百科全书囊括了人类一切知识领域的基本资料，为每个学科提供定义、原理、方法、历史及现状、系统和参考书目等方面的资料，所以被誉为"工具书之王"和"没有围墙的大学"。百科全书具有汇编性、根据性、系统性、检索性、可读性等特点。百科全书的内容注重全、精、新。"全"指收录的知识领域的完全和信息的充足；"精"指材料的精确可靠；"新"指所收资料的新颖性。在相对稳定的基础上不断更新内容，具有科学上的先进性，反映时代的特色，百科全书由众多专家撰稿，从而保证了它的权威性。

按选收范围，百科全书可分为综合性百科全书和专业性百科全书；按部头大小，可分为大百科全书（一般在20卷以上）和小百科全书（一般在10卷以下）；按地域、观点，可分为国际性百科全书、地域性百科全书、宗教性和民族性的百科全书等。其编排方式有三种，即按字顺编排（大多数属于这种）、按分类编排和按分类与字顺混合编排（大类按分类，小条目按字顺编排）。

1.《中国大百科全书》

1978年，国务院决定编纂出版《中国大百科全书》。《中国大百科全书》第一版按学科或知识门类分卷编纂，1993年出齐。全书以条目形式全面、系统、准确地介绍科学知识和基本事实，内容包括哲学、社会科学、文学艺术、文化教育、自然科学、工程技术等66个学科和知识领域。总计为74卷（含总索引卷），选收条目77859个，总字数12568万字，附有49765幅随文图。《中国大百科全书》第一版的出版结束了中国没有百科全书的历史。

《中国大百科全书》第二版从1996年开始修订重编，2009年出版。第二版按条目标题的汉语拼音字母顺序统一编排，使读者更加便于寻检查阅。第二版共32卷，其中正文30卷，索引、附录各1卷，每卷约180万字，共选收6万个条目，总字数6000万字，配图3万幅，其中地图千余幅。全书精装全彩印刷。第二版是按国际惯例编纂的大型现代综合性百科全书。

2011年，国务院决定编纂出版《中国大百科全书》第三版，要求通过建立数字化编纂平台，编纂发布和出版网络版、纸质版，以实现百科全书编纂和出版在网络时代的与时俱进。目前，第三版编撰工作还在进行当中，部分内容已经在其官网发布。

2018年11月，习近平总书记在中国大百科全书出版社成立40周年之际，专门为《中国大百科全书》第三版编纂工作做出重要批示，要求将新版《中国大百科全书》打造成一个有中国特色、有国际影响力的权威知识宝库。

2.《不列颠百科全书》

《不列颠百科全书》（The New Encyclopedia Britannica，EB），又称《大英百科全书》，被认为是当今世界上最知名也是最权威的百科全书，英语世界俗称的ABC百科全书（又称世界三大百科全书，《美国百科全书》《不列颠百科全书》《科利尔百科全书》）之一，1771年在苏格兰爱丁堡出版，共三卷，不断修订出版。1941年，其版权归美国芝加哥大学所有，现由总部设在美国芝加哥的不列颠百科全书公司出版。该书第15版于1974年问世，共30卷，分为3部分：《百科类目》，《百科简编》，《百科详编》。1985年增至32卷，分为4部分：《索引》2卷；《百科类目》1卷，是全书知识分类目录；《百科简编》12卷，有短条目80000余条，又是一部可供单独使用的见面百科全书；《百科详编》17卷，有长条目670余条，系统介绍了各学科知识、重要人物、历史、地理等。

《百科类目》增加了阅读性和教育性，对人类知识基本采取发生学分类的原则，共分十大部类：① 物质与能；② 地球；③ 地球上的生命；④ 人类生命；⑤ 人类社会；⑥ 艺术；⑦ 技术；⑧ 宗教；⑨ 人类历史；⑩ 科学分支，即逻辑学、数学、哲学等纯科学方法。十大部类下分出若干门类（Division），门类下又分出若干大类（Section）和小类（A、B、C等）、细类（1、2、3、…，a、b、c、…）。《百科类目》全1卷，是全书知识分类目录。

《百科简编》，又称为《便捷参见索引》，12卷，既是一套简明的百科全书，又是《百科详编》的索引，能提供最基本的概念、数据和解释。

《百科详编》是《不列颠百科全书》的主体，原有19卷（现为17卷），4207条条目，插图4000幅，条目长短不一，短者3页，长者达308页，附丰富的参考书目。为补充新资料，每年再出版《不列颠百科年鉴》。1985年出2卷索引，索引条目172400，按主题和人名混排。

《不列颠百科全书》由世界各国、各学术领域的著名专家学者（包括众多诺贝尔奖得主）为其撰写条目，囊括了对人类知识各重要学科的详尽介绍，以及对历史及当代重要人物、事件的翔实叙述，学术性和权威性为世人所公认。2012年3月，《不列颠百科全书》宣布停印纸质版，全面转向数字版。

3.《美国百科全书》

《美国百科全书》（The Encyclopedia Americana，EA）是英语世界著名的大型综合性百科全书之一。第1版于1829年至1833年在美国出版，共13卷，1846年追加第14卷出版，1918—1920年，增补扩充到目前的30卷。1991年，《大美百科全书》中文版由光复书局出版，特点是：人物条目和科学技术条目所占篇幅较大，19世纪以来的美国人物资料，常为别书所无；原始文件多，对某些重要历史文件，都全文录载，如《大西洋公约》《独立宣言》等。此书虽然为"国际版"，但对美洲偏重，美国、加拿大的资料比较丰富，其条目按关键词排列，标目相同者按人—地—事物排列，条目后有参考书目。最后 1 卷为按字顺排列的索引卷，条目之间有参见系统。该书有 35 万多条索引，使用比较方便。

《美国百科全书》1995 年版有 CD-ROM。其网络版（Encyclopedia Americana Online）有 2500 万字、45000 条目，提供 6100 条书目、图表 1000 幅、地图 984 幅、15 万个链接，连通 3 万余百科条目；为了包括新资料，收录了 Americana Journal 和《华尔街日报年鉴》(Wall Street Journal Almanac)；信息丰富，既可以作为独立的参考工具，也可视为因特网资源的指南。

4.4.5　类书

类书是从大量图书中辑录整部或部分资料，按一定方式编排的百科性工具书。其作用是便于查找事物起源、诗词文句出处、典故征引、古籍校勘、考证和辑录。三国时期王象编辑的《皇览》为中国第一部类书。隋朝虞世南的《北堂书钞》、唐朝欧阳询的《艺文类聚》、宋代李肪的《太平御览》、杨江等的《册府元龟》、明代解缙等的《永乐大典》、清代陈梦雷的《古今图书集成》均为著名的类书。

1.《永乐大典》

《永乐大典》是明永乐年间由明成祖朱棣先后命解缙、姚广孝等主持编纂的一部集中国古代典籍于大成的类书，初名《文献大成》，后明成祖亲自撰写序言并赐名《永乐大典》。全书 22877 卷（目录 60 卷，共计 22937 卷），11095 册，约 3.7 亿字，汇集了古今图书七八千种。《永乐大典》正本尚未确定是否存在永陵，但大典副本惨遭浩劫，大多毁于火灾和战乱，也有相当一部分被后人以修书之名窃走，现今仅存 800 余卷且散落于世界。中华书局于 1986 年影印出版。

《永乐大典》内容包括经、史、子、集，涉及天文地理、阴阳医术、占卜、释藏道经、戏剧、工艺、农艺，涵盖了中华民族数千年来的知识财富。《不列颠百科全书》在"百科全书"条目中称中国明代类书《永乐大典》为"世界有史以来最大的百科全书"。《永乐大典》保存了 14 世纪以前中国历史地理、文学艺术、哲学宗教和其他百科文献，与法国狄德罗编纂的百科全书和英国的《大英百科全书》相比，都要早 300 多年，堪称世界文化遗产的珍品。《永乐大典》已经成为中国文化的一个重要符号。清人法式善评："苟欲考宋元两朝制度文章，盖有取之不尽，用之不竭者焉。"

2.《古今图书集成》

《古今图书集成》原名《文献汇编》或《古今图书汇编》，系康熙皇三子胤祉奉康熙之命与侍读陈梦雷等编纂的一部大型类书，康熙皇帝钦赐书名，雍正皇帝写序，为此冠名"钦定"，开始于康熙四十年（1701），印制完成于雍正六年（1728 年），历时 28 年，采集广博，内容丰富，正文 10000 卷，目录 40 卷，分为 5020 册、520 函、42 万余筒子页，1.6 亿字，内容分为历象、方舆、明伦、博物、理学、经济 6 个汇编，32 典、6117 部。每部设汇考、总论、图、表、列表、艺文、选句、纪事、杂事、外编。

《古今图书集成》按天、地、人、物、事次序展开，规模宏大、分类细密、纵横交错、举凡天文地理、人伦规范、文史哲学、自然艺术、经济政治、教育科举、农桑渔牧、医药良方、百家考工等无所不包，图文并茂，因而成为查找古代资料文献的十分重要的百科全书。它集清朝以前图书之大成，是各学科研究人员治学、继续先人成果的宝库。由于成书在封建社会末期，克服以前编排上不科学的地方，有些被征引的古籍，现在遗失了，得以靠类书保存了很多零篇章句。它是现存规模最大、资料最丰富的类书，也是中国铜活字印刷上卷帙最浩繁、印制最精美的一部旷世奇作。根据《中国善本书目》的记载，目前国内有9家图书馆收藏有《古今图书集成》。其中完整收藏武英殿雍正铜活字体本的5家图书馆是国家图书馆、中国科学院图书馆、甘肃省图书馆、徐州市图书馆和湘潭大学图书馆。

中华书局与巴蜀书社联合影印出版该书，并附《古今图书集成索引》，包括部名索引、图表索引、人物传记索引、艺文篇名索引、作者索引、引书及引书作者索引、职方典汇考索引、禽虫草木工典释名索引。

4.4.6 年鉴

年鉴是记录一年之内的大事集，将一年之内的重要时事、统计资料、人物都汇集起来，并且按年度连续出版，属于连续性出版物。年鉴的特点是资料内容新颖，可补充百科全书之不足。年鉴可分为记事年鉴、综述性年鉴、统计年鉴等。

1.《中国统计年鉴》

《中国统计年鉴》是一部全面反映中华人民共和国经济和社会发展情况的资料性年刊，系统收录了全国和各省、自治区、直辖市上年经济、社会各方面的统计数据，以及多个重要历史年份和近年全国主要统计数据。目前，《中国统计年鉴》在每年9月出版。国家统计局网站提供1999年到2021年的电子版全文。

《中国统计年鉴—2021》系统收录了全国和各省、自治区、直辖市2020年经济、社会各方面的统计数据，以及多个重要历史年份和近年全国主要统计数据。2021年的年鉴正文内容分为28个篇章，即：综合，人口，国民经济核算，就业和工资，价格，人民生活，财政，资源和环境，能源，固定资产投资，对外经济贸易，农业，工业，建筑业，批发和零售业，运输、邮电和软件业，住宿、餐饮业和旅游，金融业，房地产，科学技术，教育，卫生和社会服务，文化和体育，公共管理、社会保障和社会组织，城市、农村和区域发展，香港特别行政区主要社会经济指标，澳门特别行政区主要社会经济指标，台湾主要社会经济指标，以及附录部分，国际主要社会经济指标。为方便使用，各篇章前设有简要说明，对本篇章的主要内容、资料来源、统计范围、统计方法及历史变动情况予以简要概述。篇末附有主要统计指标解释。

2.《联合国统计年鉴》

《联合国统计年鉴》（U. N. Statistical Yearbook）由联合国出版发行，1947年创刊，汇编了国际上可获得的关于适当历史时期在世界、区域和国家层面的社会和经济状况和活动的统计数据。《年鉴》中的大多数统计数据均来自联合国统计司和许多其他国际统计服务机构编制的更详细、更专业的数据库。因此，专业数据专注于监测特定社会和经济领域的主题和趋势，旨在为更全面地描述社会和经济结构、条件、变化和活动提供数据。其目标是收集、系统化、协调和以一致的方式呈现可比统计信息的最重要组成部分，这些信息可以提供社会和经济进程的广泛画面。

其最新版本为 2021 年 12 月出版的《Statistical Yearbook 2021, Sixty-fourth Issue》。2021 年的年鉴主要包括三部分：第一部分是人口与社会话题，涉及人口和移民、性别、教育、健康和犯罪；第二部分是经济活动，涉及国民账户、金融、劳动力市场、价格和生产指数以及国际商品贸易；第三部分是能源、环境和基础设施，涉及能源、环境、科技、国际旅游与交通、通讯与发展援助。年鉴中的数据主要按照国家和地区来编排，同时有世界或区域汇总。年鉴还有四个附件：国家和地区的信息，关于《年鉴》所有表格的统计定义、方法和来源的简要技术说明，某些表格中使用的转换系数和因素，以及自上一年《年鉴》以来添加、省略或停止使用的表格的清单。

4.4.7　传记工具书

传记工具书是查检人物基本情况和一生经历、重要活动、主要贡献的检索工具书，包括传记书目、传记索引、传记词典、名人录（Who's Who）、姓名录、笔名词典等。

1.《史记人名索引》

《史记人名索引》是专门著作的人名索引。1977 年由中华书局出版。《史记》是我国第一部纪传体通史。作者为西汉司马迁（公元前 145 年—卒年不详），字子长。《史记》在中国散文发展史上起着承前启后的作用，既开创了中国纪传体史学，也开创了中国的传记文学。《史记》纪事始于黄帝，止于汉武帝太初年间，共计三千多年的历史，共 52 万 6500 字，一百零三篇，分为十二本纪、十表、八书、三十世家、七十列传。《史记》既是历史的"实录"，也具有相当高的文学价值。它的艺术性首先表现在运用真实的历史材料成功地塑造出众多性格鲜明的人物形象。在人物塑造上，司马迁竭力做到将历史、人物和主题统一起来，既写活了历史，人物也栩栩如生；他还非常善于把人物置于尖锐的矛盾冲突中，通过人物的言行来完成对人物性格的刻画。《史记》的思想成就、艺术成就奠定了它在中国文学史上震古烁今的地位，在海外也产生了广泛的影响。1956 年，司马迁被列为世界文化名人。《史记人名索引》为查找《史记》中涉及的人物提供了便利。

2.《传记索引》

Biography Index（《传记索引》）的副题名为"书刊中有关传记资料的累积索引"，1947 年创刊，由美国 Wilson 公司出版，季刊，有一年、两年累积本。《传记索引》收集散见于 3000 种现期英文期刊和 2500 种新书中的传记资料和人物研究资料。正文款目著录有被传者姓名、生卒年、职业、国籍、材料来源、出处、肖像、插图。按被传人姓氏字母顺序排列。书后有按职业、专业排列的人名索引。

3.《美国传记大词典》

Dictionary of American Biography（DAB，《美国传记大词典》）是著名回溯性传记工具书，

于 1928 年至 1937 年出版，共 20 卷，收录居住在美国本土的本国或外国的知名人物，如政治家、科学家、体育明星、罪犯等，共 22100 人。条目长短不一，少则不到一页，长的几十页，重要条目后附参考书目。书后附传记中的人名索引、撰稿者索引、出生地名索引、大学名称索引、职业索引、主题索引。1999 年出版第 2 版，收录人物扩大到有成就的普通人。

查找当代美国人物的传记工具书有 *Current Biography*（《当代传记》，1940 年创刊，月刊）、*American Men and Women of Science*（《美国男女科学家》）和 *Dictionary of Scientific Biography*（《科学家传记词典》）等。

4.《美国人名录》

Who's Who in America（《美国名人录》）是美国当代著名的传记工具书，于 1899 年创刊，两年刊，收录美国社会中有相当地位和有成就者，如高级政府官员、高级将领、科研院所、科研单位、高校领导、著名专家、学者、企业界知名人士等。传记资料大多由被传人自己填写。每条款目著录被传人姓名、生年、职业及其他方面的著录信息。书后附有《逝世人员名单》和《被传人地区和专题名单》。

类似的人名录有 *Who's Who*（《英国名人录》）、*Who's Who in American Law*（《美国法律界名人录》）、*National Faculty Directory*（《美国大专院校教师名录》）等。

5.《中国人名大词典》

《中国人名大词典》由上海辞书出版社出版，1989—1992 年版分 3 卷。第 1 卷为"历史人物卷"，收录上古至 1949 年 10 月 1 日前去世的人物；第 2 卷为"当代人物卷"，收录 1949 年 10 月 1 日至 1986 年 12 月底前去世和在世的人物；第 3 卷为"现任党政军领导人物卷"，收录 1988 年 12 月 31 日前在职的中央和省（市）、自治区现任领导人物。全书共 2 万余条目，著录姓名、生卒年、籍贯、字、号、生平简介。条目按姓氏笔画顺序排列，同姓名的按出生年代先后排列。

4.4.8 词典

词典是词语的汇集，主要是解释词语（包括字）的形体、读音、意义及字的用法的工具书。按性质，词典分为综合性词典、语言词典、专业性词典和缩略语词典等。

1.《辞海》

《辞海》是以字带词，集字典、语文词典和百科词典主要功能于一体的大型综合性辞书。1915 年陆费逵动议编纂，经 20 余年努力，上、下册分别于 1936 年、1937 年由中华书局在上海出版，是为《辞海》的第一版。其主编者为舒新城、徐元诰、张相、沈颐。"辞海"二字源于陕西汉中的汉代摩崖石刻《石门颂》，取"海纳百川"之意。

《辞海》（未定稿）上、下两卷于 1965 年 4 月由中华书局辞海编辑所内部发行，是为第二版，对第一版《辞海》做了系统改造，名为修订，实属重编。经过持续编纂修订，在中华人民共和国成立三十周年、四十周年、五十周年、六十周年之际，上海辞书出版社出版了《辞海》1979 年版、1989 年版、1999 年版、2009 年版，是为第三版、第四版、第五版、第六版。

《辞海》第三版、第四版，有按部首编排的三卷本及其缩印本（一卷本），另有增补本和按学科编印的分册。第五版，新增按部首编排的彩图本（五卷本）、按音序编排的彩图缩印本（五卷本），以及按音序编排的普及本（四卷本）和缩印本（一卷本）。除了出版纸质版的彩图本（五卷本）、典藏本（九卷本）、普及本（三卷本）和缩印本（一卷本），第六版还顺应数字化潮流，于 2010 年推出《辞海》电子阅读器。新版《辞海》（第七版）于 2019 年出版，总字数约 2350 万字，总条目近 13 万条，图片 1.8 万余幅。其中，普通语词条目约占全书三分之一，百科条目约占全书三分之二。百科条目中，自然科学与工程技术约占三分之一；哲学社科、历史地理、文学艺术等约占三分之二。在第六版基础上，对学科设置适当调整，对条目增删反复论证，在内容方面进行大量与时俱进的修订和增补，学科架构更趋完善，知识体系更趋系统，力求反映中华人民共和国成立七十年、改革开放四十年的新事物、新成果，特别是党的十八大以来国内外形势的变化和政治、经济、社会、科学、文化等方面的发展。顺应信息化时代的要求，《辞海》（第七版）同步推出网络版。

《辞海》的编纂修订始终得到党和国家主要领导人的关心、支持。毛泽东同志多次过问《辞海》的修订重编工作。周恩来同志指示把"未定稿"的修订列入国家出版计划。邓小平同志对《辞海》修订报告作出重要批示。江泽民同志为《辞海》第四版题词："发扬一丝不苟、字斟句酌、作风严谨的'辞海'精神，为提高中华民族的文化素质而努力。"胡锦涛同志专程看望夏征农主编，勉励做好《辞海》工作。2016 年 12 月 29 日，习近平同志为《大辞海》出版暨《辞海》第一版面世 80 周年发来贺信，深刻指出："《辞海》和《大辞海》是大型综合性词典，全面反映了人类文明优秀成果，系统展现了中华文明丰硕成就，为丰富人民精神世界、增强人民精神力量作出了积极贡献。希望大家坚定文化自信，坚持改革创新，打造传世精品，通过不断实施高质量的重大文化工程，为培育和践行社会主义核心价值观、增强国家文化软实力、建设社会主义文化强国作出新的更大的贡献！"

2. 《牛津英语词典》

1857 年，伦敦语言学会呼吁新的英语词典，1898 年开始分册出版，最后分册即第 125 部，于 1928 年 4 月 19 日出版。《牛津英语词典》第 1 版出版前后花了 71 年，用了 49 年编写，被认为是当代最全面和最权威的英语词典，被称为英语世界的金科玉律。1989 年出版第 2 版，收录了 30.11 万个主词汇，词汇数目达 3.5 亿个，20 卷，21728 页。《牛津英语词典》亦收录了 15.7 万个以粗体菱形印刷的组合和变形，以及 16900 个以粗斜体印刷的短语和词组，使得词典收录的词汇达到 61 万余个，共列出 13.7 万条读音，249.3 万个词源，57.7 万个互相参照和 241.24 万个例句。

《牛津英语词典》收录了出版时已知的所有进入英文的词汇，以及该词的来源和流变（详参 1989 年版前言）。每个词汇都列有注音，第 1 版时英语国际音标尚不成熟，故而使用了其独有的注音方式。对于词汇的释义详尽，其中 set 一词更是有 400 余项解释。很多词从公元八九世纪起释义，每项释义更是将每 100 年的用例列举一至两个。因此，与其说这是一部英文词典，还不如说是一部英语史巨著。

1992 年，该词典的光盘版出版；2000 年 3 月，网络版 OED Online 上线。

本章小结

　　手工检索在一定的环境下仍有独特作用，具有检索过程灵活、检索结果准确等优势，亦有检索不易查全、检索速度不快等局限。仔细分析提问，恰当选择检索工具、检索语言、检索途径和检索方法是检索成功的重要环节。回溯法、工具法和综合法是手工检索的常用方法。

　　手工检索是通过利用印刷型检索工具书来解答提问的，应熟练掌握各类型工具书。熟悉工具书，首先要了解其收录范围（包括学科、时间、文种等）、著录项目、排列方式和辅助索引等情况，尤其是掌握其他工具书所没有的特别之处。本章以古今中外著名或新颖的文理科代表性工具书为例，较详细地说明了各检索工具书的内容和查找方法。只要掌握要领，就能举一反三。

习 题 4

1. 手工检索的意义何在？
2. 比较手工检索与机器检索的异同。
3. 简述各种手工检索方法的优缺点。
4. 引文索引的编制特点和独特作用有哪些？
5. 来源期刊与核心期刊有何异同？编制核心期刊目录有何意义？
6. 手工查找某专业近期的专著和论文，应利用哪些检索工具书？
7. 比较《全国新书目》与《美国在版书目》的异同，并指出其作用。
8. 《科学评论索引》有何特点和作用？
9. 比较《中国大百科全书》与《古今图书集成》的异同。
10. 要知道其他图书情报单位收藏哪些书刊，应查找什么工具书？
11. 预订联合目录与馆藏联合目录有何区别？

第 5 章

缩微检索、联机检索
和光盘检索

    20 世纪 80 年代,在国内图书馆界,缩微检索、联机检索和光盘检索相继得到关注。缩微摄影技术的不断发展及缩微文献的优势使其得到了图书馆重视,尤其是在保护古籍等重要文献中起到了非常重要的作用。联机检索是图书馆在利用计算机进行信息组织、信息存储和信息利用过程中的一个领域,在互联网各种应用大量普及之前,它在满足用户对于各学科文献的需求方面扮演了重要角色。光盘检索也随着光盘存储技术等快速发展,在图书馆等信息服务机构得到了大量应用。虽然缩微检索、联机检索和光盘检索在现代信息环境下使用的频率已经较少,但是它们在信息检索发展过程中积累了大量信息检索方法和技术,在网络检索中仍在大量应用。

通过本章学习,读者可以了解(或掌握):
- ❖ 缩微文献与缩微文献检索系统。
- ❖ 联机检索系统的构成和基本原理。
- ❖ 光盘检索的特点、局限和检索步骤。
- ❖ 中外著名的缩微文献资源、联机检索系统和光盘数据库。

5.1 缩微检索

5.1.1 缩微文献

缩微文献是用缩微摄影技术把印刷品或手稿按比例缩小而产生的文献形式。品种有缩微胶卷、缩微卡片、缩微平片、缩微印刷品等。缩微文献是伴随着缩微摄影技术的发展而产生的。1839 年，英国人丹瑟（John Benjamin Dancer）首先拍摄出第一张缩微照片。其后，英国的布鲁斯特（Brooster）预想出使用缩微胶卷传送秘密情报的方法。1870 至 1871 年普法战争中，缩微胶卷被用于军事情报传递。20 世纪 20 年代，缩微胶卷应用于银行支票。1928 年，缩微复制品阅读器问世，促进了缩微技术的应用。但是，缩微技术作为书刊资料的复制手段，直到第二次世界大战以后才得到广泛应用。20 世纪 50 年代以来，出版物激增，缩微文献作为一种必要的和不断增长着的信息载体得到了空前发展。

人类都进入数字时代了，怎么还在拍老古董的缩微胶片？全国图书馆文献缩微复制中心的王浩说："计算机病毒、物理伤害、黑客入侵、硬件限制……都会给数字资源带来不可逆转的损失。而且对数字资源的修改很容易，保持原貌也是一个大问题。"相比之下，缩微胶片最大的好处就是"靠谱"：拍什么就是什么，高度还原，真实可靠，稳定性强，甚至在法律上等效原件，"是可以作为呈堂证供的"。

缩微胶片是一种较为稳定的介质。缩微胶片通常用聚酯制成，原来也用乙酰代替。缩微胶片在温度 21°C，湿度 50%下可以保存至少 500 年。在 2008 年"5·12 地震"中，位于四川绵竹汉旺镇的东汽档案情报大楼遭受严重损坏，楼中保存的工程档案和图纸等资料，纸质版被水浸泡，数字版也一时无法使用，只有缩微胶片在此时为灾后重建提供了重要依据。

追溯中国的缩微拍摄史，早在 1948 年，"国立北平图书馆"购入一套美国产的缩微摄影设备；1957 年和 1979 年，英国剑桥大学图书馆、法国巴黎图书馆分别与北京图书馆（国家图书馆前身）交换了馆藏敦煌写本和遗书的缩微胶片。1982 年，著名学者任继愈在山东曲阜查阅孔府档案时，发现损毁严重，保存情况堪忧，于是致信中央，由此拉开新中国以缩微技术进行文献保护的序幕；1985 年，全国图书馆文献缩微复制中心成立，进入稳定发展时期。先后有 25 家图书馆成为缩微中心成员馆。缩微中心拍摄珍贵典籍 16 万余种，共计 6900 余万拍。其中，善本古籍 31792 种、报纸 2796 种、期刊 15232 种、民国图书 114516 种。

"2000 年左右，缩微技术遇到低谷，大家都把人力物力和注意力放到了数字化上，但这几年又回来了"，王浩说。截至目前，全国共有包括国家图书馆在内的缩微拍摄成员馆 23 家。各成员馆拍摄和制作的胶片，"一拍"只有几厘米，累计起来却长达数千千米，涵盖古籍、民国图书、报刊等领域，共抢救拍摄各类珍贵文献总计 189478 种、7650 万拍。

如今，缩微技术和数字技术之间常有"互动"，主要有两条技术路线：一条是"纸质文献—缩微胶片—数字化"，另一条是"纸质文献—数字化—缩微胶片"。缩微胶片的目的是保存，数字化则更方便使用。从 2012 年开始，国家图书馆正式开始把数字资源转成缩微胶片。

从国家图书馆年鉴 2020 看，截至 2019 年底，缩微文献阅览室室藏文献总量为 600483

册（件），其中中文期刊 6811 册（件）、中文报纸 14788 册（件）、中文资料 1912 册（件）、特藏文献 576972 册（件）。全年读者量增幅达 9.03%，共接待读者 8671 万人次。全年文献流通量增长 1.37%，共流通文献 2 3915 册/件。全年上架文献 11400 种 11450 卷（件）。由于缩微文献阅览室文献只更换不剔除，故文献总量逐年增加，读者量及文献流通量也随之逐年递增，通过持续的库房管理与调整，缩微文献库存与流通情况得以保证。

2019 年 12 月 24 日，国家图书馆首次揭开"神秘"的图书馆文献缩微工作面纱，举办"缩微开放日"活动。本次活动主题为"一拍一世界"，是国家图书馆 2019 年读书周的一项重要内容，旨在让社会大众认识文献缩微工作，走近它，了解胶片之下、镜头背后的故事。

5.1.2　缩微文献检索系统

缩微胶片是高密度存储信息的载体，因此人们无法直接阅读缩微品中的信息，必须借助一定的专用设备进行阅读。对存储信息密度比纸张高上千倍的缩微品来说，如果没有较健全的检索手段，要想在大量的缩微品中寻找出特定的文件来是绝对办不到的。

1）手工系统

在手工系统中，先将每篇缩微文献的分类号、主题词、作者、标题及此缩微文献在此胶卷中的画幅号，编制成书本式或卡片式索引目录。用户借助索引目录找到所需缩微文献的存档地址，取得该缩微品，在缩微品阅读器上找出所需的画幅，并阅读还原后的文献影像。缩微品的体积小，外形尺寸标准化，有利于实现文献缩微品的自动和半自动存储及检索。

2）半自动系统

半自动系统通常是指用户根据索引目录，人工查到缩微品的存档地址后，采用一些机、电、磁的装置，能迅速找出目标缩微品的系统。例如有一种缩微平片半自动选片器，它在每张平片的上边缘装有 25 个齿的夹具，对 25 个齿编码可形成 10 万个不同的齿形组合。因此可在 10 万张平片上装有齿形各异的夹具。在另一个磁性吸片器上也有 25 个齿，其编码方式恰好与夹具上的相反。当磁性吸片器上的齿形组合正好与夹具上的齿形组合相容时，正像一把钥匙插进与它相配的锁孔，附在此夹具上的平片就被磁铁吸出。

3）自动系统

有光电式和计算机辅助式两大类。

① 光电式缩微文献自动存储检索系统。文献的索引数据附在文献缩微品上，找到符合要求的文献索引数据，同时取得此文献的全文缩微品。如黑白编码光点缩微品自动检索装置，在缩微片的缩微文献区的近旁附有供记录此文献内容特征的索引区。索引数据以透明和不透明的矩形光点的组合来表示。在检索时，这些光点投射在相应的光电池上，产生许多电信号。若这些电信号完全符合用户事先设定的电信号，缩微文献即被选中而取出。具有代表性的早期装置是 1938 年美国麻省理工学院布什等研制成的快速选片机，在 1000 英尺缩微片上存储有 12 万项记录，可在 2 分钟内检索完毕。在 20 世纪 40～60 年代，欧美有不少单位从事这种"自动文献存储检索系统"（ADSTAR）的研制，但大多因成本过高没有推广应用。再如，开窗卡存储检索系统，其开窗区附有缩微文献，纸卡区以穿孔记录此文献的索引数据。检索时，使用穿孔卡选择机将符合索引数据的开窗卡自动选出。此类系统大多用于工程图纸的管理。

② 计算机辅助缩微文献检索系统：将计算机、缩微品和纸张三者的长处融为一体的影像

资料自动化管理系统，简称 CAR（如图 5-1 所示）。计算机具有高速逻辑运算能力，其文献检索系统可以迅速提供文献的索引信息。缩微品具有经济地存储大量影像资料的能力。纸张是人们最乐于使用的信息媒体。

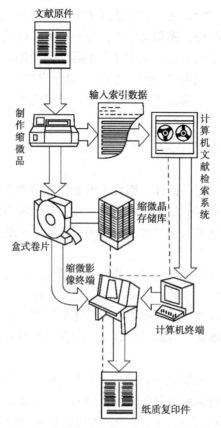

图 5-1 计算机辅助文献缩微品检索系统

　　以采用 16 毫米盒式缩微卷片的 CAR 系统为例，首先将文献原件缩微拍摄并制作成盒式卷片。它们按盒号有序地放在缩微品存储库内。同时将文献的索引数据，其中包括此文献在缩微品存储中的地址：盒号和幅号，输入计算机，建立文献数据库。使用时的步骤为：用户通过计算机终端查到所需缩微文献的地址；人工取出此盒式卷片，插入缩微影像终端；计算机向影像终端发出查找目的画幅的命令，影像终端能在平均 7 秒时间内找出该画幅并将还原的文献影像显示于屏幕；根据需要可当场提供纸制复印件。通常，一盒 16 毫米卷片可存储3000 页 A4 影像资料，一个存储库容纳 360 盒卷片，共计保存 100 万页资料。这套 CAR 系统可在 1 分钟内从 100 万页资料中检索出任一页。

　　4）数字化检索系统

　　数字化检索系统是图书馆按照"纸质文献—缩微胶片—数字化"的技术路线将缩微胶片的信息数字化的系统，用户在使用这些资源时不需要借助缩微阅读器这样的专门设备，直接通过互联网来阅读就可以。如国家图书馆收藏古籍 15 万部，其中善本古籍直接继承了南宋缉熙殿、元翰林国史院、明文渊阁、清内阁大库等皇家珍藏，以及明清以来许多私人藏书家的毕生所聚。宋元旧椠、明清精刻琳琅满目。通过全彩影像数字化和缩微胶卷转化影像方式建设，从 2016 年 9 月 28 日起陆续在线发布，目前已发布馆藏古籍 2 万余部。

登录国家图书馆主页，选择特色资源，然后点击"数字古籍"，就可以打开"中华古籍资源库"页面（如图 5-2 所示）。在检索框中输入"石刻名录"，出现如图 5-3 所示的页面，然后单击"在线阅读"，就可以直接阅读古籍的内容。该资源库也为用户提供了高级检索功能（如图 5-4 所示），用户可以将标题、责任者、出版者、出版发行项和善本书号通过布尔检索进行组合，检索范围可以是资源库中的一个或多个数据库。

图 5-2　中华古籍资源库

图 5-3　石刻名录

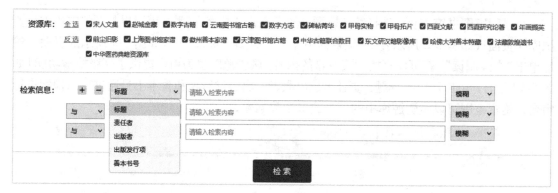

图 5-4 高级检索

5.1.3 缩微文献资源

1. 国家图书馆

国家图书馆有一个缩微文献阅览室。每种缩微文献都要经过文献整理与补缺、文献拍摄、缩微胶卷冲洗、母片质量检查、复制、缩微文献阅览服务这 6 步。其室藏范围包括国外博士论文、中文报刊、民国图书、日本政府出版物、英美政府解密资料和早期来华传教士文集，以及 1850 年前西方出版的有关中国的书籍、世界各国语种词典和各国人物传记等的缩微胶卷或平片。外文资料最早可追溯到 1498 年，中文资料最早可追溯到 1862 年，是国内外学者研究学习的珍贵资料。

截至 2020 年年底，国家图书馆收藏缩微文献 1712167 卷/张/片，包括如下。

❖ 美国 UMI 公司的博士学位论文：自 1938 年至最新，并逐年增订。

❖ 新中国成立前中文报纸、期刊、民国时期的图书。

❖ 清末中美外交档案。

❖ 德国美因兹大学博士论文。

❖ 英、美政府解密资料；日本政府出版物。

❖ 1850 年前西方出版的有关中国的书籍，以及早期来华传教士资料。

❖ 各国人物传记资料及荷兰学者高罗佩中文藏书（文学、书法、绘画、音乐等）。

❖ 世界各国语种词典。

国家图书馆古籍资源及其简介如表 5-1 所示。

表 5-1　国家图书馆古籍资源及其简介

资源名称	资源简介
数字古籍	国家图书馆收藏古籍 15 万部，其中善本古籍直接继承了南宋缉熙殿、元翰林国史院、明文渊阁、清内阁大库等皇家珍藏，以及明清以来许多私人藏书家的毕生所聚。宋元旧椠、明清精刻琳琅满目。通过全彩影像数字化和缩微胶卷转化影像方式建设，从 2016 年 9 月 28 日起陆续在线发布，目前已发布馆藏古籍 2 万余部
数字方志	我国所特有，也是国家图书馆独具特色的馆藏之一，所存文献数量与品质极高。该数据库以国家图书馆藏地方志文献建设，主要包括清代（含清代）以前的方志资源 6529 种
赵城金藏	被誉为国家图书馆四大镇馆之宝之一，是在金代刻的一部大藏，因为藏在赵城县（今属山西洪洞县）广胜寺，所以被定名为《赵城金藏》。全藏约 7000 卷，6000 多万字，现存 4000 余卷。2017 年 12 月 28 日，国家图书馆《赵城金藏》1281 种正式发布

资源名称	资源简介
宋人文集	国家图书馆精选所藏，275 部，首选宋元刊本，次及明清精抄精刻，或经名家校勘题跋之本，通过缩微胶卷还原数字影像，并辅以详细书目建成本全文影像数据库，目前已发布 275 部，免费文献公众利用
碑帖精华	以国家图书馆藏有的历代甲骨、青铜器、石刻等类拓片 23 万余件为基础建设的数据库，内容涉及历史、地理、政治、经济、军事、民族、民俗、文学、艺术、科技、建筑等方面。2019 年 11 月 12 日，新增发布 2595 种馆藏明清碑刻拓片数字资源，现有元数据 2.5 万余条，影像 3.1 万余幅
甲骨实物	甲骨文是中国近代学术史上的四大发现之一，大大改变了殷商史研究史料不足的困境，为研究商代天文、地理、军事、农业、交通等提供了重要资料。2013 年，甲骨文首次入选《国家珍贵古籍名录》，2017 年，中国甲骨文入选《世界记忆遗产名录》。国家图书馆自 1932 年开始入藏甲骨，经多方搜求和国家拨义，现藏甲骨实物 35651 片，有罗振玉、孟定生、胡厚宣、刘体智、郭若愚、曾毅公等名家旧藏。其中刘体智旧藏甲骨最多，多达 28450 片。"甲骨实物"资源库在线发布国家图书馆藏甲骨实物照片及书目数据资源
西夏文献	以国家图书馆保存的西夏、元代孤本及各种西夏的珍贵实物资料为基础建设的数据库，包括西夏文献书目数据 124 条，原件影像近 5000 拍
西夏论著	包括西夏研究论文篇名数据 1200 余条
年画撷英	国家图书馆收藏了杨柳青、朱仙镇等地制作的 4000 余幅年画作品，从中精选一部分而制作，并为每种年画编写了内容说明，重点介绍该年画的故事梗概、历史背景、制作特色和相关知识。目前发布元数据及影像 302 组
前尘旧影	收录国家图书馆收藏的新旧照片 3074 组，真实生动地记录了过去的社会事件、历史人物、城乡面貌、名胜古迹和建筑服饰等，具有十分重要的历史价值，人们可从中解读出不同历史时期特定事物的形象特征和真实信息
徽州善本家谱	徽州善本家谱印刷资料数据库是中国国家图书馆与法国远东学院的合作项目，收录了中国国家图书馆善本古籍中徽州家谱 243 种 286 部，配有书影 5437 幅
中华医药典籍资源库（测试版）	图书馆收藏的文献典籍是整理研究的基础资料，由国家图书馆（国家古籍保护中心）逐步建设，目前首批对 221 种中医古籍影像进行发布测试
云南图书馆古籍	由云南省图书馆提供古籍数字资源共 139 种 727 册，国家图书馆（国家古籍保护中心）制作，均是云南省图书馆所藏珍贵的、有代表性的古籍文献，特别是明代云南丽江木氏土司家族著述，更是明代少数民族汉文著述的代表，于 2019 年 11 月 12 日正式在线发布
天津图书馆古籍	2014 年底，天津图书馆向国家图书馆（国家古籍保护中心）提供总量约 5800 余种 300 万拍的明清古籍数字资源，经加工后，于 2018 年 9 月 28 日、2019 年 1 月 28 日分两批发布
家谱	上海图书馆现藏有家谱 3 万余种、30 余万册，共计 365 个姓氏，是国内外收藏中国家谱原件最多的公藏机构，有着"全球中国家谱第一藏"之美誉。国家图书馆与上海图书馆合作，征集该馆所藏明清家谱资源 2200 余种，在国家图书馆网站发布使用
中华古籍善本联合书目	中华古籍善本国际联合书目系统是由中文善本书国际联合目录项目发展而来的新数据库，著录了 30 余家海内外图书馆所藏古籍善本，数据 2 万多条，并配有 1.4 万余幅书影
东文研汉籍影像库	东京大学东洋文化研究所收藏有大量中国古籍，其中包括东方文化学院东京研究所的旧藏以及大木幹一、长泽规矩也、仓石武四郎等各具特色的个人收藏。2009 年 11 月，东洋文化研究所将所藏中文古籍 4000 余种，以数字化方式无偿提供给中国国家图书馆，在国家图书馆网站上面向读者提供服务
哈佛大学善本特藏	哈佛大学哈佛燕京图书馆藏中文善本古籍特藏，以其质量之高、数量之大著称于世。2009 年，国家图书馆与哈佛大学哈佛燕京图书馆达成协议，对哈佛燕京图书馆所藏中文善本和齐如山专藏进行数字化。目前在线发布经部和史部善本数字资源 741 部，另有齐如山戏曲小说专藏 204 种
法藏敦煌	2015 年，法国国家图书馆与中国国家图书馆达成合作意向，由法国国家图书馆向中国国家图书馆赠送馆藏全部敦煌遗书高清数字资源，于 2018 年 3 月 5 日正式在线发布，共计 5300 号 3.1 万余拍

2. 全国图书馆文献缩微复制中心

全国图书馆文献缩微复制中心（国家图书馆缩微文献部，以下简称缩微中心）于 1985 年成立，主要工作职责是制定全国公共图书馆文献缩微规划，组织并协调全国公共图书馆开展对馆藏古旧文献和其他需要长期保存文献的抢救工作，下设 5 个科组：综合管理组、计划与协调组、摄制与技术服务组、数字缩微组、编目与典藏组。

缩微中心在国家图书馆的领导下，在各级政府和社会各界的关心支持下，在全国公共图书馆的重视和配合下，为抢救祖国珍贵遗产、弘扬民族文化做了大量的工作，文献抢救工作成绩斐然。为了实施文献抢救工作，自成立至今，缩微中心在全国公共图书馆建立了 23 个缩微拍摄点，为几十个图书馆添置了上百台缩微设备，无偿提供数千种缩微品，采取多种形式培训专业技术人员 3000 余人次，培养了一批文献整理编辑人员和缩微技术骨干，使我国公共图书馆应用缩微技术的整体水平有了很大提高。截至 2020 年年底，缩微中心共抢救各类文献 18.8 万种，其中善本古籍 3.3 万种、1954 万拍，普通古籍 6300 种、369 万拍，期刊 1.6 万种、1889 万拍，报纸 2800 种、2192 万拍，民国时期图书 12.8 万种、1438 万拍，新中国成立初期中文图书 1200 种、22 万拍，总拍摄量约 7866 万拍。

3. 其他省份的公共图书馆

全国图书馆文献缩微复制中心文献抢救协作单位共有 44 个成员馆，包括国家图书馆共 25 个公共图书馆配备了缩微设备。2016 年 8 月 23 日，由国家图书馆主办，全国图书馆文献缩微复制中心、四川省图书馆等单位协办的"全国图书馆文献缩微工作成果展"在四川省图书馆、辽宁省图书馆和黑龙江省图书馆开展。四川省图书馆的镇馆之宝——《洪武南藏》的缩微胶片首次展现在每个普通读者面前。除了《洪武南藏》，读者能查阅到《水浒叶子》《花间集》等更多的善本古籍。

辽宁省图书馆文献缩微工作起步于 20 世纪 60 年代初期，是首批全国公共图书馆缩微拯救文献成员馆之一。70 年代起，辽宁省图书馆应用缩微技术拍摄馆藏《奉天通志》《盛京时报》《满洲日日新闻》等珍贵的民国图书、报刊等地方文献。1982 年，辽宁省图书馆利用缩微技术抢救存世版本稀少的古籍善本，如《聊斋志异》手稿和《抱朴子内篇》《扬子法言》《刘子文心雕龙》等，使这些珍贵文献既得到妥善保护，又发挥服务社会的作用。辽宁省图书馆现在也开始运用数字缩微技术抢救文献。

黑龙江省图书馆自 2011 年起启动民国图书拍摄工作，截至目前拍摄完成民国图书 1278 种、19 万拍。

各馆文献缩微工作不仅全面保护了珍贵古旧文献，也大大方便了读者使用和查询。

全国图书馆文献缩微复制中心及各成员馆共同编制完成的《全国公共图书馆缩微文献联合目录》由国家图书馆出版社于 2015 年全部出版，分为民国编和古籍编两部分，共收录缩微中心自成立以来至 2013 年 6 月底间，各成员馆拍摄制作的各类文献共 141675 种，其中善本古籍 30388 种，报纸 4378 种，期刊 15230 种，民国时期图书 90308 种。该目录在信息组织方式上有若干新的特点：首先，书目款目集中展示了缩微品信息、原件信息与馆藏信息，与以往书本目录相比有所创新；其次，在编制书目款目时对数据内容做了细致比对，信息展示更为科学和简洁。《全国公共图书馆缩微文献联合目录》不仅丰富了我国图书馆的文献目录体系，更是近年来全国图书馆珍贵文献抢救事业在保护与建设方面并举的成果体现。

周兵在 2017 年出版了专著《山东省图书馆藏古籍缩微文献举要》，旨在为这些古籍缩微文献编写详细的书志，举凡书名之著录、卷数之大略、著者之时代及行历、版刻之先后、题跋之内容等，尽量详录而不遗，真实反映这类文献的客观形态和主要内容。

4. 档案系统

档案馆也是缩微文献制作和保存的重要机构。作为国家级档案馆，中国第一历史档案馆自 1973 年至今一直利用缩微拍摄技术对馆藏档案进行缩微拍摄，共有缩微母片 1.5 万余盘、拷贝片 3 万余盘。中国第一历史档案馆在明清历史档案收集和保管领域以浩瀚著称，其典藏的明清档案是明清时期历史风雨和社会百态的珍贵记录。全国图书馆文献缩微复制中心文献抢救协作单位如表 5-2 所示。辽宁省档案馆的缩微工作最早于 20 世纪 60 年代启动，截至 2017 年年底，已完成馆藏历史档案缩微近 100 万卷，16 毫米缩微卷片 25927 盘、35 毫米缩微卷片 2083 盘，平片 2340 片，共拍摄近 7400 万画幅，实现了馆藏历史档案缩微全覆盖。

表 5-2 全国图书馆文献缩微复制中心文献抢救协作单位（来源：中国国家数字图书馆）

配备缩微设备的成员馆（以馆代码排序）	成员馆代码	未配备缩微设备的成员馆（以汉语拼音排序）
国家图书馆	01	北碚图书馆
上海图书馆	02	长春市图书馆
南京图书馆	03	大连图书馆
吉林省图书馆	04	广西壮族自治区桂林图书馆
辽宁省图书馆	05	哈尔滨市图书馆
山东省图书馆	06	河北省图书馆
山西省图书馆	07	吉林市图书馆
湖南图书馆	08	内蒙古自治区图书馆
广东省立中山图书馆	09	宁夏回族自治区图书馆
四川省图书馆	10	青岛市图书馆
重庆图书馆	11	青海省图书馆
天津图书馆	12	陕西省图书馆
湖北省图书馆	13	深圳图书馆
浙江图书馆	14	沈阳市图书馆
甘肃省图书馆	15	武汉图书馆
贵州省图书馆	16	无锡市图书馆
首都图书馆	17	厦门市图书馆
河南省图书馆	18	烟台图书馆
安徽省图书馆	19	云南省图书馆
福建省图书馆	20	
苏州图书馆	21	
江西省图书馆	22	
广西壮族自治区图书馆	23	
黑龙江省图书馆	25	
新疆维吾尔自治区图书馆	29	

5.2 联机检索

计算机信息检索经历了四个阶段：脱机检索阶段、联机检索阶段、光盘检索阶段和网络检索阶段。1951 年，人们利用计算机进行文摘检索的试验取得了初步成功。20 世纪 70 年代后期，中国一些文献情报部门开始引进计算机情报检索技术，同时着重开发国内计算机情报检索系统。80 年代初，中国科学技术信息研究所（原中国科学技术情报研究所）先后与欧洲 ESA-IRS 情报检索系统和美国的 DIALOG 及 0RBIT 等情报系统实现联机，为国内情报用户提供国际联机检索服务。

　　所谓联机检索，是指用户使用终端设备（用通信线路与计算机连接的、可发送和接收信息的装置，包括显示终端、调制解调器和打印机），直接查询检索系统数据库的过程。用户可以与数据库及负载该数据库的计算机直接通信即是"联机"。计算机以实时方式响应用户的检索询问和指令，自动输出检索结果即为"检索"。

　　联机检索可有两种检索方式。一种是用户远离检索中心，用户的终端通过远程通信线路与检索中心连接，向中心提问并取得检索结果。国内用户采用此种方法查找国外机读数据库系统中的信息被称为国际联机检索。另一种是在检索中心所在地通过终端（不经远程通信线路）当场检索。

5.2.1　联机检索系统的构成

　　联机检索主要由终端设备、通信网络（或通信线路）和主机三部分构成，如图5-5所示。

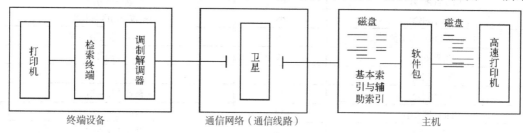

图 5-5　联机检索系统

　　终端设备是用户与检索系统传递信息的装置，用以进行"人机对话"，即供机检人员在其键盘上输入检索式，显示检索结果，并由联机打印机打印。终端设备由打印机、调制解调器、检索终端三部分组成。

　　通信网络是计算机信息传输网络，以大型信息单位的计算机为网络节点，各节点之间依靠电信线路、通信卫星或光缆电视技术互相连接，而每个节点又可连接多个终端，从而构成纵横交错、互相利用的信息检索网络。

　　主机是机检系统的核心部分，统一管理整个系统的运行。主机由硬件和软件组成。硬件是指计算机（运算器、存储器、控制器）和外围设备（输入/输出设备）。软件是指计算机系统中程序的总和，而程序就是用于处理数据库的各种指令系统。联机检索系统的软件可分为管理软件（操作系统、联机控制系统）、数据库管理系统和应用程序等。

5.2.2　联机检索的基本原理

　　联机检索就是利用计算机对信息资料进行存储与检索。为了使用户能查到所需的情报信息，第一步应是情报信息的存储——建立数据库，就是按照一定的需求、标准和方法，从大量的信息资料中选择合适的文献、数字或事实等进行存储。为了使用户能够迅速、方便地识别与查找情报信息，必须对入选的文献资料进行"组织与管理"，即对这些入选资料的内容进行概念分析，并将每个概念用系统词表中规定的词进行标引，以形成系统语言，同时把它作为文献资料特征标识予以整理，按照一定的格式和顺序存储在磁性介质上。人们将这种记录的集合体被称为文档。数据库则是由许多文档按照适当的结构形式组成的，每个文档存储的文献资料的内容则是按照专业内容或收录范围来划分的。检索则是存储的逆过程。用户先将自己的需求加以分析，使其成为清晰、明了的主题提问，然后经过核对系统词表，将主题提问转换成系统语言，即查询课题的检索策略和检索提问逻辑式，上机自动在数据库中查找。查找的过程实际上是一个比较、匹配的过程。凡是能满足用户需求的检索策略和检索提问，只要与数据库中的文献特征及其逻辑组配关系相一致，则为检索命中，即找到了符合要求的文献。其中，用于信息存储的数据库结构和用于查找信息的指令、提问逻辑式的构建是理解联机检索原理的关键。

1. 数据库结构

联机检索系统中的数据库是一个服务于各种数据处理的、有组织的信息单元的有序集合，其中的每篇文献记录一般由篇名（TI）、文摘（AB）、规范词（DE）、非规范词（ID）四个主要字段及若干辅助字段（如作者 Au、文献出处 So、分类代码 CC 等）组成，每条记录均有一个系统存取号 AN。计算机自动地从 TI、AB、DE、ID 四个主要字段中抽词，按字顺排列成一个庞大的机内字典（基本索引字典），每个词均标有对应字段的位置标识，并给出相应的系统存取号。同时，从 Au、So、CC 等辅助字段中抽词构成辅助索引字典，供辅助检索用。

2. 检索指令和提问逻辑式

人们要查找机检系统中的数据库，必须借助一定的检索指令。一般来说，系统都有以下基本指令：① 进档指令或选库指令；② 检索指令，包括选词指令、组配指令、限制指令等；③ 输出指令，包括显示指令、联机打印指令、脱机打印指令等；④ 关机指令。系统不同，指令也不同。如进档指令，DIALOG 和 ESA 系统用 S 表示，STN 及国内的一些联机数据库系统用 nL 或 BAse 表示。具体可参见各系统的用户手册等。

检索参量选定后，为了提高效率，避免误检，往往还要用不同的逻辑算符与检索参量进行组配，即当用两个以上检索词表达某一主题概念时，对检索词的位置及其相互关系要利用逻辑算符等进行限定。机检系统采用的逻辑组配有以下几种形式：布尔逻辑检索、加权检索、截词检索、通用字符检索等。

5.2.3 联机检索系统的功能

目前，联机检索系统的功能（或主要服务方式）一般有以下三种。

1. 追溯检索

使用追溯检索，用户不但可以查找最新的资料，而且可以追溯到一定时间以内或特定时间以前的文献资料。这种检索对于开拓新的研究领域、确定新的研究课题、申报科技成果、申请专利等非常有用。

2. 定题检索

定题检索是根据用户的需求，将预先确定的检索策略长期保留在检索系统中。每当数据库充实新的资料时,检索系统便自动输出检索结果,定期向用户提供某课题的最新研究成果、动向和发展趋势。

3. 联机订购

除了少数联机系统(如 DIALOG 系统)开展了全文存储服务,一般联机检索系统查到的是二次文献,即原始文献的题录、索引、文摘。若需要原始文献,而又无馆藏,则可通过检索终端向联机系统订购。

5.2.4 联机检索的特点

1. 内容丰富

联机检索系统信息资源丰富,可供选择的数据库多,上千个可供联机的数据库涉及自然科学和社会科学的各个领域,能满足不同学科检索的要求。在一个联机终端上可以对与其相连的多个联机系统进行检索,而一个联机系统又拥有多个数据库。例如,DIALOG 系统拥有的数据库已超过 900 个,覆盖自然科学、社会科学、人文科学等领域,可供选择的联机数据库种类繁多、学科面广。

2. 实时性好

采用联机检索具有很好的实时性,用户能把自己的提问与系统所存储的信息实时进行检索,可立即看到检索结果,并在需要时显示检索结果的摘要,甚至全文。如果发现检索结果不符合要求,可以当场修改提问,重新进行检索,直到获得满意的结果。同时,联机检索系统为了满足用户对信息及时性的要求,不断定期更新数据库内容,而且更新速度在不断加快,尤其对一些时效性要求高的信息的更新更快,有的随时都在更新。

3. 检索迅速

联机检索系统一般都有强大的计算机系统支持,运行速度快,一个检索语句一般仅需几秒就可得到响应,一般检索一个课题也仅需几分钟到十几分钟。

4. 使用方便

检索界面友好,用户易掌握其检索指令和检索方法,用户可以使用扩检、缩检、信息反馈检索、截词检索等,可以极其灵活而快捷地找到所需信息;同时体现在与系统的连通简易性上,只要办公室有一台微机和一条电话线路就可以建立终端,与系统连通的响应时间也不过几十秒。检索结果输出也十分方便,有显示阅读、联机打印和脱机打印等方式,并可输出二次文献或全文输出。

5. 检索途径多

联机检索系统给数据库记录的字段做了详尽的索引,有的甚至给每个记录都做了索引,使用户可以根据已知信息,通过主题词、标引词、机构名称、作者姓名、出版年月及分类代码等索引字段作为检索入口,用自由词或规范化叙词进行多途径检索。

6. 可靠性好

联机检索系统的数据库都对信息进行细致、严格、有序的组织与管理，同时滤去了许多无用信息，信息的可靠性和价值性也相对提高。

7. 安全性强

联机检索系统大多采用集中式管理，有一套严格的管理程序，由专人负责系统的更新与维护，以确保系统正常、安全地运行。

8. 可共享性好

如今，检索系统与检索终端已通过卫星通信线路连成网络，这样信息用户可不受空间的限制，跨国或跨地区进行信息检索。任何国家、任何单位和个人，只要备有终端设备，就可以根据一定的协议与检索系统进行人机对话，获取所需资料，实现国际信息资源的共享。

9. 查全率和查准率高

由于检索系统功能强、内容丰富、索引完备，用户可以根据需求选择合适的途径进行检索，并通过人机对话形式随时调整检索策略，根据需要及时缩小或扩大检索范围，可从数据库里获取较满意的检索结果。

当然，联机检索也有缺点，如检索费用相对较高，检索利用率低，在对信息的处理过程中其保真性与完整性势必受到一定的影响等。联机检索系统正通过加强自身系统功能、合作并建，在联机检索领域开发一种新型的数据库，即全文型数据库（Full-Text Data-Bases，FTDB）。同时，通过推出新的产品（如 CD-ROM）与 Internet 接轨等措施在竞争中求生存、求发展。

5.2.5　中外著名联机数据库的检索

国际上著名的四大联机检索系统分别是美国 DIALOG、ORBIT、德国 STN、欧洲 SA。它们的共同点是收录数据库范围都超越了单个国家，收录的数据库类型包括目录型、全文型、数值型、名录指南型等。除此之外，还有一些比较知名的联机检索数据库。如英国 Infoline 系统，拥有 40 多个数据库。国际科学技术信息网络（Scientific and Technical Information Network-International, STN）系统由德国卡斯鲁埃专业情报中心(FIZ)、美国化学文摘社(CAS)与日本国际化学情报学会（JAICI）合作创建于 1983 年，总部设在德国，采用先进的广域网互连方式将德国 FIZ、美国 CAS、日本 JAICI 的所有数据库进行互连，共享信息，为其所有终端用户提供分布式透明的联机检索服务，因其拥有世界上最完全的科学技术数据库及其最丰富的检索功能而著称。德国的 DIMDI 系统创建于 1969 年，侧重反映生命科学领域的资料，拥有 55 个数据库，学科范围包括农业、食品科学、渔业、海洋生物学、兽医学、生物化学、肿瘤学、公共卫生等。英国的 Foodline 联机检索系统拥有 9 个数据库，按主题分为科学与技术类、市场信息类和法规类三大类。还有美国联机图书馆中心（Online Computer Library Center，OCLC）的基于网络的信息检索服务系统 FirstSearch 及 New FirstSearch 系统、美国 Mead Data Central 公司的 Lexis-Nexis 系统、瑞士无线电公司的 Data-Star 系统等。国内的联机检索系统有中国科技信息研究所的 ISTIC 系统、INFOBANK 高校财经数据库系统和 CHOICE 系统等。

5.3　光盘检索

20 世纪 80 年代以来，随着光学技术和半导体激光技术的发展及其在信息存储领域的应用，出现了一种新型的光学载体——光盘。光盘集激光技术、计算机技术和数字通信技术于一体，能将文字、声音、图像、视频等庞大信息存储在一起，具有存储密度高、存储容量大、质量轻、成本低、适合大批量生产、便于携带等优点。光盘是计算机存储领域继磁带、磁盘等磁性载体后出现的另一种重要的信息载体。

明亮如镜的光盘是用极薄的铝质或金质音膜加上聚氯乙烯塑料保护层制作而成的。光盘记录信息的原理与纸张不同，光盘是通过激光束记录和再现信息的存储装置，以二进制数据（由"0"和"1"组成的数据模式）的形式存储文件和音乐信息，在记录信息时，先借助计算机将数据转换成二进制，再利用激光器发出的激光束通过光学系统聚焦成直径在 $1\mu m$ 以下的微小光斑，并使小光斑在光盘上径向恒速运动，同时把光盘安装在精密转轴支撑的转台上，使转速保持恒定。在光盘旋转和小光斑径向移动的共同作用下，在低熔点的光盘膜上逐点灼烧成由小坑和平面（代表一定的信息编码）组合起来的螺旋线。激光在盘片上刻出的小坑代表"1"，空白处代表"0"。在从光盘上读取数据时，将激光束聚焦成同样大小的光斑，也是在光盘旋转和小光斑径向移动的作用下，根据光斑在凹凸不平的螺旋线上产生的反射光束的强弱变化还原成原来的存储信息编码。如果不反射激光（那里有一个小坑），那么计算机就知道它代表一个"1"；如果激光被反射回来，计算机就知道这个点是一个"0"。然后，这些成千上万甚至数以亿计的"1"和"0"又被计算机或激光唱机恢复成音乐、文件或程序。

光盘存储具有存储密度高、容量大、可随机存取、保存寿命长、工作稳定可靠、轻便易携带等一系列其他记录媒体无可比拟的优点，特别适合大数据量信息的存储和交换。光盘存储技术不仅能满足信息化社会海量信息存储的需要，还能同时存储声音、文字、图形、图像等多种媒体的信息，从而使传统的信息存储、传输、管理和使用方式发生了根本性的变化。

光盘存储技术近年来不断取得重大突破，并且进入了商业化大规模生产阶段。光盘与微型计算机和光盘库、光盘塔及局域网相连，既可进行单机检索，又可进行联机检索，光盘检索系统的出现是光学技术在信息领域的一场革命，改变了用户的检索环境和检索模式。

5.3.1　光盘的发展

荷兰飞利浦（Philips）公司的研究人员从 20 世纪 70 年代就开始用激光束来进行记录和重放信息的研究，1972 年获得成功，研制出了用激光存储和读取电视图像信号的激光电视唱盘。1978 年，飞利浦公司推出了第一代数字式音频唱片，也称为激光唱片，它是用激光将数字化的音乐节目录入唱片，以其优美的音色广受青睐。1983 年，索尼公司研制成功首张高密度只读式光盘 CD-ROM，并用它灌制了美国著名歌手比利·乔的专辑《第五十二街》。光盘作为计算机的外存储器引起国际信息工业界的极大兴趣，对光盘的研究重点也从民用音像领域转到计算机领域，以解决原来计算机用的磁介质存在的不能长期保存、存储量有限的弱点。其后，光盘驱动器逐渐成为计算机的标准组件。

1985 年，第一张正式的 CD-ROM 数据库产品——BIBLIOFILE（《美国国会图书馆机读目录》）诞生。1987 年，联机信息检索的盟主 DIALOG 系统推出其 OnDisc 光盘检索数据库，标志着光盘向信息检索领域进军。以光盘为信息载体的数据库类型不断丰富，新的光盘产品层出不穷，1989 年飞利浦公司推出了交互式光盘 CD-I；1991 年，与柯达公司联合推出照片存储光盘 P-CD；1993 年诞生了第一张 VCD，它能够存储高质量的声音和图像，但是过多沿用了 CD 的标准，只能存储 74 分钟的电影，导致大部分电影需要用两张光盘来存储。后来就出现了数字多功能视盘 DVD。当时形成了两家利益集团各自开发 DVD，一方以索尼、飞利浦和 3M 公司为代表，另一方以东芝和时代华纳为代表。1995 年年初，两大阵营分别公布了自己的技术方案，形成了完全不兼容的两种 DVD 规格。同年 9 月 15 日，两大阵营达成妥协，决定采用统一规格。同年 12 月中旬，国际 DVD 论坛在东京正式成立，并公布了统一的标准。至此，美国从 CD 时代直接进入 DVD 时代，而没有出现像 VCD 这样的过渡产品。

1. 光盘的类型

光盘的外形尺寸有几种规格。最初在市场出现的是直径为 30.5 cm（12 英寸）的光盘，多用于存储音频、视频类信息，如激光唱盘、激光视盘和激光影碟；外形尺寸较小一些的是直径为 20 cm（8 英寸）的光盘；目前使用较多的是直径为 12 cm（4.72 英寸）的光盘；直径更小的是 9 cm（3.5 英寸）的光盘。小型化、大容量是当前光盘发展的趋势。

按存储信息的种类，光盘可分为用来存储声音信息的激光唱盘、存储图像和伴音的激光视盘和存储文字、数字等文件资料的数字光盘；按读取数据的性能，可分为只读式光盘、可写式光盘和可擦式光盘三大类。

1）只读式光盘

只读式光盘（Optical Read Only Memory，OROM）是光盘的第一代产品，采用批量模压制造生产工艺，由生产厂家将收集的数据信息用激光一次性写入，用户可以反复读取但无法添加和擦抹数据信息。这类光盘的技术比较成熟，信息存储密度比磁盘等介质高得多，是 CD 产品的主流。只读式光盘的特点是将数据先写到母盘上，再大量复制，供发行。由于采用工业化生产方式大批量生产，价格低廉且标准统一，用户使用光盘驱动器或播放机即可读出不同厂家生产的光盘上的信息。

只读式光盘已形成了一个大家族，并不断有新的突破，陆续推出的产品有激光唱盘 CD-DA、激光视盘 CDV、高密度只读存储器 CD-ROM、内联式只读光盘 CD-I、扩展只读光盘 CD-ROM/EA、内联式数字视盘 DVI、数字激光视盘 VCD、照片存储光盘 PCD、数字多功能光盘 DVD 等。

2）可写式光盘

可写式光盘（Compact Disc-Recordable，CD-R），也称为一写多读光盘（Write Once Read Many，WORM），简称刻录机。可写式光盘是光盘的第二代产品，不仅可以读取数据，还可以根据需要在光盘上记录数据。一旦在盘上写入数据，便不可更改和擦除，若要对已写入的内容进行修改，必须把这些内容调入计算机，修改后再写入未用过的空白区。能一次写入、多次读出的 DVD 光盘产品为 DVD-R，它的功能与 CD-R 相同，只是容量更大。

CD-R 的最大特点是与 CD-ROM 完全兼容，信息可在广泛使用的 CD-ROM 驱动器上读取，而且其成本在各种光盘记录介质中最低，每兆字节所需花费的代价约为人民币 0.1 元。CD-R 光盘适合存储数据、文字、图形、图像、声音和电影等多种媒体，并且具有存储可靠性高、寿命长（100 年）和检索方便等突出优点，目前已取代数据流磁带（DDS），而成为数据备份、档案保存、数据交换及数据库分发的理想记录媒体，为那些需要永久性存储信息而不准擦除或更改的用户提供了一种最佳方案。

3）可擦式光盘

可擦式光盘（Write Many Read Always，WMRA）是光盘的第三代产品，其性能集磁盘与光盘的特性于一身，通过相应的刻录设备，用户可写入数据，这些数据不仅能够读取出来，还能够擦除重新修改，也就是说，可擦式光盘可以像磁盘一样反复重写，次数可达万次。可擦式光盘根据其记录原理的不同，有磁光驱动器 MO 和相变驱动器 PD。

2．光盘共享设备

目前，网络上可实现 CD-ROM 光盘共享的设备有三种：硬盘阵列、CD-ROM 光盘塔和 CD-ROM 光盘库。这三种设备分别是在光盘和硬盘产品的发展过程中，在不同历史阶段出现的典型产品。

1）硬盘阵列

硬盘阵列是一种可供大容量数据实现实时共享的设备，访问速度非常快，可使用的数据资源非常大。用户直接访问硬盘，实现网络资源的共享。

2）CD-ROM 光盘塔

CD-ROM 光盘塔 (CD-ROM Tower) 是由多个 SCSI 接口的 CD-ROM 驱动器串联而成的，光盘预先放置在 CD-ROM 驱动器中。

受 SCSI 总线 ID 的限制，光盘塔中的 CD-ROM 驱动器一般以 7 的倍数出现。用户访问光盘塔时，可以直接访问 CD-ROM 驱动器中的光盘，因此光盘塔的访问速度较快。

3）CD-ROM 光盘库

CD-ROM 光盘库（CD-ROM Jukebox）是一种带有自动换盘机构（机械手）的光盘网络共享设备。光盘库一般配置有 1～6 台 CD-ROM 驱动器，可容纳 100～600 片 CD-ROM 光盘。用户访问光盘库时，自动换盘机构先将 CD-ROM 驱动器中的光盘取出并放置到盘架上的指定位置，再从盘架中取出所需的 CD-ROM 光盘并送入 CD-ROM 驱动器。由于自动换盘机构的换盘时间通常在秒量级，因此光盘库的访问速度较低。

上述三种类型的产品由于其各自的特点决定了它们不同的用途。硬盘阵列由于它的访问速度非常快，因此主要用于数据的实时共享，还可以用于小型的 VOD 系统。相对于硬盘来说，CD-ROM 光盘塔的光驱访问速度慢一些，而且光驱数量有限，数据源很少，所以供同时使用的用户数量也很少，但是由于光驱的价格很低，作为低端产品，还是能够满足一些用户的要求。CD-ROM 光盘库的数据访问速度与 CD-ROM 光盘塔速度差不多，但是它所能提供的数据量非常大。

虽然硬盘阵列的访问速度非常快，但是由于硬盘可以改写，导致硬盘阵列在一些安全性要求比较高的环境下不能使用，保存时间很短。CD-ROM 光盘塔在安全性方面比硬盘阵列要强，但是它的数据量有限，所以在要求数据源很大时，光盘塔不能满足用户的要求。而CD-ROM 光盘库能够同时满足高安全性、高可靠性、大数据源的要求，所以在要求比较高的环境下，CD-ROM 光盘库有着不可替代的作用。CD-ROM 光盘库主要应用于数据的备份。在访问量不是非常大，但是数据要长期保存的情况下，CD-ROM 光盘库的作用很突出。

3. 光盘的彩皮书标准

光盘家族的兴旺与光盘技术的即时标准化有很大关系，标准化有利于光盘的普及，反过来又促进新的应用。数码光盘的标准有两个层次：物理层次和逻辑层次。物理层次定义光盘的物理参数和数据块的物理结构，逻辑层次定义光盘数据的文件结构。光盘的标准对各类光盘系统的技术规格、盘片的物理尺寸、信息记录的物理格式及逻辑格式、信源/信道编码方法等技术做出了详细的规定。对于 CD 家族的盘片，不同的标准往往用不同颜色的彩页作为封面，人们习惯用彩皮书的方法来特指某一类光盘的技术标准，把由不同颜色封面组成的光盘技术标准称为光盘技术的彩皮书标准（Color Books Standard）。彩皮书对各类光盘和光盘驱动器的生产制订了统一的、精确的技术标准。目前有五种标准，即红皮书（Red Book）标准、黄皮书（Yellow Book）标准、绿皮书（Green Book）标准、白皮书（White Book）标准和橙皮书（Orange Book）标准。国际标准组织（ISO）和国际电子技术委员会（IEC）已采纳这些彩皮书中相应的光盘技术的要求，并出版为标准文件。

1）红皮书标准

红皮书（Red Book）标准是由荷兰飞利浦公司和日本索尼公司于 1982 年联合制定并公布的，是关于激光唱盘 CD-DA 的技术标准。由 IEC 于 1987 年公布，成为国际技术标准，被命名为 IEC 908。红皮书标准是后来各种光盘标准的基础。

音频信息由模拟存储改变为数字化存储，以其高保真度受到音乐界的极大重视。激光唱盘 CD-DA 的出现是音乐行业的一大成就，更是光盘技术的一大成就。

红皮书标准规定：一张 CD-DA 光盘可以存储 60 分钟的数字音频数据；音频数据可存储在一条光道或几条光道上，又将光道分成若干扇区（sector），每个扇区有 2352 字节。为了避免光盘上由于划痕或污损而产生的音频数据的丢失，红皮书标准规定，以 CIRC（Cross Interleaved Reed-Solomon Code，交叉里德－所罗门码）作为差错保护，能有效纠正由上述原因产生的数据丢失，并能重建丢失的数据，使音频信息在播放时不致产生噪声或中断。

2）黄皮书标准

黄皮书（Yellow Book）标准是由飞利浦公司和索尼公司于 1985 年合作推出的，是专为只读光盘 CD-ROM 制订的标准，是在红皮书标准基础上的扩充，1989 年被评定为国际标准，命名为 ISO 10149。

黄皮书标准规定，在 CD-ROM 中，除了按照红皮书标准存储音频信息，还可以存储计算机数据、图形、动画和视频数据。黄皮书标准扩大了 CD-DA 存储信息的种类，因此黄皮书标准成为光存储器的标准规格。黄皮书标准存储各类数字化信息，采用两种模式，虽然每种模式都规定了物理扇区均为 2352 字节，但在两种模式中，各自的用户数据区定义的字节数有差别。黄皮书标准的模式一主要用于计算机文字、数字的存储；模式二主要用于存储声、像信息，经过压缩的音频、图像、图形、视频的数据，多采用这种模式记录在 CD-ROM 中。1998 年，飞利浦、索尼和微软等公司联合制定并发表了 CD-ROM/XA 标准，允许在光盘的同一光道上交叉排列计算机程序和经过压缩后数字化的音频信息，可以说是光盘技术发展过程中的一个新的里程碑。因此，CD-ROM/XA 是文字与音频的混合格式，可以在计算机的程序运行的同时播放声音。

3）绿皮书标准

1986 年，飞利浦公司和索尼公司推出了用于 CD-I 光盘的绿皮书（Green Book）标准。绿皮书标准规定，在光盘上可以存储数字数据、音频、静止图像及运动图像。绿皮书标准规定的物理扇区是在黄皮书标准模式的基础上演变而成的。

4）橙皮书标准

飞利浦和索尼公司于 1992 年制定并公布了另外两种光盘的技术说明书，称为橙皮书（Orange Book）或橘色标准。橙皮书标准以黄皮书标准为基础，除了规定写入的标准，还对光盘的驱动器做出相应的规定。

橙皮书标准之一是关于可擦式磁光盘 CD-MO 的技术标准。这种光盘的存储介质是一种高密度的可重写光磁介质，它的存取速率介于磁介质硬盘和 CD-ROM 之间，其特点是可以多次写入和读出，但价格昂贵，还需要配以专门的驱动器。

橙皮书标准之二是橙皮书标准的补充，是关于可写式光盘（Compact Disk Write Once Read Many，CD-WORM）的技术标准，只能一次写入，但可以多次读出，写入后则不能更改。CD-WORM 原则上是与 CD-ROM 同一类型的光盘。

5）白皮书标准

随着多媒体技术的发展，在一段时期开发研究的基础上，一些专门从事运动图像方面的专家成立了一个专家组，制定了一个称为"动态图像和伴音的编码"——用于速率在 1.5 Mbps 以下的数字存储媒体（Coding of Moving Pictures and Associated Audio-for Digital Storage Media About 1.5 Mbps）——的文件，通常被称为 MPEG 标准。这个标准后来为飞利浦和 JVC 公司采用，并联合制定视频光盘 VCD 技术规范，称为白皮书标准。

VCD 通过采用 MPEG 压缩技术，实现了对视频和音频数据的压缩编码，同时允许将这两部分数据分开交叉存储，从而实现声音和动态图像的实时播放。DVD 是比 VCD 水平更高的 CD 产品，它采用 MPEG-2 标准，把分辨率更高的图像和伴音经压缩编码后存储在高密度光盘上，光盘容量达 3～5 GB。

6）High Sierra 文件

光盘的彩皮书标准规定了 CD-ROM 的数据格式，为了使各厂家制造的产品能够兼容，必须将 CD-ROM 的数据文件按照统一的目录结构和路径进行组织，对目录的数量和深度也相应地限制，以便能在光盘上快速、方便地查寻。

1985 年，一些参与光盘研制、开发的大公司代表在美国北加州大口湖商讨并制定了一个相关的协议，后来被称为"High Sierra 文件"。该文件定义了 CD-ROM 数据文件的格式、文件的结构，规定了数据在 CD-ROM 上是如何记录和组织的，ISO 对该文件做了少量修改，于1998 年定为 ISO 9660 标准。

5.3.2　光盘检索的优点

CD-ROM 光盘作为大型脱机式数据库的主要载体，具有存储能力强、介质成本低、数据可靠性高、便于携带等优点。光盘与计算机结合，再配以相应的软件，就构成了光盘检索系统。光盘检索是现代计算机信息检索的重要组成部分，与手工检索和联机检索相比，具有自身的优势和特点，也存在着一些不足。

1. 光盘检索与手工检索的比较

1）光盘检索可检信息量大

光盘信息存储密度可达 10 bit/mm^2，即每张光盘的存储容量高达 650 MB。一张光盘的存储容量相当于 1600 张软盘、1200 张缩微平片，相当于约 25 万页 A4 复印纸的信息量。换言之，一张 CD-ROM 光盘可存储每本 500~600 页的著作 300 本，光盘检索的可检索信息量率大大高于手工检索。以《四库全书》为例，一套纸张型的 3000 多册的《四库全书》需要 10 多个书架才能存放下，而一套 CD-ROM 光盘的《四库全书》不过 10 多张盘片就能容纳。

2）光盘检索功能强大

光盘检索具有计算机信息检索基本优势。光盘检索系统将文本、声音、图像和动态形象等多媒体信息结合在一起，可充分利用计算机强大的数据处理能力，提供多种检索功能，如布尔逻辑检索、截词检索、词典扩检、位置逻辑检索、字段限制等。例如，《百万工商企业数据库》光盘包罗了全国 80 多万家企业的基本信息，用户可以通过地区、行业、产品等途径很快检索到所需的信息，这是手工检索无法比拟的。

3）光盘检索输出灵活

光盘检索的检索结果可通过打印、复制等方式输出，并且满足特定的排序要求和格式要求，而手工检索只能得到零散的文献复印件。

4）光盘检索能节约大量时间

光盘检索速度很快，一般中等检索课题所需时间为半小时左右，较之手工信息检索动辄一两天的时间，大大减少了检索人员的工作量，提高了工作效率。

5）光盘检索共享性强

用户可以方便地将光盘上的部分数据套录到软盘或其他计算机信息系统里，变成本部门或个人的小型数据库，以便随时查询，提高了资源共享的程度。

2. 光盘检索与联机检索的比较

1）光盘检索系统配置简单

在计算机上运行、建立 CD-ROM 检索系统只要一台 CD-ROM 驱动器和所需的盘片，不需经过通信线路即可构成系统。

2）光盘检索价格低廉

光盘信息检索的费用主要包括使用费和打印费两部分。用户订购了光盘数据库，与计算机配合就可以随时检索，并可以反复使用，及时打印。利用率越高，分摊的成本越低。

联机信息检索的费用包括使用费、通信费及打印费等。联机检索必须使用通信设施支付通信费用，并交纳联机系统的使用费。平均而言，光盘信息检索的费用仅为联机信息检索的 1/5~1/4。光盘信息检索的价格优势极为明显。对于通信网络尚不发达、联机检索费用昂贵或没有国际终端的地区和单位，光盘检索的优势格外突出。

光盘系统还是用户在联机检索前进行预检和培训的有用工具。用户可在光盘上进行必要的人机对话，了解检索范围、检索策略和有关指令，优化检索策略，这样可以大大减少机检时间，节省上机费用。

3）光盘检索容易掌握

联机检索通常采用指令驱动方式。若要实施检索，必须掌握许多复杂的指令及其用法。这就决定了联机信息检索主要是中介检索的特点：用户通常并不了解这些复杂的指令，只能委托受过专门培训的检索人员代为操作，由于人际交流的问题，容易导致各种检索失误。

光盘检索系统操作和检索步骤比较简单，便于一般用户使用。光盘检索系统向用户随盘提供相当于联机系统功能的软件。目前的光盘软件为用户同时提供菜单驱动与命令驱动两种方式的多级软件，检索界面更加友好。菜单驱动方式只要对逐层展开的菜单指令做出相应的选择即可实施检索，没有检索经验的用户在系统提供的菜单式"帮助"指令下可无师自通。因此，光盘信息检索更容易掌握。这有助于使信息用户逐渐成为直接的检索者，促进直接检索的发展，有效地避免因人际交流而导致的各种检索失误。

5.3.3 光盘检索的局限

1. 光盘数据库时效性不够

在信息检索中应用的光盘基本上都是只读式 CD-ROM，数据库信息的更新依赖于出版厂商，现有的光盘数据库大多采用月度、季度、年度等定期更新的方式，从而导致更新周期相对较长，与联机系统相比有一定的时差，不能满足时效性要求较高的检索的需要，如那些动态性极强的商情信息检索。新的方法是把光盘信息检索与联机信息检索结合起来，这样既可以利用光盘信息检索价格相对低廉的好处，又可以利用联机信息检索更新，更便利。光盘检索是建立在计算机上的，响应时间不及大型计算机支持的联机检索速度快。所以，光盘检索与联机检索可优势互补。

2. 光盘检索的灵活性有所欠缺

由于光盘检索主要采用的是菜单驱动的方式，使指令的运用得以简单化，用户只要根据需要做出相应的选择即可。但是，这样的指令菜单使用起来灵活性不够，对于经验丰富的检索人员而言，光盘信息检索有时难以达到理想的效果。

3. 光盘检索的成本不低

光盘检索价格低廉的特点只是针对最终用户而言的，对于订购光盘的图书情报单位而言，光盘信息检索系统的价格仍然是十分昂贵的。若一种光盘信息检索系统的利用率过低，很可能不如采用联机信息检索更为经济可行。

另外，光盘的数量增加较快，如果把所有光盘都放在局域网上检索，需要投入价格较昂贵的辅助设备，管理上也比较困难。

4. 光盘检索信息量不如联机检索大

虽然与参考工具书相比，光盘信息量很大，但与联机检索系统庞大的数据库相比，光盘数据库的规模和容量毕竟是有限的，一次也只能检索一个数据库，而联机检索可同时检索几个数据库，且数据量大。

5. 光盘的长期保存不易

光盘属于非印刷品文献，它的管理与印刷品文献有着较大区别。对于承担着文献保存职能的图书馆而言，光盘的保存问题始终是个棘手的难题。光盘的正常寿命为 50~80 年，但如果在使用过程中不注意保养，就会大大缩短光盘的使用寿命。

首先是对环境温度和湿度的要求。光盘不宜受强光照射，其保存温度要求为 16℃~25℃，相对湿度为 25%。

其次，在光盘的使用过程中要防止光盘的物理损伤，包括划伤、因挤压产生变形。因为光盘出现划伤会导致激光束穿过损伤处时，由于光传播介质的不连续和不均匀性，使激光束发生不规则的反射和折射现象，导致光头不能正确聚焦或无法正确辨识信号而出现坏区；而光盘挤压变形会导致光头不能正常聚焦而读不出数据；某些溶剂（如指甲清洁剂等）会使聚碳酸酯变模糊，激光束不能聚焦，从而造成光盘某些部位不可读，溶剂还可渗入粘胶层造成粘胶从聚碳酸酯上脱离开来，溶剂从开孔渗入仅需一分钟，就足以使氧气和铝膜起反应，造成铝膜腐蚀，即光盘腐蚀。要想长期保存光盘文献信息，图书馆必须每隔一段时期对光盘进行必要的复制和更换，否则光盘逾期失真，很可能会自行封锁其内储信息，使盘中信息化为乌有。

5.3.4　光盘检索步骤

1. 安装光盘检索软件

随着 CD-ROM 一同出售的安装程序可能存放在光盘本身或存放在随同出售的软盘上。通常光盘盒内的垫片上会有说明。光盘上还有 README 文件，该文件包含帮助提示和技术咨询电话号码。某些场合还包含安装和参考手册。

安装时，查找文件名为 Install、Setup 或者扩展名为.exe、.com、.bat 的文件，最常用的是 Install，输入 Install 并按下 Enter 键即可。

2. 确定检索途径

光盘数据库是根据文献的外部和内部特征，按照一定方法排列组织而成的文献集合体。光盘检索途径也是按照文献的内、外部特征进行的。

根据文献的外部特征来检索的途径有著者途径、书名途径、文献类型途径（图书、期刊、科技报告、专利文献等）、出版年代等。根据文献的内容特征来检索文献的途径有分类途径、主题途径、分类主题途径、关键词途径、文摘等。

3. 选择检索语言

1）规范化叙词

规范化叙词通常由数据库的词表或规范化字顺表提供（如 NIIS 中的 INSPEC 词表）。这些叙词根据文献内容选取。一般，一篇文献只选取 5~6 个叙词。叙词对文献的主题概念做深入的描述，词表中详细列出了词间的等级或属、分、参关系，能为检索者提供规范的主题词，检索者可以按照词表选择检索词，或利用一些数据库提供的 Expand 指令或 Browse 功能帮助选择检索词，选择时可以灵活组配。

2）非规范化标引词

非规范化的标引词是标引人员在分析标引时抽出的关键词。由于这些词没有在词表中由确切的词加以规范，又不能用其他规范词代替，标引人员就将这些词作为检索用词，存入非规范的标引中以便检索。在检索中，这些词不需要用词表进行规范，只要将检索词限定在非规范化的标引词字段查找即可。

4. 组配各检索单元

运用逻辑运算符将各检索单元组配起来，构造出计算机能够识别执行的检索表达式。

5. 执行检索指令

目前，大部分光盘数据库使用菜单式检索指令，也有个别使用指令式检索指令的。

菜单式检索指令主要由系统提供一系列可供用户不断挑选的菜单，指挥系统一步步按用户要求操作。菜单式检索指令是一种等级或树形结构的指令；指令式操作要求用户用一系列系统指令来完成从检索到输出的操作。指令式检索指令可以提供更大的灵活性，缺点是要求用户必须熟悉系统的指令语言才能有效地使用检索系统。

6. 得到检索结果

分析检索结果，完善检索表达式，重复执行检索指令，直到获得满意的检索结果。

5.3.5 著名光盘数据库选介

1.《工程索引》数据库光盘

《工程索引》（EI Compendex Plus）数据库光盘简称 COMPENDEX 数据库，是 KR OnDisc for Windows 光盘系列中的一种光盘，由美国 Knight-Ridder 信息公司发行，是印刷本 *The Engineering Index* 的光盘版，收录了自 1970 年以来的工程索引信息，内容包括空间技术、应用物理、生物医学仪器、化学工程、城市建设工程、环境工程、电子工程、能源技术、工程材料、海洋工程、机械工程、采矿和冶金、管理工程等。该光盘有 DOS 版、Windows 版、macOS 版等，以适合不同的 PC 和操作系统。检索系统与数据一般在同一张光盘上，数据每月更新，检索系统的安装十分简单，几乎不需要更改任何系统参数，如果在 DOS 环境下检索，则不在硬盘上安装检索系统也可以，直接在光盘驱动器盘符下键入 ONDISC 命令即可进入检索系统。该光盘上一般还附带有与 Dialog 联机的远程终端访问系统。时间跨度为 1988 年至今。1988 年至 1991 年，各年份的光盘检索系统工作在 DOS 平台上，1992 年以后的检索系统工作在 Windows 平台上。1999 年，Dialog 公司推出了提供 Web 浏览方式的光盘数据库服务软件 Dialog@site，购买并在本地 NT 服务器上安装运行 Dialog@site 软件后，即可通过局域网或互联网访问光盘数据库。它们的检索步骤和检索策略基本相同。COMPENDEX 数据库的特点是检索途径多、策略变换灵活、显示格式多，还有多种辅助分析手段，因而是工程技术领域最常用的光盘数据库。

2.《化学文摘》数据库光盘

CA on CD（《化学文摘》）数据库光盘的内容对应《化学文摘》印刷本，收录范围是 1977

年以来的化学、化工文献，年文献量达 77.3 万条，约 12.3 万条专利。数据库文献内容及索引信息按月更新。文献源种类包括科技杂志、专利、技术报告、学位论文、会议录及图书等。

3.《科学文摘》数据库光盘

《科学文摘》（INSPEC OnDisc）数据库光盘简称 INSPEC 数据库，由英国电气工程师学会（The Institution of Electrical Engineers，IEE）和德国卡尔斯鲁信息中心（FIZ Karlsruhe）联合编辑发行，是与印刷版英国《科学文摘》对应的机读型文摘数据库。

INSPEC 数据库的特点是：专业相对集中，为物理、电气电子、自动控制和计算机三大类；专业文献覆盖面较为完整，收集的文献较全；检索途径较多，有主题词、关键词、字段等多种途径；策略变换比较方便，有表格、指令、分类、主题词和期刊等多种检索途径。INSPEC 数据库是相关领域最常用的一种数据库。

4. 中国学术期刊（光盘版）全文数据库

中国学术期刊（光盘版）数据库，简称 CAJR，是中国制作的第一个集成化、多功能型电子学术期刊数据库，由清华大学主办，1996 年起出版发行。CAJR 数据库的特点是期刊全文入编，图文混排，显示、打印输出格式与印刷版期刊保持一致。对于最新内容，数据库实行按月更新，以保证信息的及时性，对于不在数据库重点收录范围的期刊文献（或称为过刊文献），陆续建立过刊题录摘要库，与现刊文献合并成同一光盘，可实现题录摘要的追溯查询。对于重点学科的过刊，则建立过刊全文回溯库，逐步补充全文光盘，以实现全文追溯查询。在软件方面，CAJR 采用传统和智能化全文检索相结合的方案，保留了传统数据库检索的优点，增加了检索入口。

5.《人大复印资料》数据库光盘

《人大复印资料》数据库光盘最早来源于中国人民大学的剪报公司，主要是对人文科学的中文书报资料按学科整理、分类、复印。目前，该光盘由中国人民大学书报资料中心编辑出版。全套光盘每年分四个专辑，分别为：马列、哲学、社科总论、政治、法律，经济，语言、文字、文学、艺术、地理、其他，以及文化、教育、体育。

6. 中国大百科全书

《中国大百科全书》图文数据库是中国第一部大型综合性百科全书类电子出版物，内容涵盖哲学、社会科学、文学艺术、文化教育、自然科学、工程技术等学科领域，为读者了解各学科的知识并向深度和广度进展起着桥梁和阶梯的作用。

《中国大百科全书》共 74 卷，收录条目近 8 万条，计 1.2 亿字，图、表 5 万幅。

7. 中国国家标准总览（1958—1999）

此光盘收录了 1999 年年底前已经发布的国家标准、部分行业标准及修订与废止的国家标准的题录信息，包括标准号、主题内容与使用范围、引用标准、标准修订及废止情况等 18 项题录信息。其内容涉及：综合、农林、医药、矿业、能源、化工、冶金、机械、电子、通信、建筑、交通、航空航天等 20 个类目的 2.5 万余个标准题录信息。

本章小结

　　本章简要介绍了缩微检索、联机检索和光盘检索的相关知识。缩微文献由于在信息存储方面的独特性，仍在被图书馆、档案馆等机构制作和使用，同时缩微技术与数字化技术的结合使其有了更长的生命力。随着信息技术的飞速发展，联机检索已经基本退出了信息检索领域。光盘检索虽然在图书馆等机构还有一定的应用，但由于有新的设备和技术的出现，也已经淡出了信息检索领域。但是在 20 世纪 80 年代到 2010 年，联机检索和光盘检索在信息检索领域曾扮演了重要角色，其积累的一些信息检索技术在现在网络检索领域还在广泛应用。

习 题 5

1. 缩微文献有哪些特点？为什么在信息技术飞速发展的今天，仍具有较强的生命力？
2. 联机检索有哪些特点？
3. 光盘检索、手工检索和联机检索有何异同？
4. 光盘检索主要有哪些基本步骤？

第6章

网络检索

现在，互联网已渗透到社会的各方面，提供各种信息服务。但随着互联网规模的不断扩大，如何有效地从互联网中获得信息是互联网用户面临的问题，也是本章需要回答的问题。

通过本章学习，读者可以了解（或掌握）：

❖ 互联网工具的使用。

❖ 搜索引擎的类型。

❖ 常用搜索引擎的使用。

❖ 中外著名网络数据库的使用。

6.1 网络检索的特点

互联网构成了人类历史上最大的信息资源和网络系统，为全球范围内快速信息传输提供了有效手段。互联网用户遍布全球，用户数量巨大，且增长迅速。中国互联网蓬勃发展，根据中国互联网络信息中心（CNNIC）发布的第 49 次《中国互联网络发展状况统计报告》，截至 2021 年 12 月，我国网民规模达 10.32 亿，较 2020 年 12 月增长 4296 万，互联网普及率达 73%。在网络基础资源方面，截至 2021 年 12 月，我国域名总数达 3593 万个，IPv6 地址数量达 63052 块/32，同比增长 9.4%；移动通信网络 IPv6 流量占比已经达到 35.15%。在信息通信业方面，截至 2021 年 12 月，累计建成并开通 5G 基站数达 142.5 万个，全年新增 5G 基站数达到 65.4 万个。

互联网上的信息资源极其丰富，内容千变万化，在数以亿计的信息资源里，寻找对自己有用的信息确实不是一件简单的事情。人们需要对互联网上信息资源的分布状况和检索工具有较深入的认识。

互联网是通过标准通信方式 TCP/IP（Transmission Control Protocol/Internet Protocol，传输控制协议/网际协议）将世界各地的计算机网络连接起来的网络体系。在互联网上，信息存放在世界各地的计算机上。任何网络，包括校园网、企业网甚至国家网，只要通过一个节点接入互联网，整个子网就有可能成为互联网的一部分，网上用户就可以通过计算机和互联网共享这些信息资源或交换信息。开放的信息资源和信息检索工具、超文本链接和使用的简便性等特点，使互联网成为知识经济的重要组成部分。

6.1.1 开放性

互联网为世界各行业的用户提供丰富的信息资源和先进的信息检索工具。互联网的开放性首先表现在，它提供了大量的免费信息资源和检索工具，允许用户随时查询，并提供大量信息交流场所，如获得公用共享软件、查询相应的事实和数据信息。通过互联网，用户可随时检索各图书馆的目录和文献资料，可以使用远隔千里的信息资源。

其次，互联网提供注册式信息（有偿信息资源）。注册式信息是指接受服务的用户事先要在主机方开设账号，进行计费查询（如在 OCLC 信息服务系统中查询）。互联网的信息查询站点众多，用户可根据自己的需求上网查询信息。随着互联网网络功能的增加，通信费用降低，国际上著名联机检索系统的传统服务受到冲击，纷纷在互联网上设立信息检索网站，方便用户通过互联网联机检索有关数据库，即时获得所需的各种信息。这些数据库的使用通常需要支付费用。

此外，在互联网上，存在许多交流式信息，如新闻论坛（BBS）允许用户在网上参与各种主题讨论，足不出户即能获得有关某主题的最新信息。这些信息是在网上与别人讨论中获取的，这类信息的特点是没有固定的结果，需要动态地沟通、在讨论的基础上总结观点。

互联网向商业用户开放后，互联网上的信息变得更加丰富。在竞争日益激烈的国际商业活动中，网络用户比非网络用户更易占据信息优势。在开放的互联网中，用户能获得先进的科技信息，了解商业机会和发展趋势。在新闻小组中附加公司名称，还可增加公司知名度、改善企业形象，相当间接做广告。理论上，互联网上一旦有某个信息存在，任何一个互联网用户都可以立即访问这个信息。

互联网中，任何采用 TCP/IP 的计算机和网络，一般都可以连入互联网，在网上发布信息或访问网上信息资源。TCP/IP 是指能够在多个不同网络间实现信息传输的协议簇，指的不仅是 TCP 和 IP 两个协议，而是指由 FTP、SMTP、TCP、UDP、IP 等协议构成的协议簇，只是因为 TCP 和 IP 最具代表性，所以被称为 TCP/IP。TCP/IP 能够迅速发展起来并成为事实上的标准，是它恰好适应了世界范围内数据通信的需要，有以下特点：① 协议标准是完全开放的，可以供用户免费使用，并且独立于特定的计算机硬件与操作系统；② 独立于网络硬件系统，可以运行在广域网，更适合互联网；③ 网络地址统一分配，网络中每台设备和终端都具有唯一地址；④ 高层协议标准化，可以提供多种多样可靠网络服务。

尽管各种检索服务器地址公开，用户可以选用它们查找数量巨大的网上信息资源，但高度开放性可能导致一些问题，如信息安全、非法信息的扩散。因此有人担心，如果互联网的用户数目或与之连接的计算机数目增加到一定的数量，互联网就会造成不可预见的严重后果。

6.1.2 链接性

互联网的链接性主要体现在环球信息网（World Wide Web，WWW）上，WWW 是互联网上最受欢迎、最流行、最新的信息检索服务系统。它把互联网上现有信息资源全部链接起来，使用户能够在互联网上查找已经建立了 WWW 服务器的站点所提供的超媒体或超文本信息资源。

WWW 一般可用超文本（HyperText）作为与用户交互的基本手段。超文本指的是计算机内的一种文档。用户在阅读这种文档时，从其中的一个地点移向另一个地点，或者从一个文档移向另一个文档，都是按非线性或者说非顺序方式进行的。也就是说，用户不是按照从头到尾顺章逐句的传统方式去获取信息的，而是可以在文档里随机地跳来跳去地获取信息。这是由于在超文本中包含着可用作链接（link）的一些字、短语（一般用下画线或不同的颜色标明）或图标，用户只需用鼠标在其上轻轻一点，就能立即跳至与当前正在阅读的文档相关的新站点或新文档。

超媒体是超文本的自然扩展，是超文本在内容形式上的一种进步，是超文本与多媒体的组合。超媒体的链接不只是链接到文本文档，还可以链接到其他媒体，如图形、图像、音频、视频、动画等。这样，超媒体就把死板的文档变成了活生生的文档，把个人计算机变成了多媒体设备，比音响、电视机更加生动。

设计 WWW 的一个目的是能够容易地检索到互联网上的文档，而不管这些文档在什么地方。当超文本作为 WWW 文档的标准格式后，人们制订了能够快速查找这些超文本文档的协议：超文本传输协议（HyperText Transfer Protocol，HTTP）。该协议所检索的文档包含用户进一步检索的链接。

创建 WWW 文档（Homepage 文档，也称主页）离不开 HTML（HyperText Markup Language，超文本置标语言）。作为 WWW 的核心技术之一，HTML 在互联网中被广泛应用。HTML 可以在普通文档中加入一些特殊的标识符（这些标识符具有一定的语法结构），使生成的文档中还含有其他文档，甚至图像、音频、动画等，从而成为超文本文档（HyperText Document）。实际上，超文本文档中本身不含有上述多媒体数据，而仅含有指向这些多媒体数据的链接。通过超文本文档方式，用户仅使用鼠标进行点击操作，就可以得到所要的文档，而不管该文档是何种类型（普通文档、图像或声音等），也不管它在何处（本机上、局域网上或国外机器上）。

为了访问互联网上不同计算机上的各种类型信息，需要统一资源定位器（Uniform Resource Locator，URL）的工具，俗称网址。URL 完整地描述了互联网上超媒体文档的地址。这种地址可以是本地磁盘，也可以是互联网上的站点。地址访问可以是相对的，也可以是绝对的。在相对方式下，假定主机名和路径名就是当前正在使用的名字，只要指出子目录名和文件名即可。绝对方式则应包括完整的主机名、路径名和文件名。URL 不仅限于描述 WWW 文档的地址，也可以描述其他信息服务（如 FTP、Gopher、WAIS、Usenet news 和 Telnet）的地址，典型的 URL 地址有如下格式：

```
http://www.nju.edu.cn/njuc/xxgk/index.htm
```

其中，"http"代表用于检索文档的 HTTP，规定如何使用互联网上特定的服务器；"//"表明其后跟的是互联网上的有效宿主机名；宿主机名后是用户要查找文档文件的 UNIX 风格的路径名和文件名。

上面 URL 地址的意思是：告诉浏览器，利用 HTTP，在互联网的主机 www.nju.edu.cn（南京大学的 WWW 服务器）上的 /njuc/xxgk 目录下查找文件 index.htm。

实际上，互联网可以用两种方法来标识网上的宿主机，分别是 IP 地址和域名。IP 地址共 32 位二进制数，可用 4 个十进制数表示，每个数的取值范围为 0~255，每个十进制数之间用"."隔开（如 202.119.47.3）。IP 地址分为 A、B、C、D 四类。为了使基于 IP 地址的计算机在通信时便于被用户识别，1985 年互联网开始采用域名管理系统（Domain Name System，DNS），域名结构为：

```
计算机主机名.机构名.网络名.最高层域名
```

这是一种分层的管理模式，用文字表达的域名比用数字表示的 IP 地址容易记忆。一台主机的 IP 地址是唯一的，即只能有一个 IP 地址，但它的域名可以有多个。

DNS 是一个分层的名字管理查询系统，主要提供互联网上主机 IP 地址和主机名相互对应关系的服务。通常，第一级域名为表示主机所属的国家、地区或网络性质的代码，如中国（cn）、英国（uk）、俄罗斯（ru）、商业组织（com）等。最后一级是主机。

常见的一级域名如下：com，表示商业机构；net，表示网络服务机构；org，表示非营利性组织；gov，表示政府机构；edu，表示教育机构；mil，表示军事机构；biz 表示商业机构；name，表示个人网站；info，表示信息提供；mobi，专用手机域名；cn 表示中国等。

在中国，一级域名为 cn，二级域名有 edu（教育）、net（电信网）、ac（科研网）、org（团体）、gov（政府）、com（商业）、mil（军队）等。各省份则采用其拼音缩写，如 bj 代表北京、sh 代表上海、js 代表江苏。

6.1.3 简便性

互联网采用先进技术存储数字化信息，进行高速度、大容量信息传输。由于不受时间和空间的限制，世界各地的用户可实时地、全天候地检索并获取各种形式的信息。互联网以交互方式提供丰富、方便、界面友好的信息检索工具。通过这些工具的使用，用户可以获得自己所需的信息资源。

互联网提供的信息检索工具有 E-mail、WAIS、BBS、Gopher、Telnet、FTP、Archie、WWW 等。其中，WWW 的界面极简单，只要经过很短时间的学习，每个人都可以通过浏览器浏览和检索信息。此外，互联网提供各种类型、功能强大的搜索引擎，极大地方便了网络信息的检索。

6.2 传统网络信息检索服务工具

互联网的发展很快，新技术、新工具层出不穷，一些传统的工具至今仍在使用，而有些工具则被新的工具所代替。

6.2.1 远程登录

远程登录 (Telnet) 是互联网提供的最基本的信息服务之一，是在网络通信协议的支持下，使本地计算机暂时成为远程计算机仿真终端的过程。在远程计算机上登录，必须事先成为该计算机系统的合法用户并拥有相应的账号和口令。登录时要给出远程计算机的域名或 IP 地址，并按照系统提示，输入用户名及口令。登录成功后，用户便可以实时使用该系统对外开放的功能和资源。

远程登录是一个强有力的资源共享工具。许多大学图书馆通过远程登录对外提供联机检索服务，一些政府部门、研究机构将它们的数据库对外开放，用户可通过远程登录进行检索。

6.2.2 文件传输服务

文件传输服务在 TCP/IP 的文件传输协议（File Transfer Protocol，FTP）支持下实现一种本地计算机和远程服务器间的文件传输，通常用 FTP 表示文件传输服务。用户使用 FTP 将存放在异地计算机上的文件存入自己的计算机，可以阅读和处理这些取来的文件；用户也可以将存放在本地计算机上的文件传输到远程的 FTP 服务器上，让其他人使用。

FTP 与 Telnet 类似，也是一种实时的联机服务。使用 FTP，用户首先要登录到对方的计算机上，与远程登录不同，用户只能进行与文件搜索和文件传送等有关的操作。使用 FTP 可以传输任何类型的文件，如二进制文件、图像文件、声音文件、数据压缩文件等。

普通的 FTP 要求用户在登录到远程计算机时提供相应的用户名和口令。许多信息服务机构为了方便用户通过网络获取其发布的信息，提供了一种称为匿名 FTP 的服务（anonymous FTP）。用户在登录到这种 FTP 服务器时无须事先注册或建立用户名与口令，而是以 anonymous 作为用户名，一般将自己的电子邮件地址作为口令。

匿名 FTP 是互联网上最重要的文件传送服务之一。许多匿名 FTP 服务器上都有免费的软件、电子杂志、技术文档及科学数据等供人们使用。匿名 FTP 对用户使用权限有一定限制：通常仅允许用户获取文件，而不允许用户修改现有文件或上传文件；对于用户可以获取的文件范围也有一定的限制。为了便于用户获取超长的文件或成组的文件，在匿名 FTP 服务器中，文件预先进行压缩或打包处理。用户在使用这类文件时应具备一定的文件压缩与还原、文件打包与解包等能力。

现在的 FTP 检索基本通过 WWW 页面检索的方式，并整合网页搜索引擎。

6.2.3　电子邮件

电子邮件（E-mail）是用户或用户组之间通过计算机网络收发信息的服务。目前，电子邮件已成为网络用户之间快速、简便、可靠且成本低廉的现代通信手段，也是互联网上使用最广泛、最受欢迎的服务之一。某些网络应用的发展（如电子商务等）对电子邮件的使用有一定的促进作用。但中国较高的即时通信使用率对电子邮件的使用有一定的冲击作用。

电子邮件使网络用户能够发送或接收文字、图像和语音等多种形式的信息。使用电子邮件服务的前提是拥有自己的电子信箱，一般称为电子邮件地址。电子信箱是提供电子邮件服务的机构为用户建立的，实际上是该机构在与互联网连接的计算机上为用户分配的一个专门用于存放往来邮件的磁盘存储区域，这个区域是由电子邮件系统管理的。

通过电子邮件还可访问的信息服务有 FTP、Archie、Gopher、WWW、News、WAIS 等。互联网的许多信息服务中心就提供这种机制。当用户想向这些信息中心查询资料时，只需要向其指定的电子信箱发送一封含有一系列查询命令的电子邮件，用户就可以获得相应的服务。

此外，互联网上的许多数据库都可以通过电子邮件检索。例如，由美国国家科学基金会、能源部及 Los Alamos 国家实验室共同开发的，基于 E-mail 多学科文献题名/作者检索，全文获取的专业数据库服务系统，其内容反映学科前沿研究成果，深受研究人员的重视。如果检索近期《天体物理学》中有关伽马暴（Gamma Ray Burst，GRB）研究的文章，可以给 astro-ph@xxx.lanl.gov 发送一封主题为"find gamma ray burst"、内容为空的 E-mail。不久你将收到一封包含 12 个月内有关伽马暴研究文献信息的回信。其他可供访问的电子邮件地址如下：

hep-th@xxx.lanl.gov	高能物理学 理论部分，1991 年 8 月起
gr-qc@xxx.lanl.gov	广义相对论与量子宇宙学，1992 年起
chem-ph@xxx.lanl.gov	化学物理学 1994 年 3 月起
mtrl-th@xxx.lanl.gov	材料理论，1994 年 11 月起
supr-con@xxx.lanl.gov	超导，1994 年 11 月起
alg-geom@eprints.math.duke.edu	代数几何，1992 年 2 月起
funct-an@xxx.lanl.gov	泛函分析，1992 年 4 月起
q-alg@eprints.math.duke.edu	定量代数和拓扑学，1994 年 12 月起
cmp-lg@xxx.lanl.gov	计算机应用和语言，1994 年 4 月起
ao-sci@xxx.lanl.gov	大气 - 海洋科学，1995 年 2 月起

以上 E-mail 地址中，也可以将@xxx.lanl.gov 换成@arXiv.org。

邮件列表（Mailing List）是一种能向所有用户发送同一电子邮件的服务，用于各种群体之间的信息交流和信息发布，从功能上分为两大类：讨论型和订阅型。在讨论型邮件列表中，任何一位用户都可以向所有用户发送信息。这种邮件列表一般设有一个专门的邮件地址，如Linux-list@linuxberg.com，任何一个用户只要向这个地址发信，所有用户都可以收到。这类邮件列表适合于开展专题讨论。在订阅型邮件列表中，只有管理员可以发送信件，其他用户无权发送信件。如图 6-1 所示是一个生物信息学邮件列表首页。

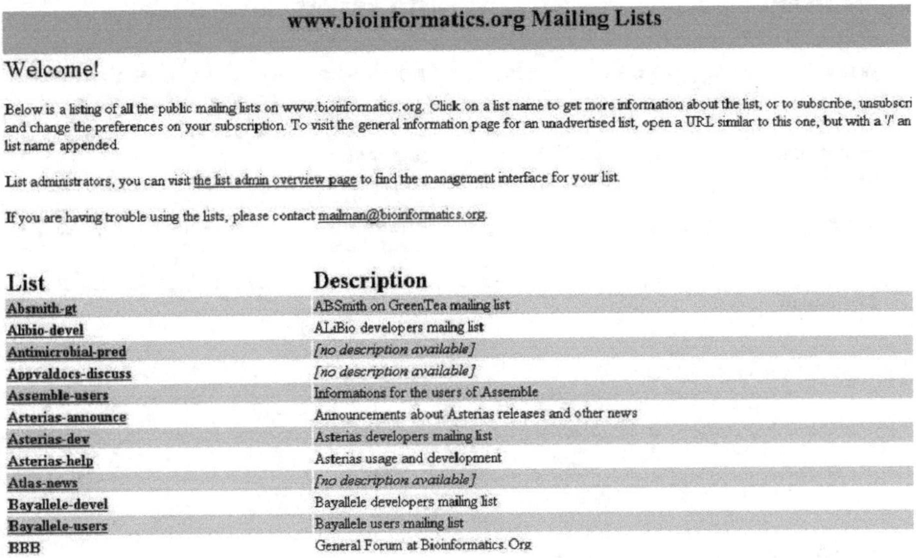

图 6-1　生物信息学邮件列表首页

现在，Google、百度等搜索引擎（后文还会对搜索引擎作专门介绍）还推出了电子邮件订阅服务，用户输入关心的关键词，搜索引擎会定期将检索到的结果通过电子邮件自动传送给用户，如 Google 快讯、百度邮件新闻。

6.2.4　电子公告牌

电子公告牌（Bulletin Board System，BBS）是互联网上非常快捷的信息交流场所。目前，很多高校和信息服务机构都有 BBS。用户只要进入 BBS，就可以得到 BBS 提供的各种服务。服务又分为有偿服务和免费服务。这两种类型的服务决定了用户使用 BBS 的时间和权限。BBS 一般让初次访问的用户能够免费浏览系统的内容，用户可在各 BBS 间进行选择，再确定是否要成为这个系统的正式用户。

通过 BBS，人们可随时取得国际最新的软件及信息，也可以通过 BBS 来与别人讨论各种有趣话题、刊登启事、收发电子信件、文件交流、网上游戏等。在 BBS 上，有发言权的用户可以畅所欲言，也可以询问任何信息，包括计算机、生活、时事等任何方面的信息。

例如，北大未名 BBS 的域名为 bbs.pku.edu.cn，主要为北京大学师生与校友提供互联网电子公告牌（Bulletin Board System）服务，常用简称"北大未名""未名"或"BDWM"。自2000 年 5 月 4 日正式对外开放以来，北大未名 BBS 已经成为北京大学校内最重要的信息媒介之一，通过线上互动进行信息发布和相关讨论，已成为北京大学学习生活的重要组成部分；

而通过发起、组织线下活动，也使本站得以从更多层面，更好地服务广大用户。北京大学 BBS 站点共 16 个区，每个区都有特定的主题，如二区是乡情校谊、三区是学术研讨等，如图 6-2 所示。

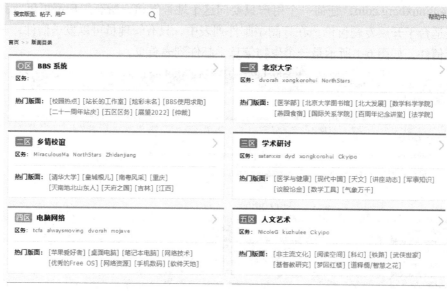

图 6-2　北大未名 BBS

6.2.5　WWW

WWW 的含义是环球信息网（World Wide Web），是一个基于超级文本（HyperText）方式的信息检索工具，于 1991 年由 Tim Berners-Lee 开发成功，并由欧洲核子物理研究中心（CERN）发布。WWW 将互联网上各种类型的信息（静止图像、文本、声音和影像）无缝地集成起来，并提供了图形界面方式下快速查找的服务，还可以使用同样的图形用户界面与互联网上其他服务器对接。这种图形界面就是浏览器（browser），如 Edge 和 Chrome 等。通过浏览器提供一种友好的查询界面，用户仅需要提出查询要求，而不必关心到什么地方去查询及如何查询，这些均由 WWW 自动完成。WWW 不仅可以检索出文本、图像和声音等信息，还集成了传统的互联网检索服务工具：Telnet、FTP、Gopher、News、E-mail 等。

WWW 利用几种协议去传输和显示驻留在世界各地计算机上的多媒体信息源，与 WWW 服务器一起工作，为互联网提供了"分布式客户—服务器"的运行环境。WWW 的客户机是指在互联网的一个站点上请求 WWW 文档的用户计算机。WWW 服务器是指互联网上保存 WWW 信息的计算机，通过 HTTP 允许用户在客户机上发出请求，访问文本或超媒体信息。

WWW 采用分布式运行方式，客户程序可以在与服务器完全分开的计算机上运行，服务器可能在其他房间，也可能在其他国家。客户机和服务器有所分工，其中文档存储的任务交给了服务器，文档显示的任务就留给了客户机。WWW 客户机与服务器之间进行通信所用的共同语言是 HTTP。

用户要访问 WWW，就必须在自己的客户机上运行 WWW 程序，它知道如何去解释和显示在 WWW 上找到的超文本文档。这是由于超文本包含一些借用标题、章节本身等构造文本的命令，从而允许浏览程序格式化每一种文本类型。

与 Gopher 的最大区别是，WWW 展示给用户的是一篇篇文章、一幅幅图片或精美的动画甚至是优美的乐曲，而不是那些时常令人费解的菜单说明。因此，WWW 查询具有很强的直观性。

6.2.6 Web 2.0

"Web 2.0"始于 2004 年出版商 O'Reilly 和 Media Live International 之间的一场头脑风暴论坛，更注重用户的交互作用，用户既是网站内容的浏览者，也是网站内容的制造者。Web 2.0 是相对 Web1.0 的，指的是一个利用 Web 平台由用户主导而生成的内容的互联网产品模式，为了区别于传统由网站雇员主导生成的内容而定义为第二代互联网。抛开纷繁芜杂的 Web 2.0 现象，将其放到科技发展与社会变革的大视野下，Web 2.0 可以说是信息技术发展引发网络革命所带来的面向未来、以人为本的创新 2.0 模式在互联网领域的典型体现，是由专业人员织网到所有用户参与织网的创新民主化进程的生动注释。

Web 2.0 是以 TAG、SNS、RSS、Wiki 等社会软件的应用为核心，依据新理论和技术实现的新一代互联网模式。下面通过 Web 2.0 典型应用案例和技术来介绍，如博客（Blog）、RSS、百科全书（Wiki）、社会网络（SNS）、P2P、即时信息（IM）等。

1）博客/网络日志

博客，文名为 Blogger，为 Web Log 的混成词。它的正式名称为网络日记，又译为部落格或部落阁等，是使用特定的软件在网络上出版、发表和张贴个人文章的人，或者一种通常由个人管理、不定期张贴新的文章的网站。

博客的文章通常以网页形式出现，并根据张贴时间，以倒序排列。通常具备 RSS 订阅功能。博客是继 MSN、BBS、ICQ 后的第 4 种网络交流方式，是网络时代的个人"读者文摘"，是以超链接为入口的网络日记，代表新的生活、工作和学习方式。例如，新浪博客设置了娱乐、教育、体育、美食等栏目，科学网博客设置了科研笔记、论文交流、教学心得、观点术语等栏目。

2）简易信息聚合

简易信息聚合是"Really Simple Syndicatio"或"Richsite summary"（网站内容摘要）的中文名字，即 RSS，是站点用来和其他站点之间共享内容的一种简易方式。

RSS 是一种信息聚合的技术，是某站点与其他站点之间共享内容的一种简易信息发布和传递的方式，使得一个网站可以方便地调用其他提供 RSS 订阅服务的网站内容，从而形成非常高效的信息聚合，让网站发布的内容在更大的范围内传播。RSS 是一种用于共享新闻和其他 Web 内容的数据交换规范，也是使用最广泛的一种扩展性标识语言。新浪、网易和百度等都提供 RSS 服务，中国知网也提供学术期刊的 RSS 订阅服务。

3）多人协作的写作系统

Wiki 是一种在网络上开放且可供多人协同创作的超文本系统，由美国人沃德·坎宁安于 1995 年首先开发，支持面向社群的协作式写作，也包括一组支持这种写作的应用。沃德·坎宁安将 Wiki 定义为"一种允许一群用户用简单的描述来创建和连接一组网页的社会计算系统"。Wiki 站点可以由多人（甚至任何访问者）维护，每个人都可以发表自己的意见，或者对共同的主题进行扩展与探讨。

Wiki 可以调动广大网民的群体智慧参与网络创造和互动,是 Web 2.0 的一种典型应用,是知识社会条件下创新 2.0 的一种典型形式。维基百科、百度百科、MBA 智库百科等网络百科全书都是 Wiki 技术的应用。

4)微博

微博(Micro-blog)是指一种基于用户关系信息分享、传播和获取的通过关注机制分享简短实时信息的广播式的社交媒体、网络平台。微博允许用户通过 Web、Wap、Mail、App、IM、SMS 和计算机、手机等多种移动终端接入,以文字、图片、视频等多媒体形式,实现信息的即时分享、传播互动。2009 年 8 月,新浪推出"新浪微博"内测版,成为门户网站中第一家提供微博服务的网站。

5)社交媒体

社交媒体(Social Media)是指互联网上基于用户关系的内容生产与交换平台。社交媒体是人们彼此之间用来分享意见、见解、经验和观点的工具和平台,主要包括社交网站、微博、微信、博客、论坛、播客等等。社交媒体在互联网的沃土上蓬勃发展,爆发出令人炫目的能量,其传播的信息已成为人们浏览互联网的重要内容,制造了人们社交生活中争相讨论的一个又一个热门话题,进而吸引传统媒体争相跟进。社交媒体既是用户进行非正式学术交流的途径,同时用户的交互过程中形成的内容也已经成为学术研究的数据源。

6.2.7 基于 Z39.50 的信息检索服务

Z39.50 是信息检索应用服务定义和协议规范(Information Retrieval:Application Service Definition and Protocol Specification)的简称,最初由美国国会图书馆等机构开发。1988 年,Z39.50 以版本 1 成为美国国家标准,1992 年出现版本 2,1995 年出现版本 3,版本 4 的制定正在进行中。2001 年和 2003 年修订了两版,最新的是第 5 版:Z39.50:2003。国际标准化组织(ISO)已经接受 Z39.50 作为国际标准,定名 ISO 23950—1998,并且为了与原有标准 ISO 10612/10613(Search and Retrieval Protocol)保持连续统一,也定名为 ISO 10162/10613 SR Version 2。Z39.50 最初是针对图书馆机读目录(Machine-Readable Catalog,MARC)数据库共享而开发的标准,随着应用范围的扩大,已发展成为一般性的信息查询和获取标准。

基于 Z39.50 的信息检索服务主要有书目信息检索服务、全文信息检索服务和商业信息检索服务。Z39.50 是一个面向连接、有关信息检索的协议,把互连的双方分别称为请求方(客户端)和服务方(服务器)。当命令、检索方法各不相同的双方不能直接检索对方的数据库时,需要通过 Z39.50 为双方提供服务。Z39.50 建立抽象数据库概念,使每个执行 Z39.50 标准的系统将抽象模型映射成自己专用的模型或反向转换。也就是说,当请求方向服务方提出服务请求时,要把本系统的检索命令转换成 Z39.50 标准格式,即使用基本编码规则 1(ASN_1)中的规定,把信息编成 Z39.50 的应用协议数据单元(Application Protocol Data Unit,APDU),然后发往服务方。服务方则相反,将 APDU 解码成自身系统的检索命令,再执行该命令。检索完成后,按上述相反顺序把数据发回请求方,从而实现系统间的互连互访。图 6-3 给出了 Z39.50 信息检索服务一种典型的实现方式。

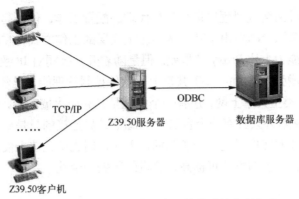

TCP/IP

ODBC

Z39.50服务器

数据库服务器

......

Z39.50客户机

图 6-3　Z39.50 信息检索服务一种典型的实现方式

6.2.8　代理服务器和 NAT

代理服务器（Proxy Server）是代理网络用户取得网络信息的服务器，就像网络信息的中转站。在一般情况下，我们使用网络浏览器直接去连接其他 Internet 站点取得网络信息时，都是送出请求信号，然后对方把所请求的信息传回来。代理服务器是介于客户机网络应用程序和 Internet 相应服务器之间的一台服务器。例如，客户机是浏览器，则 Internet 上就是 Web服务器做响应，有了代理服务器后，浏览器不是直接到 Web 服务器中去取回网页，而是向代理服务器发出请求，请求信号会先送到代理服务器，由代理服务器向 Web 服务器来索取回浏览器所需要的信息并传送给用户的浏览器。而且，大部分代理服务器都具有缓存的功能，有很大的存储空间，不断将新取得的数据存储到本机。如果浏览器所请求的数据在本机的存储器上已经存在而且是最新的，那么它不从 Web 服务器取得数据，而是直接将存储器上的数据传给用户的浏览器，这样就能显著提高浏览速度和效率。由于互联网存在多种应用协议（Web、FTP、POP3 等），因此代理服务器一般具有同时支持多种应用的能力。

代理服务器具有缓存功能，可以加快对网络的访问速度，由于代理服务器对每种网络应用都是独立进行代理工作的，因此对用户具有很强的控制管理能力。但是，这也是代理服务器方式的缺点，对新出现的网络应用无法支持，对每种网络应用都需要进行正确的配置，每个客户端的每种网络应用软件都需要进行配置。

NAT（Network Address Translation）采用网络地址转换技术，局域网内部的"非法互联网 IP 地址"通过 NAT 可以转化成"合法互联网 IP 地址"，实现对外界网络如 Internet 的合法访问。NAT 的实质其实可以这样理解，它是一个在数据包底层的 Proxy 代理，不再单独为每种互联网应用协议（如 HTTP、FTP、Telnet）做代理工作，是每个 TCP/IP 数据包的代理。

NAT 将内部客户机发出的每个 IP 数据包地址进行检查和翻译，把包内的请求端 IP 地址数据记录，并重新打包成合法的互联网外部 IP 地址，发送到互联网。然后，NAT 把由互联网获得的数据包，根据请求端记录，把目的 IP 地址在数据包内部进行重组，使其转换为局域网客户端的 IP 地址，再发送到客户端。

NAT 共享上网的优势在于：内部的机器只需要设置共享服务器的地址为客户端机器的网关，服务软件就完成所有转换工作，客户端就好像一台具有真正连接互联网能力的机器，由于 NAT 针对每个数据包转换，也就不存在不同网络应用协议需要分别代理和处理的问题，用户不需要考虑根据每种网络应用程序进行连接代理的配置工作，使用起来无拘无束。所以，有时被称为"透明代理"。NAT 由于其全透明、全底层的工作方式，在对客户机使用的网络应用程序的控制管理能力上比 Proxy 类型差。但是随着开发公司对 IP 数据包研究的加深，控制管理能力也在逐步增强，现在的 NAT 共享上网软件控制管理能力已经强大了很多。无论是使用 Proxy 还是 NAT 类型共享上网，还有一个好处是具有防火墙功能，当外界主动连接局域网的时候，由于局域网对外只具有一个合法 IP 地址，外界连接的只是用于共享上网的那台代理服务器，对内部其他的客户机是无法访问的，无法访问也就无法入侵。所以，相比各台计算机独立上网方式，共享上网方式可提高计算机的数据安全性。

6.3　搜索引擎

面对互联网的迅速发展和网络信息资源的急剧增长，被称为网络之门的搜索引擎（Search Engine）应运而生。搜索引擎作为互联网导航工具，通过采集、标引众多的互联网资源来提供全局性网络资源的控制和检索机制，目标是将互联网上的所有信息资源进行整合，方便用户查找所需信息。搜索引擎本身也是一个 WWW 网站，与众多包含网页信息的普通网站不同的是：搜索引擎网站的主要资源是描述互联网资源的索引数据库和分类目录，为人们提供了一种搜索互联网信息资源的途径。搜索引擎的索引数据库以网页资源为主，有的包括电子邮件地址、新闻论坛文章、FTP、Gopher 等互联网资源。

一个完整的搜索引擎主要包括：① 人工或自动巡视软件（如网络蜘蛛 Web Spider、爬行者 Crawler、网络机器人 Robots 等）；② 索引库（Index 或 Catalog）或分类目录；③ 用于检索索引库的检索软件（Search Engine Software）及浏览 Web 界面等部分。人工或自动巡视软件定期访问 WWW 站点并跟踪链接，对人工或自动巡视软件访问过的 WWW 站点和网页建立索引或分类目录，索引库中保存访问过的站点和网页的索引。检索软件根据用户的查询要求在索引库中筛选满足条件的网页记录，并依照排序得分依次给出查询结果，或者根据分类目录一层层浏览。搜索引擎包含了丰富的网上资源信息，对用户的检索响应速度也很快，一般每次检索只要几秒钟。

搜索引擎对网络资源的收集和整理主要有两种方式。

一是图书馆和信息专业人员通过对互联网信息资源进行筛选、组织和评价，编制描述网络资源的主题目录。这些目录虽然质量高，但编制速度无法适应互联网资源增长变化的速度。

二是计算机专业人员设计开发巡视软件和网络机器人等，对互联网资源进行自动搜集、整理、加工和标引。这种方式省时、省力，加工信息的速度快、范围广，可向用户提供关键词、词组或自然语言的检索。由于计算机软件在人工智能方面与人脑的思维还有很大差距，在检索的准确性和相关性判断上质量不高，因此现在很多搜索引擎将人工编制的主题目录和搜索引擎提供的关键词检索结合起来，以充分发挥两者的优势。由于互联网本身的特点，现有的任何一种搜索引擎都难以做到对互联网信息资源的全面检索。

6.3.1　搜索引擎的类型

搜索引擎不但数量增长较快，而且种类较多，并不局限于常见的全文检索型和分类目录型。人们根据自己的观察角度，对搜索引擎采取了不同的分类。按资源的搜集、索引方法及检索特点与用途来分，搜索引擎可分为分类目录型搜索引擎、全文检索型搜索引擎和文摘型搜索引擎；按检索方式分，可分为单独型搜索引擎和汇集型搜索引擎；按覆盖范围，可分为通用型搜索引擎和专业型搜索引擎；按搜索引擎的功能，可分为常规搜索引擎和多元生成搜索引擎；等等。

由于不同类型的搜索引擎对网络资源的描述方法和检索功能不同，对同一个主题进行搜索时，使用不同的搜索引擎通常会得到不同的结果，因此要了解各种搜索引擎的特长，选择合适的搜索引擎，并使用与之相匹配的检索策略和技巧，这样就可以花较少的时间获得较满意的结果。

1. 分类目录型搜索引擎

分类目录型搜索引擎提供了一份按类别编排互联网站点的目录，各类下边排列属于这一类别的网站的站名和网址链接，就像电话号码簿一样，不同的是有些搜索引擎还提供了各网站的内容提要。分类目录型搜索引擎又称为目录服务（Director Service），检索系统将搜索到的互联网资源按主题分成若干大类，每个大类下面分设二级类目、三级类目等，一些搜索引擎可细分到十几级类目。这类搜索引擎往往还伴有网站查询功能，也称为网站检索。通过在查询框内输入用户感兴趣的词组或关键词（keyword），即可获得与之相关的网站信息。

在分类目录型搜索引擎中，当遇到一个网站时，它并不像全文搜索引擎那样将网站上的所有内容都收录，而是先将该网站划分到某个分类下，再记录一些摘要信息（abstract），对该网站进行概述性的介绍。用户提出搜索要求时，搜索引擎只在网站的简介中搜索。

以分类目录为主的搜索引擎的特点是由系统先将网络资源信息系统地归类，用户可以清晰、方便地查找到某一类信息，只要遵循该搜索引擎的分类体系，层层深入即可。这与传统的信息分类查找方式十分相似，尤其适合那些希望了解某一主题范围内信息的用户。由于主题检索得到的信息是已精心组织过的，主题较准确地描述了所检索的内容。

以分类目录为主的搜索引擎的不足之处是搜索范围比以全文检索为主的搜索引擎的范围要小得多，加之这类搜索引擎没有统一的分类体系，用户对类目的判断和选择将直接影响到检索效果。而类目之间的交叉又导致了许多内容上的重复。有些类目分得太细，使用户无所适从。此外，目录库相对较小，更新较慢，也影响使用效果。

2. 全文检索型搜索引擎

全文检索型搜索引擎处理的对象是互联网上所有网站中的每个网页。用户得到的检索结果通常是一个个网页的地址和相关文字，其中也许没有用户在查询框中输入的词组，但在检索结果所指明的网页中，一定有用户输入的词组或与之相关的内容。

全文检索型搜索引擎通常被称为索引服务（Indexing Service），与以分类目录为主的搜索引擎中的网站查询十分相似，却有着本质的区别。尽管有些全文检索型搜索引擎也提供分类目录，但这是网页的分类目录，而不是网站的分类目录。由于网页数目巨大，用户很难从目录浏览中得到明确的结果。

全文检索型搜索引擎通过使用大型的信息数据库来收集和组织互联网资源，大多具有收集记录、索引记录、搜索索引和提交搜索结果等功能。用户使用所选的单词或词组（称为"关键词"）进行搜索，搜索引擎检索文本数据库以匹配或关联到用户给定的请求，然后返回给用户一个与这些文本相连的列表清单。查询结果与检索服务相关，但都应包括页面标题及其网址，检索结果可能出现的其他内容有：简短总结、大纲或文摘，页面首段的部分或全部，表明页面与待查询项目相关联程度的数字或百分比，日期，文本大小，与检索词具有类似性的主题链接等。

以全文检索为主的搜索引擎的特点是信息量很大、索引数据库规模大、更新较快。互联网上新的或更新的页面常在短时间内被检索到，而过期链接会及时移去。一般说来，人们总希望利用较大的搜索引擎来查找需要的信息。如何衡量一个数据库的大小呢？下面几个指标可供参考：① 是否可检索到全文；② 文档中是否包含 URL、名字、标题或摘要；③ 文档中是否可检索到 URL 和名字；④ 文档中是否有描述性的文字。

以全文检索为主的搜索引擎的不足之处是：检索结果反馈的信息往往太多、太滥，以致用户很难直接从中筛选出自己真正感兴趣的内容，要想达到理想的检索效果，通常要借助必要的语法规则和限制符号，而这又是多数用户不熟悉的。此外，对同一个关键词的检索，不同的全文检索型搜索引擎反馈的结果相差很大。尽管反馈的信息数量多，但用户经常遇到检索结果缺乏准确性、包含的可用信息少和评述与文摘实用价值不高等问题。

3. 多元集成型搜索引擎

互联网上信息极其丰富，任何一个搜索引擎都无法将其完全覆盖。建立在多个搜索引擎基础之上的多元集成型搜索引擎在一定程度上满足了用户更多、更快地获得网络信息的要求。

当用户使用多元集成型搜索引擎时，这种搜索引擎可将用户的请求迅速发送给其他独立的搜索引擎，并将它们反馈的结果进行处理后提供给用户，或者让用户选择其中的某几个搜索引擎进行工作。

多元集成型搜索引擎有串行处理和并行处理两种方式。串行处理是将检索要求先发送给某一个搜索引擎，再将检索结果处理后传递给下一个搜索引擎，依次进行，最终将结果反馈给用户。串行处理方式准确，但速度慢。并行处理则是将检索请求同时发给所有要调用的搜索引擎。并行处理方式速度快，但重复内容较多。

4. 图像搜索引擎（专业型搜索引擎）

图像搜索引擎面向互联网上嵌入式图像或被链接的图像，通常实现以下功能：① 允许用关键词搜索图像内容、日期和制作人；② 能通过颜色、形状和其他形式上的属性进行搜索；③ 把图像作为搜索结果的一部分显示。

图像搜索引擎通过显示一张略图、图像的 URL、存放图像的站点的 URL 及有关图像的某些信息的方式显示搜索结果。用户可以根据这些数据确定该图像是否满足搜索要求，查出源站点，并弄清图像存放的位置。

图像在很多方面不同于文本。搜索引擎在面对文本信息时，所用的检索方法可能不够完美，但至少可以用单词来进行搜索。而图像需要人们按照各自的理解来说明它们所蕴涵的意义，图像本身难以分解出可以搜索的部件，需要利用某种可以辨别颜色和形状的机制。例如，依据图像的颜色、纹理、形状特征及子图像（目标，又称对象）的特征进行检索。颜色查询用来检索颜色相似的图像；纹理查询检索含有相似纹理的图像；形状特征查询让用户选择某一形状或勾勒一幅草图，利用形状特征或匹配主要边界进行检索。图像对象查询对图像中所包含的静态子对象进行查询，查询条件可以综合利用颜色、纹理、形状特征、逻辑特征和客观属性等。

5. 智能搜索引擎

智能搜索引擎是结合了人工智能技术的新一代搜索引擎，使互联网信息检索从基于关键词提高到基于知识（或概念），并对知识有一定的理解与处理能力，能够实现分词技术、同义词技术、概念搜索、短语识别及机器翻译技术等。智能搜索引擎具有信息服务的智能化、人性化特征，允许用户采用自然语言进行信息检索，使用更方便，反馈的结果更准确。本章 6.3.5节将详细介绍。

6.3.2　搜索引擎的特点

搜索引擎是互联网导航工具，是一种搜索互联网信息的软件系统，通过采集、标引互联网资源来提供全局性互联网资源控制与检索机制，并将互联网中的信息资源进行整理和分类，形成一个完整的集合，目的是方便用户查找所需信息。搜索引擎产生于 1994 年，时间虽短，但发展迅速，种类繁多。搜索引擎在发展过程中，形成了自己的有别于其他检索工具的特点。

搜索引擎使用方便，一般由分类目录和关键词检索部分组成。搜索引擎信息量大、使用灵活，用户如果想了解某一领域的信息，暂不准备对此进行深入、细致的调查研究，分类目录可以让用户通过浏览的方式就可以集中地找到这类信息。关键词检索提供多种检索方式，是搜索引擎的基本组成部分，一个搜索引擎可以没有分类目录，却极少没有关键词检索。

1. 使用方便

为了充分提高访问量，搜索引擎网站都将易用性作为自己的建设目标。因为烦琐复杂的搜索引擎不能在效率上体现优势，检索效率不高，就谈不上使用率。针对互联网用户利用信息资源具有相对稳定的特点，搜索引擎一般对不同用户群的知识结构需求尽力提供相关的功能。提高搜索引擎的智能化程度，使之更加简便易用，是搜索引擎吸引用户的重要手段。因此，搜索引擎在学科领域知识和语言知识方面给用户充分的支持，使用户的认知负担降到最低程度。有些搜索引擎体现了智能检索的功能，用户不需要记忆任何符号，可以按照书写习惯输入查询请求，得到检索结果。

用户进入某搜索引擎后，一般总是在比较显著的位置看到一个关键词检索框。用户只要在检索框内输入一个检索表达式，很快就会显示检索结果。检索表达式可以是一个词或几个词，甚至是一句普通的提问句。不同的搜索引擎对检索表达式的构成有不同的规则，同一个检索式用于不同的搜索引擎，返回的检索结果也不尽相同。使用搜索引擎时，用户需要构造一个有明确目的、针对性强、系统接受的检索表达式。

分类目录体系是非常有效的。其类目录主要由人工编排，通常有几层到十几层，用户可以迅速找到相关站点。搜索引擎分类目录索引工具与关键词检索相辅相成。

2. 信息量大

搜索引擎搜集的互联网信息资源十分广泛，不论是人文社会科学方面的信息，还是自然科学方面的信息，不论是学术研究性的信息，还是生活服务及娱乐性的信息，不论是系统性的知识，还是零散的知识，都被包含在它的搜索范围之内。

搜索引擎并不局限于提供单一的网络信息资源的查找服务，在作为综合性、百科性查询工具的同时，还针对特定类型的信息及用户群提供特殊的查询工具，如重大新闻、投资信息、股票信息、体育娱乐信息等。

3. 检索方法多样

搜索引擎通常既支持分类检索，又支持主题检索；既提供满足一般用户要求的简单检索，又提供满足专业用户要求的高级检索（advanced search）。简单检索就是在关键词输入框中输入一个或几个关键词，然后提交给搜索引擎。简单检索的结果往往不够精确，因为使用一些出现频率较高的词，反馈的结果很多，用户难以取舍；如果选择的词很生僻，则反馈结果可能都不是用户所需要的。一个或几个单词很难完整表达用户的检索要求。

搜索引擎在提供布尔逻辑检索的基础上，还提供截词检索、字符串检索、字段检索、位置检索、自然语言检索、概念检索等，有的甚至能从字段、范围、时间、语言、信息类型、网站等方面进行必要的限定。此外，搜索引擎一般保留检索式并能对其进行修改，实现二次检索。

搜索引擎提供一些新方法来对用户的检索要求进行逻辑条件限制和特殊操作符限制，力争提高检索结果的正确率。这些方法通常称为高级检索。不同的搜索引擎所提供的高级检索有很多相似之处，只是有些搜索引擎整体水平较高，其高级检索具备许多复杂功能，如逻辑检索和使用特殊操作符等。

4. 检索结果形式多样

搜索引擎可以根据用户的不同需要，让用户选择不同的显示格式及详简程度和结果排序标准，如按相关度、URL、域名、字母等排序；也可以合并返回结果，删除重复的链接。例如，有些搜索引擎的搜索结果是按搜索结果和用户输入的关键词的关联程度来排列的，关键词出现越多的结果排得越靠前，在相关度排序的同时，越知名的站点排得越靠前。

6.3.3　著名搜索引擎的使用

互联网上搜索引擎很多，用户使用时要根据自己的要求选择合适的搜索引擎。先使用搜索引擎的分类目录，浏览自己关心的主题，再使用关键词检索中的简单检索，如果反馈的结果太多，可以再使用高级检索功能。

选择搜索引擎，要考虑以下因素。

① 收录范围。综合性搜索引擎通常以全球的互联网资源为目标，而一些中小型搜索引擎致力于某区域或某领域的专业资料信息。综合性搜索引擎的范围虽然广泛，但就某区域或某

领域而言，不一定有中小型搜索引擎信息收集得丰富和完备。搜索引擎包含最多资源的是 WWW 资源，有的搜索引擎只收集 WWW 资源，有的搜索引擎除了收集 WWW 资源，还收集 BBS、FTP、Gopher、Newgroup 等资源。

② 搜索引擎使用数据库的容量。不同的搜索引擎，其数据库的容量相差很大，有的已达 2.5 亿个网页（AltaVista），而有的还不到百万个网页。

③ 用户界面。在保证功能齐全的基础上，应当尽力保持用户界面友好，避免花哨和过多的广告。

④ 响应速度。通常情况下，响应速度不是由搜索引擎运行速度决定的，而是由网络传输速度决定的。

⑤ 更新周期。互联网始终处于不断变化发展之中，一个好的搜索引擎，除了内容丰富、查找迅速，还应该对数据库中已有内容进行审核、更新，及时删除死链接、坏链接。

⑥ 准确性和全面性。通常用户总是希望搜索引擎反馈的内容是准确的和全面的，但实际上，准确性与全面性是搜索引擎的一对矛盾，目前对此还不能过于苛求。

根据《2016 年中国网民搜索行为调查报告》，截至 2015 年 12 月，中国搜索引擎用户规模达 6.4 亿，使用率为 82.8%。手机搜索用户数为 6.24 亿，使用率为 82.9%。作为互联网基础应用，搜索引擎用户规模继续与网民总体规模增速基本保持同步。

1. Yahoo

Yahoo（雅虎）是 Yet Another Hierarchically Officious Oracle 的首字母缩写。1994 年 4 月，斯坦福大学两位博士生杨致远和 David Filo 共同创办了雅虎，通过著名的雅虎目录为用户提供导航服务。雅虎目录有近 100 万个分类页面，14 个国家和地区的语言的专门目录，包括英语、汉语、丹麦语、法语、德语、日语、韩语、西班牙语等。自问世以来，雅虎目录已成为最常用的在线检索工具之一，并成功地使搜索引擎的概念深入人心。随着网页数量的增长和用户对关键词查询的需要，1996 年至 2004 年，雅虎先后选用 AltaVista、Inktomi 等第三方搜索引擎作为自己网页搜索的后台服务提供商。为给用户提供更好的搜索体验，雅虎先后斥资 26 亿美元收购了可以与 Google 匹敌的 Inktomi、Overture、Fast、AltaVista、Kelkoo 五家国际知名搜索服务商，经过近一年的消化和二次开发，雅虎在整合众多核心技术的基础上推出 YST 技术。YST 是 Yahoo!全球搜索技术（Yahoo! Search Engine Technology）的简称，是一套基于算法的 Web 索引抓取程序，能够自动探测网络内容。YST 曾经成为国际两大顶级网页搜索引擎之一，也是全球使用量最高的网页搜索引擎之一。雅虎网页搜索引擎的基本技术原理如图 6-4 所示。

首先，搜索引擎会建立一个网页地图（Webmap），记录互联网的链接结构，再使用网页抓取的蜘蛛程序（Robot）根据网页地图来抓取（Crawl）质量好的网页，存储到网页快照数据库中。接下来，索引程序（Indexer）会将快照数据库中的网页编号存储到网页索引数据库中，在这个过程中会利用相关技术去掉作弊网页（Spam）。当用户输入一个查询词搜索时，查询程序会使用这个查询词到索引数据库中进行比较，并经过相关性计算后，按照相关程度对网页进行排序，相关性越高的排得越靠前。相关性的计算是包括各种因素的综合结果。例如，网站标题或网页内容对查询词的匹配、网页被链接的次数等。

Yahoo 原以分类目录体系而著称，其类目录主要由人工编排，通常有十几层，用户可以迅速找到相关站点，由于现已经开发出独立的搜索引擎技术，进而也转向了全文搜索。

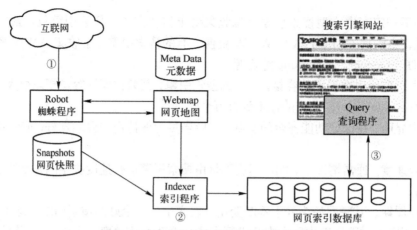

图 6-4　雅虎网页搜索引擎的基本技术原理

2. Google

Google 是由 Larry Page 与 Sergey Brin 于 1998 年 9 月在美国硅谷创建的高科技公司。他们设计的 Google 搜索引擎自 2000 年正式开始商业运营以来，在全球范围内拥有了一个快速增长的用户群。Google 通过对 200 多亿网页信息的整理，每天为世界各地提供 2 亿次以上的网上信息查询服务，索引网页数超过 80 亿。

Google 是一个利用网络蜘蛛（Spider）以某种方式自动地在互联网中搜集和发现信息，并由索引软件对搜集到的信息建立索引，从而为用户提供面向网页的全文检索服务的互联网信息检索系统。Google 采用先进的网页级别（Page Rank）技术，这种技术可以根据互联网本身的链接结构对相关网站自动分类，清理整合互联网信息资源，使之井井有条，任何网页均可直接连接到另一网页，从而使信息与观念在网站之间畅通无阻。

Google 支持简单检索和高级检索，默认以关键词精确匹配方式检索。其简单检索界面如图 6-5 所示。如果用户想检索"信息检索"相关内容，可以直接在搜索框内输入"信息检索"，也可以点击搜索框最右边的话筒按钮，用各种语言直接语音进行检索。

图 6-5　谷歌简单检索界面

2004 年 11 月，谷歌推出了学术搜索引擎谷歌学术（Google Scholar），为用户查找学术资源提供了一条新的途径。以"Stand on the shoulders of giants"为宗旨，不仅可为用户搜索普通网页中的学术论文，还可以搜索同行评议论文、学位论文、图书、预印本、文摘、技术报告等多种文献。文献来源包括学术出版物、专业学会网站、预印本库、机构知识库，内容从医学、物理学到经济学、计算机科学等，横跨众多学术领域。2006 年 1 月，谷歌宣布将扩展至中文学术文献领域，供中国用户更方便地搜索全球的学术科研信息。谷歌学术的一大亮点是其提供引文链接，通过自动分析和摘录引文，将它们作为单独的结果加以排列，用户点击记录下方的"Cited by…（引用次数）"即可搜索引用文献。这些文献不仅包括存储在各种数据库中的引用文献，还包括在书籍中和各类非联机出版物中的引用文献。

谷歌图书（Google Books）是由 Google 研发的搜索工具，当用户使用关键字搜索时，结果索引会显示在 Google 网络搜索服务的上方。用户还可以在 Google 图书搜索中搜索书籍。单击 Google 图书搜索的结果索引打开页面，用户可以查看书籍中的页面以及内容相关的广告，链接到出版商的网站和书店。Google 以限制网页的浏览数量，来阻止书籍被打印和保护文字内容的复制版权，并追踪用户使用记录，作为通过各种准入限制和保障措施的依据。

谷歌趋势是 Google 开发的一款服务，用于分析用户在谷歌中搜索过的条目。分析结果会在世界地图上显示出对于条目的地区关注度差异。谷歌趋势图谱中的搜索量指数代表相对于图表中指定区域和指定时间内最高点的搜索热度。横轴代表时间，纵轴代表搜索热度，热度最高的时间点对应的得分为 100，其他时间点的得分则是相对于最高点而形成的。多个检索词对比时也是将当前限定条件下的最高点设置为 100。

3. 百度

"百度"二字源于中国宋朝词人辛弃疾的《青玉案》诗句"众里寻他千百度"，象征着百度对中文信息检索技术的执着追求。百度公司于 1999 年年底在美国硅谷成立，创建者是在美国硅谷有多年成功经验的李彦宏和徐勇。2000 年 1 月，百度公司在中国成立了它的全资子公司——百度网络技术（北京）有限公司。百度搜索引擎使用了高性能的"网络蜘蛛"程序自动在互联网中搜索信息，可定制、高扩展性的调度算法使得搜索器能在极短的时间内收集到最大数量的互联网信息。百度在中国各地和美国均设有服务器，搜索范围涵盖了中国（包括大陆和港澳台地区）、新加坡等华语地区及北美、欧洲的部分站点。百度搜索引擎拥有全球最大的中文网页库，目前收录中文网页已超过 20 亿，这些网页的数量每天正以千万级的速度增长。根据第三方权威数据，在中国，百度 PC 端和移动端市场份额总量达 73.5%，覆盖了中国 97.5%的网民，拥有 6 亿用户，日均响应搜索 60 亿次。百度首页跟谷歌的界面一样简洁，用户在搜索框内直接输入表达自己需求的关键词即可。用户还可以点击搜索框最右边的"照相机"按钮，直接上传图片进行图片检索。

百度支持简单检索、高级检索和二次检索，默认以关键词精确匹配方式检索。用户在检索框内输入关键词，点击"百度一下"按钮或直接按回车键即可获得检索结果。系统默认网页检索，如需检索新闻、贴吧、知道、MP3、图片等其他专门类别信息，则需点击选择检索框上方的相应图标。

百度支持布尔逻辑检索，使用空格、"+"或"&"表示逻辑与，用"|"表示逻辑或，用"-"表示逻辑非。如果输入的查询词很长，百度在经过分析后，给出的搜索结果中的查询词可能是拆分的。如果对这种情况不满意，可以尝试让百度不拆分查询词。给查询词加上双引号就可以达到这种效果。例如，搜索"上海科技大学"，如果不加双引号，搜索结果被拆分，效果不是很好，但加上双引号后，获得的结果就全是符合要求的了。书名号是百度独有的一个特殊查询语法。在其他搜索引擎中，书名号会被忽略，而在百度中，中文书名号是可被查询的。加上书名号的查询词有两层特殊功能：一是书名号会出现在搜索结果中；二是被书名号扩起来的内容不会被拆分。书名号在某些情况下特别有效，如查名字很通俗和常用的那些电影或小说，如查电影"手机"，如果不加书名号，很多情况下出来的是通信工具——手机，而加上书名号后，结果就都是关于电影方面的了。

同许多搜索引擎一样，百度也支持许多高级检索语法。

① 把搜索范围限定在某个站点中："关键词 site:网站（或域名）"。注意："site:"后跟的站点域名不要带"http://"；另外，"site:"与站点名之间不要带空格。

② 把搜索范围限定在 URL 链接中："inurl:"后跟需要在 URL 中出现的关键词。注意，"inurl:"语法与后面所跟的关键词之间不要有空格。

③ 把搜索范围限定在网页标题中："intitle:"后跟需要在网页标题中出现的关键词。同样，"intitle:"与后面的关键词之间不要有空格。

单击百度首页检索框右边的"高级"按钮，进入高级检索页面，如图 6-6 所示。高级检索可定义检索结果"包含以下全部的关键词""包含以下的完整关键词""包含以下任意一个关键词""不包括以下关键词"，以及检索结果显示的条数、限定检索网页的时间及语言和格式（.pdf、.doc、.xls、.ppt、.rtf）、搜索网页的位置（实质同上面所提的高级检索语法）。通过这些限定条件，可以得到更准确的检索结果。

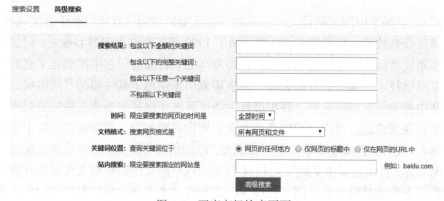

图 6-6　百度高级检索页面

检索结果输出支持内容聚类、网站聚类、内容聚类+网站聚类等多种方式，支持用户选择时间范围，提高用户检索效率。检索结果能标识丰富的网页属性（如标题、网址、时间、大小、编码、摘要等），并具有命中词标红功能，突出用户的查询串，便于用户判断是否阅读原文。在输出结果排序方面，百度采取基于内容和基于链接分析的智能化相关性算法来进行相关度评价，其排序技术能够较客观地分析网页所包含的信息，最大限度地保证检索出的结果与用户的查询串一致。百度设置了关联搜索功能，方便访问者查询与输入关键词有关的其他方面的信息。同时还提供"百度快照"查询，支持动态网页的检索。百度快照让检索者能快速实时浏览服务器预存（缓存）页面，以决定取舍，方便快捷，提高了检索速度，巧妙解决了用户经常遇到的死链接问题。在支持二次检索（又称渐进检索或逼近检索）方面，百度搜索可在上次检索的结果中继续检索，逐步缩小查找范围，直至获得最小、最准确的结果集。

2014 年 6 月初，百度学术搜索上线，是百度旗下提供海量中英文文献检索的学术资源搜索平台，涵盖了各类学术期刊、会议论文，旨在为国内外学者提供最好的科研体验。百度学术搜索收录了国内外学术站点超过 70 万家，如中文学术站点知网、万方、维普，外文学术站点 ACM、IEEE、springer 等，建设了包括学术期刊、会议论文、学位论文、专利、图书等 6.8 亿多篇文献，每年为数千万用户提供近 30 亿次服务。据悉，百度学术是国内首个拥有亿级别索引量的互联网学术平台，其"一键直达"的检索功能是其他数据库不能比拟的。

百度学术有一般检索与高级检索两种检索方式。

一般检索只提供一个检索框，比较适合确定性检索。如用户已经知道论文标题，在搜索框内输入标题即可直接检索。

高级检索可以从关键词、作者、出版物（包括期刊和会议两种类型）、成果发表时间多个途径同时进行检索。它还支持多个关键词同时检索、检索词精确检索，用户可以限定检索词出现的位置（包括文章任何位置和文章标题）。它适合用户需求模糊的检索，或者是多途径的复合需求检索。

百度学术的检索界面与学术谷歌的检索界面基本一致，只是其高级检索不提供逻辑非检索。与 CNKI、万方、维普等期刊数据库相比，百度学术不提供作者单位、支持基金、是否优先出版期刊等条件的限制功能。百度学术供用户选择的检索途径不是非常丰富，但已经能够满足用户检索学术文献的基本需求，而其对检索结果的筛选功能，又一定程度上弥补了检索途径所存在的不足。

百度指数是以百度海量网民行为数据为基础的数据分享平台。用户可以研究关键词搜索趋势、洞察网民需求变化、监测媒体舆情趋势、定位数字消费者特征；还可以从行业的角度，分析市场特点。百度指数基于百度海量数据，一方面进行关键词搜索热度分析，另一方面深度挖掘舆情信息、市场需求、用户特征等多方面的数据特征。百度指数每天更新，并且提供自 2006 年 6 月至今任意时间段的 PC 端搜索指数，2011 年 1 月至今的移动端无线搜索指数。百度指数包括了指数探索、数说专题、品牌表现和我的指数 4 个模块。图 6-7 是输入"2017 广州车展"的检索结果。用户可以从趋势研究、需求图谱、资讯关注和人群画像 4 个角度来了解相关信息。

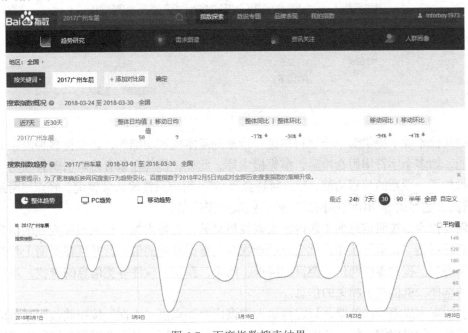

图 6-7 百度指数搜索结果

4. 搜狗

搜狗是搜狐公司的旗下子公司，2004 年 8 月 3 日推出，第三代互动式中文搜索引擎，是搜索技术发展史上的重要里程碑。2007年1月1日，搜狗网页搜索推出3.0版本，成为全球首个中文网页收录量达到100亿的搜索引擎。2010年8月9日，搜狐与阿里巴巴宣布将分拆搜狗成立独立公司，引入战略投资，注资后的搜狗有望成为仅次于百度的中文搜索工具。2015年11月8日，搜狗与知乎深度合作，搜狗全面接入知乎内容数据，同时上线搜狗知乎搜索垂直频道，聚合知乎优质内容；知乎启用搜狗为其定制的搜索技术解决方案，完全升级知乎搜索的底层引擎。2016年5月8日，搜狗公司宣布上线"搜狗明医"垂直搜索，旨在把权威、真实有效的医疗信息提供给用户。2016年5月19日，搜狗与微软正式达成合作，搜狗搜索对接微软必应全球搜索技术，推出搜狗英文搜索、搜狗学术搜索两个垂直频道。

搜狗搜索的主页也非常简洁，用户可以在搜索框内输入要查询的关键字，其主页提供高级搜索（如图6-8所示）和网址导航等。高级搜索可以限定搜索的网站、搜索词的位置、搜索结果排序、指定文件格式和每页显示的记录数。搜狗网址导航始建于2005年，前身是搜狐分类目录，宗旨是方便网友们快速找到自己需要的网站，而不用去记太多复杂的网址，同时也提供实用查询、快速充值、天气预报等服务。2010年以来，搜狗网址导航迈入新的发展阶段，形成了搜狗影视导航、搜狗团购导航等强大的综合性资源导航矩阵。

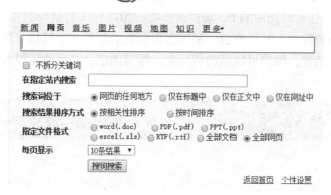

图6-8　搜狗搜索高级搜索

关键词检索除了提供对单个字符串进行检索的基本检索功能外，还支持多种复杂的高级检索功能，如多个字符串组合检索、模糊检索等。此外，搜狗在原有搜索引擎各项功能的基础上又增加了一项新的搜索功能，即"网站直通车"，用户只需输入关键词，轻点"网站直通车"，就能直达与关键词相关的网站，轻松获取所需信息。

关键词检索是按照信息的主题内容来查找信息的，在搜索框中输入想要查找的信息的关键词，然后点击"搜索"按钮，就会自动查找与关键词匹配的信息，并且在页面上将这些信息提供给用户。搜狗提供网站、类目、网址、网页、新闻、软件等类信息的查找。用户只要做简单的选择，就能找到相关的信息。

搜狗的查询界面同样简单，只需要输入查询内容，点击"查询"按钮或按回车键即可得到检索结果。如果想缩小搜索范围，只需输入更多的关键词，并在关键词中间留空格即可。搜狗搜索不区分英文字母大小写，无论大写、小写字母均当作小写字母处理。使用双引号进行精确查找。如果要避免搜索某个词语，可以在这个词前面加上一个减号（"-"，英文字符），但在减号之前必须留一空格。如果想知道某个站点中是否有自己需要找的东西，可以把搜索范围限定在这个站点，提高查询效率。在想要搜索指定网站时，使用 site 语法，其格式为"查询词+空格+site:网址"。

搜狗知立方是搜狗搜索打造的战略级衍生产品，引入搜索引擎"中文知识图谱"，于 2012 年 11 月 22 日上线，通过整合海量的互联网碎片化信息，对搜索结果进行重新优化计算，展现最核心的信息。2013 年 9 月，搜狗移动应用产品搜狗语音助手实现搜狗知立方数据的接入，标志着搜狗知立方正式进入无线领域。在应用过程中，搜狗知立方需要区别于传统的"关键词搜索"，不是单纯地抓取网页数据，而是引入"语义理解"技术，试图理解用户的搜索意图，才能把搜索结果准确地传递给用户。图 6-9 是搜狗人物关系搜索的界面。如在人物搜索输入"钱学森"后，他的妻子、儿子等信息就直观地显示出来。人物关系包括亲情、友情和爱情三种类型。

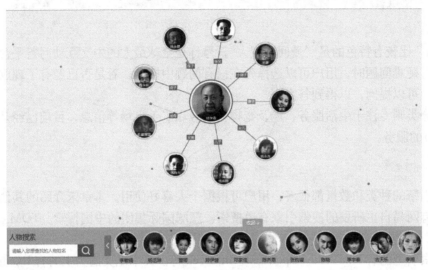

图 6-9　搜狗人物关系搜索

5. 新浪爱问

新浪搜索引擎"爱问"于 2005 年 6 月 30 日正式发布，由全球最大的中文网络门户新浪汇集技术精英、耗时一年多完全自主研发完成，采用了目前最为领先的智慧型互动搜索技术，充分体现了人性化应用理念。作为首款中文智慧型互动搜索引擎，新浪搜索引擎突破了以 Google、百度为代表的算法制胜的搜索模式。它在保留了传统算法技术在常规网页搜索的强大功能外，以一个独有的互动问答平台弥补了传统算法技术在搜索界面上的智慧性和互动性的先天不足。通过调动网民参与提问与回答，新浪搜索引擎能汇集千万网民的智慧，让用户彼此分享知识与经验。

"爱问"搜索的问题库分为电脑网络、体育运动、医疗健康、游戏、社会民生、文化艺术、电子数码、娱乐休闲、商业理财、教育科学、生活、烦恼、资源共享和其他，共 14 个类别。点击电脑网络后，又包括了软件、电脑装机、硬件、程序设计、百度、反病毒、笔记本电脑、互联网、操作系统等二级类目。用户可以从中选择与自己问题相关的内容查看相关问题及问题的答案。

爱问共享资料（如图 6-10 所示）是爱问自主研发的资料共享平台，包含网友上传的多种格式的文档，也提供海量资料的免费下载，内容涉及教育资源、专业资料和 IT 资料等。

图 6-10 "爱问共享资料"主页

"爱问"比较有特色的是"爱问知识人",号称是全球最大的中文互动问答平台。使用方法是如果有疑难问题时,用户可以选择先在已有问题中搜索,看是否已经有了现成的答案,如果没有,可以提问,以得到答案。

爱问分类则专注于生活服务,涉及宠物、票务和二手市场等信息,目前已经开通了全国229个城市的服务。

6. 其他搜索引擎

搜索引擎的种类和数量都很多,用户可根据个人喜好使用。本章未介绍的其他中文搜索引擎主要有网易自主研发的搜索引擎有道搜索、慧聪国际集团的中国搜索、TOM 搜索引擎、360 搜索及微软必应等。

全文索引型的有 VltaVista、OpenText、Infoseek 等。其中以文摘为主的有 Excite、Lycos、Webcrawler、Magellan 等。还有一些专业搜索引擎,如 CSTR、DejaNews、FTPsearch95 Lookup、Internet Movie Database、OKRA、Point Search、Virtual Soft Library 等。医学专业的搜索引擎就有几十个,如 Medical Matrix、Cliniweb、Medical World Search、MedWeb 等。

国外知名的综合搜索引擎还有 AllTheWeb、AltaVista、Lycos、HotBot 等。其中,AllTheWeb 和 AltaVista 都较好地支持中文搜索。AllTheWeb 是当今成长最快的搜索引擎之一,目前支持 225 种文件格式和 36 种语言搜索,其数据库已存有 49 种语言的 31 亿个 Web 页面,曾经一度超过 Google,数据库中简体中文网页已达 4500 万,在所有语言中排名第七。现 AllTheWeb 提供网页检索、新闻检索、图片检索、视频检索和音频检索服务,可以进行常规检索和高级检索。常规检索支持普通关键词检索及+、-、( )等逻辑命令符号,分别对应 AND、NOT、OR 等布尔逻辑命令,并且可使用引号进行精确匹配搜索。高级检索提供限定语言、关键词过滤、域名过滤、IP 地址(地区)过滤和限定结果格式等高级检索功能,方便用户进行更精确的查询。另外,AllTheWeb 高级检索中网页时间可以限定起止区间,甚至 Google 也没有这项功能。AltaVista 最初由数字研究实验室(Digital Research Laboratories)于 1995 年开发,同年 12 月正式公布,是功能全面的搜索引擎。AltaVista 提供常规检索、高级检索和主题检索,主题包括网页、图像、MP3/Audio、Video、新闻等。主页显示 Yahoo 的分类目录和 Yahoo 问答的超链接。进行精确匹配查询时可使用引号,但多数时候即使不用,AltaVista 默认以精确匹配方式查询；不支持自动断词查询，但允许使用通配符"*"，不区分字母大小写，一定要大写时可使用引号。

　　常规搜索引擎有自己独立的网络资源采集机制和相应的数据库，而元搜索引擎没有自己独立的数据库，严格地讲，元搜索引擎属于搜索代理，提供统一界面，形成一个由多个分布的具有独立功能的搜索引擎构成的虚拟逻辑整体，通过元搜索引擎实现对多个独立搜索引擎数据库进行查询，并统一显示结果。著名的元搜索引擎有 Vivisimo、Kartoo、SurfWax、InfoGrid、Ixquick、ByteSearch、MetaCrawler、Mamma 等。其中，MetaCrawler 可同时调用 Google、Yahoo Search、MSN Search、Ask Jeeves、About、MIVA、LookSmart 等多个搜索引擎。还有一个中文元搜索引擎——万纬搜索，支持中英文检索，由上海万纬信息技术有限公司开发，能并行检索国内外多个著名搜索引擎，包括英文搜索引擎和中文搜索引擎。

　　由于搜索引擎面向全球用户，他们中的绝大多数不是情报工作者，选择检索词、构造检索式、决定检索策略，对他们来说是困难的。因此，人们希望能通过自然语言实现信息检索功能。AskJeeves 是实现自然语言检索的搜索引擎之一，允许用户通过问句形式输入自然语言来提问，如"What day is today?"，然后搜索引擎根据一定的算法在后台对问句进行自动分解，并允许用户对提问进行修改，最后输出检索结果。提供类似自然语言检索功能的还有 InQuizit、GoTo、LexiQuest 等。

　　下面简单介绍对标引网页数量最多的搜索引擎 AltVista。AltVista 最初由数字研究实验室（Digital Research Laboratories）于 1995 年开发，同年 12 月正式公布。其综合索引库由经过全文标引的 2.5 亿个网页组成，同时拥有 5000 万由图像、视频、音频信息构成的多媒体索引库，并保证每 28 天更新一次。AltVista 的基本检索功能必须在高级检索界面中使用，这些功能是布尔检索（AND、OR、NOT 并允许嵌套）、单词检索与短语检索、邻近检索、使用通配符的后截词、字段检索、大小写敏感、加权检索等。AltVista 支持多语种检索功能，有多媒体检索功能，并提供类似自然语言检索的提问式，如"Where can I find a schedule for NBA?"，在高级检索中增加了部分智能检索的功能。

　　AltVista 通过将用户输入的文本信息与网页的全文及其 HTML 代码相匹配来实现检索。其检索结果进行聚类处理（Result Clustering），避免来自同一网站的多个网页出现在最前面的检索结果中。AltVista 提供相关反馈功能，即每次检索后，在结果页面中给出"See reviewed Site in:"选项，用户可以看到与自己检索词相似的其他用户进行的检索，以修正自己的检索式。对于所得到的检索结果，用户可以在结果中进行二次检索，以提高检索结果的准确性。

　　AltVista 提供的信息资源有网页、图像、MP3/音频、视频、新闻和购物信息等。其主检索（Main search）在以上资源中进行查找，并按相关性由高到低显示前 200 个结果；高级检索（Advanced search）允许用户输入作为排序依据的关键词，并显示全部命中结果；用户定制检索结果功能，允许用户选择除标题外的其他选项，如简要描述、URL、网页大小、网站所用语言、每页显示结果的数量等，这样用户可以自己决定检索结果的构成。此外，AltVista 提供信息过滤功能（Family filter），为用户除去不适宜的信息。

6.3.4　搜索引擎的局限

　　互联网搜索引擎在一定程度上解决了信息资源的定位问题，但随着互联网资源的迅速增加，互联网搜索引擎结构及工作方式的缺陷渐渐暴露出来。美国新泽西州 NEC 研究所的劳伦斯和吉尔斯，在英国 *Nature* 杂志 1999 年 7 月发表的研究报告表明，1999 年互联网上可检索的网页在 8 亿个左右，这些网页分布于约 300 万个服务器中。他们选取 11 个主要的互联网搜索引擎进行分析后发现，自从 1997 年以来，搜索引擎覆盖的 WWW 网页已明显减少，一个搜索引擎都不包含的 WWW 网页超过了全球 WWW 页面总数的 16%，而与前一年相比，搜索引擎对互联网资源的覆盖面明显下降。搜索引擎受限于它们的 WWW 网页覆盖范围和数据库更新的速度，这将可能导致搜索引擎忽视有价值的信息。

搜索引擎信息发现系统在收集互联网信息，特别是 WWW 页面时，通常必须将网页内容全部或部分下载到本地，然后才能进行索引处理，下载的页面中有许多无用的或暂时信息，影响了索引速度，也浪费了系统通信资源；此外，网络中的站点、网页内容会经常发生变化，现有的搜寻模式很难保证搜寻结果的实效性。

各种搜索引擎使用的检索符号和对检索式的要求不一样,给用户的使用造成了很多不便。例如,用户希望检索 China 和 Economy 主题的信息,可以将检索式写为"China and Economy",但不同的搜索引擎使用的符号是不一样的。符号的多样化给检索带来了困难。在检索式的组成上,不同的引擎也有不同的要求,有的要求用户在写检索的主题时尽可能详细,但有的则要求用户尽可能以简短的词表示查询主题,有些检索软件要求用户将人名和专有名词都大写,有些则大小写都可以。

2001 年，Roper Starch 的调查指出，36%的互联网用户一个星期花了超过 2 个小时时间在网上搜索；71%的用户在使用搜索引擎的时候遇到过麻烦；平均搜索 12 分钟以后发现搜索受挫；搜索受挫中 46%是因为链接错误；绝大部分（86%）的互联网用户感到应当出现更有效的、准确的信息搜索技术。

另一项由 Keen 所做的调查显示，美国人均每天有四个问题需要从外界获取答案；其中 31%的人使用搜索引擎寻找答案；平均每周花费 8.75 个小时找寻答案；53.3%的时间花在从旁人那里获得答案，29%的时间花在亲戚朋友身上，24.3%的时间花在销售商那里；网上查找答案的，半数以上都不成功；他们每周将花费 14.5 美元以上，以获取正确的信息。

不难看出，目前的搜索引擎存在不少的局限性，主要表现在信息丢失、返回过多无用信息及信息无关等方面，造成用户很难有效地获得自己所需的信息，其原因在于传统搜索引擎对要检索的信息仅仅采用机械的关键词匹配，缺乏知识处理能力和理解能力，也就是说搜索引擎无法处理在用户看来是非常普通的常识性知识，更不能处理随用户不同而变化的个性化知识、随地域不同而变化的区域性知识及随领域不同而变化的专业性知识等。

造成常规搜索引擎存在这些问题的原因是，它们采用 C/S 结构，用户在客户机提交搜索关键词，搜索引擎在服务器进行查询运算，然后将结果通过网络发送到客户机端，在整个搜索过程中，客户机只是起着一个终端的作用，其强大的运算能力和存储空间无法发挥，从而造成如下问题：① 搜索结果很难精确匹配；② 无法在本地保存和组织搜索结果；③ 无法对多次搜索结果进行综合逻辑运算的提炼；④ 无法对不同搜索引擎的结果进行综合比较与提炼；⑤ 各搜索引擎使用方法不同造成用户理解和使用困难；⑥ 搜索引擎分页面提交结果引起搜索结果手工下载效率低下，从而增加了用户的网络通信费；⑦ 搜索结果中的匹配文档不可能快捷地下载。

互联网用户需要搜索引擎提供更快、更准、更方便的查询服务。因此，搜索引擎要跟上互联网的发展速度，大幅提高搜索引擎的效率和搜索结果准确度，可考虑在智能化搜索、个性化搜索和本土化搜索等方面寻求突破。

6.3.5 智能搜索引擎

智能搜索引擎是结合了人工智能技术的新一代搜索引擎，它使得互联网信息检索从基于关键词提高到基于知识（或概念），并对知识有一定的理解与处理能力，能够实现分词技术、同义词技术、概念搜索、短语识别及机器翻译技术等。智能搜索引擎具有信息服务的智能化、人性化特征，允许用户采用自然语言进行信息检索，使用更方便、反馈的结果更准确。

智能搜索引擎十分重视机器翻译技术和语义理解技术的研究与应用，机器翻译（Machine Translation，MT）是利用计算机把一种自然语言转变成另一种自然语言的过程。智能搜索引擎在这一领域的研究将使用户可以使用母语搜索非母语的网页，并以母语浏览搜索结果。语义理解通过将语言学的研究成果和搜索引擎技术结合在一起，实现了搜索引擎对搜索词在语义层次上的理解，为用户提供最确切的搜索服务。尽管有越来越多的搜索引擎宣布支持自然语言搜索特性，但是要建立真正的基于自然语言理解的智能查询系统，还存在很多技术难点。例如，如何理解自然语言及所代表的实际含义，如何根据问题找出用户实际想要的答案，如何建立大规模知识库，等等。

知识库是实现智能搜索的基础和核心，知识库就像人脑里存放的知识。知识库的形成与增长就像人脑中知识的增长，也处于一种自增长、自循环的状态，知识库的丰富程度也同样决定着检索能力的高低。

互联网是一个巨大的、非结构化且处于不停变化的信息空间，是智能搜索引擎所面对的信息库。信息库是知识库存在和发展的空间，知识库所做的其实就是对信息库的判断、提取、分析和概括。信息库也是用户所要检索的内容，智能搜索引擎所做的就是通过知识库把用户的问题提高到知识（概念）的层面，然后利用这个知识（概念）检索信息库。

智能搜索引擎还必须做到知识库和信息库相结合。实现两个核心库的有机结合要做到以下三点。

① 语义分析、知识管理和知识检索。语义分析是分析用户语言的具体含义，它应该实现如下几个功能：整句分词、处理同义词、根据知识库分析关键词明确概念和语义及一定程度地丰富知识库。

② 知识管理主要实现知识库的自增长。知识库增长的基础是对信息库的概括和提取，所以知识管理首先要做到对信息库的分析和概括，然后是对知识库的扩充。

③ 知识检索是实现智能搜索的最后一环，通过前面语义分析的结果，明确用户用意，对信息库进行知识（概念）层次的检索，在给出准确答案的同时，给出用户相关问题，从多方位对用户的问题进行回答。

智能搜索引擎有以下优点。

① 搜索结果的准确性。由于采取了知识库为基础的语义分析，在进行检索过程中，采用的不是关键词全文检索，而是基于概念的检索。因此当用户输入"南京天气怎么样？"时，传统搜索引擎可能要返回 1.2 万多个结果，而智能搜索引擎由于采取语义分析的方法，分析出南京天气这个概念，直接给出南京的天气情况。

② 搜索结果的范围定位准确。由于采用知识（概念）检索技术，明确和缩小了搜索范围，减少对无用信息范围的检索。查"南京天气怎么样"也说明了这一点。

③ 提高搜索结果的综合性。由于采用了知识库，搜索引擎将给用户提供更全面、更综合和更合理的知识框架。有助于解决"表达差异"问题，消除使用不同的词表达同一概念而带来的检索困难，如电脑、计算机等。

智能搜索引擎也在不断发展中，随着不断吸取数据挖掘、知识发现和人工智能等领域的研究成果，智能搜索引擎的使用效果会越来越好。

1. 数据挖掘

数据挖掘（Data Mining，DM）就是从大量的、不完全的、有噪声的、模糊的、随机的实际应用数据中抽取隐含在其中的、人们事先不知道的、但又是潜在有用的信息和知识的过程。从更广义的角度来讲，数据挖掘就是在一些事实或观察数据的集合中寻找模式的决策支持过程。因此，挖掘的对象不仅是数据库，还可以是任何组织在一起的数据集合。数据挖掘最初针对的是大型数据库，而电子政务中的数据挖掘技术是基于网络的，即所谓的网络数据挖掘，除了处理传统数据库中的数值型的结构化数据，处理得更多的是文本、图形、图像、WWW 信息资源等半结构、非结构的数据。

数据挖掘技术是人们对数据库技术不断研究和开发的结果。自 1989 年出现以来，经过几十年的发展，数据挖掘技术已取得了很多成果。网络数据挖掘是把数据挖掘技术应用于互联网，利用数据挖掘技术自动地从网络文档和服务中发现、抽取信息的过程。网络数据挖掘可分为以下 4 个步骤。

① 确定业务对象。虽然网络数据挖掘的最后结果是不可预测的，但对要探索的问题应该有所预见，不能盲目地为了数据挖掘而数据挖掘。清晰地定义出业务问题，认清数据挖掘的目的是网络数据挖掘的重要一步。

② 数据准备。网络数据挖掘的数据来自两方面：一方面是客户的背景信息，主要来源于客户登记表；而另外一部分数据主要来自浏览者的点击流（click-stream），人们主要用这部分数据考察客户的行为表现。由于客户的背景信息涉及个人隐私，因此客户不愿意把个人信息如实填写在登记表上，这给数据分析和数据挖掘带来了困难。在这种情况下，不得不从浏览者的表现数据中推测客户的背景信息，进而再加以利用。数据准备首先检索所需的网络文档，发现资源；然后进行数据预处理，从发现的网络资源中自动挑选和预处理得到专门的信息。

③ 网络数据挖掘。从单个 Web 站点及多个站点之间的网络资源中发现普遍的模式。

④ 结果分析。对挖掘出的结果（即普遍模式）进行确认或解释。在整个网络数据挖掘的过程中，被研究的业务对象是挖掘过程的基础，它驱动整个网络数据挖掘的全过程，同时，也是检验挖掘结果和引导分析人员完成挖掘的依据。数据挖掘的过程并非自动的，许多工作需要人工完成。

根据不同的网络数据挖掘对象，人们将网络数据挖掘分为网络内容挖掘（Web content mining）、网络结构挖掘（Web structure mining）及网络用法挖掘（Web usage mining）。

网络内容挖掘就是一个从网络信息内容中发现有用信息的过程。网络信息内容是由文本、图像、音频、视频、元数据等形式的数据组成的。由于网络信息内容有很多是多媒体数据，因此网络内容挖掘也将是一种多媒体数据挖掘形式。

网络结构挖掘就是挖掘 Web 潜在的链接结构模式。通过分析一个网页链接和被链接数量及对象来建立 Web 自身的链接结构模式。这种模式可以用于网页归类，并且由此可以获得有关不同网页间相似度及关联度的信息。网络结构挖掘有助于用户找到相关主题的权威站点。

网络用法挖掘面对的则是在用户和网络交互的过程中抽取出来的第二手数据，包括网络服务器访问记录、代理服务器日志记录、浏览器日志记录、用户简介、注册信息、用户对话或交易信息、用户提问方式等。通过网络用法挖掘，可以了解用户的网络行为数据所具有的意义。而网络内容挖掘和网络结构挖掘的对象是互联网上的原始信息。

网络数据挖掘是目前网络信息搜索技术发展的一个关键。通过对网页内容进行挖掘，可以实现对网页的聚类、分类；同时，通过对用户所使用的提问式的历史记录的分析，可以有效地进行提问扩展，可以提高用户的检索效果；另外，运用网络数据挖掘技术改进关键词加权算法，提高网络信息的标引准确度，从而改善检索效果。

2. 知识发现

知识发现（Knowledge Discovery in Databases，KDD）是从数据中发现有用知识的整个过程，是多个步骤相互连接、反复进行人机交互的过程，知识发现是在人工智能、机器学习与数据库、在线数据分析等相结合的基础上从数据中发现知识的方法和技术，近年发展迅速。

知识发现的过程一般可分为以下步骤：① 学习某应用领域，包括应用中的预先知识和目标；② 建立一个目标数据集；③ 数据清理和预处理，去除噪声或无关数据，去除空白数据域，考虑时间顺序和数据变化等；④ 数据换算和投影；⑤ 选定数据挖掘功能；⑥ 选定某个数据挖掘算法；⑦ 搜索或产生一个特定的感兴趣的模式或数据集；⑧ 解释某个发现的结果，去掉多余的不切题意的结果，转换成某个有用的可以使用户明白的结果；⑨ 发现知识，并把这些知识结合到运行系统中，用预先、可信的知识检查和解决知识中可能存在的矛盾。

知识发现与数据挖掘有着非常密切的联系。但知识发现使用了人工神经网络技术、决策树方法、规则归纳法和各种聚类技术等，其主要知识形式为：数据间依赖性知识、分类规则、聚类规则、描述性知识、概要性知识和变化（偏差）知识等。

互联网迅猛发展，信息资源极其丰富，并蕴含着大量有潜在价值的知识。传统的搜索引擎只进行信息查询，而互联网用户希望能从互联网上快速、有效地发现知识。传统的知识发现是从数据库中发现潜在的、有意义的、未知的关系、模式和趋势，并以易被理解的方式表示出来。所涉及的主要是结构化的数据库，而互联网上的资源却没有统一的管理和结构，数据往往是经常变动和不规则的。因此，需要层次更高的知识发现技术，有人称之为 WWW 中的知识发现（Knowledge Discovery in Web，KDW）。

WWW 占有互联网绝对多数的信息资源，利用现有的互联网查询技术并不能满足更高的应用需求。与传统的数据库中完全结构化的数据相比，WWW 上的数据没有严格的结构模式、具有不同格式（文本、声音、图像等）、面向显示的 HTML 文本无法区分数据类型等。显然，面向 WWW 的知识发现比面向单个数据仓库的知识发现要复杂得多。

首先，KDW 面对的是一个大而复杂的异构数据环境，若将 Web 上每个站点看成数据源，每个数据源都是异构的，各站点间的信息和组织都不一样，如果想利用这些数据实现知识发现，那么必须研究站点之间异构数据的集成问题。这是对数据进行分析、处理的基础。

其次，WWW 上的数据与数据库中的数据不同，多为半结构化或非结构化数据，没有特定的模型描述。因此，传统的方法并不完全适用，需要构造一个半结构化的数据模型，还需要一种半结构化模型抽取技术，即自动地从互联网信息资源中抽取半结构化模型。近来兴起的 XML 数据就是一种自描述的半结构化数据，它支持用户自定义文档标记，用有序的、嵌套的元素组织有一定结构的数据，是面向数据的。

智能搜索引擎的发展，需要将机器学习与经典的信息检索技术及推送技术相结合，改进推理机制；将知识库、方法库及模型库等集成，以形成多库协同系统；将主题检索、概念检索和相关检索等智能检索方式加以融合。这些都是提高系统应用能力的有效手段。随着用户应用水平的提高，在最短的时间内为用户提供最有用的信息，是 KDW 的主要目标。

3. 智能代理

智能代理（Intelligence Agent，IA），广义地说，包括人类、物理世界中的移动机器人和信息世界中的软件机器人；狭义的专指信息世界中的软件机器人。智能代理代表用户或其他程序，以主动服务的方式完成一组操作的机动计算实体。所谓"主动服务"是指：① 主动适应，即在完成操作的过程中，它可以获得、表示并在以后的操作中利用关于操作对象的知识及关于用户意图和偏好的知识；② 主动代理，即对一些任务无须用户发出具体指令，只要当前状态符合某种条件，就可代表用户或其他程序完成相应的操作。所谓"机动"，是指在所处的计算环境中灵活地访问和迁移机制，以及同其他智能代理通信和协作的机制。

智能代理从最终用户角度看，它是一种程序，代表用户，是用户实现其意图的软件助手；从系统角度看，它是一个软件对象，生存于一个执行环境并有如下一些特性。

① 代理性。智能代理的基本功能是代理用户或软件完成某些任务。如代理用户查找互联网信息，或者代理软件与其他软件进行通信。

② 主动性。智能代理的代理功能是根据用户的需求或当前环境状态以主动服务方式提供的。

③ 自主性。要保证智能代理的主动性，则它本身应该是一个独立自主的计算实体，应能在无法事先建模的、动态变化的信息环境中独立规划复杂的操作步骤，解决实际问题，在用户不参与的情况下，独立发现和索取符合用户需求的可利用的资源与服务。

④ 智能性。自主性的实现需要智能代理具有相关的知识、能够进行相关推理或智能计算。它还能够推测用户的意图、爱好或兴趣，并为用户代劳。此外，它还能从经验中不断学习，以提高自身处理问题的能力。

⑤ 交互性。把各种计算机资源（包括人）都包装成智能代理，各个智能代理都有标准的与外部进行信息交换的接口，采用统一的通信语言进行信息交流，则多个智能代理可以通过相互协商和协作来共同完成复杂的任务。

⑥ 机动性。在网络计算环境下，一个智能代理可以看成是代表用户驻互联网的常设机构，可以在网络上灵活、机动地访问各种资源和服务，还可以就完成特定任务同其他智能代理进行协商和合作。它能够随用户的移动而移动，甚至把自己"迁移"到网络的其他主机上执行任务。例如，便携机用户移动到另一个地方，则其在互联网上的主机地址也随之改变，这时就可以通过其个人智能代理与当地服务器相连，实现在互联网上的即插即用。

智能代理功能强大，应用范围很广，但是，必须认识到，智能代理在网络上游弋，是对网络安全性、个人隐私性和管理方面的巨大挑战。

传统的人工智能系统如专家系统等，具有一定的智能性，但在其他方面同智能代理差距较大。常规的代理可以代替用户完成简单的操作，具有一定的代理性，有的也具备一定的机动性，但缺乏起码的智能性和自主性，都不属于智能代理。只有代理性、智能性、自主性和机动性均达到相当水平的系统才有条件称为智能代理。

智能代理有许多重要应用，信息服务只是其中的一类。目前，互联网信息服务中存在的"信息过载"和"资源迷向"的状况，传统搜索引擎一时难以解决，智能代理正好可以适应这方面的需要。具体地说，用于信息服务的智能代理主要完成以下功能：① 导航，即告诉用户所需要的资源在哪里；② 咨询，即根据网上资源回答用户关于特定主题的问题；③ 筛选，即按照用户指定的条件，从流向用户的大量信息中筛选符合条件的信息，并以不同级别（全文、详细摘要、简单摘要、标题）呈现给用户；④ 整理，即为用户把已经下载的资源分门别类地组织；⑤ 发现，即从大量的公共原始数据（如股票行情等）中过滤和提炼有价值的信息，向有关用户发布。这些都是使信息服务走向个性化主动服务不可缺少的功能。目前在此方面已经有了一些能够使用的系统，但智能化的程度还远远不够，且主动有余、过滤不足已经造成了一些负面影响，亟待尽快发展更先进的人工智能技术予以解决。

6.4　其他新兴的网络检索服务

6.4.1　博客和 RSS

博客存在的方式一般分为三种类型：一是托管博客，无须自己注册域名、租用空间和编制网页，只要去免费注册申请即可拥有自己的博客空间，是"多快好省"的好方式。据报道，国内博客托管网站已经超过 500 家，其中较著名的国内博客网站有博客网、DONEWS 博客、中国博客网等，新浪、搜狐、网易等门户网站也有各自的博客网。二是自建独立网站的博客，有自己的域名、空间和页面风格，需要一定的条件。三是附属博客，将自己的博客作为某一个网站的一部分（如一个栏目、一个频道或一个地址）。这三类博客之间可以演变，甚至可以兼得——一人拥有多种博客网站。科学网博客是国内学术界很多学者都非常关注的博客网站，其学术性很强。博文按科研笔记、论文交流、教学心得等进行分类，博主分布在数理科学、管理综合和生命科学等 8 个学科领域。

由于博客的快速发展，而且其内容具有很高的有用性和共享性，专门搜索博客文章内容的博客搜索引擎应运而生。博客搜索引擎是一种专业搜索引擎，可以扫描互联网上数千万个较常更新的个人博客，以帮助用户通过浏览或关键词检索来查询自己所需要的信息。国外的博客搜索引擎出现得比较早，已经形成了一些顶尖的博客搜索引擎，技术发展也较为成熟。主要有 Technorati、BlogStreet、FeedBurner、BlogPulse、Bloglines 等。国内的博客发展较国外晚，所以国内博客搜索引擎的发展也比较晚，目前初具规模的有 Souyo、Cnblog、博搜等。

RSS（Really Simple Syndication）或 RDF Site Summary（RDF 站点摘要）是一种描述和同步网站内容的格式，是目前使用最广泛的 XML 应用。发布一个 RSS 文件后，这个 RSS Feed 中包含的信息就能直接被其他站点调用，而且由于这些数据都是标准的 XML 格式，所以也

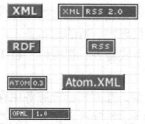

能在其他终端和服务器中使用。通常，只要在网站看到 RSS 或 XML 的标志（如图 6-11 所示），就表示这个网站提供 RSS 服务，现已广泛用于博客、搜索引擎、新闻网站、学术数据库、论坛、图书馆 OPAC 等。用户借助支持 RSS 的信息聚合工具，订阅支持 RSS 输出的网站内容，而无须逐个网站访问，且能在第一时间看到更新。

图 6-11　具有 RSS 推送功能的网站标志

　　RSS 阅读浏览器一般分为两种，一种为在线浏览器，一种是桌面浏览器。在线浏览器只需注册即可利用，桌面浏览器需要下载软件到本地。前者不需携带，无论走到哪里只需登录就可以浏览。桌面 RSS 阅读器有看天下、周博通、新浪点点通、FeedDemon、GreatNews 等；在线 RSS 阅读器有狗狗、博阅网、Bloglines 等。FireFox、Maxthon 浏览器也有 RSS 功能。

6.4.2　维基百科

　　维基百科（Wikipedia）是一个网络百科全书项目，特点是自由内容、自由编辑。它目前是全球网络上最大且最受大众欢迎的参考工具书，名列全球十大最受欢迎的网站。维基百科目前由非营利组织维基媒体基金会负责营运。Wikipedia 是一个混成词，分别取自网站核心技术 Wiki 以及英文中百科全书之意的 encyclopedia。

　　在维基百科主页右边的文本框内输入"Nobel Prize"，再点击后面的搜索按钮，就可以看到检索结果（如图 6-12 所示），用户可以收集到关于诺贝尔奖的发展历史、评奖过程、颁奖仪式、奖项和资金等一系列相关的信息。此页面还提供了与诺贝尔奖相关的奖项信息、页面信息的参考文献、参考书目、其他外部链接等一系列拓展此页面内容的信息。用户对于其中觉得需要完善的地方还可以进行编辑。

图 6-12　Nobel Prize 检索结果页面

　　用户使用中文维基百科的条目时，可以从分类和主题两个角度来查询相关信息。中文维基百科（如图 6-13 所示）的分类索引首先分为了生活、艺术与文化，中华文化和社会等 8 个大类。每个大的分类下面还有更小的分类。如"中华文化"下分为"中国历史""中国神话"和"中国音乐"等 14 个小类（如图 6-14 所示），而"中国历史"下包括 32 个子分类。总体上，这种分类与国内的学科分类比较接近，容易让用户接受。另外，主页提供了历史年表、历法列表和化学品列表等 16 种列表，为用户查找相关信息提供了便利。

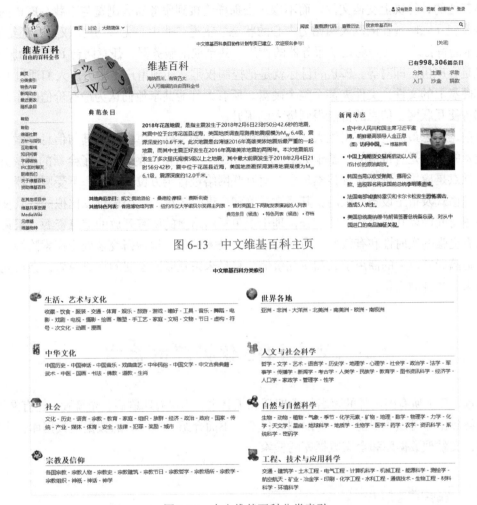

图 6-13　中文维基百科主页

图 6-14　中文维基百科分类索引

在维基百科主页，屏幕左侧有一个搜索框，在搜索框中输入想搜索的字词，按回车键，就可以得到结果，或者也可以单击"进入"或"搜索"按钮。Wikipedia 搜索支持逻辑运算符 AND（与）、OR（或）、NOT（非）及括号。使用"进入"按钮，输入关键词可以直接显示当前存在的与关键词同名的页面（大小写敏感，找不到当前页面时显示搜索结果）。

6.4.3　P2P 技术

P2P 是 peer-to-peer 的缩写。peer 在英语里有"（地位、能力等）同等者""同事"和"伙伴"等意义。因此，P2P 也就可以理解为"伙伴对伙伴"的意思，也称为对等联网。

P2P 模式与目前网络中占据主导地位的客户—服务器（Client/Server）结构（也就是 WWW

所采用的结构方式）的本质区别是，整个网络结构中不存在中心节点（或中心服务器）。在P2P结构中，每个节点（peer）同时具有信息消费者、信息提供者和信息通信三方面的功能。在P2P网络中每个节点所拥有的权利和义务都是对等的。通俗地讲，P2P模式就是直接将网络中的人们联系起来，让人们通过互联网直接交流，真正消除中间商。P2P可以使用户直接连接到其他的计算机上交换文件，而不像过去那样连接到服务器去浏览与下载。P2P的重要特点是改变互联网现在的以大网站为中心的状态，重返"非中心化"，并把权力交还给用户。P2P技术的特征之一就是弱化了服务器的作用，甚至取消服务器，任意两台PC互为服务器，同时又是客户机，即对等。P2P的目标就是把控制权重新还到用户手中去。人们通过P2P可以共享硬盘上的文件、文件夹甚至整个硬盘。所有人都能共享他们认为最有价值的东西，这一切都将使互联网上信息的价值得到极大的提升。

目前，P2P最流行的应用绝大部分还集中在上述的文件共享上，但其与信息检索、搜索引擎技术的结合是有价值的。基于P2P的搜索引擎为网络信息搜索提供了全新的解决方法，其最大优点是应用先进的对等搜索理念，对互联网络进行全方位的搜索，不受服务器、数字资源文档格式及宿主设备的限制，其搜索深度和广度是传统搜索引擎难以比拟的，其搜索范围可在短时间内以几何级数迅速增长，理论上包括网络上的所有开放的信息资源，采集到的信息将有更强的实时性和有效性。当前基于P2P技术的信息检索研究还处于探索阶段，尚不成熟，但蕴涵着巨大的商用前景和研究价值，将是未来互联网发展的重要趋势，会给互联网检索带来革命性的变化。

6.5 著名网络数据库的检索

目前，几乎所有国内外的著名检索期刊和工具书，不仅有印刷版、光盘版，还有网络版。有的网络数据库可以免费检索，有的则要付费。下面介绍一些著名的数据型数据库、事实型数据库、文献型数据库和全文数据库的检索。

6.5.1 数据型数据库

数据是用数字或数字辅以某些特定字符来表示的，是人们从文献资料和信息中提炼加工出来的，或者是从统计、观察和测量中直接得到的。数据本身代表了某个量，是对现实世界的事物和相互联系的各事物侧面的描述。数据库生产者把这些零乱的数据收集在一起，经过检验、核实和加工整理，按一定的顺序和方式，利用计算机存储起来，以方便用户快速使用。数据型数据库是一种计算机可读的数据集合，以自然数值来表示，记录和提供的是特定事物的性能和数量等信息，可以直接提供人们解决问题时所需要的数据，是人们进行统计分析、管理决策和预算及定量研究时不可缺少的工具。

数据型数据库有基本内容全部是纯数值数据的数据库和兼有数值数据和文本数据的文本—数值数据库，其在现实生活、工作和研究的方方面面得到了广泛的应用，如价格趋势、国家经济增长率等的科学计算和数值分析、天文日历与气象预报、科学技术领域的实验数据、计算公式、各类统计计算（如人口普查、考试招生）等。数据型数据库对数据的可靠性要求高，数据要准确，以减少用户使用时的误差，还要具有准确的数据运算功能、数据分析功能、图形处理功能及对检索输出的数据进行排序和重新组织等功能。

【例 6.1】 中国国家统计局。

为加快建设现代化服务型统计，更好地服务社会，国家统计局在 2008 年创建的"中国统计数据库"的基础上，于 2013 年建立了新版统计数据库。在这里，用户不仅可以查询到国家统计局调查统计的各专业领域的主要指标时间序列数据，还可以按照个人需求制作个性化统计图表；用户不仅可以浏览众多承载历史的统计年鉴资料，还可以使用充满现代气息的可视化统计产品。进入国家统计局主页，然后单击"统计数据"的"数据查询"，可以打开"国家数据（National Data）"的页面（如图 6-15 所示）。

图 6-15 "国家数据"检索页面

用户可以从不同角度来获取相关的数据。如按时间的月度数据（主要有居民消费价格指数（CPI）、工业生产价格指数（PPI）、商品零售价格指数、规模以上工业生产、固定资产投资、房地产开发投资、社会消费品零售总额、对外经济贸易、交通运输、邮电通信、采购经理指数（PMI）、财政、金融等）、季度数据（主要有国内生产总值、农业、工业、建筑业、城镇居民收入与支出、农村居民收入与支出、固定资产价格指数、农产品生产价格指数）和年度数据（包括综合、国内生产总值、人口、就业人员和工资等 27 个领域的数据）；人口普查和经济普查等全国普查数据；还可以查询地区数据（涵盖各省（区、市）以及部分城市主要经济指标）、部门数据（国务院各部委相关数据）、国际数据（世界众多国家国内生产总值等主要指标的月度及年度数据）等。该网站的数据不仅满足了用户对数据的权威性、准确性和及时性等要求，还提供了数据下载和数据可视化功能。

该网站还提供了大量可视化产品，为用户了解和利用相关数据提供了便利。图 6-16 是2017 年统计公报的页面。文字、图形等形式使原本枯燥的统计数据变得鲜活起来，也使用户更容易理解这些数据及其背后所隐含的现实意义。在浏览数据库时,网站对相关指标会有专门解释。例如,"当期值"和"累计值",当期值是统计指标在报告期间的数值,累计值是指统计指标自当年1月至报告期的累计数值。

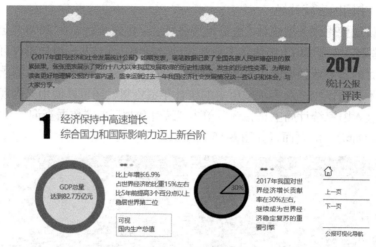

图 6-16 可视化产品(统计公报)

6.5.2 事实型数据库

事实是指已经存在的、已经完成的现实。人们在实际的工作和研究中往往需要事实信息,以事实为依据,如人物名录、地名录、公司名录、化合物的结构式或分子式、各种基金信息的基金指数、一些物质材料和设备的特征、指数及设备型号等,因此需要把有关某学科某类已知的事实数据进行搜集、整理、归类,来建立事实型数据库。事实型数据库是计算机存储的某种具体事实、知识数据(如人物、机构、产品等)的非文献信息源的一般指示性描述的参考性、指南性的数据库。其主要作用是供用户查询有关某事件的发生时间、地点、过程或一些简要情况及事物的基本属性。

事实型数据库种类很多,按信息的种类来源划分,包括收录有科学技术发明和工业成果的数据库、收录各种人物名录传记信息的人物名录数据库、存储各种公司机构名称地址及联系方式的指南数据库、收录各种商品和产品信息及性能的数据库、用于侦查破案的指纹数据库、收录各种武器设备性能及其使用方法的数据库、存储各种技术标准和规程的技术标准数据库等。

【例 6.2】 中国企业数据库。

按照国家信息化战略和企业适应信息网络技术迅猛发展的客观要求,中国企业联合会、中国企业家协会运用网络技术手段,重点开发建设了国内有一定权威性与影响力的"中国企业数据库",形成了包含几十万家企业数据的电子化数据库,搭建起了为中外企业提供数据服务的平台和中国企业网络社区。该数据库集中反映了我国企业现状,为社会各界提供查询、检索企业信息,并为企业宣传展示、资本运营、产品营销、拓展商机提供数据服务。

中国企业数据库包括企业信息库和中国优秀企业、中国优秀企业家、中国名优产品、中国知名品牌等子库,以满足不同企业的个性化需求。其入库对象为:在全国或在地方、行业内有影响力的企业、企业家和产品；社会认知度高、市场占有率居行业前沿的企业和产品等。

登录中国企业数据库后，点击中国地图上的省、直辖市或自治区的名称，然后在右边弹出的下拉列表框中选择中国优秀企业或中国知名企业等进行查询。

该数据库还提供了智能平台，对企业信息进行智能化升级。例如，"中国企业数据库"宣传网页分别开辟了企业简介、企业家风采、企业大事记、名优产品展示、商标展示、企业动态、荣誉展示、联系我们等栏目，使入选"中国企业数据库"的每个企业都可以利用这个智能化平台，自主更新企业资料、发布产品信息、阐述企业各方面竞争优势等，从而提高企业的知名度与社会影响力，为企业和企业家更多地参与国内外经贸合作提供最具权威的平台。

【例 6.3】 中国机构数据库。

中国机构数据库（China Institution DataBase，CIDB）是以 1988 年的《中国企业、公司及产品数据库》(CECDB) 为基础扩展的数据库系统，对机构进行全方位的立体描述，是国内外了解中国市场的一条捷径，是查找我国机构的发展现状及成就的重要信息资源。尤其全面收录了企业的联系信息，包括行政区代号、地址、电话、传真、电子邮件、网址等。数据库提供了中国企业、公司及产品数据库，国内企业信息，中国科研机构数据库，国内科研机构信息，中国科技信息机构数据库，中国科技信息、高校图情单位信息，中国中高等教育机构数据库，国内高校信息。企业收录的专业范围包括经济管理、国际贸易、进出口业务、金融、银行业务等约 30 个行业。每条记录的主要内容除了一般名录所具有的机构名址和联系方式，还包括企业的进出口权、注册资金、固定资产、职工及技术人员人数、营业额、利润、创汇额、主要产品及其产量、价格、规格型号、专利产品、新产品、技术转让项目、对外要求合资项目等有价值的信息。可通过 20 多种方式组合检索，并按信函标签、通讯录、全记录等十余种格式、繁简两种字体和中英两种文本打印输出。

【例 6.4】 中国科技专家库。

中国科技专家库收录了国内自然科学技术领域的专家名人信息，介绍了各专家在相关研究领域内的研究内容及其所取得的进展，为国内外相关研究人员提供检索服务，有助于用户掌握相关研究领域的前沿信息。该数据库的主要字段内容包括：姓名、性别、工作单位、工作职务、教育背景、专业领域、研究方向、研究成果、专家荣誉、获奖情况、发表的专著和论文等 30 多个字段。

6.5.3 文献型数据库

文献型数据库提供的是与用户信息需求相关的文献信息。文献信息通常包含相关文献的主题、学科、著者、文种、年代、出处和收藏处所。文献型数据库检索的结果提供了相关文献的线索或原文。文献检索是信息检索的核心部分，它比数据检索和事实检索内容更丰富，方法更多样。根据检索内容不同，文献检索又可分为书目检索和全文检索。书目检索是以文献线索为检索对象的文献检索。即检索系统存储的是"二次文献"。它们是文献的外部特征与内部特征的描述。用户通过检索获得的是与检索课题有关的一系列文献线索，再通过阅读决定取舍。与全文检索、数据检索、事实检索相比较，书目检索产生较早，发展也较完善。国内外许多文摘、索引和图书馆藏书目录、联合目录已转变为机读形式，为书目检索的自动化奠定了基础。

【例 6.5】 图书馆与信息科学文摘库的检索。

图书馆与信息科学文摘库（Library and Information Science Abstracts，LISA）是为图书馆专业人士和其他信息科学领域的用户提供服务的文摘数据库。 LISA 的数据来源于全球 40 个国家和 20 种语言的 300 多种期刊，为与图书馆学相关的学术文献提供了全面的书目报道。 LISA 的主题范围很宽，涉及信息管理、信息技术、网络技术、知识管理、图书馆、图书馆与档案、图书馆管理、图书馆技术、图书馆用户和在线信息检索等领域。收录时间范围为 1969 年至今。

LISA 数据库提供了基本检索和高级检索两个途径，如图 6-17 所示。

图 6-17　LISA 数据库检索页面

6.5.4　全文数据库

全文数据库（Full-text Database）是存储文献全文或其中主要部分，以一次文献的形式直接提供文献的源数据库。用户使用某一词汇或短语，便可直接检索出含有该词汇或短语的原始文献的全文。与其他类型的数据库相比，全文数据库有无可比拟的优点：快速、直接、详尽、可靠、不受时空限制。全文数据库通常将一些重要文献的全部文字或主要文字（如百科全书、核心期刊、经典著作、手册、年鉴、古籍等），利用计算机输入或用扫描仪转换成计算机可读形式，建成数据库。如今大量图书、期刊和报纸被数字化，网络全文数据库资源越来越多。全文数据库的迅速发展和普及是当今计算机化信息存储与检索的发展方向。下面以一些常用的、重要的全文数据库为例详解检索过程。

1. 光明网（光明日报系列）

光明网主页有下面的分类链接：新闻中心、论文中心、教育、科技、文化、卫生、理论、评论、读书、国际、国内、经济、军事、法治、体育、地方、专题、观察、网瘾防治、道德之光、互动娱乐。单击自己感兴趣的类别，即可阅读到全文。页面上还有理论、评论、教育、科技、文化、卫生、新闻中心、光明博客、读书、观察、新闻排行、新闻专题 12 个专题，可以直接单击，阅读文章。

如果想看过期（包括当天已出版的报刊）的报纸杂志，可单击"旧报查询"，这里收藏了《光明日报》《中华读书报》《文摘报》《生活时报》《书摘》和《博览群书》，从1998年至今的所有内容。

如想选择某一天的报纸，首先单击某一年，屏幕上会出现这一年的月份，然后单击某月份，屏幕就显示这个月份的每一天，再单击某天的报纸进行阅读。杂志阅读依此类推。

光明网上方有《光明日报》《文摘报》《中华读书报》《新京报》《书摘》《考试》《博览群书》《新天地》《科学健身》、光明日报出版社、驻外记者站、国内记者站的链接，它们都有自己的WWW网页。单击《光明日报》超链接，就会出现当日《光明日报》的内容。

《光明日报》主页分12个版面，直接单击各版面下的标题，就可以进行阅读。

2. 中国期刊全文数据库

中国期刊全文数据库（China Journal Full-text Database，CJFD），曾用名为《中国学术期刊全文数据库》，由清华大学主办、中国学术期刊（光盘版）电子杂志社出版、清华同方知网（北京）技术有限公司发行，是中国知识基础设施（China National Knowledge Infrastructure，CNKI，亦称中国知网）网络数据库系统中的一个数据库。该库号称是目前世界上最大的连续动态更新的中国期刊全文数据库，收录国内9000多种期刊。出版内容以学术、技术、政策指导、高等科普及教育类期刊为主，内容覆盖自然科学、工程技术、农业、哲学、医学、人文社会科学等各个领域。收录国内学术期刊8334种，全文文献总量50938677篇。产品分为十大专辑：基础科学、工程科技Ⅰ、工程科技Ⅱ、农业科技、医药卫生科技、哲学与人文科学、社会科学Ⅰ、社会科学Ⅱ、信息科技、经济与管理科学。十大专辑下分为168个专题。收录年限：自1915年至今出版的期刊，部分期刊回溯至创刊。产品形式：Web版（网上包库）、镜像站版、光盘版、流量计费。出版时间：① 日出版，中心网站版、网络镜像版，每个工作日出版，法定节假日除外；② 月出版，网络镜像版、光盘版，每月10日出版。

例如，可以从南京大学校园网网址进入南京大学图书馆网（凡下面介绍的全文数据库，均以南京大学为例）。单击"中文刊库"，然后单击"CNKI南大全镜像站"，在打开数据库之前，先阅读此数据库的说明，根据提示下载全文浏览器，单击"全文浏览器"，按照提示要求，将"全文浏览器"下载到硬盘，以便阅读全文。最后单击"中国期刊全文数据库"，就可以进入检索界面（如图6-18所示）。

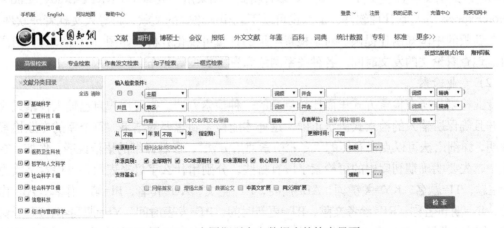

图6-18 中国期刊全文数据库的检索界面

该数据库提供了高级检索、专业检索、作者发文检索、句子检索和一框式检索共 5 种检索方式。

1）高级检索

单击如图 6-18 所示的高级检索的字段菜单，下拉菜单提供了主题、篇名、关键词、摘要、全文、参考文献、中图分类号、DOI、栏目信息等检索途径。

❖ 主题检索：输入检索词，检索词出现在篇名、摘要或关键词。
❖ 篇名检索：输入完整的篇名，就可以检索出与该篇名一致的结果。
❖ 关键词检索：输入关键词即可以检索出含有该关键词的论文，返回相关文献。
❖ 摘要检索：输入摘要中的专业术语，返回相关文献。
❖ 全文检索：输入全文中的专业术语，返回相关文献。
❖ 参考文献检索：输入参考文献中的专业术语，返回相关文献。
❖ 中图分类号检索：输入中图分类号，返回相关文献。
❖ DOI 检索：输入文章的 DOI，返回相关文献
❖ 栏目信息：输入栏目信息，返回相关文献。

除了上述检索途径，还可以控制论文发表的时间、发表的期刊及期刊被收录的范围、作者及作者单位、支持基金等条件。总之，条件越多，检索的结果会越少，可能越接近用户的需求。如果前期检索条件较为宽松，则最终的检索结果会比较多，离用户的需求会比较远。该数据库还提供了文献分类，提供以鼠标滑动显示的方式进行展开，包括基础科学、工程科技、农业科技等领域，每个领域又进行了细分，根据需要选择某分类，即进行检索。当输入检索词数据仓库时，只输出"数据"两个字，系统会根据输出的词自动提示相关的词，通过鼠标（键盘）选中提示词，单击检索按钮（或者单击提示词，或者直接回车），即可实现相关检索。

如果想查看某篇论文的相关信息或下载原文，那么可以单击论文标题，系统提供了单篇论文的篇名、作者及摘要等相关信息，以及知识网络、关联作者和相似文献等信息。中国知网提供 CAJ 和 PDF 两种全文格式，用户可以根据自己的需求自行下载。

如果想批量下载检索结果的相关信息，可以单击篇名前的全选按钮或选择自己想下载的相关论文，再单击批量下载或导出参考文献。中国知网提供了 GB/T 7714—2015 格式引文、CAJ-CD 格式引文和查新（引文格式）等多种格式。如果用户安装了 CNKI E-Study、EndNote 和 NoteExpress 等文献管理软件，那么也可以下载相应格式的文献，再导入文献管理软件。

最新版的中国知网还提供了对于检索结果的计量可视化分析（如图 6-19 所示）。用户可以直观地查看论文的发文时间、各种关系网络和资源类型等分布。

（2）专业检索

专业检索是所有检索方式里面比较复杂的一种检索方法。需要用户自己输入检索式来检索，并且确保所输入的检索式语法正确，这样才能检索到想要的结果。每个库的专业检索都有说明，详细语法可以点击右侧的"专业检索使用方法"，参看详细的语法说明。例如，在期刊库中首先要明确期刊库中的可检索字段有哪些，分别用什么字母来表示。可检索字段为：SU=主题，TI=题名，KY=关键词，AB=摘要，FT=全文，AU=作者，FI=第一作者，AF=作者单位，JN=期刊名称，RF=参考文献，RT=更新时间，PT=发表时间，YE=期刊年，FU=基金，CLC=中图分类号，SN=ISSN，CN=CN 号，CF=被引频次，SI=SCI 收录刊，EI=EI 收录刊，

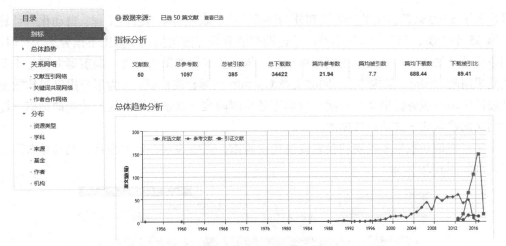

ℹ 数据来源： 已选 50 篇文献　查看已选

指标分析

文献数	总参考数	总被引数	总下载数	篇均参考数	篇均被引数	篇均下载数	下载被引比
50	1097	385	34422	21.94	7.7	688.44	89.41

总体趋势分析

图6-19　中国期刊全文数据库计量可视化分析界面

HX=核心期刊。这样，如果需要检索主题是"图像处理"且含有"图像分割"的期刊文献，就需要在检索框中输入"SU='图像处理'*'图像分割'"。

3）作者发文检索

作者发文检索用于检索某作者发表的文献，检索非常简单，只要用户输入相应作者姓名、单位即可。

4）句子检索

句子检索用来检索正文包含的某句话或者某个词组的文献，也可以点击相关按钮，在同一句或者同一段中检索。

5）一框式检索

一框式检索的界面非常简单，在检索界面输入相关检索词就可以得到一定的结果，实质上相当于高级检索中的主题检索。

3. 中文科技期刊数据库

中文科技期刊数据库（Chinese Science and Technology Journals Database，CSTJD）由科技部西南信息中心（中国科技信息研究所重庆分所）下属的重庆维普资讯有限公司制作出版，是我国最大的数字期刊数据库，受到国内图书情报界的广泛关注和普遍赞誉，目前已拥有包括港澳台地区在内6000余家大型机构用户，是我国数字图书馆建设的核心资源之一，高校图书馆文献保障系统的重要组成部分，也是科研工作者进行科技查证和科技查新的必备数据库。

中文科技期刊数据库起源于1989年创建的中文科技期刊篇名数据库，开始以软盘形式向全国发行，开创了中国信息产业数据库建设的先河。1992年研制开发出世界上第一张中文数据库光盘。从1994年起数据库光盘由题录版改为文摘版。1999年推出配套的"中文科技期刊数据库（全文版）"。2000年增加了全部社科类期刊的数据加工。同年建立网站"维普资讯网"，集题录文摘版和全文版于一体。2006年1月，维普资讯与全球最大的搜索引擎Google合作的学术搜索平台项目 Google Scholar 正式推出，将中文科技期刊数据库题录目次纳入Google Scholar学术搜索引擎。

从维普发布的中文期刊服务平台7.0来看，期刊总量为14500余种，其中现刊9600种。回溯时间为1989年，部分期刊回溯到1955年；核心期刊1983种；网站数据每日更新；文献总量达到了 5700 余篇。该平台的期刊分为医药卫生、农业科学、机械工程、自动化与计算机技术等 35 个大类，457 个学科小类。平台期刊的著录标准包括《中国图书馆分类法》《检索期刊条目著录规划》和《文献主题标引规划》等。技术标准采用百度、淘宝等大型企事业单位共同采用的 Hadoop 架构体系，同时支持 Openurl 国际标准协议，可为用户提供异构数据库的开放链接增值服务。中文科技期刊数据库还是国内唯一以学术词表规范关键词标引，提供专业同义词检索的中文期刊数据库。

中文科技期刊数据库的期刊检索提供传统检索、高级检索、分类检索、期刊导航四种检索方式（如图 6-20 所示）。

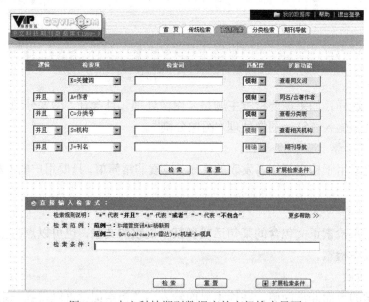

图 6-20　中文科技期刊数据库的高级检索界面

高级检索提供了两种方式供读者选择使用：向导式检索和直接输入检索式检索。向导式检索为读者提供分栏式检索词输入方法。除了可选择逻辑运算、检索项、匹配度，还可以进行相应字段扩展信息的限定，最大程度提高了检准率。向导式检索的检索操作严格按照由上到下的顺序进行，用户在检索时可根据检索需求进行检索字段的选择。单击"扩展检索条件"，以时间条件、专业限制、期刊范围进一步限制范围，获得更符合需求的检索结果。读者也可以在检索框中直接输入逻辑运算符、字段标识等，单击"扩展检索条件"按钮并对相关检索条件进行限制后，单击"检索"按钮即可。检索式输入有错时检索后会返回"查询表达式语法错误"的提示，看见此提示后请使用浏览器的"后退"按钮，返回检索界面重新输入正确的检索表达式。

4. 超星数字图书馆

超星数字图书馆，是国家"863"计划中国数字图书馆示范工程项目，2000 年 1 月，在互联网上正式开通。它由北京世纪超星信息技术发展有限责任公司投资兴建，目前拥有数字图书八十多万种。覆盖范围：哲学、宗教、社科总论、经典理论、民族学、经济学、自然科学总论、计算机等学科门类。收录年限：1977 年至今。超星数字图书馆提供镜像站、读书卡、部分免费浏览等服务方式。南京大学校园网的镜像站点是由江苏省高等教育文献系统与超星公司合作建设的。超星数字图书馆成立于 1993 年，是国内专业的数字图书馆解决方案提供商和数字图书资源供应商。

首先进入南京大学图书馆的主页，单击"超星图书"，进入此数据库。第一次使用前要下载并安装超星数字图书阅读器方可阅读。超星数字图书阅读器（S S Reader）是北京世纪超星信息技术发展有限责任公司拥有自主知识产权的图书阅读器，是专门针对数字图书的阅读、下载、打印、版权保护和下载计费而研究开发的。在图书馆，网上读者可以按照它的提示免费下载到自己的计算机上。超星数字图书馆的网页是按图书馆的分类设计的，依中图法分为 22 个大类，大类下再进行层层细分。如单击"政治、法律图书馆"就出现了次目录：总论、政治理论、中国共产党、各国共产党、世界政治等分类。用户可以根据自己的需要继续单击搜索。如单击"政治理论"后，出现科学社会主义理论（总论），阶级、阶层理论，无产阶级革命与无产阶级专政理论，民族殖民地问题理论，政治学史，政治思想史等细目录，继续单击"民族殖民地问题理论"，就可看到《解殖与民族主义》《戴高乐与非洲的非殖民化研究》《泛突厥主义文化透视》等 18 本书，显示了这些图书的书名、作者、出版社、出版年代及此书的页码数。如果数目较多，就可以进行翻页查询。

单击某本书下的"阅读"超链接，就可以得到此书的目次。除了可以在线阅读，用户也可以通过单击书名的"下载"按钮，将图书内容下载在本地计算机，长期保存。

由于浏览阅读较慢，目的性不强。用户可以在此数据库的首页选择检索查询以提高检索效率。用户可以选择检索范围，设定检索字段条件限制书名、作者等，然后在检索输入框中输入要检索的内容，系统自动进行检索，就可以按照与前面相同的方法进行阅读了。

5. CADAL 的数字化资源

大学数字图书馆国际合作计划（China-America Digital Academic Library，CADAL）是由中美两国计算机专家共同发起的"中美百万册书数字图书馆合作计划"（China-US Million Book Digital Library Project）基础上的进一步发展。其目标是建设面向教育和科研的百万册图书规模的数字化文献资源，为高等学校教学和科研提供强有力的数字资源支持，推动图书数字化资源的共享。该计划由浙江大学和中国科学院研究生院牵头，与北京大学、清华大学等 14 个单位合作共同承担建设任务。CADAL 与中国高等教育文献保障系统（CALIS）一起，共同构成中国高等教育数字图书馆的框架。该项目得到了美国合作方投入的相当于 1000 万美元的软件、硬件系统支持。根据该计划，将有数字化中文资源 50 万册，包括现代中文图书 30 万册以上（1949 年以后出版的学术著作、图书 20 万册以上，民国书刊 10 万种）、项目参加单位的研究生学位论文 10 万篇、古籍及其他珍贵的传统文化资源 10 万卷（件）以内，此外还要建成若干个多媒体资源库，英文资源 50 万册（包括美国大学图书馆核心馆藏中版权明晰的重要学术著作，其他无版权问题的英文资源，美方提供的 10 万册电子图书及学位论文、技术报告、会议录等数字化资料）。

根据《著作权法》和《信息网络传播权保护条例》，尚处于版权保护期的现代图书和学位论文，因授权范围的限制，目前只能限制在馆藏单位图书馆内和授权用户使用，而过了版权保护期的古籍、民国图书、民国期刊、绘画、英文资料等均可通过校内外网络提供给广大公众全文免费使用。CADAL 项目的资源采用 DJVU 格式，在进行全文浏览时须先下载安装 DJVU 浏览器。

系统提供快速检索、高级检索、图像检索、视频检索、书法字检索五种检索方式和古籍、民国图书、民国期刊、现代图书、学位论文、绘画、视频、英文（图书文献）八种资源类型选择。主页默认快速检索形式。单击高级检索，可以按书名、作者、关键字、出版机构、描述等限制条件进行逻辑与（并且）、逻辑或（或者）、逻辑非（不包含）检索。其图像检索、视频检索和书法字检索采用了图形匹配、自动镜头分割、关键帧抽取、数据挖掘等一系列智能化的先进检索技术。用户既可以逐页浏览，也可以直接输入页码单击"GO"按钮，或单击左侧目录的章节超链接，直接进入所需阅读页面。每页图像既可以直接打印，也可以另存到本地计算机，存储格式为 .djvu 或 .bmp。

6. Elsevier 数据库

Elsevier 数据库收集了众多自然科学、技术和医学等方面的期刊和图书，最早年份可回溯到 1985 年。并不是所有该数据库中的文章都能获取全文，标题前面的标识为绿色的可获取全文，为白色的则只能看到文章的摘要。文件格式采用 PDF 格式。使用 Adobe Acrobat Reader 即可方便地查看和打印文章。用户首先登录到南京大学校园网图书馆主页，找到引进资源 Elsevier 数据库，单击它进入此数据库的主页，该界面有期刊图书浏览、快速检索、高级检索三种检索方式。

1）期刊/图书浏览

该界面提供了期刊和图书目录列表的超文本链接，把数据库的刊名和书名按 26 个字母的顺序进行排列，或者按学科或受喜爱程度来进行排列。用户可以单击一个字母，进入以该字母开头的可访问期刊或图书名称列表。选择一个期刊标题后，屏幕即显示对应标题的卷号和期刊号，同时其目录中含有各期期刊及文章的超文本链接，用户可以按需进行选择。若选择一种图书的标题，则屏幕会显示其责任者及 ISBN 等信息，同时其目录中含有各章节的目录及超文本链接，用户可以按需选择。另外，单击"Journals/Books by Subject"，可以查看各学科的期刊或图书，从大分类到刊卷（册章），通过层层单击直至浏览阅读全文。用户也可以在页面上部的检索框中输入一个或几个自己感兴趣的词来检索。可以利用各种不同的检索选项，快速地找到感兴趣的文章。检索结果也会根据查询内容的相关性自动排序。

2）快速检索

Elsevier 数据库主页上方就有 Quick Search（快速检索）界面，如图 6-21 所示。在文本框中输入检索词，选择匹配字段，然后单击"搜索"按钮即可查询。

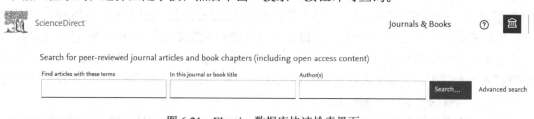

图 6-21　Elsevier 数据库快速检索界面

3）高级检索

单击"Search"或右侧的"Advanced Search"，都可以进入该数据库的高级检索界面。与快速检索相比，高级检索增加了作者机构、发文年份、卷、期、页码等检索途径，可以使用户进行更精确的检索。高级检索界面左侧的"Search tips"，可以为用户如何使用高级检索功能提供帮助。

高级检索的检索步骤如下：在"Find articles with these terms、In this journal or book title、Year(s)等检索框输入相应的检索词进行组合检索。该数据库在用户相关检索词时都会有相应的提示。如在 In this journal or book title 输入部分刊名或书名的检索词时，输入框会自动出现刊名和书名信息，用户可以直接选择，而不需要全部输出所有信息。Year(s)检索时，可快输入一个具体年份，也可以是一个时间段，如 1990—2022。

7. Kluwer online 数据库

荷兰 Kluwer Academic Publisher 是具有国际声誉的学术出版商，出版的图书、期刊一般质量较高，备受专家和学者的信赖和赞赏。Kluwer online 是期刊的网络版，拥有 600 多种外文期刊，覆盖 24 个学科。中文界面中的检索词要用英文。使用 Kluwer 电子期刊数据库有三种检索方法：期刊浏览检索、简单查询和复杂查询。

1）期刊浏览检索

登录到南京大学的图书馆网上资源，单击 Kluwer 数据库，单击"go"按钮，可以打开此电子期刊检索系统的首页，可以按字母顺序和学科进行期刊浏览与检索。

按字母顺序浏览：将所有期刊刊名按 A～Z 的 26 个字母顺序进行排列，用户可以按刊名逐卷逐期地直接阅读自己想看的期刊。如用户想看 *The Historical Journal* 这种期刊，就要到"H"里找，单击"H"，所有以"H"为开头的刊名就会出现，用户可以在其中找自己想要的期刊，继续单击每卷每期，直到单篇文章。

按学科浏览：将所有的期刊按下列 24 个学科类目进行分类，每个学科分类的刊名再按字母顺序进行排列，这些学科有：地球科学、材料科学、电气电子工程、法学、工程、工商管理、化学、环境科学、计算机和信息科学、教育、经济学、考古学、人文科学、社会科学、生物学、数学、天文学/天体物理学/空间科学、物理学、心理学、医学、语言学、艺术、运筹学/管理学、哲学。

刊名检索：按以上两种方式进行浏览的范围较大，效率不高，用户可以在检索条件输入框中输入刊名关键词，按刊名进行检索，然后再选择自己想看的期刊，按卷浏览。在采用上述的几种方式进行检索或浏览后，在显示的期刊列表中还可以进行进一步限制的二次检索，以尽快得到准确结果。

2）简单查询

简单查询有一个检索条件输入框和选择检索字段的下拉框，这些供选择的检索字段包括：篇名、作者、文摘、刊名。可以检索所有字段（将字段区域设定为"全面"），也可以将字段限制在某一个字段，在输入框中输入一个或几个检索词，不必区分大小写和词序。词与词之间的默认关系是布尔逻辑 AND，它的意思是检索结果里含有所有检索词。为了达到快而准的检索目的，还可以进行出版日期、文献种类的限制，把检索结果限制在一定的范围。单击相应的下拉箭头进行选择，文献类型包括论文、述评、索引、目次等。如果不进行设置，系统默认的检索范围是所有文献。还可以选择按出版时间对文章进行排序，可以选择显示或不显示文摘，对每页的检索结果数进行设定。其检索界面如图 6-22 所示。

在检索后，显示检索结果的页面上有一个二次检索条件输入框，可以在这些检索的结果中进行二次检索，以更接近自己需要的结果，还可以进行重复检索。

图 6-22 Kluwer Online 数据库的检索界面

输入检索词并检索后，界面显示的是检索结果的文章数量和篇名目录页，每一条记录包括篇名、作者、刊名、ISSN 号、卷期、出版年月、起止页码及连接全文的链接。单击作者，系统就检索此数据库中这位作者的所有相关文章。单击篇名，系统就自动显示该篇名的内容及作者的单位和文摘。单击刊名，系统就显示该期刊同一卷期的篇名目次。

每篇文章篇名的前面可以做标记记录，选择自己想要的篇名进行打印和下载，做好标记后，单击页末的"浏览"，即可以进行浏览。Kluwer online 电子期刊数据库采用的是 PDF 文件格式，在存盘、打印之前要下载 Adobe Acrobat Reader 软件方可使用。

3）复杂查询

复杂查询的界面如图 6-23 所示，有几个检索条件输入框，可以输入一个检索词进行简单的查询或根据自己的需要输入多个检索条件词以实现多个检索条件的组合查询。其检索字段增加了国际统一刊号（ISSN）、作者单位、作者关键词（作者所给出的文章中的关键词）三个检索入口。和简单查询一样可以进行出版日期和文献种类的限制，做法与前面简单查询一样。多个检索条件默认的逻辑关系为 AND，表示检索必须同时满足多个检索条件，单击相应的下拉框，根据自己的需要可以改变为布尔逻辑运算符 OR、NOT。逻辑运算符或 OR 表示可以满足检索条件中的任何一个检索词，逻辑运算符非 NOT 表示满足某个检索条件中的一个检索词而非另一个检索词。其他的如时间等的限制选择与简单查询相同。

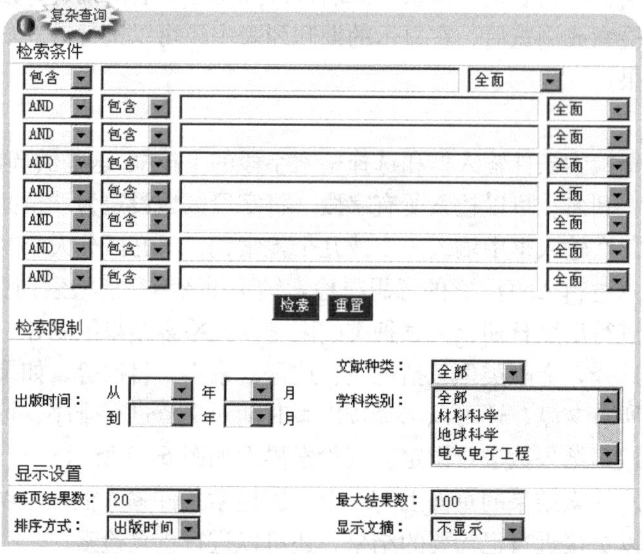

图 6-23 Kluwer Online 数据库的复杂查询界面

这几种检索都具备布尔逻辑检索、邻近检索和截词检索的功能，在前面的内容中都有叙述。简单查询和复杂查询的方式不支持某些英文词，应避免使用，这些词包括：and, also, an, our, out, while, up, two, only, says, each, because, just, new, more, most, last, much, are, as, be, been, between, both, but, by, did, from, has, have, into, not, of, should, some, them, themselves, they, than, that, such, the, their, those, through, using, were, when, which, with, should, to, those, this, would, you, at, after, both, can, could, from。

8. ProQuest 数据库

ProQuest 致力于向全球读者提供真实、可信的学术资源，为研究人员的科研成果提供支持。资源类型包含：全球独特、不易获取的珍贵原始档案、英美政府文献，全球顶级高校博硕士学位论文、著名学术期刊文献（含现刊及过刊）、具有历史价值的文献资料、古典书籍、重要的国际报刊及电子书等。ProQuest Research Library 提供一站式访问 ProQuest 的最广泛、最具包容性的通用参考数据库中的数千种全文期刊，搜索来自学术期刊、专业和贸易出版物等 150 多个主题。图 6-24 是按主题分类的数据库列表，共有 26 个数据库。

⊕ PRL 综合学术期刊数据库	检索 PRL 综合学术期刊主题领域
⊕ PQDT 全球博硕论文数据库	检索 PQDT 全球博硕论文主题领域
⊕ CSA 剑桥科学文摘数据库	检索 CSA 剑桥科学文摘主题领域
⊕ PAO 典藏期刊数据库	检索 PAO 典藏期刊主题领域
⊕ DNSA 解密后的美国国家安全档数据库	检索 DNSA 解密后的美国国家安全档主题领域
⊕ ProQuest Historical Newspapers: Chinese Newspaper 数据库	检索 ProQuest Historical Newspapers: Chinese Newspaper 主题领域
⊕ 商业数据库	检索商业主题领域
⊕ 健康与医学数据库	检索健康与医学主题领域
⊕ 历史数据库	检索历史主题领域
⊕ 文学与语言数据库	检索文学与语言主题领域
⊕ 科学与技术数据库	检索科学与技术主题领域
⊕ 社会科学数据库	检索社会科学主题领域
⊕ 艺术数据库	检索艺术主题领域

图 6-24 ProQuest 按主题分类的数据库列表

学术研究期刊数据库是 ProQuest 的综合参考及人文社会科学期刊论文数据库，涉及社会科学、人文科学、商业与经济、教育、历史、传播学、法律、军事、文化、科学、医学、艺术、心理学、宗教与神学、社会学等学科，收录 2345 多种期刊和报纸，其中 1533 种有全文，SSCI 和 SCI 收录的期刊有 774 种。可以检索到 1971 年以来的文摘和 1986 年以来的全文，而且每日更新。

商业信息数据库是世界著名商业及经济管理期刊论文数据库，内容覆盖财会、银行、商业、计算机、经济、能源、工程、环境、金融、国际贸易、保险、法律、管理、市场、税收、电信等主题，收录学术期刊和贸易杂志 1545 种，其中 815 种有全文，含 SSCI 和 SCI 收录的期刊 285 种。该库还涉及各行业的市场、企业文化、企业案例分析、公司新闻和分析、国际贸易与投资、经济状况和预测等领域，提供有关全世界 20 多万个公司的商业信息，且每日更新。该库回溯年限长达 30 年，可以检索到自 1971 年以来的期刊文摘和自 1986 年以来的期刊全文。其中全文刊有 900 多种，被 SCI 和 SSCI 收录的核心全文期刊有 140 余种。该库分为全球版（Global）和研究版（Research），前者收录全球性的商业经济与管理信息，适用于综合性的大学、重点商学院、企业图书馆及大型公共图书馆；后者收录的期刊和全文刊略少，收录北美地区主要的商业经济与管理信息，适用于中型科研机构、公共图书馆及学院图书馆。收录时间最长的期刊始于 1986 年。该库还推出了 ABI Complete 版本，收录期刊增至 2386 种，全文刊 1619 种。

博硕士论文数据库是美国 UMI 公司出版的数据库，是 DAO(Dissertation Abstracts Ondisc)光盘数据库的网络版，收录了欧美 1000 余所大学文、理、工、农、医等领域的 160 多万篇学位论文的摘要、索引和部分全文，是目前世界上最大和使用最广泛的学位论文数据库。与光盘版相比，博硕士论文数据库收录年代长（从 1861 年开始），每周更新，不仅能看到 1997 年以来的部分论文的文摘索引信息，还可以看到前 24 页的论文原文等，每年约增加 4.5 万篇论文摘要。与其相对应的书本式期刊有 Dissertation Abstracts International（DAI）、American Doctoral Dissertations、Comprehensive Dissertation Index（CDI）、Masters Abstracts International。其中，博士论文摘要 350 字左右，硕士论文摘要 150 字左右，并提供网上全文订购服务。

1）数据库选择

用户想查找某个特定主题还是检索类似"历史记录"的广义主题，都可以通过将检索范围限制为特定数据库或主题来限定检索范围。在 ProQuest 主页（如图 6-25 所示）点击最上面的"更改数据库"，可以看到可以选择的数据库。数据库可以按名称或主题来显示。基本检索页面可以以列表视图或图像视图看到 ProQuest 学科领域，包括商业、健康医学、历史、文学与语言、科学与技术、社会科学、艺术等。

图 6-25　ProQuest 基本检索界面

2）基本检索

检索结果页面分为三部分，包括检索结果记录数、引用、电子邮件等信息。用户对检索结果可以打印或保存等。用户还可以通过出版物类型、出版日期和出版物名称等途径进一步调整检索结果。检索结果有粗略查看和详细查看两种方式。单击结果列表上方的链接，可查看类型间的转换。粗略查看包括：标题和日期；突出显示标题中出现的检索词；此条目所在的数据库详细信息，包括收录时间范围信息；引文信息。详细查看包括粗略查看所涵盖的信息，还包括以下信息：最多可以突出显示 3 个文中的检索词实例，这样可以在上下文中查看检索词，如果可用，可以显示不同格式的文章的链接。列表中各个编号的条目采用当前选择的查看类型来显示。

3）高级检索

在高级检索页面中，用户可以从不同角度限定其检索内容，如检索词出现的位置、出版日期等，也可以使用逻辑运算符来填写检索表达式。检索词可包含任何字母或数字。由于

ProQuest 检索支持 UTF-8 字符集并通过统一码联盟进行管理，因此输入的检索词可为英语或任何其他语言，如法语、西班牙语、希腊语和斯拉夫语等。检索词是否能检索出任何文档取决于 ProQuest 是否有匹配内容或索引。例如，如果输入俄罗斯词语 быть（相当于"将"），只能从一些 ProQuest 数据库中检索出些许文档。但是，如果 быть 在一些数据库中以英语音译形式 byt'显示，那么 быть 的检索结果不仅限于此。检索 быть OR byt'，可获取所有相关结果。

ProQuest 忽略检索词中的标点符号字符，如句号、逗号和冒号。

如要检索包含下标或上标字符的化学式，可按正确顺序输入所有字符。例如，输入 CH3CH2OH 能正确检索出乙醇（CH_3CH_2OH）化学式的匹配项。

无用词：进行检索时，一些搜索引擎会忽视可能包含的常见词语，即"无用词"，如冠词（a、an 和 the）和介词（from、with 和 of）。只有在检索词中标记出这些词语（通常是将这些词语放于圆括号或方括号中），搜索引擎才会检索这些词语。

ProQuest 不会应用任何"无用词"列表。例如，输入"cat in the hat"，ProQuest 会针对"cat AND in AND the AND hat"进行检索。检索结果的默认相关性排序将包含所有检索词的文档（通常包含"cat in the hat"）列于结果列表顶部。

变音符：包含元音变音（Ä）或重音符等变音符的索引和内容词语可以包含不一致的标记，或不包含任何标记。由于存在不一致，ProQuest 忽略这些标记。例如，输入 før（丹麦语的"之前"）不会仅检索 for，还会检索出包含 för、fòr 和 fòr 的所有记录。针对以上任意词语的检索会得到同样的结果。

一些特殊字符通常会根据特定检索上下文进行解译：

① 大于（>）和小于（<）符号保留在日期检索中。方括号和圆括号用于构建"嵌套"查询，如

```
cow AND (dog OR cat)
```

如果将它们用于其他用途，则不可能获得理想的检索结果。

② 斜线（/）用于近似运算符，如 PRE/4。

③ 扩大检索范围：以 OR 分隔检索词。缩小检索范围：以 AND 分隔检索词。默认情况下，ProQuest 假定检索词为 AND 关系。

④ 高级检索：用于在 ProQuest 索引文档的特定字段中检索词语。

⑤ 进一步精确检索：将光标移至"高级检索"链接上方，以显示菜单，包括"高级检索"和命令行。

⑥ 出版物检索：浏览各期报纸、学术期刊或杂志，或在特定出版物中检索文章。

⑦ 短语检索：将短语放在引号内进行查找，如"healthy eating"。

⑧ 词语变体：检索某个词的特定变体，如 colour 而不是 color，在检索框中输入词，并使用引号，如"colour"。

⑨ 限定检索：选中可用的限定条件复选框，如全文文献或同行评议以缩小检索范围。可用限定条件随数据库和检索方式的不同而改变。

该数据库中运算符的优先级：解释使用运算符合并检索词的检索时，ProQuest 遵循默认顺序。如果检索词中包含如 AND 或 OR 等运算符，ProQuest 将按以下顺序合并它们：PRE、NEAR、AND、OR、NOT。

9. EBSCOhost 数据库

EBSCO 公司创始于 1948 年，是专门经营印刷型期刊、电子期刊发行和电子文献数据库出版发行业务的集团公司。EBSCOhost 是美国 EBSCO Publishing 公司推出的全文检索系统，从 1994 年开始提供 Web 版，实现了网上数据库检索。EBSCOhost 包括几十种数据库，其中最重要的是 Academic Search Premier 和 Business Source Premier。

Academic Search Premier（ASP，学术期刊集成全文数据库）是世界上最大的多学科全文数据库，提供了近 4700 种出版物全文，其中包括 3600 多种同行评审期刊。它为 100 多种期刊提供了可追溯至 1975 年或更早的 PDF 过期案卷，并提供了 1000 多个标题的可检索参考文献。涉及几乎所有自然科学和社会科学领域，包括语言文学、哲学、历史、社会学、政治、经济金融与管理、法律、教育、新闻、生命科学、医学、数学、物理、化学、技术科学、信息科学、环境科学等学科门类。此数据库通过 EBSCOhost 每日进行更新。

Business Source Premier（BSP，商业资源电子文献数据库）包括超过 8000 种学术性期刊的索引、文摘（大多数期刊可追溯至创刊时或 1965 年）和 7600 多种期刊全文。收录《华尔街日报》（*The Wall Street Journal*）、《商业周刊》（*Business Week*）、《财富》（*Fortune*）、《福布斯》（*Forbes*）、*American Banker*、*The Economist* 等许多著名商业领域的顶级期刊，提供 EIU（*The Economist Intelligence Unit Country Report*）、*Country Watch* 等统计年鉴全文及世界最大的 5000 家公司的详细资料。涉及的主题范围有：国际商务、经济学、经济管理、金融、会计、劳动人事、银行等。数据库还提供图像检索功能，每日更新。

该数据库提供基本检索、高级检索、视觉搜索三种检索方式，系统默认为基本检索方式。数据库支持布尔逻辑检索、截词检索、位置运算符检索，如果希望检索词作为词组出现，需要为该词组加双引号。在检索 EBSCOhost 数据库时，有些词语不能作为检索词，如 the、of 等冠词、介词等。

在基本检索模式中，检索词在所有字段都可命中，不认词组，两词之间默认为"OR"，检索结果散而不准确。可对检索结果做进一步限定，包括：全文、是否有参考文献、是否同行评审、出版日期、出版物、页数、附带图像的文章等。还可用相关词、相关全文来扩大检索范围。

高级检索提供所有字段、著者、文章标题、主题词、文摘、地名、人名、评论和产品名、公司名、NAICS 码或叙词、DUNS 码、ISSN、ISBN、期刊名称、索取号等范围的检索。最多可在三个检索框中输入检索词进行检索，可选择各检索框的组配方式 AND、OR、NOT。与基本检索一样，也可对检索结果做进一步限定。EBSCOhost 高级检索界面如图 6-26 所示。

检索页面的最上方还提供其他检索途径，单击工具栏的相关按钮即可进行辅助检索。例如，出版物名称检索可使用出版物名称检索和浏览。检索结果显示：刊名、国际统一刊号、更新频率、价格、出版者、学科、主题、收录文摘或全文的起始时间等。索引检索：首先选择索引项，可供选择的索引项有作者、作者提供的关键词、公司名、文献类型、DUNS 码、日期、地名、主题标目、ISBN、ISSN、期刊名、语种、NAICS 码或叙词、人名、评论或产品、主题词、出版年；再在"Search"后输入词语进行定位。图像检索：可输入检索词，并可进行图像类型（所有类型、人物图像、自然科学图像、地理图像、历史图像、地图和旗帜）的限定。也可以搜索相关关键字、自动 AND 检索词语等。

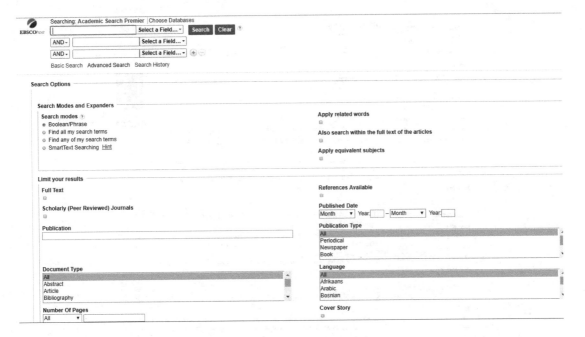

图 6-26　EBSCOhost 高级检索界面

整体检索结果的页面包括三部分。左边设计了一系列优化检索结果的功能，如从发文时间、文献类型、主题词、文献来源等进行限定。中间部分是文献相关信息，包括标题、作者、发文题意、主题词、全文 PDF 格式、文中图片等。右边是与命中文献相关的信息，如论文图像、博客等社交媒体提及的相关信息等。

10. SpringerLink 数据库

SpringerLink 数据库是世界著名科技出版集团德国施普林格（Springer-Verlag）出版公司提供的在线服务，是居全球领先地位的、高质量的科学技术和医学类全文数据库。SpringerLink 共包含 28487 种出版物、1939 种期刊、935 种丛书、25614 种图书、120 种参考工具书、15902 种 Protocols，涉及 24 个学科：Biomedicine、Business and Management、Chemistry、Computer Science、Earth Sciences、Economics、Education、Engineering、Environment、Geography、History、Law、Life Sciences、Literature、Materials Science、Mathematics、Medicine & Public Health、Pharmacy、Philosophy、Physics、Political Science and International Relations、Psychology、Social Sciences 和 Statistics。对于所涉及的出版物，标题前显示■的代表可以访问所有内容，显示◩的代表可访问部分内容，显示□的代表不能访问任何内容。

1）文章浏览

浏览分为内容类型浏览和主题浏览两种方式，如图 6-27 所示。

内容类型浏览：在主页上选中"内容类型"下的任一类型，层层单击，即可查找到所需的文章。

主题浏览：单击"Subdiscipline"下的主题类型，层层单击直至某篇文章。该数据库的文件采用 PDF 格式。浏览文章之前要先下载安装 Acrobat Reader 浏览器。单击 PDF 的图标，即可打开 PDF 格式的全文。在上述检索或浏览后，在显示的期刊列表中还可以进行进一步限制的二次检索，以尽快得到结果。

图 6-27　SpringerLink 文献浏览模式

2）文章检索

系统也可以让检索者选择默认的逻辑关系进行检索，即不选择任何检索项与逻辑运算符，单击"查找"按钮，则会检索出所有包括该检索词的文章。

单击主页中检索框右上角的"Advanced Search"按钮，可显示如图 6-28 所示的高级检索界面。检索者可以限制出版时间，填写最早和最晚出版时间，也可以选择"全部"（不限制出版时间）。对于检索结果，还可以按相关性和出版日期排序。

在引号（"）中输入的多个词条的搜索将只返回包含这些词语或其词干变体的结果。

OR 运算符（或|）允许返回结果，即使它们只包含一个输入的单词。例如，wheat OR maize 的检索结果，其中包括术语 wheat 或 maize 中的任一个。

NOT 运算符排除包含 NOT 之后词语的结果。例如，wheat NOT maize 将给出包括术语 wheat 但不包括术语 maize 的结果。

AND 运算符（或＆）提供的结果与我们在网站上的默认结果相同。如果搜索"evolutionary patterns of families"，实际上将进行的搜索是 evolutionary AND patterns AND of AND families。

NEAR 运算符（不区分大小写）将返回结果，其中 NEAR 运算符左侧的搜索项位于右侧的单词相邻的 10 个单词内。例如，system NEAR testing，系统将返回单词"system"位于单词 testing 相邻的 10 个单词内的结果，以任意顺序排列。

ONEAR 运算符意味着运算符两侧的检索项必须在文本中彼此靠近，并且按照用户在搜索框中输入的顺序显示。

用户可以通过"/"、数字和 NEAR 运算符来缩小 10 个字的范围。例如，输入 information NEAR/4 systems，则返回结果中包括"information"和"systems"，可以间隔 4 个单词。

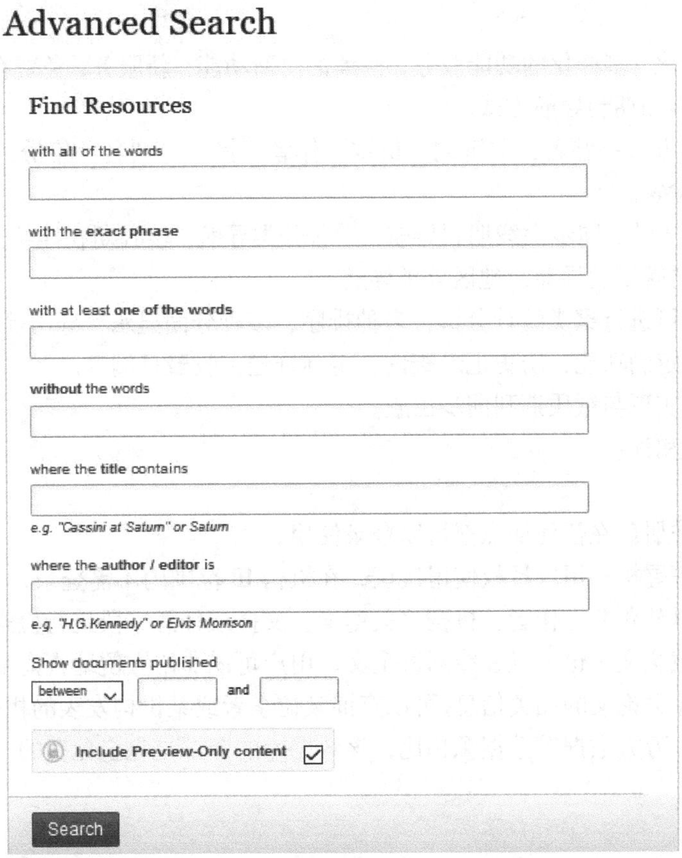

Advanced Search

Find Resources

with **all of the words**

with the **exact phrase**

with at least **one of the words**

without the words

where the **title contains**

e.g. "Cassini at Saturn" or Saturn

where the **author / editor is**

e.g. "H.G.Kennedy" or Elvis Morrison

Show documents published

between ∨ [ ] and [ ]

🏛 Include Preview-Only content ☑

[Search]

图 6-28　SpringerLink 数据库的高级检索界面

如果在搜索中包含多个运算符, 就按照以下优先顺序对它们进行解释: NOT, OR, AND。

运算符仅用于操作符前后的单词（对于 NOT, 仅用于后面的单词）, 因此如果希望整个短语与运算符一起使用, 需要将其置于引号中。

11. 国家哲学社会科学学术期刊数据库（NSSD）

1）数据库简介

"国家哲学社会科学学术期刊数据库", 简称"国家期刊库（NSSD）", 是由全国哲学社会科学规划领导小组批准建设, 中国社会科学院承建的国家级、开放型、公益性的哲学社会科学信息平台, 具体责任单位为中国社会科学院图书馆（调查与数据信息中心）。作为国家社会科学基金特别委托项目, NSSD 于 2012 年 3 月正式启动, 系统平台于 2013 年 7 月 16 日开通。国家期刊库旨在建设成为我国国内最大的公益性社会科学精品期刊数据库、最大的社会科学开放获取平台, 实现学术资源的开放共享, 为学术研究提供有力的基础条件, 促进学术成果的社会传播, 推动我国哲学社会科学繁荣发展、走向世界。

该数据库共收录精品学术期刊 2200 多种, 论文超过 2300 万篇, 超过 101 万位学者、2.1 万家研究机构的相关信息。其中包括国家社科基金重点资助期刊 172 种, 中国社会科学院主管主办期刊 89 种, 三大评价体系（中国社会科学院、北京大学、南京大学）收录的 600 多种核心期刊, 回溯到创刊号的期刊 1350 种, 最早的可回溯到 1920 年。

2）功能

① 提供人性化、多样化的功能服务，持续推出新功能、新服务；免费在线阅读和全文下载；多种论文检索和期刊导航方式。

② 论文检索方式：题名、关键词、机构、作者、摘要、刊名、年份、分类号、ISSN、基金资助、全文检索。

③ 期刊导航方式：同步上线期刊导航、学科分类导航、核心期刊导航、社科基金资助期刊导航、中国社科院期刊导航、地区分类导航等。

④ 检索结果可进行聚类统计分析、多种排序、多种分面显示、导出等。

⑤ 多种用户定制功能：历史记录查询、定制推送、收藏订阅等。

⑥ 部分期刊实现与纸质期刊同步出版。

⑦ 学术统计和评价。

3）使用方式

个人用户：注册后在任何地点都可以登录使用；

机构用户：签署机构用户授权使用协议，在机构 IP 范围内不需登录，直接使用。

论文检索可以从题名、作者、机构、关键词、文摘或任意字段进行检索。对检索到的论文，用户可以下载全文，也可以在线阅读全文。用户可以非常方便地查询某学术期刊的基本信息及其刊发的相关论文的相关信息，可以查询某位学者或某机构发表的相关信息及其全文。

与中国知网、万方数据等数据源相比，该数据库的资源是完全免费的，用户可以非常方便地获取。

本章小结

计算机信息检索经历了四个阶段：脱机检索阶段、联机检索阶段、光盘检索阶段和网络检索阶段。联机检索作为信息检索的一个组成部分，发挥着重要的作用。

在互联网资源极其丰富的今天，如何快速、准确地获取所需信息，是互联网用户普遍关注的问题。尽管有各种各样的工具和手段来帮助互联网用户得到信息，但远不能满足需要。本章介绍了互联网信息检索的特点和各种网络信息服务工具，并重点讲述了搜索引擎的使用和中外著名网络数据型数据库、事实型数据库，尤其是全文型数据库的检索示例。读者在掌握网络信息基本检索方法后，可灵活运用，以充分利用互联网信息资源。

习 题 6

1. 互联网资源是怎样构成的？有哪些特点？
2. 互联网有哪些检索工具？它们的功能如何？
3. 使用不同的搜索引擎查找同一主题的信息，试比较查找结果的异同。
4. 智能搜索引擎的特点是什么？

5．利用博客搜索引擎查找某一专业领域的博客，并列举 10 个，给出网址。

6．选择一个主题，检索不同的网络数据库，试比较检索结果的异同。

7．比较事实型网络数据库与数据型网络数据库的异同。

8．比较光明网与海外报纸官网的内容和检索方法。

9．若想了解有关国外硕士、博士论文的题录和摘要可以查哪一个外文全文数据库？列举 2007 年的 20 篇硕博士论文篇名。

10．列举 Elsevier 数据库、EBSCOhost 数据库和 Kluwer online 数据库的收录范围和检索方法，并查出有关信息管理、知识管理、图书情报学方面的 10 种外文期刊的刊名。

第 7 章
信息检索效果评价

　　理想的信息检索系统应该是用户需要什么信息就能向用户提供什么信息；用户需要多少信息，就能提供多少信息；检索结果不多也不少，使用方便，反馈信息的速度也很快。但是，目前实现这样的信息检索系统还存在许多困难。实际上，信息检索效果就是看检索出的相关文献或信息有多少。不同的检索系统，其检索效果是不一样的。同样的检索系统，如果具有不同的检索能力，其检索效果也是不一样的。对信息检索效果进行评价就能为改善检索系统性能提供明确的参考依据，进而更有效地满足用户的信息需求。

　　传统的信息检索效果评价通常以查全率、查准率和响应时间三个指标为主。但随着互联网信息检索的兴起和信息量的急剧增加，对信息检索效果的评价又增加了新的内容。为了获得令人满意的检索效果，需要在评价的基础上选择好的检索方法和策略。

通过本章学习，读者可以了解（或掌握）：
- ❖ 信息检索效果的影响因素。
- ❖ 信息检索效果的评价指标。
- ❖ 信息检索效果改进的方法。
- ❖ 各门学科信息检索的实例评价。

7.1 检索方法比较

针对不同用户的信息需求，可以采用不同的信息检索方法。采用哪种方法最方便、最可靠，要依据所处的检索环境、有何检索工具等因素而定。如果用户已经有了查找文献的清单，就可以检索馆藏目录；如果馆藏目录没有，就可以检索各种联合目录。但是，在很多情况下，需要弄清楚用户提问的真正意图和实质所在，然后确定使用哪些检索工具，并从中选择最有效的重点检索工具，采取最有效的检索方法和检索策略，尽可能迅速而准确地得到检索结果。

传统的检索方法有词素检索法、追溯检索法、循环检索法和反馈检索法等。

词素检索法就是使用语言中最小的、具有一定表达意义的符号来进行检索。词素是构词的要素，是最小的语言表达字符单位。词素检索法可以提高查准率。

追溯检索法即从文献后面所列的参考文献逐一查找原文，再从这些原文后面所附的参考文献逐一扩检，如此一环扣一环查找，可以找到许多有用的文献。追溯检索法查准率高，但查全率要差一些。

循环检索法先用文摘题录等检索工具查找一定时期内的文献，再使用追溯检索法查出前一时期的文献，如此交替。循环检索法可以做到查得准、查得全，但需要的时间较长。

反馈检索法主要根据用户对上次检索结果的反馈意见改进检索策略、提高查准率。

互联网用户可以通过浏览或按照主题指南进行查询，或者用检索软件进行关键词、主题词甚至自然语言检索。用户在浏览互联网信息时，根据链接追踪信息，从一个网页到另一个网页，其缺点是用户很可能在浏览漫游中迷失方向，无法重复或回到原有的检索途径，且往往会花费大量的时间和网络费用。按照主题指南进行查询，查准率较高，但查全率不高。用检索软件进行关键词、主题词甚至自然语言检索，查准率、查全率都会有问题，但此法具有结果反馈快的优点。

对不同的检索工具和方法，其检索评价标准有一定的差别。对传统的信息检索系统进行评价时，主要的评价指标包括信息收录范围、查全率、查准率、响应时间、输出方式、新颖率、用户友好程度等。互联网的出现使信息环境发生了变化，网络信息检索的评价指标也发生了变化，以搜索引擎为例，其评价指标具有多样性。有的研究人员将搜索引擎的评价指标总结如下。

❖ 数据库的规模和内容：覆盖范围、索引组成、更新周期。

❖ 索引方法：自动索引、人工索引。

❖ 检索功能：布尔检索、复杂布尔检索、相邻和相邻 AND/OR 查询、截词查找、字段查找、大小写有别、概念检索、词语加权、词语限定、特定字段限定、默认值、中断退出、重复辨别、上下文关键词、查询集操作等。

❖ 检索结果：相关性排序、显示内容、输出数量选择、显示格式选择。

❖ 用户界面：帮助界面、数据库和检索功能说明、查询举例。

❖ 其他：查准率和响应时间。

也有研究人员将搜索引擎评价指标总结为以下 5 方面。

❖ 索引数据库构成：标引深度、更新频率。
❖ 检索功能：基本检索功能和高级检索功能。
❖ 检索效果：响应时间、查全率 R、查准率 P、重复率 Rr 和死链接率 Rd 等。
❖ 检索结果显示：结果显示格式的种类与内容、相关性排序等。
❖ 用户负担：用户界面、相关文献和信息过滤功能等。

不论采用什么评价指标，用户在实际使用过程中最关心的是查准率、查全率和响应速度。

7.1.1 信息检索查全率

查全率（R，Recall ratio）和查准率（P，Pertinency ratio）是评价检索系统的两项重要指标，由美国学者 J. W. Perry 在 20 世纪 50 年代首次提出。早期的信息检索查全率是这样定义的：当进行检索时，检索系统把文献分成两部分，一部分是与检索策略相匹配的文献，并被检索出来，用户根据自己的判断将其分成相关的文献（命中）a 和不相关的文献（噪声）b；另一部分是未能与检索策略相匹配的文献，根据判断，也可分为相关文献（遗漏）c 和不相关文献（正确地拒绝）d。一般情况下，检索出来的文献数量为 $a+b$，相对整个系统的规模来说是很小的，而未被检出的文献 $c+d$ 的数量非常大。此时，查全率为

$$查全率=\frac{检出的相关文献数}{系统中相关文献总数}=\frac{a}{a+c}\times100\%$$

查全率是指从检索系统检出的与某课题相关的文献信息数量与检索系统中实际与该课题相关的文献信息总量之比。对于数据库检索系统，查全率为检索出的款目数与数据库中满足用户检索式需求的款目数之比；而对于互联网信息检索来说，文献总量是很难计算的，甚至估算都困难。因为互联网上的信息是瞬息万变的，今天存在的信息，明天就可能找不到了，又会出现更多新的信息。要按传统的方式计算查全率，就要检验检索工具反馈的所有检索结果，而检索结果的数量有时又是极大的。为此，相对查全率是一种可以实际操作的指标，但从其定义可以看出，人为因素的影响较大。

$$相对查全率=\frac{专业人员检出的文献的数量}{全部实际检出文献集合并集中文献的数量}\times100\%$$

要提高查全率，往往要放宽检索范围，但放宽检索范围会导致查准率下降，为此需要提高标引质量和主题词表的质量，优化检索式，准确判断文献的相关性和相关程度。具体来说就是：规范检索语言，选取适当的检索方法，选择合理有效的检索策略，加强标引工作。

7.1.2 信息检索查准率

参考 7.1.1 节中查全率的定义，查准率可定义如下：当进行检索时，检索系统把文献分成两部分，一部分是与检索策略相匹配的文献，并被检索出来，用户根据自己的判断将其分成相关的文献（命中）a 和不相关的文献（噪声）b。

$$查准率=\frac{检出的相关文献数}{输出的文献总数}=\frac{a}{a+b}\times100\%$$

查准率是从检索系统检出的有关某课题的文献信息数量与检出的文献信息总量之比。在理想情况下，系统检索出用户认为相关的全部文献，用户相关性估计和系统相关性判断是重合的，即 $b=0$，$c=0$，则查全率为 100%，查准率也是 100%。实际上，这样的结果是很难得到的。一般情况下，查全率的计算比较困难，因为检索系统中的相关文献总数是很难估算的。

同样，对于互联网信息检索来说，真实查准率也是很难计算的。因为对于命中结果数量太大的检索课题来说，相关性判断的工作量极大，很难操作。为此可以定义一个相对查准率，如下：

$$相对查准率 = \frac{检索者确定为相关的文献量}{检索者在检索过程中看过的文献量} \times 100\%$$

这个公式与传统的定义有很大差别，受人为因素影响太大，缺乏可重复性和客观性。另一个比较成功的计算查准率的替代方法是由两位美国研究人员 H. Vernon Leighton 和 Jaideep Srivastava 提出的"相关性范畴"概念和"前 X 命中记录查准率"。

相关性范畴是按照检索结果同检索课题的相关程度，把检索结果归入 4 个范畴：① 范畴 0，重复链接、死链接和不相关链接；② 范畴 1，技术上相关的链接；③ 范畴 2，潜在有用的链接；④ 范畴 3，十分有用的链接。

相关性判断进行完毕，接下来要对检索工具的检索性能进行评价。Leighton 和 Srivastava 提出"前 X 命中记录查准率" $P(X)$，用来反映检索工具在前 X 个检索结果中向用户提供相关信息的能力。前 X 命中记录查准率可操作性较好，评价者可以根据实际情况来选择 X 的具体数值。一般来说，X 越大，$P(X)$ 就越接近真实查准率，也意味着评价成本的增加。评价结果的精度与成本有一种相互制约的关系。当然，在条件允许的情况下，X 应该尽可能大。

比较合理的情况是把 X 值定为 20，因为一般的检索工具会以 10 为单位输出检索结果，前 20 个检索结果就是检索结果的前 2 页。检索用户对前 2 页的检索结果一般会认真浏览。这样，要计算的查准率就是 $P(20)$。在实际计算 $P(20)$ 时，要对处在不同位置的检索结果进行加权处理。因为检索工具大多有某种排序算法，排在前面的检索结果在理论上应有较大的相关系数，并且检索者通常都从头开始检验检索结果，所以排在前面的检索结果被赋予高权值。

对 $P(20)$ 的计算，Leighton 和 Srivastava 的做法是：首先，对命中记录进行相关性检验，给每个检索结果一个相关系数，取值为 0 或 1，判断为相关检索结果的相关系数为 1，不相关结果的相关系数为 0。在评价时，相关标准可以根据评价的需要来确定。例如，只要求基本满足检索要求，范畴 1、2、3 都可以被认为是相关的结果，相关系数可设为 1；而要求最匹配检索要求的就只有范畴 3。其次，把 20 个检索结果分为 3 组：1~3、4~10、11~20，在计算时分别赋予不同的权值。设第一组权值为 20，第二组权值为 17，第三组权值为 10，计算公式如下

$$P(20) = \frac{R_{(1 \sim 3)} \times 20 + R_{(4 \sim 10)} \times 17 + R_{(11 \sim 20)} \times 10}{3 \times 20 + 7 \times 17 + 10 \times 10 - (20 - N) \times 10}$$

该公式尚存在一些问题，已有论著讨论具体改进问题。

在多数情况下，查全率与查准率之间存在着相反的相互依赖关系。也就是说，如果提高检索的查准率，就会降低其查全率，反之亦然。但这也不是绝对的，有学者认为，随着检索语言的发展和计算机处理文献能力的提高，以及检索系统检索功能的开发，查全率和查准率可以同时提高；还有学者认为，查全率和查准率不存在一个统一的最佳值，也没有量化的意

义，查全率和查准率在很大程度上取决于用户，不同用户的需求得到的结果也不同。可以看到，随着检索系统的不断发展，查全率和查准率指标本身也会不断完善，对检索系统效果的评价将越来越符合实际。

7.1.3 信息检索漏检率

信息检索漏检率（Omission Factor）定义为：当进行检索时，检索系统把文献分成两部分，一部分是与检索策略相匹配的文献，并被检索出来，用户根据自己的判断将其分成相关的文献（命中）a 和不相关的文献（噪声）b；另一部分是未能与检索策略相匹配的文献，根据判断也可将其分成相关文献（遗漏）c 和不相关文献（正确地拒绝）d。一般情况下，检索出来的文献数量为 $a+b$，相对于整个系统的规模来说这是很小的，而未被检出的文献 $c+d$ 的数量非常大。此时，漏检率为

$$漏检率 = \frac{未检出的相关文献}{检索系统中的相关文献} = \frac{c}{a+c} \times 100\% = 1 - 查全率$$

漏检率与查全率是一对互逆的检索指标，查全率高，漏检率必然低。

7.1.4 信息检索误检率

信息检索误检率定义为：当进行检索时，检索系统把文献分成两部分，一部分是与检索策略相匹配的文献，并被检索出来，用户根据自己的判断将其分成相关的文献（命中）a 和不相关的文献（噪声）b；另一部分是未能与检索策略相匹配的文献，根据判断也可将其分成相关文献（遗漏）c 和不相关文献（正确地拒绝）d。一般情况下，检索出来的文献数量为 $a+b$，相对于整个系统的规模来说，这是很小的，而未被检出的文献 $c+d$ 的数量非常大。此时，误检率为

$$误检率 = \frac{检出的不相关文献的数量}{检出的文献的数量} = \frac{b}{a+b} \times 100\% = 1 - 查准率$$

误检率与查准率是一对互逆的检索指标，查准率高，误检率必然低。

7.1.5 信息检索响应时间及其他指标

检索响应时间也是用户非常关心的评价检索系统效果的重要指标。检索响应时间是指从提问到接收检索结果平均消耗的时间。手工检索响应时间人为因素影响较大，响应时间一般较长；单机检索系统的响应时间主要由系统的处理速度决定；在网络信息环境下，响应时间在相当大的程度上取决于用户使用的通信设备和网络的拥挤程度等外部因素。同一检索工具在不同的时间检索同一问题，其响应时间也会不一样。

网络检索的响应时间由4部分组成：① 用户请求到服务器的传送时间；② 服务器处理请求的时间；③ 服务器的答复到用户端的传送时间；④ 用户端计算机处理服务器传来答复的时间。其中，服务器处理请求的时间和用户端计算机处理服务器传来答复的时间主要取决

于服务器和客户机的硬件配置、用户的请求类型和服务器的负载情况等；用户请求到服务器的传输时间和服务器的答复到用户端的传输时间主要是信息在网络上传输所需的时间。

可见，缩短网络检索的响应时间，一方面要提高服务器和客户机的整体性能，选择运行效率高的硬件和软件，采用先进的信息技术；另一方面要增加网络带宽，控制网络中的数据量，减少报文信息在网络路由器中的排队等待、丢失重发等情况，避免过多的信息往返延迟。此外，可以使用缓存。一个精心设计的缓存会大大降低网络负载、缩短用户检索时间。

除了查全率、查准率和响应时间，传统的评价指标还有：① 收录范围，即一个系统收录的文献是否齐全，包括专业范围、语种、年份与文献类型等，这是提高查全率的物质基础；② 工作量，即从系统获得相关文献必须消耗的精力和工作时间；③ 可用性，即按可靠性、年代与全面性的因素评价检出文献的价值；④ 外观，即检索结果的输出形式。

对网络检索工具，特别是网络搜索引擎，其评价有自身的特点。目前的网络检索工具主要以自动方式在网上搜索信息，经过标引形成索引数据库。索引数据库的构成是网络检索工具检索效果实现的基础，在此主要采用标引深度和更新频率两个指标。检索工具提供的检索功能直接影响检索效果，所以网络检索工具除了提供传统的检索功能，还提供一些高级检索功能，如多媒体检索功能、多语种检索功能、自然语言检索功能和相关反馈等。在检索效果评价方面，除了查全率、查准率和响应时间，还应将重复链接数量和死链接数量作为评价指标。用户负担和检索结果显示与传统评价指标类似。

7.2 提高检索效果的方法

信息检索效果是研究信息检索原理的核心，是评价一个检索系统性能优劣的质量标准，贯穿于信息存储和检索的全过程。用户在进行信息检索时，总是希望把与检索课题有关的文献信息迅速（响应时间）、准确（查准率）、全面（查全率）地检索出来，获得满意的检索效果。为了提高检索效果，需要采取提高检索人员的素质、优选检索工具与数据库、优化检索策略和步骤、精选检索词、巧构检索提问式、熟悉检索代码与符号、鉴别检索结果等措施与方法。

7.2.1 提高检索人员的素质

无论是手工检索还是计算机检索，都是由人来操作的，人的因素占支配和主导地位。手工检索主要靠人的大脑进行不断思考、判断和抉择，检索效果与人的知识水平、业务能力、经验丰富与否及工作责任心密切相关。在计算机检索中，虽然系统管理的检索劳动由机器来操作，但复杂的思维劳动（如检索策略的制订、检索程序的设计、检索途径与检索方法的选择等）仍需由人来主持或参与，因此必须提高检索人员的素质。

1. 提高检索人员的知识素质

检索人员的知识素质包括知识、技能和能力。知识是指信息学、信息组织与检索、信息获取与数据挖掘、计算机应用、外语等知识；技能是指咨询解答、信息整序、语言与文字表达等技能；能力是指捕捉信息、超前思维、综合分析等能力。知识、技能和能力，三者是相辅相成的，其中知识是基础，技能是关键。只有具备一定的检索知识和广博的知识内涵，并掌握一定的检索技能，才能形成一定的检索能力，从而提高检索效果。

2. 提高检索人员的思想素质

思想素质是关系到检索人员全面素质提高的重要因素，并影响着检索效果，主要体现为职业道德、对检索结果的辨析、检索观点的公正等。因此，提高检索人员的思想素质就是避免人为因素的影响，进而保证检索效果的提高。

7.2.2 优选检索工具和数据库

根据用户的检索目的和具体要求，选择最恰当的检索工具与数据库，是保证检索效果的重要环节之一。检索工具多种多样并各具特色，同时存在着严重的重复交叉现象。例如，要查找有关"分析化学"方面的信息资源，可供选用的检索工具与数据库有数十种，世界著名的五大化学文摘都设有分析化学类目，反映专业强的有英国的《分析文摘》等。一般用户要熟悉与其专业相关的检索工具的性能、特色不是一件容易的事，选择恰当的检索工具就更加困难，这就要求检索人员必须全面了解有关检索工具的知识（如收录范围、标引语言、排检方式等），这样才能根据用户课题检索的要求，选择专业对口强的检索工具。检索工具选定后，检索途径的选择就基本被限定了，取决于该检索工具的排检方式和辅助索引的种类。因此，为了提高检索效果，必须进行检索工具和数据库的优选。

1. 分类型、主题型检索工具与数据库的优选

分类型检索工具主要通过逐层的目录浏览、逐步细化完成信息检索，包括 Web 文档标题、URL 和一些描述性信息等，适用于专题性检索，如 Yahoo、GNN、Internet Guide Infoseek、Librarians' Index to the Internet、WWW Virtual Library 等。

主题型检索工具要求用户输入与检索要求相关的主题词，然后通过查找索引数据库中用检索词标引的索引来为用户提供信息服务，包括 Web 文档标题、URL、文档内的关键字、摘要甚至全文信息等。主题型检索工具可以采用布尔逻辑检索、位置检索、模糊检索、概念检索、自然语言检索等高级检索方式，也可以通过限制检索对象的地区、网络范围、数据类型、时间等提高检索效果，适用于综合性检索，如 AltaVista、Excite、HotBot、Infoseek、Lycos、Opentext、WebCrawler 等。

2. 通用型、专题型、特殊型检索工具与数据库的优选

通用型检索工具是指在采集信息资源时不限定资源的主题范围，可以检索任何资源，如 AltaVista、Excite、Yahoo 等。

专用型检索工具是指专门采集某主题范围的信息资源，对专业信息进行深度标引和描述，并在检索机制中提供与该领域密切相关的方法和技术，如查找医学信息的 HealthData，Medscape，查找法律信息的 Findlaw，FTPSearch95、EEL（Engineering Electronic Library）等。

为了优选专用型检索工具，应了解与掌握信息质量较高的各学科的专用网址，如查找有关中国法律法规信息的北大法律信息网，查找有关中国经济信息的中国经济信息网，查找有关中国专利信息的中国专利信息网，查找有关知识产权信息的中国知识产权网，查找有关中国国家标准信息的全国标准信息公共服务平台，查找有关中国电子资源的信息 21IC 电子网，查找有关统计的信息的国家统计局等。

特殊型检索工具是指检索某一类型信息或数据的检索工具，如检索地图的 MapBlast，检索图像的 WebSeek，检索 FTP 文件的 Archive 和 Liszt，检索新闻组的 Deja News 等。为了优选特殊型检索工具与数据库，还应了解与收集数据库提供商的网址，如微软公司、耶鲁大学、南京大学、中国高等教育文献保障系统、万方数据知识服务平台、电子工业出版社等。

3. WWW、非 WWW 检索工具与数据库的优选

WWW 检索工具，主要检索 WWW 站点上的资源，通常称为搜索引擎。搜索引擎就是互联网上查找准确信息的工具。也就是说，搜索引擎是以一种软件机器人方式工作，对互联网进行浏览，尽可能多地发现新的信息，建立全文索引，分析用户的查询请求，将查询结果地址集返回给用户的过程。为了优选搜索引擎，还可以通过阅读各种搜索引擎的软件说明来了解常用搜索引擎的性质、功能、类型、搜索范围和检索方法等。

常用的中文搜索引擎有必应、搜狐、新浪、百度、搜狗，常用的英文搜索引擎有 Yahoo、AltaVista、Excite、HotBot、Google、Go/Infoseek 等。

非 WWW 检索工具主要检索特殊类型的信息资源，如检索 FTP 文件的 Archive、FileZ 和 Tile.net，检索 Telnet 资源的 Hytelnet，检索 Gopher 服务器的 Veronica 和 Jughead 等。

4. 单独型、集合型检索工具与数据库的优选

单独型检索工具通过自身的采集标引机制、数据组织机制和检索机制，单独为用户提供服务，并拥有自己独立的数据库和信息资源覆盖范围。

集合型检索工具能够同时利用多个检索工具进行网络信息检索，并通过统一的用户界面帮助用户选择检索工具，实现检索操作，对同一个查询可同时在多个查询工具上工作，或组合指定的查询工具来完成查询，可分别或综合输出结果。集合型检索工具有 MetaCrawler、LinkSearch、W3Search Engine 等。

5. 具有去重功能的检索工具与数据库的优选

大量的检索工具在提供结果显示时会出现多次显示同一检索结果的问题，从而出现了检索结果的冗余性。要解决这一问题一般采取人工检查、逻辑或运算、逻辑非运算等。目前，许多检索工具特别是集合型检索工具都具有检索结果的去重功能，如 Infoseek，通过"Express Search"提供了可对 11 个英文搜索引擎进行同时检索的接口，兼具元搜索引擎的功能，每次选择了需同时检索的搜索引擎，返回结果便是综合结果，从而提高检索效果。这 11 种搜索引擎是 AltaVista、DirectHit、Excite、Google、HotBot、Infoseek、Lycos、MSN、Northern Light、WebCrawler、Yahoo。

6. 具有过滤功能的检索工具与数据库的优选

目前，许多检索工具具备过滤功能，过滤那些污染信息、垃圾信息、反动信息等。如

AltaVista 采用"Family Filter"过滤那些不适合某群体用户浏览的信息，可以减少相应的网络信息污染。Go/Infoseek 的"Goguardian"功能可以有针对性地过滤不适合青少年浏览的内容。Lycos 的安全控制设置（Parental Controls-SearchGuard）可将色情、暴力、凶杀等网站过滤。

　　总之，无论选择哪种检索工具与数据库，都应充分考虑其标引数量、标引范围、更新频率、抽词方法与检索功能等；同时，应考虑该检索工具是否提供简单、明晰的操作界面与丰富的选择项，是否提供自然语言检索接口，是否提供检索技巧与帮助信息，是否提供检索个案分析等。为了提高查全率，要考虑选择多种或集合型检索工具；为了提高查准率，要考虑选择专用型、单独型的检索工具。

7.2.3　优化检索策略和步骤

　　正确的检索策略可优化检索过程与检索步骤，有助于求得查全和查准的适当比例、节省检索时间与费用、取得最佳的检索效果。

　　用户信息需求的多样性决定了其检索目的、检索策略、检索方法与检索步骤的差异性。例如，检索某事物某方面的信息，检索某事物有关的全部信息，检索多种事物同一方面的信息，检索一类事物的全部有关信息，浏览一门学科或一个专业范围的信息等。因此，只有充分了解用户的检索需求，才能有针对性地选择检索工具；只有了解用户的检索目的，才能有效地把握查全与查准的关系。例如，科研立项、专利查新检索贵在于全，漏检可能造成重复劳动和经济损失；一般性的检索贵在于准，准则精，便于吸收利用，能节省用户大量的时间。可以说，同样的用户提问，由于检索目的的不同，其检索策略的制订也有所不同，对应的检索步骤也就有所差异。

　　由于信息量的巨大和信息描述的不规范，利用检索工具（如搜索引擎）检索信息的过程往往是多次检索、不断完善、不断优化的过程。

　　所谓优化检索过程，就是在检索过程中，为了完整描述所检课题的内涵和外延，往往进行几个概念的组合和表达同一概念的多个同义词的组合，而且在检索过程中需要根据检索结果随时调整检索策略。为了实现检索策略与步骤的优化（视检索工具的功能而定），一般通过布尔逻辑运算符（OR、AND、NOT）、位置运算符（With、Near）、逻辑优先级等方法和策略进行优化。

　　【例 7-1】　GoTo 搜索引擎的优化策略。

　　（1）缩小检索范围

❖ 多次输入新的限制词，并选择"Search Within Results"，实现在已有检索结果基础上的进一步检索。

❖ 尽量使用双引号（"）将关键词短语和词组括起进行检索，以保证概念匹配的精确性。

❖ 专有名词或名称的首字母应大写。

❖ 使用逻辑与"+"、逻辑非"-"检索符，明确检索词之间的限制关系。

❖ 将检索词限制在 Web 页的标题中进行检索（title:），可提高检索结果的准确率。

　　（2）扩大检索范围

❖ 减少检索词之间的限制关系，如减少太长的短语或词组及太多"+"的关系。

❖ 对检索词全部使用小写。

❖ 在多个同义词与人名之间用 "," 分隔。

❖ 在先前的检索结果中选择 "Show details"，并在认为比较确切的命中记录中单击 "Find similar pages"，可以进一步检索到更多的相关信息。

【例 7-2】 Google 搜索引擎的优化策略。

❖ 用户可以通过增加检索词来缩小检索结果的数量和范围。

❖ 与多数其他搜索引擎一样，Google 支持词组/短评检索，检索符同样是" "。例如，"information retrieval systems"表示 information retrieval systems 是作为一个精确匹配的词组出现的。

❖ 对于采用固定连接符表示的词组，如连字符 "-"、截止符 "*"，Google 把它们作为一个检索词来匹配，如"e-commerce"、"info*"。

❖ 如果由于网络问题而使用户不能直接访问某网页，Google 将自动调用该网页在 Google 网页库内所保存的内容，使用户不再为 "HTTP 错误 404" 而烦恼。

❖ 在 Google 中，检索词的输入没有大小写的限制。

❖ 在输入检索词时，用户应该避免使用 Google 中规定的禁用字。

7.2.4 精选检索词

使用检索工具进行信息检索时，关键词的精选也是很重要的。不存在可以满足任意要求的检索工具，每类检索工具都有自己的强项和特点，因此在精选检索词时必须从以下 6 方面进行考虑。

1. 不使用常用词

不使用常用词是指不使用太泛的词或曝光率太高的词。因这些词太常见，以致出现在几乎所有的检索工具或网页中。事实上，常用词不能帮用户找到任何有用的信息，如"that"、"the"、"program"、"internet"等在检索工具中可以检索到数以万计与之匹配的信息。

2. 避免使用多义词

在检索时应严格避免使用多义词，因为检索工具是不能辨别多义词的。最好的解决办法是：使用短语、多个检索词或使用其他词语来代替多义词作为检索关键词。例如，检索"Java"要找的信息究竟是太平洋上的一个小岛、一种著名的咖啡，还是一种计算机语言？检索工具无法根据用户的思维进行正确选择，如果使用 "爪哇 印尼" "爪哇 咖啡" "Java 语言" 分别进行检索，就可以满足不同的检索需求。

3. 避免使用错别字

当检索某种信息时，感觉在某种检索工具中应该有不少，却检索不到结果时，就应该先检查关键词中是否有错别字。

4. 学会使用截词

截词（Truncation）是指检索者将检索词在他认为合适的地方截断。截词检索是指，在检索前，针对逻辑提问中的每个检索词附加一个截词模式说明，指出该检索词在与数据库中的词比较时，采取精确匹配、任意匹配（即前截断、后截断、前后截断），还是有限匹配等（见2.1.1 节）。例如，"search engine"可检索出与此完整匹配的信息，"*magnetic"可检索出含有"magnetic"或"paramagnetic"的信息，"run*"可检索出含有"run"、"runs"、"running"的信息，"*relation*"可检索出含有"relation"、"relations"、"interrelation"等的信息，"acid?? "可检索出"acid"、"acidic"等，而不能检索出"acidify"、"acidicflux"等。

5. 使用大小写字母

大多数检索工具在检索中是区分大小写的。也就是说，如果用户的检索全部用小写，检索工具既匹配大写字母也匹配小写字母。但是如果用户使用大写字母，检索工具认为用户确实指定了大写，就会检索那些与用户输入项完全相符的结果。

6. 尽量使用专指性强的词或短语

开始检索时，可以选择专指性强的词、短语或句子编制检索式，再根据检索结果逐步扩检。例如，若想了解 Windows 11 能不能安装 USB 外设的问题，可直接用"Can't install USB device in Windows 11"作为检索式，尽量不要用"Windows 11"或"USB device"作为检索式。

7.2.5 巧构检索提问式

若利用搜索引擎在检索对话框中输入能表达检索概念的词，可以查到含有该词的网址等信息，但产生的检索噪声很大，查准率也不高。要查到需要的信息需反复翻页、反复查询，既浪费机时又消耗精力。运用逻辑运算符、位置运算符、限定符、通配符及相关的检索技巧来巧构检索提问式，是提高检索效果的有效途径。

1. 运用逻辑或运算符

逻辑或运算符 OR 常用来限定同义词，扩大检索范围，提高查全率。制订 A OR B 的检索式，可以检出含有 A 或 B 及同时含有 A 和 B 的资源。例如，利用检索式"city OR urban"可以查到含有大小写"city"和/或"urban"的所有信息资源。运算符 OR 还可以限定反义词、近义词、旧称词、缩合词、俗称词和复合词等。运算符 OR 是一些网络检索工具的默认运算符。对于这些网络检索工具来说，构筑 search engine 检索式就等于构筑的是 search OR engine 的检索式。以 OR 作为默认运算符的网络检索工具有 AltaVista、Yahoo、AOLsearch、Excite、Infoseek、GoTo、LookSmart、Netscapesearch、Snap、WebCrawler 等。几乎所有网络检索工具都允许使用运算符 OR 构筑检索式。

使用 OR 运算符要注意选词，要将与检索命题相关的有检索意义的词尽量都用上。例如，要检索有关主页制作技术的文献，可以选择 homepage、web page、web design、java script 及其他与主页相关的词作为检索词。

2. 运用逻辑与运算符

逻辑与运算符 AND 常用来限定多义词，进行缩检，提高查准率。制订 A AND B 的检索式，只能检出同时含有 A 和 B 的信息资源。例如，"mercury AND plant"检索式将检出同时含有"mercury"和"plan"的信息资源。几乎所有的网络检索工具都允许使用运算符 AND 构筑检索式。例如，Google、HotBot、Lycos、MSNsearch、NorthernLight 等网络检索工具把运算符 AND 作为默认运算符。

同时，可以使用""""来限定词组，实现逻辑与的功能。利用几个不带运算符的词构筑检索式来检索信息资源时，常因词与词之间的修饰关系不确定而产生误检。在这种情况下，可采用引号限定几个词之间的排列和距离，进而提高查准率。

3. 运用逻辑非运算符

逻辑非运算符 NOT 常用于排除词间的虚假联系，进行缩检。例如，利用同义词查询有关幽灵的信息资源时，可制订检索式为 "ghosts OR apparitions OR spirits"，进行检索时，往往会带出有关 "moonshine" 和 "alcohol" 的信息资源，产生误检。此时应采用 NOT 运算符予以排除，即 "ghosts OR apparitions OR spirits NOT moonshine NOT alcohol"。NOT 运算符几乎可在所有网络检索工具上使用，但 LookSmart 不允许使用 NOT 运算符构筑检索式。

4. 运用位置运算符

位置运算符包括 W（WITH）和 N（NEAR）。W 或 nW 用来限定两个词之间的顺序和间隔，但多数网络检索工具采用 NEAR 运算符限定检索结果中词与词之间的距离和词间的修饰关系。制订"A WITH B"检索式，表示检出的信息资源中的词 A 在词 B 之前，且允许间隔一个字符。DIALOG 等数据库采用的是 WITH 运算符。

5. 运用逻辑优先级

OR、AND、NOT 运算符的优先级从高到低依次为 NOT、AND、OR。括号可以改变运算顺序，如检索式 ((A OR B) (C OR D)) NOT (E AND F)，先运算 A OR B 和 C OR D，再运算 (A OR B) (C OR D)，最后运算 NOT 算式。

在使用 OR、AND、NOT 运算符时还应采用以下技巧：① 把出现频率低的检索词放在 AND 的左边，可以缩短计算机的处理时间；② 把出现频率高的检索词放在 OR 的左边，有利于提高检索速度；③ 同时使用 AND、OR 检索时，应把 OR 运算放在 AND 运算的左边；④ 同时使用位置运算符 (W) 和 (F) 时，(W) 运算符应排在 (F) 运算符的左边；对于用 OR 运算符进行运算所获得的结果，如果觉得太宽泛，要去掉一些噪声，就可以使用 AND、NEAR、ADJ、FOLLOWED BY 等运算符加以限定，进行缩检，提高查准率，如 Internet NEAR/3 Shakespeare。

6. 运用词组限定符

一些网络检索工具（如 AltaVista、Google、Infoseek 等）使用引号或连字符来限定词组中词间的修饰关系和词与词的排列顺序。

7. 运用字段限定符

常用的字段限定符有标题字段限定符、网址字段限定符、链接字段限定符等。Yahoo、AltaVista、GoTo、HotBot、Infoseek、MSNsearch、NorthernLight、Snap 等检索工具都支持字段限定符，但各检索工具或网站使用的字段限定符指令不尽相同。同时域名地址字段限定，Infoseek 使用"site: "，而 HotBot、MSNsearch、GoTo、Snap 却使用"domain: "。与其他网络检索工具相比，AltaVista 使用的字段限定符又有自己的特色。字段限定符还有 anchor、applet、host、image、link、text、url 等。

8. 运用通配运算符

通配运算符可以提高查全率。通配运算符可在 AltaVista、Yahoo、HotBot、MSNsearch、NorthernLight、Snap 等网络检索工具上使用，主要用来限定同根字，进行扩检。例如，利用 comput 作为检索式，可以检出含有 computer、computers、computing 等的信息，Lycos 用 "S|" 作为通配运算符。

9. 运用范围限定

AltaVista 等检索工具除了允许使用运算符编制检索式，还能利用对话框的形式对检索结果的时间跨度、文献类型、语种、检索范围等进行限定，进一步提高查准率。

10. 运用加权检索

OpenText、Lycos 等检索工具和 TRS4 系统允许在构筑检索式时对单词或短语加权，进而提高查准率，节省查询时间。

11. 运用小写字母

AltaVista 等检索工具允许使用小写字母构筑检索式来查询与该词匹配的、不区分大小写的相关信息资源，从而降低漏检率。

7.2.6 熟悉检索代码和符号

检索代码与符号，又称为检索标识，其选取是否恰当将直接影响检索效果。检索代码与符号是使用检索工具的语言保证，是检索与系统相匹配的关键。因此，检索人员必须利用相应的分类表、词表选取与检索工具相匹配的正确代码与符号。此外，检索代码与符号的选取要得当，过多或过少都不利于取得满意的检索效果。标识概念扩大，虽能增加查全率，却不利于查准；概念缩小，即增加标识，则结果相反。当采用后组式检索语言构成检索系统时，需要特别注意标识间逻辑关系的表达要正确、严谨，以免因概念组配不当而导致失误。检索标识因检索工具而异，几种检索工具的检索代码与符号表如表 7-1 所示。

表 7-1　几种检索工具的检索代码与符号表

检索途径	DIALOG	OCLC	EI Compendex Web	检索实例
主题（Subject）		su: su=		
题目（Title）	/TI	ti: ti=	TI	ti: robots control electric power AND（distribution cost* within TI）
叙词（Descriptors）	/DE			
主题词 （Subject headings）		su: su=	CV	su: head w class lossless compression AND（pattern recognition within

检索途径	DIALOG	OCLC	EI Compendex Web	检索实例
自由词（Identifiers）	/ID			
文摘（Abstract）	/AB		AB	（solar cycle within ST）OR（diurnal variation within AB）
专利（Patent）	/PA			
作者（Author）	AU=	au: a=	AU	? s AU=Barker，J. R. au: johann christian relevance AND（Aalbersberg within AU）
语种（Language）	LA=			? s LA=France
出版年代（Publication Year）	PY=			? s PY=2000-2001
刊物名称（Journal Code）	JN=		ST	? s JN=Vacuum (polymer* within ST) AND (Guadagno within AB)
注释（Notes）	/NT	nt: nt=		
出版者（Publisher）		ph:	PN	(ieee within PN) AND (image processing within TI)
机构名（Corporate Name）	CO=	co=		? s CO=Sony
作者单位（Author Affiliations）			AF	(iIntel within AF) OR pentium
会议名（Conference Name）		cn=		
入藏号（Accession Number）		an:		

7.2.7 鉴别检索结果

一次成功的检索主要由两部分组成：正确的检索词和有用的检索结果。在单击任何一条检索结果前，快速分析检索结果的标题、网址、摘要，有助于从中选出更准确的结果，节省大量的时间。到底哪一条结果是所需要的内容，取决于寻找什么。评估信息资源或网络内容的质量和权威性是检索的重要步骤，也是鉴别检索结果的重要依据。检索结果的鉴别分为印刷型资源和电子资源。印刷型资源从版权页上的出版者、书名页上的作者、序和跋中的作者及相关信息介绍等可以进行鉴别；而电子资源具有内容丰富性、形式多样性、结构复杂性、分布广泛性、信息动态性、传播交互性等特点，决定了对其鉴别的复杂性。本节主要从信息来源与出版、权威性、用户、网站内容、时效性等方面进行鉴别。

1. 信息来源与出版

信息来源与出版（parentage and provenance）主要出现在网站上，标明创建者、版权所有者、拥有该网站的机构或个人的说明。用户可根据对这些机构和个人信息的分析，对该网站发布的信息的质量和可靠性做出判断。对于一些匿名网站，发布的信息的可靠性较差，在图书馆组织数字化资源时，一般将匿名网站链接到电子信息导航系统。

2. 权威性

权威性（authority）主要反映信息发布者在相应的专业领域的知名度。一般，专业较著名的权威机构或专家拥有的网站和发布的信息是真实、可靠的，具有较高的质量。尤其是大学和研究机构的网站，一般在发布前已对信息做过审查、筛选，这样的信息权威性强。如对信息发布者情况不了解，应查找其专业背景、资历，负责任的网站应提供这些信息。通过网站被其他网站链接、被专业论文引用的情况，也可以对该网站的权威性进行分析。由于互联网上的个人网站很多，信息发布随意，除了存在虚假的信息，还充斥着大量水平较低的信息。因此，注意权威性是很必要的。

3. 用户

每个网站都是为一定的用户（audience）群接收而发布信息的。因而，每个网站都有自己的意向用户（intended audience），发布的信息应满足用户的需求，信息的专业化程度要适应用户的水平，排除那些过于肤浅或过于深奥等不适合用户需求的信息网站。

4. 网站内容

对于网站内容（content）应从以下几方面考虑：信息内容是否切题，标题是否清楚，链接是否新颖，有无明确的范围和边界，是否有倾向性；文本和多媒体文件的组织是否规范；引用其他信息来源时是否注明出处；提供的某一主题的信息是否为原始信息，是否为有关该主题链接的集合，是否为其他网站信息的镜像；是否提供评估报告及被其他网站链接的数量，等等。

5. 时效性

时效性（currency）主要反映：检出的信息是否注明其创建期和最近的更新期；网站内容所引用的文献、数据是否注明日期，对于过时的信息和死链接是否及时清除。

7.3 学术信息检索实例评价

为了能方便、快捷、准确地从浩如烟海的各类信息中查检到某学科领域的学术信息，一是要弄清需要检索的学术信息的学科或内部特征，二是要正确选择和充分利用各类检索工具，以便缩小检索范围，扩大检索内涵，增强查检的针对性，从而提高检索效率。

在具体检索各领域学术信息的过程中，应该如何选用检索工具才能高效地查检到需要的内容？手工检索工具和学术资源数据库检索系统各自的优势在哪里？此外，互联网资源中也包含具有较高学术价值的信息，那么，网络学术信息又如何检索？这些是本节要探讨的问题。

7.3.1 人文科学学术资源检索实例评价

1. 分析检索内容

今天的重庆市与四川省所在的地域，古称巴蜀。该地区古代巴人、蜀人的文化被称为巴蜀文化。由此可知，巴蜀文化是中国特色的民族文化，其研究领域应属于文、史、哲的范畴。

因而，检索的大范围首先应确定在有关中国的文、史、哲信息资源中。

2. 选择检索词

通过分析检索内容，可以选择相关的检索词为"巴蜀文化""巴文化""蜀文化""三星堆"。

3. 选择检索工具

1）手工检索工具的选择和使用

① 直接查阅专业期刊。"巴蜀文化"主题涵盖面较广，包括考古、人物、民俗、宗教等学科内容，其文化特色提示所要查阅的内容应重点集中在四川、重庆两地出版的文、史、哲类专业期刊和高校学报上，如《中华文化论坛》《文史杂志》上有专门的"巴蜀文化"栏目。此外，《中国史研究动态》《文史哲》《四川文物》《考古与文物》等期刊上也有部分内容。

② 《全国报刊索引》（哲学社会科学版）。利用 2000 年全年的《全国报刊索引》查检 K87类（中国文物考古），共查到有关巴蜀文物考古方面的文章 72 篇。

2）网上检索工具的选择和使用

① 中国知网（原中国期刊网）。进入中国知网主页，选择"中国期刊全文数据库"，再依次选择"检索项"为"篇名"、"匹配"为"精确"、时间为"1980—2008"。

<1> 在"检索词"框中输入"巴蜀文化"，可查检到篇名中带有"巴蜀文化"字样的文章 215 篇。

<2> 在"检索词"框中输入"巴文化"，可查检到篇名中带有"巴文化"字样的文章 162篇，其中有一部分属于"东巴文化""中巴文化""印巴文化"的研究主题，要剔除，剔除后为 88 篇。

<3> 在"检索词"框中输入"蜀文化"，可查检到篇名中带有"蜀文化"字样的文章 264篇，由于"蜀文化"与"巴蜀文化"仅一字之差，我们选择的"匹配"为"精确"，因此用检索词"蜀文化"检索出的内容涵盖了"巴蜀文化"检索出的内容。与之前的检索结果相比，这有了改进。

<4> 在"检索词"框中输入"三星堆"，可查检到篇名中带有"三星堆"字样的文章 441 篇。

若将"检索项"改为"主题"，其他选择不变，则可得到以下检索结果。

<5> 在"检索词"框中输入"巴蜀文化"，可查检出 1067 篇文章，查全率更高。

<6> 在"检索词"框中输入"巴文化"，可查检出 610 篇文章，其中一部分是有关"东巴文化""印巴文化""中巴文化"主题的内容，要剔除。

<7> 在"检索词"框中输入"蜀文化"，可查检出 265 篇文章，查全率高于用主题词为"巴蜀文化"查检的结果。

<8> 在"检索词"框中输入"三星堆"，可查检出 907 篇文章。

② 利用百度搜索引擎。输入检索词"巴蜀文化网站"，可检到"巴蜀全书""广东巴蜀文化促进会""四川师范大学巴蜀文化研究中心"网站。

③ 中国国家图书馆。打开中国国家图书馆网站，在"检索字段"文本框中选择"正题名"→"中文普通图书库"，在"输入检索词"文本框中输入"巴蜀文化"，可以查检到 59 部有关"巴蜀文化"的著作；若输入检索词"巴文化"，则可查检到 42 部著作，其中有一部分是关于"东巴文化"和"康巴文化"的，需要去掉；输入检索词"蜀文化"，则可以查检到 6 部著作，

其中有相当一部分是关于"巴蜀文化"的，所以用"蜀文化"进行检索实际上是对前面用"巴蜀文化"检索的一个补遗；若输入检索词"三星堆"，则可以查检到 119 部著作。

④ 南京大学图书馆。打开南京大学图书馆网站，选择"书目查询"，在"馆藏书目检索"文本框中输入"巴蜀文化"，将"请选择文献类型"选为"中文图书"，将"请选择检索模式"选为"前方一致"，可以查检到 67 部著作；若将检索词改为"三星堆"，则可以查检到 29 部著作。

4. 检索工具使用分析比较

通过直接阅读专业期刊的方式查检"巴蜀文化"的内容，是手工查检中比较好的方式。一般来说，专题性的内容如果分属许多学科的交叉研究领域，利用手工方式查检难度大，但如果同时包含地域特点或民族特色，就可将查检的内容限定在几种具有地域或民族特色的学术期刊中，手工查检的难度就会降低许多，并能集中查到大量的相关内容。

利用《全国报刊索引》（哲学社会科学版）手工查检"巴蜀文化"的内容非常不便，因为《全国报刊索引》是按学科类目编排的，不适合检索"巴蜀文化"这样涉及多学科领域研究内容的主题。如果检索，需要限定其中的具体类，如 K87（中国文物考古），这样查起来稍微方便，但必须剔除其中大量非"巴蜀文化文物考古"的内容，从而降低了检索效率，还会漏检从篇名上不能反映该主题的文章。

采用搜索引擎检索可以迅速得到许多相关内容的线索，再依据网址查看线索提供的具体内容，可以很快决定内容的取舍。其缺点是网上内容的真实性、正确性都需要判断。但搜索引擎的优势是能够找到专题网站，如四川师范大学巴蜀文化研究中心、巴蜀文化网等。

利用中国知网的"中国期刊全文数据库"的优势在于：可通过选定的检索词查检出登载在不同学术期刊上的"巴蜀文化"内容，有助于横向上查全，查检线索是免费的，获取全文是收费的。目前，全国各高校的教师和学生基本上都可享用学校图书馆免费提供的全文服务，这是一种较理想的学术资源查检方式。

中国国家图书馆、部分重点高校图书馆的馆藏信息提供了"巴蜀文化"研究的专著，是不可或缺的信息源。

四川师范大学巴蜀文化研究中心是教育部省属高校人文社会科学重点研究基地，官网上的"巴蜀文化"内容质量好、可信度高，学术资源也比较丰富，而且是免费的，应该浏览。

7.3.2 社会科学学术资源检索实例评价

社会科学主要包括经济、政治、军事、外交、法律、教育、社会学、人口、民族学等学科。这里选择社会科学领域的"社会学"学科的内容作为查检对象，查检有关中国的户籍（口）制度问题研究的内容，以此说明检索社会科学学术资源时检索工具的选用方法。

1. 分析检索内容

从 1977 年恢复高考以来的文凭、学历，到 20 世纪 80 年代中国正式恢复学位制度建立的学士、硕士、博士学位制度，以及 20 世纪 90 年代逐步建立的一系列会计证书、律师证书、资产评估证书等技术证书制度，都是根据人们的后天活动确定地位的制度。也就是说，一个人要通过个人的奋斗、努力才能获得文凭、技术证书等。因此，户籍（口）制度的社会功能已经大大削弱，有关户籍（口）问题的研究在中国社会学界正逐步深入。

通过上述分析，这一主题的检索内容应重点放在中国社会科学的研究领域。

2. 选择检索词

通过分析检索内容，可选定检索词为"户籍""户口"。

3. 选择检索工具

1）手工检索工具的选择和使用

直接查阅专业期刊。"户籍（口）"问题与中国的体制改革、农村问题、经济发展等都有关系，从不同角度撰写的研究论文登载在社会科学各学科的学术期刊上。例如，《中国人口科学》1998—2008 年登载有关文章 10 篇（篇名中含有"户籍"或"户口"）。

2）网上检索工具的选择和使用

① 中国知网。进入中国知网主页，选择"中国期刊全文数据库"，再依次选择"检索项"为"篇名"、"匹配"为"精确"、"时间"为"1980—2008"。

❖ 在"检索词"文本框中输入检索词"户籍"，可以查检到标题中带有"户籍"字样的文章 1234 篇。

❖ 在"检索词"文本框中输入检索词"户口"，可以查检到标题中带有"户口"字样的文章 730 篇。

或者，进中国知网"主页，选择"中国重要报纸全文数据库"，再依次选择"检索项"为"标题"、"匹配"为"精确"、时间为"2000—2008"。

❖ 在"检索词"文本框中输入检索词"户籍"，可以查检到篇名中带有"户籍"字样的论文 916 篇。

❖ 在"检索词"文本框中输入检索词"户口"，可以查检到篇名中带有"户口"字样的论文 792 篇。

② 百度搜索引擎。在百度搜索主页中输入检索词"户籍"，查询结果超过 1 亿条，前 3 条记录中有 2 条是百度百科的内容，第 3 条是中国政府网的。

③ 中国社会科学院哲学社会科学网。在其主页的"信息检索"文本框中输入检索词"户籍"，选择"本站搜索"，可查检到 30 篇相关文章；在"信息检索"文本框中输入"户口"，选择"本站搜索"，可查检到 14 篇相关文章。单击篇名，就可看到这些查检到的文章全文。

④ 中国国家图书馆。在其官网中选择"检索字段"为"正题名"，选中"中文普通图书库"，在"输入检索词"文本框中输入"户籍"，可查检到 32 本著作；若在"输入检索词"文本框中输入"户口"，可查检到 38 本著作。

⑤ 南京大学图书馆。在其官网中选择"书目查询"，在"馆藏书目检索"文本框中输入"户籍"，可查检到 5 部文献。

4. 检索工具使用分析比较

采用手工直接查阅专业期刊的方式查检"户籍（口）"问题的文章，应首先选择几种主要的期刊，如《中国人口科学》《探索与争鸣》《学术交流》《改革与战略》《社会科学》《人口与经济》《行政人事管理》《中国人力资源开发》等。因为这些期刊与中国的现行体制、经济改革、社会发展等有较密切的关系，而"户籍（口）"问题研究的核心内容都涉及这些方面。但是，由于"户籍（口）"问题属于中国社会大环境背景下的专题性研究内容，从很多学科角度都可以探讨，因此有关文章分散地刊载在各种期刊和报纸上，采用手工查检专业期刊方式的效率很低。

采用搜索引擎检索虽然迅速，但查检到的内容大多属"户籍（口）"管理方面的内容，与想要的学术内容相距甚远；尽管也能找到一些相关研究文章，但筛选比较费时。

利用中国知网查检有关"户籍（口）"问题是一种比较好的方式。一是因为用检索词"户籍""户口"可以将分散在各种期刊和重要报纸上的研究文章查检出来集中提供给用户，再通过线索去找原文，效率比较高；二是"中国知网"提供的"中国期刊全文数据库"收录的内容已回溯至1911年，所以查全率很高，再加上系统提供的多组合查询手段，查准率也相当高。"中国重要报纸全文数据库"收录的是自2000年以来的重要报纸全文，查准率和实时查检效率当然首屈一指，但2000年以前的相关内容尚未涵盖在数据库中，查全率会受较大影响，漏检的内容需要用其他检索手段来弥补。显然，查检这类专题性的内容用"机检+手工"的方法会取得较高的成效。

中国社会科学院是国家级社会科学的研究机构，其网站上提供的"户籍（口）"问题的研究文章具有重要的参考价值。虽然从查全率上看，网站上该主题的内容不算很多，但文章的时效性和学术价值是不能忽视的。

中国国家图书馆和部分重点高校图书馆的馆藏信息提供的"户籍（口）"问题研究的专著信息，是不可或缺的信息源。

7.3.3 自然科学学术资源检索实例评价

自然科学主要包括数学、物理、化学、化工、生物、生命科学、天文、地理、地质、环境、医学、药学、卫生、农业、气象等学科。这里选择纳米技术作为检索相关文献信息的检索内容，通过实际检索说明查检自然科学学术资源时正确选用检索工具的方法。

1. 分析检索内容

纳米技术是20世纪90年代初迅速发展起来的新的前沿科研领域，是指在1～100纳米尺度空间内研究电子、原子和分子的运动规律、特性和应用的高新技术学科。纳米科技的终极目标是按人的意愿操纵单个原子、分子构建纳米级的具有一定功能的器件或产品。纳米科技包括纳米生物学、纳米电子学、纳米机械学及纳米材料学等，是多学科交叉研究的新领域。

通过上述分析，查找这一主题的研究内容，需要检索国内和国外的有关文献信息。

2. 选择检索词

通过分析检索内容，确定检索词为"纳米"和"nanometer"。

3. 选择检索工具

1）手工检索工具的选择和使用

① 《全国报刊索引》（自然科学技术版）。以《全国报刊索引》1999年为例，选择 O4

大类（物理学），可查到相关文献信息 32 条。

② 直接查阅专业期刊。有关"纳米"技术的研究主要分布在物理、化学、光学、材料科学等领域。因此，其研究论文大多登载在这些学科的专业期刊上，如《物理学报》《光学学报》《物理化学学报》《中国稀土学报》《应用化学》《金属功能材料》及各高校学报（自然科学版）等，但不局限于这些期刊，只是从这些期刊上能够找到相当一部分重要文章。例如，《物理学报》2000 年共刊载相关论文 16 篇。

2）网上检索工具的选择和使用

① 中国知网。进入中国知网主页，选择"中国期刊全文数据库"，选择"匹配"为"精确"，选择"时间"为"1999—2008"。

❖ 在"检索词"文本框中输入检索词"纳米"，选择"篇名"选项，选择"范围"为"核心期刊"，可查检到 22005 篇相关论文；再将检索词改为"光学"，选中"在结果中检索"，可查检出光学领域有关纳米技术研究的论文 271 篇。

❖ 在"检索词"文本框中输入"纳米"，选择"检索项"为"关键词"，选择"范围"为"核心期刊"，可查检到 830 篇相关论文；再将"检索项"选为"篇名"，检索词改为"材料"，选中"在结果中检索"，可查检到材料科学领域纳米技术的研究论文 99 篇。

❖ 在中国知网主页中选择"中国博士学位论文全文数据库"，选择"匹配"为"精确"，选择"时间"为"2000—2008"；在"检索词"文本框中输入检索词"纳米"，选择"题名"选项，可查检到 1807 篇与纳米技术相关的博士论文；继续将"检索项"选为"学科专业名称"，在"检索词"文本框中输入"化学"，并选中"在结果中检索"，可缩小查检范围为"在化学领域有关纳米技术"的博士论文，共 17 篇。

❖ 在中国知网主页中选择"中国期刊全文数据库"，选择"匹配"为"模糊"，选择"时间"为"1999—2008"；在"检索词"文本框中输入检索词"纳米"，选择"检索项"为"刊名"，可查检到《纳米技术与精密工程》和《纳米材料科学》两种专门登载与纳米技术有关的文章的专业期刊，这一查检结果可作为手工已查检到的物理、光学、化学、材料科学等学科期刊的补充。

② Springer 全文电子期刊。在检索框中输入"nanometer"，可检到英文相关文章 13886 篇。

③ 中国国家图书馆。在其官网的"检索词"文本框中输入"纳米"，选择"检索字段"为"正题名"，选择"中文普通图书库"，可查检到 222 部有关纳米研究的著作；若选择"外文图书"，在"检索词"文本框中输入"nanometer"，选择"检索字段"为"正题名"，则可查检到 41 部有关纳米研究的外文著作。

④ 南京大学图书馆。在其官网中选择"书目查询"，在"检索"文本框中输入"纳米"，并选择"题名""中文图书"和"前方一致"选项，可查检到 102 部著作；若在"检索"文本框中输入"nanometer"，并选择"题名""西文图书"和"前方一致"选项，则可查检到 2 部著作。

4. 检索工具使用分析比较

利用《全国报刊索引》（自然科学技术版）查检有关"纳米"技术的论文比较可行。前提是将查检的范围具体到某研究领域，如查"物理学"领域的纳米研究内容可查"固体物理学"子类，"光学"和"分子物理学、原子物理学"子类中也有一部分，但很少；若查"化学"领域的研究内容，就查"高分子化学"子类及"晶体学"类、"工程材料学"类等类目的相应子类。从总体上看，效率不高，也容易漏检。

直接翻阅重要专业期刊的方法适用于查检纳米技术在某学科领域的最新研究动态。例如，《物理学报》反映出纳米技术在物理学领域的研究情况，而《金属功能材料》反映出纳米技术在材料科学领域的研究情况。如果需要查检更多有关纳米技术的研究内容，直接翻阅专业期刊的方法效率较低。

利用中国知网，通过检索词"纳米"，将所有学科的研究论文查检出来，因而可用于查检纳米技术某个专题在中国的研究情况和整个学科体系在中国的研究状况及研究课题的查新。

查检"Springer 全文电子期刊"等国外著名的学术资源网站上的内容，可以掌握世界上纳米技术的研究动态和最新研究成果。目前，国内大多高校都有该数据库，查检很方便。

中国国家图书馆和部分理工科重点高校的图书馆馆藏目录是查找纳米技术论著和纳米专业期刊不可或缺的信息源。

国家纳米科学中心网站是纳米技术的综合性网站，有许多科普性及专业性的文章，有较高的参考价值。

我们查检到的有关"纳米"主题的内容数量比较多，且内容包括纳米技术的多个领域，如光学领域、材料科学领域、化学领域等，这是因为从学术研究的角度上看，我们选择的"纳米"主题涵盖和应用的领域比较广。实际上，在现实的研究工作中通常需要较专门的主题。例如，在"纳米"主题下用限定词"光学"和"材料"等进一步限定，从而得到学科领域较专的"纳米"技术研究内容。因此，在实际检索中可以根据需要增加、删除、修改检索词，以便使检索的结果更具体。

7.3.4 工程技术学术资源检索实例评价

工程技术主要包括机械、仪器仪表、电工、航空、航天、自动化、计算机、电子、半导体、计量、邮电、通信、建筑、交通运输、原子能技术等学科。这里选择"建筑科学"的"桥梁建筑"作为检索内容，以说明查检工程技术领域的内容时检索工具的正确选择和使用方法。

1. 分析检索内容

桥梁建筑涉及桥梁的结构、桥梁的设计、建桥用的材料及建筑师等。世界上有许多著名的桥梁，有以古老闻名于世的，有以宏伟著称的，有以独特的设计风格享誉全球的，等等。因此，查检有关桥梁建筑主题的内容，应全面检索国内外的有关文献信息。

2. 选择检索词

通过分析检索内容，确定检索词为"建筑""桥梁""桥""建筑师""bridge building""bridge construction""bridge design"。

3. 选择检索工具

1）手工检索工具的选择和使用

①《全国报刊索引》（自然科学技术版）。选择 U44 大类（桥涵工程）下的子类：各种

桥梁。以《全国报刊索引》1999 年全年刊为例，可查检到相关文献信息 666 条。

② 直接查阅专业期刊。《桥梁建设》是有关桥梁建筑方面的中文专业期刊，直接翻阅就能查到需要的内容。此外，《华中建筑》《建筑创作》《建筑科学》《时代建筑》《建筑》《建筑技术开发》《南方建筑》等，以及一些建筑工程学院的学报也有相关内容。

2) 网上检索工具的选择和使用

① 中国知网。进入中国知网主页，选择"中国期刊全文数据库"。

❖ 在"检索词"文本框中输入检索词"建筑"，选择"检索项"为"篇名"，选择"时间"为"1980—2008"，选择"匹配"为"精确"，选择"范围"为"全部期刊"，可查检到 102918 篇文章；再将"检索词"改为"桥"，并选中"在结果中检索"，则可查检到有关建筑桥梁研究的文章 113 篇。

❖ 在"检索词"文本框中输入检索词"建筑"，选择"检索项"为"篇名"，选择"时间"为"1980—2008"，选择"匹配"为"精确"，选择"范围"为"北大核心"，可查检到 16548 篇文章；再将"检索词"改为"桥"，并选中"在结果中检索"，可查检到有关建筑桥梁研究的文章 20 篇。选择"范围"为"北大核心"可以在很大程度上提高检索文章的质量，锁定比较重要的 20 篇文章。

❖ 在"检索词"文本框中输入检索词"建筑师"，选择"检索项"为"篇名"，选择"时间"为"1980—2008"，选择"匹配"为"精确"，选择"范围"为"北大核心"，可查检到 340 篇文章；若将"更新"选择为"最近半年"，则可查检到近半年来有关建筑师的研究文章 2 篇。这是查检新近研究进展的方法。

还可以查检有关建筑方面的期刊，对手工查检期刊进行补漏，提高查全率。在"检索词"文本框中输入"建筑"，选择"检索项"为"刊名"，选择"时间"为"1980—2008"，选择"匹配"为"模糊"，选择"范围"为"核心期刊"，可查检到《建筑结构学》《建筑学报》《世界建筑》《建筑经济》等核心期刊；若将检索词改为"桥梁"，则可查检到《世界桥梁》《桥梁建设》两个桥梁建设的专业期刊。

若在中国知网主页中选择"中国重要会议论文全文数据库"，可查检有关桥梁研究的会议论文。在"检索词"文本框中输入检索词"桥梁"，选择"检索项"为"题名"，选择"时间"为"2000—2008"，选择"匹配"为"精确"，可查检到有关各种桥梁研究的会议论文 1095 篇。此外，利用查检结果页面提供的"相似词"可以进一步锁定有关桥梁研究的领域，提高查准率。例如，选择"桥梁支座"可查检到 6 篇论文，选择"桥梁美学"可查检到 4 篇论文，选择"桥梁墩台"可查检到 2 篇论文。

② Springer 全文电子期刊。在"Subject Collection"栏下选择"建筑与设计"。

❖ 在检索框中输入"bridge building"，可查检到相关文章 19963 篇。

❖ 在检索框中输入"bridge design"，可查检到相关文章 28209 篇。

❖ 在检索框中输入"bridge construction"，可查检到相关文章 18883 篇；进一步将"language"选择为"English"，相关文章为 18718 篇；再将"内容类型"选择为"期刊文章"，相关文章为 10439 篇；若要查检最新的研究进展情况，可选择"SpringerLink Date"为"半年内"进行限定，可查检到文章 86 篇。

③ 中国国家图书馆。在其官网中选择"检索字段"为"正题名"。

❖ 选择"中文普通图书库"，在"检索词"文本框中输入检索词"桥梁"，可查检到相关文献 723 部。

❖ 选择"外文图书"，在"检索词"文本框中输入检索词"桥梁"，可查检到相关文献 31 部。

❖ 选择"外文图书"，在"检索词"文本框中输入检索词"bridge design"，可查检到 23 部相关文献。

❖ 选择"外文图书"，在"检索词"文本框中输入检索词"bridge construction"，可查检到 29 部相关文献。

❖ 选择"外文图书"，在"检索词"文本框中输入检索词"bridge building"，可查检到 8 部相关文献。

❖ 选择"中文期刊"，在"检索词"文本框中输入检索词"桥梁"，可查检到 7 种期刊。其中，《国外桥梁》《林区道路桥梁》《桥梁建设》是 20 世纪 70 年代开办的期刊，《桥梁科学技术》和《桥梁译丛》是 20 世纪 60 年代开办的期刊。国家图书馆收录有早期的期刊，对前面查检到的期刊是一个补充，对研究桥梁发展史可能有帮助。

④ 百度搜索引擎。可以查检到清华大学建筑设计研究院，其中有经典作品、科研开发等栏目。

⑤ 清华大学建筑数字图书馆。清华大学建筑数字图书馆是不可或缺的途径。

⑥ 同济大学图书馆。同济大学的建筑专业在我国高校建筑专业中名列前茅，应该查询同济大学图书馆有关建筑方面的文献资料，选择主页上的"书目信息查询"。

❖ 在"检索"文本框中输入"桥梁"，选择"中文图书"，可查检到 293 部著作。

❖ 在"检索"文本框中输入"bridge construction"，选择"西文图书"和"任意匹配"，可查检到 7 部著作。

❖ 在"检索"文本框中输入"bridge design"，选择"西文图书"和"任意匹配"，可查检到 23 部著作。

也可查检同济大学收藏的有关建筑方面的期刊。

❖ 在"检索"文本框中输入"建筑"，选择"中文期刊"和"前方一致"，可查检到 114 种与建筑有关的期刊。

❖ 在"检索"文本框中输入"桥梁"，选择"中文期刊"和"前方一致"，可查检到 4 种与桥梁有关的期刊。

4. 检索工具使用分析比较

《桥梁建设》《建筑结构学》《建筑学报》《世界建筑》《建筑经济》等期刊是建筑专业核心期刊，直接翻阅就能获得一些重要的、有较高研究水平的论文，但有相当一部分是刊登在各高校学报（自然科学版或理工科版）上的论文，以及建筑工程学院学报上的论文，因为内容比较分散，手工一一查检比较费时、费力。因而，手工翻阅的方式适用于对近期桥梁建筑方面研究动态的掌握，如果需要查全或特意查找某专题内容，即查准，手工翻阅大量期刊的方式效率太低。

利用《全国报刊索引》（自然科学技术版）查找"桥梁建筑"方面的文章是比较好的方法，主要是该主题与《全国报刊索引》中的类目——U44（桥涵工程）相对应，其下又分了 8 个子类：结构原理、结构力学；勘测、设计与计算；桥梁构造；桥梁建筑材料；桥梁施工；桥梁试验观测与检定；桥梁安全与事故；各种桥梁。因而，可将查检的内容对应到某类目下，就能很快集中查检到需要的内容。

采用搜索引擎检索到的"建筑设计"主题的网站大多属于综合性建筑的内容，尤以服务居多，没有专属"桥梁建筑"的网站，因此这些内容可做一般性浏览。

利用中国知网提供的"中国期刊全文数据库"和"中国重要会议论文全文数据库"进行查检是非常好的选择。期刊库的上限已追溯至20世纪初，有较高的查全率，同时提供了丰富的查检手段，尤其是"相似词"技术，为读者提供了很高的查准率和查全率。还可进行近期最新研究进展的查询，所以可以说利用中国知网是最佳查询选择。需要注意的是，对于"中国期刊全文数据库"查出的内容需要进行很好的筛选，因为"桥梁"一词经常用作各种比喻。

利用中国国家图书馆和清华大学、同济大学所收藏的有关建筑及桥梁专业的书籍和期刊进行研究是极为必要的，源于国家图书馆的丰富收藏和这两所高校在建筑专业上的地位，所以查询某一学科领域的文献资料，首先应该搞清楚该学科领域研究的领导者是谁，这很重要。

我们查检到的有关桥梁建筑主题的内容，从总体上看，量非常大，且内容涉及桥梁建筑的许多方面，这是因为选择的这一主题——桥梁建筑，从学术研究的角度上，是一个非常宽泛的概念。实际上，在现实的研究工作中会有非常具体的主题。例如，当用"桥梁美学""桥梁支座"等进行限定后，主题就具体了。因此，检索中可以根据实际情况增加、删除、修改检索词，或者对检索到的内容用新的检索词做进一步的限定，以便使检索的结果更具体。

总体而言，在进行各学科学术资源检索时，选择和使用检索工具的策略大致相同。首先要明确查检目的：是了解当前的学科动态（查检时可以选择"近半年""近一个月"等进行限定）、学科目前在世界范围的发展状况，还是查找不受时间限制的某具体专业领域的所有文献信息（如纳米技术在光学领域里的研究情况）。第一种情况最好选择手工翻阅几种近期的本学科核心期刊的方式，以及利用中国知网的"中国期刊全文数据库"；第二种情况最好选择像SpringerLink之类的国外电子版学术期刊；第三种情况最好选用中国知网的"中国期刊全文数据库"查检，其提供了近100年比较全的文献信息。除此之外，中国国家图书馆和各重点高校图书馆的馆藏目录是查检学术专著不可或缺的信息源；中国科学院及其所属分院和中国社会科学院及各省（市）社会科学院网站是各学科学术资源的汇集地。

7.3.5　领域研究热点的检索

在科学研究过程中，如何捕捉研究热点是研究者经常关注的一个问题。如何获得一个学科或领域的研究热点，也成为研究者需要具备的基本技能。

1. 直接检索相关论文

如果用户知道有关某个领域或主题的研究热点的论文，那么可以在数据库中直接检索。如用户现在得到了两篇论文的基本信息如下：

吴丹，程磊，袁方. 国际三大顶级期刊中 iSchools 研究热点可视化分析[J]. 图书馆论坛，2018(2):1-12.

李军林，黄万顶，靳毓，刘然，王蕾，万千，万晓琼，许晖，张皓，张妮，周学英. 2016 年中国经济学与管理学研究热点分析[J]. 经济学动态，2017(3):97-106.

那么，他可以直接利用中国知网期刊全文数据库或万方数字期刊群等数据源，直接获取全文。

2. 一般检索工具

如果用户没有明确的论文信息，但要查询某领域的研究热点，可以选择一定的检索工具来查找相关文献。例如，查询"国内经济学领域的研究热点"的中文期刊论文，可以选择中国知网期刊全文数据库为数据源，检索词确定为"经济学+研究热点"（如图7-1所示），截至2017年12月，在中国知网期刊全文数据库中一共有27篇相关论文，如图7-2所示。这些论文中有些是不同年份经济学研究热点的论文，还有些是区域经济学、药物经济学研究热点的论文。用户可以根据自己的需求选择合适的论文查看。

图 7-1 经济学研究热点检索

	篇名	作者	刊名	发表时间	被引	下载	阅读
1	2016年中国经济学研究热点分析	罗润东; 李超	经济学动态	2017-03-18		856	HTML
2	2016年中国经济学与管理学研究热点分析	李军林;黄万顶;靳毓;刘然;王蕾 >	经济学动态	2017-03-18		541	HTML
3	2015年中国经济学研究热点分析	罗润东; 李超	经济学动态	2016-04-18	3	923	HTML
4	2015年中国区域经济学研究热点综述	闫程莉;张长;任俊	广西财经学院学报	2016-08-15	5	525	HTML
5	经济学研究热点领域知识图谱:共词分析视角	姜春林;杜维齐;李江波	情报杂志	2008-09-18	92	1780	HTML
6	基于动态数据的经济学领域研究热点分析	汪东伟;李梅;航沈琴;张计龙	图书馆杂志	2014-12-15	1	206	HTML
7	2014年中国区域经济学研究热点评述	倪君;王宇光;王立;张长	兰州财经大学学报	2015-10-20		371	HTML
8	2013年中国区域经济学研究热点评述	谢聪娟;姜军;戴江伟	兰州商学院学报	2014-10-20	2	483	HTML
9	2011年中国区域经济学研究热点综述	侯蓉;李鹏;王彦飞	兰州商学院学报	2012-08-20	1	915	HTML
10	2009年中国区域经济学研究热点综述	刘瑞君;周高;李文苑	兰州商学院学报	2011-02-20	3	643	HTML

图 7-2 经济学研究热点检索结果

3. 利用专门检索工具

中国知网首页的研究学习平台有一个大数据研究平台，专门提供了学科学术热点的检索功能。选择"学科学术热点"后，就可以看到如图7-3所示的界面。如果查询"图书情报与数字图书馆"的学术热点，那么可以在"首先请选择学科领域"中选中"图书情报与数字图书馆"，就可以看到如图 7-4 所示的界面，返回 303 条记录。每条记录包括序号、热点主题、主要知识点、主题所属学科名称、热度值、主要文献数、相关国家课题数、主要研究人员数、主要研究机构数，共 9 项信息。如果想进一步了解某个热点主题更加详细的信息，可以单击热点主题的链接，该链接提供了该研究热点的知识点、所在学科、相关文献等信息，为用户快速了解某研究热点的情况提供了便利，如图 7-5 所示。

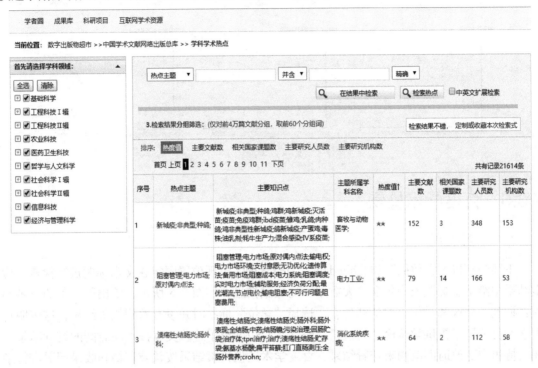

图 7-3 学科学术热点检索页面

图 7-4 学科学术热点检索结果

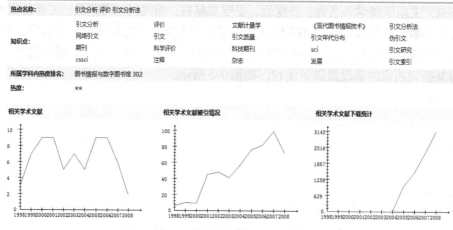

图 7-5　某热点主题相关信息

7.3.6　百度学术检索

1. 关键词检索

下面分别以"大数据"和"big data"为检索词，出现位置限定在文章标题进行检索，检索结果中给出了标题当中包含"大数据"的文献信息，如图 7-6 所示，给出了文献的三种类型：期刊、会议和学位。但从结果看，选择"学位"标签时并没有看到相关结果，这表明百度学术目前还不提供学位论文的检索。图 7-7 左边列出了这些文献按不同时间的统计结果，并支持用户更改时间范围来查看结果。百度学术还把检索结果按领域和期刊收录情况进行了自动统计。从本次结果看，大数据的相关论文分布的前十个学科包括计算机科学与技术、电子科学与技术、应用经济学等。"核心"是指论文发表在 SCIE 索引、EI 索引和 SCI 等索引数

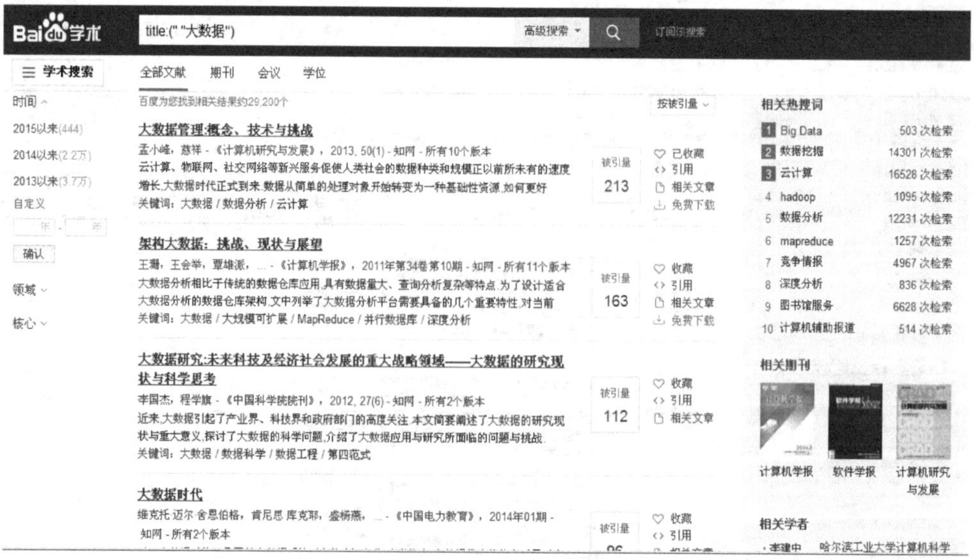

图 7-6　关键词"大数据"在百度学术中的检索结果

图 7-7　关键词"big data"在百度学术中的检索结果

据库收录的期刊中。图 7-6 右边给出了"大数据"的 10 个相关词、3 种相关期刊和 6 位相关学者。对于这些关键词、期刊和学者都提供相应链接，可以快速转换到相应的网页。

　　还可以选择将搜索结果按照"相关性""被引频次""发表时间"三个维度分别排序，以满足不同的需求。检索结果中包括每篇文献的题名、作者、发文期刊（或会议名称）、摘要、关键词、论文被引频次等信息。论文标题、作者、发文期刊（或会议名称）和关键词都有相关链接，用户可以方便地查看相关的信息。页面还提供了论文的不同版本，有些是指向中国知网、万方数据知识服务平台等信息源，可以通过这个指引来获取原文；有些是可以提供免费下载的信息源，用户既可以点击链接直接下载原文，也可以直接点击后面的"免费下载"链接来获得原文。用户如果对文章感兴趣，还可以将其收藏到百度学术提供的"我的学术"。如果想引用目标文献，直接单击"引用"，还可以在弹出的窗口（如图 7-8 所示）中选择不同的引用格式（GB/T、MLA 和 APA）。这既方便了用户撰写论文时列举参考文献，又在一定程度上提高了其参考文献信息的准确性。但是，有些文献的参考文献格式并不完全准确，因此用户利用这一功能时仍需认真核实。另外，用户可以将检索到的文献信息导出为 BibTeX、EndNote、RefMan 和 NoteExpress 这 4 种文献管理软件对应的文件格式，便于对文献信息进行管理。

图 7-8　引用链接的对话框

　　从图 7-7 看，英文词检索的结果与中文词有一定差异，右边只有 10 个相关词，没有提供相关期刊和作者的信息。其检索结果中，有一些文献的全文的语言都是英文；有些文献的全文是中文，只是其标题和摘要是英文。谷歌学术的检索结果也是类似的情况。

2. 作者检索

分别以"武夷山"和"Ronald，Rousseau"为检索词进行作者检索。作者为"武夷山"的检索结果共有 2430 条记录；若加上检索词"中国科学技术信息研究所"，其出现位置为"文章任何位置"，则检索结果只有 20 条记录。如果用户想了解中国科学技术信息研究所武夷山发表的文献，那么前者给出的结果太多，遴选起来比较困难；后者给出的结果又太少，只是其研究成果很少的一部分。另外，在前者的检索结果中，有些文献的作者并不是"武夷山"，题名为"武夷山不同海拔植被土壤一氧化碳""武夷山风景名胜区景观生态评价"的文献，其作者的机构分别是"武夷山风景名胜区管理委员会"和"福建武夷山国家级自然保护区管理局"。搜索引擎与文献数据库一样，百度学术在处理"作者同名"问题上没有太好的改善。这个问题的解决只能靠用户自己对检索结果进行甄别。

根据图 7-9 和图 7-10，检索结果右边有一些差异，图 7-10 右边有 10 个"相关热搜词"，而图 7-9 没有。图 7-10 右边给出的词语与作者的相关性并不强，大部分词语与作者本人的研究领域基本没有交集，所以以此词语的实际意义并不大。输入"Ronald，Rousseau"，但检索结果中作者为"R Rousseau"的文献也可以检索出。另外，尽管使用"精确检索"，但检索结果中出现了"DM Rousseau"的文献。可以看出，检索结果并不十分准确。

选择图 7-9 和图 7-10 左边提供的时间统计结果、领域统计结果和核心统计结果，其后面给出的数字并不十分准确。图 7-9 左边给出 2014 年以来的数字是 110，但实际点击后右边只有 25 条记录。点击多个标签，发现左边数字与右边记录数吻合的几乎没有。尽管这个功能非常好，但提供的是不准确的信息，那么最好还是舍弃。

3. 期刊检索

分别以"图书情报工作"和"Scientometrics"为检索词进行期刊检索，检索结果分别为69600 和 14700 条记录。记录数远远超过了检索结果中两种期刊的发文数量。

根据图 7-11 和图 7-12，检索结果为用户提供的信息有一些差异，图 7-11 右边提供了相关热搜词、相关期刊和相关学者的信息，而图 7-12 没有提供。百度学术提供了期刊发文量和

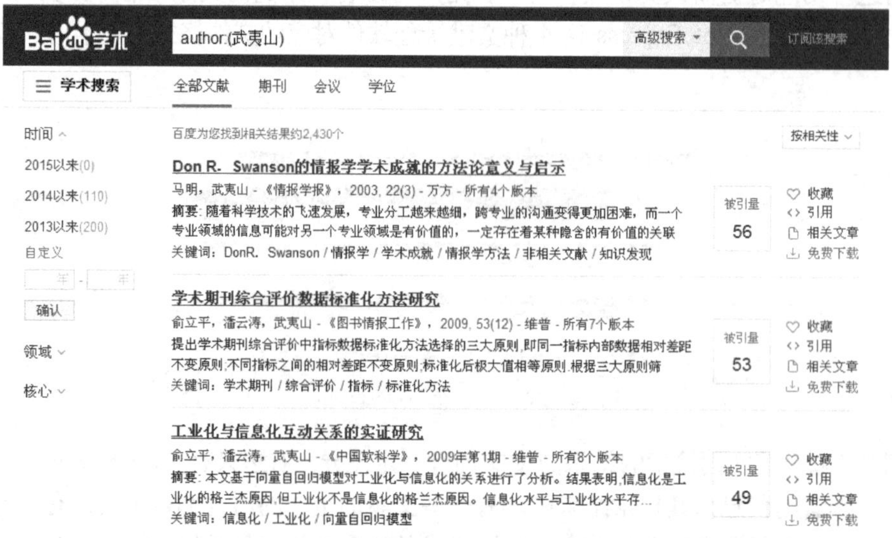

图 7-9 作者"武夷山"的检索结果

图 7-10　作者"Ronald，Rousseau"的检索结果

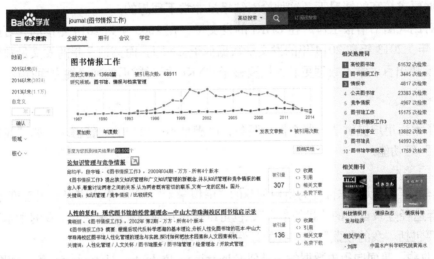

图 7-11　《图书情报工作》的检索结果

图 7-12　《Scientometrics》的检索结果

被引的信息（累积数和年度数），用户通过期刊的年度被引数据可以快速发现期刊在哪些年份被引的次数较多，其年度被引数据的变化情况。根据图 7-11 和图 7-12，《图书情报工作》的研究领域是"图书馆、情报与档案管理"，这个定位是准确的。笔者在 2014 年 3 月 16 日检索时，《中国图书馆学报》和《情报学报》的研究领域是"科学技术史"；《图书情报工作》《情报理论与实践》《情报杂志》等期刊的研究领域是"战略、战役、战术学"。这些期刊研究领域的标注是不准确的。但在 2014 年 3 月 24 日检索时，这些期刊的研究领域都修改成了"图书馆、情报与档案管理"。由此可知，百度学术结果处于一个不断优化的状态。检索结果中还存在一些明显的错误。如一篇文献的篇名是"编者的话"，其作者等信息是"武夷山-《图书情报工作》，2014,(8)-万方-所有 5 个版本"。打开相关链接时发现，指向维普的链接对应的是武夷山的王惠临在《图书情报工作》2006 年第 9 期发表的文章，而指向万方的链接是武夷山在《情报学报》2014 年第 8 期上发表的文章。尽管文章标题相同，但并不是同一篇文章。在用户对数据要求较高的情况下，这种检索结果是非常不理想的。

通过对比《图书情报工作》在 CNKI 的发文量，在 2005 年到 2014 年期间，百度学术统计的 2011 年、2013 年和 2014 年的发文量数据低于 CNKI，而其他 7 年的发文量数据都高于 CNKI。这反映出百度学术数据更新速度要慢于 CNKI，同时数据的准确性方面存在一定不足。

4. 个性化服务

百度学术为用户提供了一些个性化服务，以满足不同用户的独特需求，如"我的学术"、"搜索设置"等功能。

1）我的学术

"我的学术"可以看作百度为用户创建的"虚拟学术空间"。用户可以利用百度账号、QQ号、微博等途径登录自己的"我的学术"，也可以通过注册新账号来建立"我的学术"。"我的学术"主要包括"我的收藏"和"我的订阅"两种功能。

"我的收藏"是面向历史数据的，类似 E-learning、Endnote、Noteexpress 等，如图 7-13 所示。用户可以像在计算机上建立文件夹一样，分类管理收藏的文献。用户完成检索后，单击

图 7-13　我的收藏

文献后面的"收藏"按钮，该文献的信息（包括题名、作者、摘要、关键词、发文期刊、页面范围、被引次数）就自动加入"我的收藏"。用户还可以看到收藏文献的年度被引图，从而了解论文随时间变化的情况。在"我的收藏"中，用户还可以通过目标文献的相关链接，从中国知网、万方数据知识服务平台等信息源获取全文信息。

"我的订阅"是面向未来数据的，类似 RSS 阅读器，如图 7-14 所示。

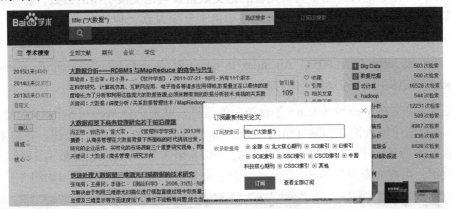

图 7-14　我的订阅

用户完成检索后，单击网页上的"订阅该搜索"，就会自动把与该搜索相关的文献信息不定期地向用户推荐。如果出现与用户搜索相关的新文献，会自动弹出"消息提示"，这就减少了用户搜索的时间并提高了效率。用户登录百度账号后，在"我的学术"中选择"我的订阅"，即可查看已经订阅的信息。单击"我的订阅"下的"添加订阅"，输入所需订阅的内容，即可完成订阅。用户搜索的文献也可以设定其来源，如北大核心期刊和 SCI 索引等。如果想对某领域、某作者或某期刊的文献信息进行跟踪，这个功能方便实用、事半功倍。

2）搜索设置

百度学术还具有搜索设置、意见设置、账号设置、链接全部产品等服务。搜索设置包括搜索框提示、搜索语言范围、搜索结果显示条数、输入法、搜索历史记录的设置。用户在利用百度学术过程中如果有相关意见，还可以通过意见反馈功能直接反馈。这既利于用户问题的解决，也有利于百度学术的进一步完善。在百度学术页面，单击相关图标，可以直接链接到百度搜索、百度文库和百度百科等其他产品。

3）信息安全

在信息安全方面，用户通过账号设置功能，可以修改个人资料，修改密码，还提供了密保工具和密码管理功能。用户还可以将百度学术登录的账号与个人微博、人人网、QQ 号、飞信、微信和腾讯微博等账号进行关联。用户通过手机、平板电脑等终端也可以方便地利用百度学术，管理自己的"我的学术"。这些功能满足了移动互联网环境下，用户对文献的管理和利用的需求。

4）用户中心

百度学术为用户建立了用户中心。每个用户都拥有一套属于自己的等级、经验和财富，是学术用户活跃、贡献和荣誉的见证。用户每天通过完成一些给定的任务，提升自己的经验值和财富值。随着用户在百度学术上的探索和成长，用户所拥有的经验值和财富值会逐渐增多，等级也随之增长；用户拥有的财富值还可在兑换商城兑换各种礼品。

7.3.7 引文数据检索

H 指数（H index）是 2005 年由美国加利福尼亚大学圣地亚哥分校的物理学家乔治·希尔施（Hirsch Jorge E）提出的一个混合量化指标，可用于评估研究人员的学术产出数量与学术产出水平。H 指数的计算基于其研究者的论文数量及其论文被引用的次数。赫希认为：一个人在其所有学术文章中有 N 篇论文分别被引用了至少 N 次，他的 H 指数就是 N。

假如用户知道以下论文信息：

Hirsch, Jorge E., (2005), "An index to quantify an individual's scientific research output," PNAS 102(46):16569-16572

查询这篇论文在 Web of Science 平台被引的信息，就要选择 Web of Science 为检索平台，然后在基本检索中输入论文标题（如图 7-15 所示），然后单击"检索"按钮。在检索结果页面（如图 7-16 所示）中可以发现，该论文截至 2018 年 3 月 31 日，已经被引 3145 次。单击 3145 的数字，可查询到来自 Web of Science 核心合集有 2982 篇施引文献（如图 7-17 所示）。

图 7-15　Web of Science 核心合集检索页面

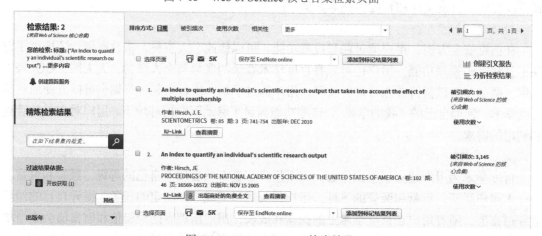

图 7-16　Web of Science 检索结果

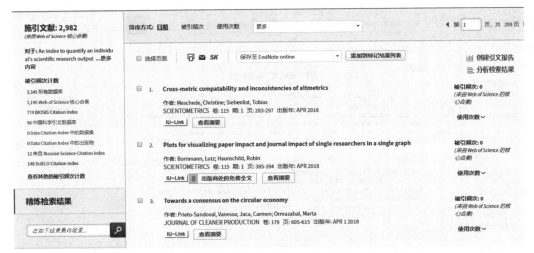

图 7-17　该论文的施引文献信息

该平台还提供了该论文在 BIOSIS Citation Index、中国科学引文数据库和 Russian Science Citation Index 等数据库中被引情况，还提供了施引文献的所在学科、发文时间和作者等相关信息，并以可视化的方式展示（如图 7-18 所示）。

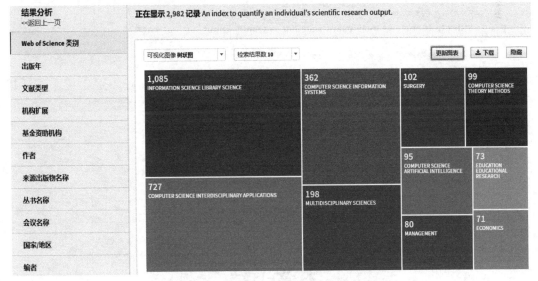

图 7-18　施引文献在其他数据库中被引情况

同样，用户可以在该平台查询作者、机构、国家、期刊等主体的被引信息，还可以利用学术搜索引擎等工具来查询论文的被引情况。图 7-19 是赫希提出 H 指数的论文在谷歌学术查询结果，该论文被引频次达到了 7497 次。谷歌学术同时提供了它在 Web of Science 被引频次为 3134。可以发现，两个来源的差别非常大。

谷歌学术提供的论文在 Web of Science 被引频次也有一定差异。这可能与两者数据更新的时间不同有关。百度学术搜索给出的论文被引频次信息也不相同，如图 7-20 所示。由此可见，同一篇论文在不同的数据源获得的它的被引频次的信息并不相同。

在利用被引频次评价科研人员或机构等对象的科研绩效时，要充分考虑数据的权威性、有效性和准确性等因素，选择合适的数据源。

图 7-19　谷歌学术检索结果

图 7-20　百度学术检索结果

本章小结

　　在各种类型信息的实际检索过程中，不同类型的信息检索有其自身的特点，需要用户根据实际情况来选择，以达到最佳检索效果。查全率、查准率及漏检率、误检率、响应速度等是评价检索效果的主要指标。提高信息意识和知识素养，善于使用各种检索工具书、数据库和网络检索工具，优化检索策略与步骤，精选检索词，巧构检索提问式，恰当运用各种检索符号和代码，注意检索结果的反馈信息，是提高检索效果的重要方法。本章在给出信息检索效果评价指标定义的基础上，分析了影响检索效果的各种因素，并提出了提高检索效果的办法。最后，通过对人文科学、社会科学、自然科学和工程技术四大学科部类信息检索的评价实例分析，给出提高检索效果的具体思路，为读者在今后信息检索的实践中找到更加有效的方法打下基础。

习 题 7

1．选择一种类型信息资源，分析影响其检索效果的因素。

2．选择一种检索工具，找出提高其检索效果的办法。

3．选择某主题，查找不同类型信息资源，并给出结果。

4．简述提高检索效果的方法。

5．如何精选检索词?

6．以 Google 或百度搜索引擎为例，阐述检索策略的优化方法。

7．选定一个自己较熟悉的检索主题，通过检索实践，比较网络搜索引擎进行的学术资源检索、在线数据库学术资源检索及手工检索之间的优势互补。

8．通过实际检索信息，谈谈你对目前文献信息共享的看法，以及对未来发展的展望。

附录 A
常用检索工具和数据库

含链接

A.1 马克思主义、列宁主义、毛泽东思想、邓小平理论

[1] 陈学明、张志孚当代国外马克思主义研究名著提要（上、中、下卷）. 重庆出版社，1996/1997.

[2] 中国人民大学书报资料中心. 《报刊资料索引（第一分册）：马列主义毛泽东思想研究、哲学、社会科学总论》年刊.

[3] 奚广庆等. 西方马克思主义辞典. 中国经济出版社，1992.

[4] 卢之超. 马克思主义大辞典. 中国和平出版社，1993.

[5] 中共中央马克思、恩格斯、列宁、斯大林著作编译局马恩室. 马克思恩格斯全集、目录、说明、索引：第四十至五十卷. 人民出版社，1993.

[6] 中共中央马克思、恩格斯、列宁、斯大林著作编译局列宁全集索引》（第 1~35 卷）. 人民出版社，1963—1984.

[7] 中共中央文献研究室. 毛泽东年谱（1893—1949）. 人民出版社，1993.

[8] 《毛泽东像章收藏图鉴》编辑委员会. 毛泽东像章收藏图鉴. 北京出版社，1993.

[9] 张惠芝、黄修荣. 毛泽东生平著作研究目录大全. 河北教育出版社，1993.

[10] 王红续. 毛泽东大典. 沈阳出版社，1993.

[11] 顾龙生. 毛泽东经济年谱. 中共中央党校出版社，1993.

[12] 周晓瑜、杨端志. 毛泽东选集（1~4 卷）索引. 山东人民出版社，1993.

[13] 韩荣璋. 毛泽东生平思想研究索引. 武汉出版社，1994.

[14] 马济彬、贺新辉. 毛泽东诗文词语典故辞典. 中央文献出版社，1994.

[15] 中国毛泽东思想理论与实践研究理事会. 毛泽东思想辞典. 中共中央党校出版社，1989.

[16] 李君如. 邓小平理论形成和发展大事记（1977—1992）. 学习出版社，1997.

[17] 中共中央文献研究室. 邓小平思想年谱（1975—1997）. 中央文献出版社，1998.

[18] 向洪、邓洪平. 邓小平思想研究大辞典. 四川人民出版社，1995.

[19] 杨端志、周晓瑜. 邓小平文选索引. 山东人民出版社，1996.

[20] 中国社会科学院马克思列宁主义毛泽东思想研究所. [网址略，下同].

[21] 卡尔·马克思（节选）. [网址略].

[22] 马克思的一生. [网址略].

[23] 马克思主义哲学网络资源导航. [网址略].

[24] 红旗在线，经典重读. [网址略].

[25] 党旗飘飘. [网址略].

[26] 理论纵横. [网址略].

[27] 红五星网. [网址略].

[28] 星斗网. [网址略].

[29] 毛泽东思想网站. [网址略].

A.2 哲学、宗教

[1] 中国大百科全书总编辑委员会《哲学》编辑委员会等. 中国大百科全书·哲学. 北京：中国大百科全书出版社，1987.

[2] 金炳华等．哲学大辞典（全二册）（修订本）．上海：上海辞书出版社，2001．

[3] 汝信．世界哲学年鉴（1988—1990）．上海：上海人民出版社，1991．

[4] 周谷城．中国学术名著提要（哲学卷）．上海：复旦大学出版社，1992．

[5] 中外名人研究中心等．中国哲学全书．上海：上海人民出版社，1994．

[6] 中国哲学年鉴．中国社会科学院哲学研究所．哲学研究杂志社，1992．

[7] 张凯，复强．中外哲学人物辞典．南京：南京大学出版社，1990．

[8] 方克立等．中国哲学史论文索引：第四册（1977—1984）．北京：中华书局，1991．

[9] 蒋永福等．东西方哲学大辞典．南昌：江西人民出版社，2000．

[10] 冯契、徐孝通．外国哲学大辞典．上海：上海辞书出版社，2000．

[11] 冯克正，傅庆升．诸子百家大辞典．沈阳：辽宁人民出版社，1996．

[12] 李超杰、边立新．20世纪中国哲学著作大辞典．北京：警官教育出版社，1994．

[13] 罗国杰．中国伦理学百科全书．长春：吉林人民出版社，1993．

[14] 周谷城．中国学术名著提要（宗教卷）．上海：复旦大学出版社，1997．

[15] 中外名人研究中心．世界宗教全书．上海：上海人民出版社，1994．

[16] 尚海、傅允生．四大宗教箴言录．北京：中国广播电视出版社，1993．

[17] 黄夏．世界宗教名胜．成都：四川人民出版社，1994．

[18] 中国大百科全书总编辑委员会《宗教》编辑委员会等．中国大百科全书·宗教．北京：中国大百科全书出版社，1988．

[19] 中国社会科学院世界宗教研究所．[网址略]．

[20] 中国哲学网．[网址略]．

[21] 剑虹评论．[网址略]．

[22] 中国学术城．[网址略]．

[23] 思问哲学网．[网址略]．

[24] 孔子2000．[网址略]．

[25] 赛博风·伦理学网．[网址略]．

[26] 中国社会科学院哲学研究所．[网址略]．

[27] 国学网．[网址略]．

[28] 东方阿拉伯网站．[网址略]．

[29] 中国佛教信息网．[网址略]．

[30] 佛教在线．[网址略]．

A.3　社会科学总论

[1] 国外社会科学论文索引（第一辑）．中国社会科学院情报研究所．北京：中国社会科学出版社，1979．

[2] 现代外国哲学社会科学文摘．上海市哲学社会科学学会联合会．上海：上海人民出版社，1958—1999．

[3] 国外社会科学文摘（月刊）．上海社会科学院信息研究所．国外社会科学文摘杂志社．

[4] 中国社会科学文摘（双月刊）．中国社会科学杂志社．中国社会科学文摘杂志社．

[5] 伦敦图书馆协会．应用社会科学索引和文摘（ASSIA，Applied Social Sciences Index and

Abstracts），双月刊．

[6] 美国该刊公司．社会学文摘（Sociological Abstracts），双月刊．

[7] 美国威尔逊公司．社会科学论文索引（SSI，Social Sciences Index），季刊（有年累积本）．1974～．

[8] 美国威尔逊公司．人文科学论文索引（Humanities Index），季刊（有年累积本）．1974～．

[9] 美国威尔逊公司．读者期刊文献指南（Reader's Guide to Periodical Literature），半月、月和年累积本，1995～．

[10] 美国 Houghton Mifflin．普尔氏期刊文献索引（Pool's Index to Periodical Literature），追溯性索引，1802—1906．

[11] 美国科学情报研究所．社会科学和人文科学会议录索引（ISSHP，Index to Social Science and Humanities Proceedings），季刊，1979～．

[12] 美国科学情报研究所．社会科学引文索引（SSCI，Social Science Citation Index），半年刊，光盘版，每季度发行，5 年累积本，1973～．

[13] 美国科学情报研究所．艺术和人文科学引文索引（Art and Humanities Citation Index），半年刊，1978～．

[14] 美国科学情报研究所．现代目次（Current Contents），周刊，1961～．

[15] 美国 EBSCO 出版公司．联合西文期刊篇名目次数据库．[网址略]．

[16] 美国 CARL．Uncover 外刊篇名目次数据库，1988～．[网址略]．

[17] 党政干部文摘编辑部．党政干部文摘（月刊）．

[18] 中国新闻社．中华文摘（月刊）．香港中国新闻出版社．

[19] 人民日报出版社．人民文摘（月刊）．人民文摘杂志社．

[20] 中国人民大学．社会学文摘卡（季刊）．中国人民大学书报资料中心．

[21] 中国社会科学院文献信息中心、外事局．世界社科机构指南．社会科学文献出版社，1994．

[22] 许宁宁．行为科学百科全书．中国劳动出版社，1992．

[23] 苗力田，邬沧萍．英汉人文社会科学词典．中国人民大学出版社，2001．

[24] 中国统计年鉴．中国统计出版社．

[25] 国家统计人口统计司．中国人口统计年鉴．科学技术文献出版社，1988～．

[26] 马洪，孙尚清．现代管理百科全书（上、下）．中国发展出版社，1991．

[27] 吴井田．世界谋略大典．海天出版社，1993．

[28] （荷）阿恩特·佐尔格，（英）马尔科姆·沃纳．组织行为手册．清华大学经济管理学院编译．辽宁教育出版社，1999．

[29] 中国大百科全书总编辑委员会《社会学》编辑委员会等．中国大百科全书·社会学．中国大百科全书出版社，1991．

[30] 中国大百科全书总编辑委员会《民族》编辑委员会等．中国大百科全书·民族．北京：中国大百科全书出版社，1986．

[31] 程继隆．社会学大辞典．中国人事出版社，1995．

[32] 王章，惠中．中国近现代社会思潮辞典．南京大学出版社，1996．

[33] 中国人口信息研究中心．人口文摘（月刊）．人口杂志社

[34] 中国社会科学院．[网址略]．

[35] 四川社会科学院. [网址略].

[36] 江苏社会科学院. [网址略].

[37] 上海社会科学院. [网址略].

[38] 新疆社会科学院. [网址略].

[39] 福建社会科学院. [网址略].

[40] 武汉市社会科学院. [网址略].

[41] 贵州社会科学院. [网址略].

[42] 河北省社会科学院. [网址略].

[43] 浙江省社会科学院. [网址略].

[44] 北京市社会科学院. [网址略].

[45] 天津社会科学院. [网址略].

[46] 中国人口信息网. [网址略].

[47] 人口世界. [网址略].

[48] 中国人口. [网址略].

[49] 中国苗族网. [网址略].

[50] 布依族之家. [网址略].

[51] Gale Reference Center. [网址略].

[52] ASSIA 应用社会科学索引与文摘. [网址略].

[53] 中国高校人文社会科学文献中心（CASHL）. [网址略].

A.4 政治、法律

[1] 中国大百科全书总编辑委员会《政治》编辑委员会等. 中国大百科全书·政治学. 北京：中国大百科全书出版社，1992.

[2] 杨文恪等. 世界政治家大辞典. 北京：人民日报出版社，1993.

[3] 徐大同. 西方政治思想史辞典. 北京：天津人民出版社，1997.

[4] 李锋等. 政治人物辞典. 南京：南京大学出版社，1992.

[5] 梅孜编译. 美国政治统计手册. 北京：时事出版社，1992.

[6] （英）米勒等. 布莱克维尔政治学百科全书. 北京：中国政法大学出版社，1992.

[7] 杨逢春. 中外政治制度大辞典. 北京：人民日报出版社，1994.

[8] （美）格林斯坦、波尔斯比. 政治学手册精选（上、下卷）. 北京：商务印书馆，1996.

[9] 爱德华·劳森. 人权百科全书. 汪弥、董云虎总译审. 成都：四川人民出版社，1997.

[10] 武化心等. 新资治通鉴. 太原：山西人民出版社，1993.

[11] 中国改革全书. 大连：大连出版社，1992.

[12] 中国国情大辞典. 中国国情研究会、教育与科普研究所组织. 北京：中国国际广播出版社，1991.

[13] 唐嘉弘. 中国古代典章制度大辞典. 郑州：中州古籍出版社，1998.

[14] 中华人民共和国标准化法规全书(1986 年—2002 年 7 月). 北京：中国法制出版社，2002.

[15] （美）彼得·G·伦斯特洛姆. 美国法律辞典. 贺卫方等译. 北京：中国政法大学出版社，1998.

[16] 布莱克法律词典（Black's Law Dictionary）．美国西部出版公司，1990．

[17] 许崇德等．中华人民共和国法律大百科全书．石家庄：河北人民出版社，1999．

[18] 杨国辅，杨莉．世界法律奇闻百科全书．成都：四川文艺出版社，1988．

[19] 中国法律咨询百科全书．孙琬钟．大连出版社，1992．

[20] 中国法律年鉴．孙琬钟．中国法律年鉴出版社．

[21] 报刊资料索引（第二分册）：政治、法律．中国人民大学书报资料中心．

[22] 周谷城．中国学术名著提要：政治法律卷．复旦大学出版社，1996．

[23] 法学文摘卡（季刊）．中国人民大学书报资料中心．

[24] 陆昕、徐世虹．中外法律文化大典．中国政法大学出版社，1994．

[25] 犯罪学文摘(Criminal Justice Abstracts)，季刊．美国犯罪和少年犯罪研究委员会，1977～．

[26] 法律期刊索引（Index to Legal Periodical），月刊．美国威尔逊公司，1909～．

[27] 现行法律索引（Current Law Index），每年 8 期．美国信息检索公司，1980～．

[28] 陈兴良．中国法学著作大词典．中国政法大学出版社，1992．

[29] 梁国庆．新中国司法解释大全（增补本）．中国检察出版社，1993．

[30] 中国大百科全书出版社编辑部．中国大百科全书·法学．北京：中国大百科全书出版社，1984．

[31] 中国社会科学院世界经济与政治研究所．[网址略]．

[32] 中国统一问题论坛．[网址略]．

[33] 中国政府白皮书．[网址略]．

[34] 法律思想网．[网址略]．

[35] 北大法律信息网．[网址略]．

[36] 中国法律资源网．[网址略]．

[37] 中国律师网．[网址略]．

[38] 法律论文资料库．[网址略]．

[39] 中国民商法律网．[网址略]．

[40] 中国诉论法律网．[网址略]．

[41] 法学在线．[网址略]．

[42] 中国律师集团．[网址略]．

[43] 现代法学评论．[网址略]．

[44] 政法人．[网址略]．

[45] 国信中国法律网．[网址略]．

[46] 西方法律文库（WESTLAW）．[网址略]．

[47] 最高人民法院．人民法院裁判文书选．法律出版社，2000．

[48] 肖扬．中华人民共和国人民法院判案大系．北京：人民法院出版社．

[49] 中国法律图书总目．中国政法大学图书馆．北京：中国政法大学出版社，1991．

[50] 田涛编译．日本国大木干一所藏中国法学古籍书目．北京：法律出版社，1991．

[51] 洪丕谟．中国古代法律名著提要．杭州：浙江人民出版社，1999．

[52] 郭伟成．中外法学名著提要．北京：中国法制出版社，2000．

[53] 喻伟泉．实用知识产权法学新词典．长春：吉林人民出版社，2004．

[54] 刘任武．实用宪法学新词典．长春：吉林人民出版社，2004．

[55] 信春鹰．法律辞典．北京：法律出版社，2004．

[56] L. B. 科尔森．朗文法律词典．北京：法律出版社，2003．

[57] 甄玉金．世界贸易法律实用词典．北京：中国商业出版社，2003．

[58] 赵汝琨．中华法学大辞典·简明本．北京：中国检察出版社，2003．

[59] Newman P．新帕尔格雷夫法经济学大辞典．许明月译．北京：法律出版社，2003．

[60] Bryan A.Garner．牛津现代法律用语词典．北京：法律出版社，2003．

[61] David M W．牛津法律大辞典．李双元等译．北京：法律出版社，2003．

[62] 夏征农主编，曹建明，何勤华卷主编；大辞海编辑委员会编纂．大辞海·法学卷．上海：
     上海辞书出版社，2003．

[63] 李开荣．汉英政治法律词典．北京：中国书籍出版社，2002．

[64] 何高大．英汉双向法律词典．上海：上海交通大学出版社，2002．

[65] 曾庆敏．精编法学词典．上海：上海辞书出版社，2001．

[66] 最新英汉法律词典．彭金瑞．北京：中国法制出版社，2001．

[67] 英汉法律大词典．李宗锷，潘慧仪．北京：法律出版社，1999．

[68] 中国传统法律文化辞典．武树臣．北京：北京大学出版社，1999．

[69] 法学大辞典．曾庆敏．上海：上海辞书出版社，1998．

[70] 简明英汉法律词典．宋雷，肖洪有．北京：法律出版社，1998．

[71] Renstorm P G．美国法律辞典．贺卫方等译．北京：中国政法大学出版社，1998．

[72] 汉英法律大词典：英汉对照．肖洪有，宋雷．北京：法律出版社，1996．4 月

[73] 现代实用刑事法律词典．王舜华．北京：北京出版社，1995．12 月

[74] 汉英法律大词典．薛波．北京：外文出版社，1995

[75] （美）H P Collin．英美法律词典（第 2 版）．北京：世界图书出版公司，1995．

[76] 行政法与行政诉讼法词典．应松年．北京：中国政法大学出版社，1992．

[77] 本书编委会．北京大学法学百科全书．北京：北京大学出版社，2004．

[78] 行政办案手册（2005 年版）．法律出版社法规中心．北京：法律出版社，2005．

[79] 中国著作权实用手册．国家版权局版权司．北京：法律出版社，2005．

[80] 刑事办案手册：2005 年．法律出版社法规中心．北京：法律出版社，2005．

[81] 吕忠梅．美国法官与书记官手册．北京：法律出版社，2005．

[82] 计算机与网络法律手册（2005 年版）．北京：法律出版社，2005．

[83] 最高人民法院《办理涉 WTO 规则案件法律手册》编辑组．办理涉 WTO 规则案件法律
     手册．北京：法律出版社，2004．

[84] 最高人民法院《办理金融案件法律手册》编辑组．办理金融案件法律手册．北京：法律
     出版社，2004．

[85] 民事办案手册（2004 年）（第 5 版）．法规出版分社，2004．

[86] 中华人民共和国司法部．司法行政执法手册（上、下）（附光盘）．北京：法律出版社，
     2003．

[87] Lexis.com 法律资料库．[网址略]．

[88] WESTLAW International．[网址略]．

[89] LawYee 北大法意数据库. [网址略].

A.5　军事

[1] 中国革命军事文艺作品书目. 萧斌如. 解放军文艺出版社, 1994.

[2] 军事文摘（1993—1994 季刊）（1995 双月刊）（1996 月刊）. 中国航天工业总公司二院等.

[3] 刘庆. 西方军事学名著提要. 南昌: 江西人民出版社, 2001.

[4] 中国军事百科全书编审委员会. 中国军事百科全书. 北京: 军事科学出版社, 1997.

[5] 军事科学院军事百科研究部. 军事人物百科全书. 北京: 中共中央党校出版社, 1999.

[6] 刘胜俊. 中国军事著作大辞典. 北京: 解放军出版社, 1996.

[7] 张戎, 沙劲松. 军事谋略辞典. 北京: 解放军出版社, 1992.

[8] 吴春秋. 外国军事人物辞典. 北京: 世界知识出版社, 1996.

[9] 沙路. 军事数据辞典. 济南: 黄河出版社, 1992.

[10] 王者悦. 中国古代军事大辞典. 北京: 国防大学出版社, 1991.

[11] 中国人民革命军事博物馆馆藏证章图录. 中国人民革命军事博物馆. 济南: 山东画报出版社, 1997.

[12] 世界军事年鉴. 军事科学院《世界军事年鉴》编辑部. 北京: 解放军出版社, 1985～.

[13] 中国大百科全书·军事. 中国大百科全书总编辑委员会《军事》编辑委员会. 北京: 中国大百科全书出版社, 1989.

[14] 中国将军政要网. [网址略].

[15] 捷德在线——军事频道. [网址略].

[16] 战争的艺术. [网址略].

[17] 挥师三军. [网址略].

[18] 解放军报网络版. [网址略].

[19] 三九军事网. [网址略].

[20] 中华网军事频道. [网址略].

[21] 中公网军事频道. [网址略].

[22] 军事瞭望. [网址略].

[23] 舰船知识网络版. [网址略].

[24] Jane's Air & Systems Library. [网址略].

A.6　经济

[1] 冯英利等. 经济科学研究报刊资料索引（1982—1984）. 太原: 山西人民出版社, 1985.

[2] 金融文库（1989—1993）. 秦池江. 北京: 警官教育出版社, 1994.

[3] 城市经济资料专题索引（1952—1983）. 辽宁财政学院, 1983.

[4] 中国农业经济文献目录索引（1900—1981）. 国务院农村发展研究所. 北京: 农业出版社, 1988.

[5] 中国古代经济史研究资料索引. 中山大学历史系资料室、中国古代史教研室合编. 1982.

[6] 中国古代社会经济史论文目录索引. 山西省社会科学研究所历史研究室. 1983.

[7] 中国社会科学院世界经济与政治研究所世界经济资料中心. 国外经济文献索引. 中国人

民大学书报资料社出版.

[8] 南洋研究中文期刊资料索引. 南洋大学南洋研究所，1968.

[9] （英）马克•布劳格、保罗斯特奇斯. 世界经济学家辞典. 汪熙曾等译. 北京：经济出版社，1987.

[10] 张泽厚、刘厚成. 经济著作要目. 经济科学出版社，1987.

[11] 辽宁大学图书馆. 全国经济科学总书目. 1986.

[12] 杨建文. 20世纪外国经济学名著概览. 郑州：河南人民出版社，1989.

[13] 中国社科院历史所经济史组. 中国社会经济史论著目录. 济南：齐鲁书社，1988.

[14] 湖南财经学院图书馆. 经济科学工具书指南. 湖南人民出版社，1987.

[15] 人民出版社资料室. 外国哲学、社会科学著作目录（1946—1955）. 北京：三联书店，1956.

[16] 国际经济学文献目录（International Bibliography of Economics），Unesco，1955.

[17] 商业与经济学书目指南（Bibliographic Guide to Business and Economics）. G.K.Hall，1975.

[18] 商务和经济学书目（1876—1983（Business and Economics Books）. 美国鲍克公司，1983.

[19] 商务、经济学图书和连续出版物再版书目（Business, Economics Books and Serials in Print）. 美国鲍克公司，1973.

[20] 商务期刊索引（Bussiness Periodical Index），月刊. 美国威尔逊公司，1958. ～

[21] 商务出版物索引及文摘，月刊. 美国Gale公司，1983. ～

[22] 市场与技术预测综览(PROMT, Predicasts Overview of Markets and Technology)，月刊. 美国Predicasts公司，1977～.

[23] F＆S年度索引（F＆S Index）. [网址略].

[24] 华尔街日报索引（Wall Street Journal Index），月刊. 美国DOW Jones公司，1959～.

[25] 中国企业、公司及产品数据库(CECDB, Chinese Enterprises and Companies Database). 中国国家科委，1988.

[26] 邓氏电子商务指南（Dun's Electronic Business Directory），季更新.

[27] 中国价格信息网. [网址略].

[28] 商业经营管理参考. [网址略].

[29] 中华商网. [网址略].

[30] 中经商网. [网址略].

[31] 中企网址. [网址略].

[32] 发展经济学与经济、社会发展问题书目. 中国社科院经济研究所图书馆，1984.

[33] 经济计划与工业企业管理图书目录（1980—1984）. 辽宁省图书馆. 1984.

[34] 国际商业索引. 国际商业公司，1964.

[35] 经济学科论文索引. 南京经济学院图书馆，1992.

[36] 管理科学文摘. 科技文献出版社，1981.

[37] 国外经济文献摘要. 本刊编辑部，1982.

[38] 马洪、孙尚清. 经济与管理大辞典. 北京：中国社会科学出版社，1985.

[39] 经济大辞典. 本书编辑委员会. 上海：上海辞书出版社，1983.

[40] 会计辞海. 侯文铿. 沈阳：辽宁人民出版社，1990.

[41] 中国企业管理全书编辑委员会，中国企业管理百科全书编辑部. 中国企业管理百科全

书. 北京: 企业管理出版社, 1984.

[42] 中国经济年鉴编辑部. 中国经济年鉴. 经济管理出版社, 1981~.

[43] 沈云. 实用会计手册. 中国财政经济出版社, 1990.

[44] Factiva.com 商业决策资料库. [网址略].

[45] 国务院发展研究中心信息网. [网址略].

[46] 中国经济信息网. [网址略].

[47] 中国宏观经济信息网. [网址略].

[48] 道琼斯财经资讯教育平台. [网址略].

[49] Factiva.com 商业决策资料库. [网址略].

[50] 新华社多媒体数据库. [网址略].

A.7　文化、科学、教育、体育

[1]　教育论文索引. 邰爽秋等. 彭仁山增订. 上海民政书局, 1932.

[2]　中文报刊教育论文索引. 中央教育科学研究所图书资料室, 1982.

[3]　高等教育资料索引. 兰州大学高等教育研究室, 兰州大学图书馆合编. 1980.

[4]　全国普通高等院校、成人高等学校、中等专业学校名录. 国家教委计划财务司. 北京: 高等教育出版社, 1986.

[5]　学术界 (World of Learning), 年刊. 英国欧罗巴公司, 1947. ~

[6]　世界大学名录 (The World List of Universities). 英国 Macmillan 公司, 1995. ~

[7]　彼得森攻读研究生年度指南 (Peterson's Annual Guide to Graduate Study). 美国彼得森公司, 1976~.

[8]　中国社会科学院文献信息中心、外事局. 世界社科机构指南. 北京: 北京社会科学出版社, 1994.

[9]　美国大专院校教员名录 (National Faculty Directory). 美国 Gale 公司, 1996.

[10]　南京图书馆. 图书馆学论文索引. 北京: 商务印书馆, 1959.

[1]　顾明远. 教育大辞典. 上海: 上海教育出版社, 1990.

[11]　西北师范学院敦煌学研究所刘进宝. 敦煌学论著目录. 兰州: 甘肃人民出版社, 1984.

[12]　安平秋, 章培垣. 中国禁书大观. 上海: 上海文化出版社, 1990.

[13]　华东师范大学图书馆学系、图书馆合编. 图书馆学情报学档案学论著目录. 上海: 上海人民出版社, 1989.

[14]　方仁. 中文图书馆学暨目录学论著索引. 1975.

[15]　公共图书馆目 (Public Library Catalog, Guide to Reference Books and Adult Nonfiction). New York:Wilson, 1994.

[16]　Bill Katz, Linda S. Katz. 图书馆杂志 (Magazines for Libraries). New York:Bowker, 1995.

[17]　Library Literature & Information Science. New York:wilson, 1934.

[18]　教育索引 (Education Index). New York:wklson, 1929. ~

[19]　国际教育百科全书 (The International Encyclopedia of Education, 2nd ed). New York: Pergamon, 1994.

[20]　教育研究百科全书 (The Encyclopedia of Educational Research, 6th ed). New York:

Macmillan，1992．

[21] 世界图书馆和情报服务大全（World Encycopedia of Library and Information Services，3rd.），Robert Wedgeworth. Chicago:ALA，1993．

[22] 图书馆学与情报学百科全书（Encyclopedia of Library and Information Science），New York: Marcel Dekker，1968—1983．

[23] 中国教育信息网．[网址略]．

[24] 大陆文化书店．[网址略]．

[25] 中国文化之窗．[网址略]．

[26] 中国文娱网．[网址略]．

[27] 中国体育信息网．[网址略]．

[28] 中国体育．[网址略]．

[29] 体育博览．[网址略]．

[30] 体坛聚焦．[网址略]．

[31] 中国足球．[网址略]．

[32] 足球天地．[网址略]．

[33] 篮球世界．[网址略]．

[34] 中国排球．[网址略]．

[35] 乒乓世界．[网址略]．

[36] ERIC 教育学文献数据库．[网址略]．

A.8　语言、文字

[1]　许慎．说文解字．东汉．

[2]　辞海．中华书局，1999．

[3]　辞源．商务印书馆，1983．

[4]　张玉书等．康熙字典．清康熙年间．

[5]　现代汉语常用字字典．三秦出版社，1989．

[6]　常用构词字典．中国人民大学出版社，1988．

[7]　中华字海．中华书局，1994．

[8]　现代汉语通用字表．语文出版社，1988．

[9]　古文字类编．中华书局，1980．

[10] 中国现代语言学家．河北人民出版社，1989．

[11] 南开大学中文系．中国语言文学系学生阅读书目．南开大学出版社，1986．

[12] 英语写作借鉴词典．中国书籍出版社，1990．

[13] 汉字古今音表．中华书局，1993．

[14] 圣经典故辞典．复旦大学出版社，1998．

[15] 生活笑话词典．中国水利出版社，1993．

[16] 韦氏第 3 版新国际英语词典（Webster's Third New International Dictionary）．韦氏出版公司，2002．

[17] 牛津英语大词典简编（The Oxford English Dictionary）．牛津大学出版社，上海外语教育

出版社，2004．

[18] 牛津文学术语词典（Oxford Concise Dictionary of Literature Terms）．上海：上海外语教育
出版社，2000．

[19] 牛津委婉语词典（Oxford Dictionary of Euphemism）．牛津大学出版社，1998．

[20] 牛津现代名言词典（Oxford Dictionary of Modern Quotation）．牛津大学出版社，1998．

[21] 韦伯斯特大词典，以1993年出版的第10版韦伯斯特英语词典为蓝本的网上免费词典．[网
址略]．

[22] 罗瑞词库．[网址略]．

[23] 工具书大全．[网址略]．

[24] 联机翻译词典 金山词霸在线翻译词典．[网址略]．

[25] 网上百科全书．[网址略]．

[26] 世界缩写词查找者．[网址略]．

[27] BARTLETT 通俗格言集》，Bartlett 双关语．[网址略]．

[28] 英法在线词典．[网址略]．

[29] 法语词典．[网址略]．

[30] 免费在线计算机词典．[网址略]．

[31] 作文要素．[网址略]．

[32] 华语学习网．[网址略]．

[33] 汉语中心．[网址略]．

[34] 语源学．语源学在线词典．[网址略]．

[35] 中国工具书集锦在线：知网工具书．[网址略]．

[36] Chinese Learner's Alternative Site．[网址略]．

A.9　文学

[1]　诗词曲语辞汇释．北京：中华书局，1953．

[2]　中国文学大辞典．天津：天津人民出版社，1991．

[3]　文学理论词典．北京：光明日报出版社，1989．

[4]　外国文学大辞典．长春：吉林教育出版社，1990．

[5]　佩文韵府．北京：商务印书馆，1983．

[6]　中国文学研究年鉴．北京：中国社会科学出版社，1982．

[7]　中国丛书综录．上海：上海古籍出版社，1982．

[8]　万首唐人绝句索引．北京：书目文献出版社，1984．

[9]　陈光磊等．中国古代名句辞典．上海：上海辞书出版社，1986．

[10] 全国报刊文学论文索引（1960—1964）．中国科学院文学研究所图书资料室．1960、1961．

[11] 中国古典文学研究论文索引（1949—1980）．广州中山大学中文系资料室．南宁：广西人
民出版社，1984．

[12] 中国文学史书目提要．合肥：黄山书社，1986．

[13] 古小说简目．北京：中华书局，1981．

[14] 李白大辞典．南宁：广西教育出版社，1995．

[15] 文选索引. 上海：上海古籍出版社，1997.

[16] 中国名诗句通检. 南京：河海大学出版社，2002.

[17] 美国百科全书（The Encyclopedia Americana），2000.

[18] 梅里亚、韦氏百科全书（Merriam-Websters Encyclopedia of literature）. WEBSTER 出版公司，1995.

[19] 新剑桥英语文学书目指南（The New Cambridge Bibliography of English Literature）. 剑桥大学出版社，1977.

[20] 散文和一般文献索引（Essay and General Literature Index）. 威尔逊出版公司，1933.

[21] 短篇小说索引（Short Story Index），威尔逊出版公司，1995.

[22] 世界作家小传（World Authors）. 威尔逊出版公司，1997.

[23] 牛津美国文学词典（The Oxford Companion to American Literature）. 牛津大学出版社，1993.

[24] 牛津引语词典（The Oxford Dictionary of Quotations）. 牛津大学出版社，1999.

[25] 书评索引（Book Review Index），双月刊. 美国 Gale 公司，1965～.

[26] 书评摘要（Book Review Digest），双月刊. 美国威尔逊公司，1906.

[27] 中国古典诗词. [网址略].

[28] 锦绣中华. [网址略].

[29] 古书源. [网址略].

[30] 小说网. [网址略].

[31] 中国文学网. [网址略].

[32] 华夏历史网. [网址略].

[33] 特别中国. [网址略].

[34] 红楼梦. [网址略].

[35] 文学评论. [网址略].

[36] 莎士比亚. [网址略].

[37] 诗歌期刊网. [网址略].

[38] 诗歌杂志. [网址略].

[39] 国学宝典. [网址略].

[40] 龙语瀚堂典籍数据库. [网址略].

[41] 文渊阁四库全书电子版. [网址略].

A.10　艺术

[1]　现代艺术辞典. 北京：中国国际广播出版社，1989.

[2]　中国少数民族艺术词典. 北京：中国民族出版社，1991.

[3]　中国工艺美术大辞典. 南京：江苏美术出版社，1989.

[4]　中国文艺年鉴. 本年鉴组. 1981. ～

[5]　中国应用礼仪大全. 上海：上海文化出版社，1991.

[6]　古典戏曲存目汇考. 上海：上海古籍出版社，1982.

[7]　中国艺术影片编目. 北京：文化艺术出版社，1982.

[8] 中国古典诗歌墨迹大观．香港东方文化出版社，2000．

[9] 世界电影、电视节手册．中国电影出版社，2000．

[10] 中外美术史大事对照年表．江苏美术出版社，1988．

[11] 中国书法大辞典．广东人民出版社，香港书谱出版社，1984．

[12] 中国美术家人名辞典．上海人民美术出版社，1981．

[13] 艺术与人文科学引文索引（Arts and Humanities Citation Index）．美国情报社，1978．～

[14] 保护文学艺术作品伯尔尼公约（Berne Convention for the Protection of Literary and Artistic Works），1887．

[15] 戏剧索引（Play Index），1949．～

[16] 威尔逊艺术文摘（Wilson Art Abstracts）．威尔逊出版公司，1949．～

[17] 牛津芭蕾词典（Oxford Dictionary of Ballet），牛津出版集团，1988．

[18] 牛津戏剧词典（Oxford dictionary of theatre）．牛津出版集团，1988．

[19] 牛津简明音乐词典（Oxford ABC of Music）．牛津出版集团，1988．

[20] 牛津 20 世纪艺术词典（Oxford Dictionary of 20th Century Art）．上海外语教育出版社，2002．

[21] 大千艺术家总览．[网址略]．

[22] 中国书画名家天地网．[网址略]．

[23] 中国音乐网．[网址略]．

[24] 戏剧天地．[网址略]．

[25] 书画收藏频道　书画-人民网．[网址略]．

[26] 香港音乐前线．[网址略]．

[27] 电影工作室．[网址略]．

[28] 中国书画艺术网百杰画廊．[网址略]．

A.11　历史、地理

[1] 中国历史大辞典．上海：上海辞书出版社，1983．

[2] 二十六史大辞典．长春：吉林人民出版社，1993．

[3] 世界历史词典．上海：上海辞书出版社，1985．

[4] 中国官制大词典．哈尔滨：黑龙江人民出版社，1992．

[5] 人文地理学词典．武汉：湖北教育出版社，1990．

[6] 考古学辞典．北京：知识出版社，1991．

[7] 中国当代名人录．上海：上海人民出版社，1991．

[8] 中国名胜索引．北京：中国旅游出版社，1987．

[9] 中国人物年鉴．北京：华艺出版社，1989．

[10] 中国史学名著评介．济南：山东教育出版社，1990．

[11] 中国地理著作要览．北京：测绘出版社，1990．

[12] 最新世界地图集．北京：中国地图出版社，1990．

[13] 册府元龟．北京：中华书局，1989．

[14] 基辛氏世界时事记录（Keesing's Record of World Events）．朗文出版公司，1943～．

[15] 资料档案（Facts on File）．本社出版，1940～

[16] 历史文摘（History Abstracts），美国目录中心，1945～．

[17] 美国：历史与生活（America:History and Life），美国目录中心，1964～．

[18] 美国历史词典（Dictionary of American History），斯科韦伯荷斯出版，1981．

[19] 传记、家谱总索引（Biography and Genealogy Master Index），盖勒公司，1980～．

[20] 美格劳·希尔世界传记百科全书（The MCGRAW-HILL Encyclopedia of World Biography），美格劳·希尔公司出版，1989．

[21] 明人传记词典 1368—1644（Dictionary of Ming Biography，1368—1644）．哥伦比亚大学出版社，1984．

[22] 地理学书目（Bibliography of Geography）．芝加哥大学出版社，1984．

[23] 中国之窗．[网址略]．

[24] 世界城市．[网址略]．

[25] 香港旅游．[网址略]．

[26] 西班牙观光．[网址略]．

[27] 中国历史研究．[网址略]．

[28] 中国民俗协会网．[网址略]．

[29] 成吉思汗．[网址略]．

[30] 探险旅游．[网址略]．

[31] 美国旅游．[网址略]．

[32] 美国历史文明．[网址略]．

[33] 中国历史工具书指南．北京出版社，1992．～．

[34] 世界史工具书指南．北京：高等教育出版社，1990～．

[35] 方诗铭、方小芬．中国史历日和中西历日对照表．上海辞书出版社，1987～．

[36] 徐锡祺．新编中国三千年历日检索表．北京：人民教育出版社，1992～．

[37] 华夏历史．[网址略]．

[38] Argos: Limited Area Search Engine for Ancient and Medieval worlds．[网址略]．

[39] 国家地理杂志索引（1888—1988）（National Geographic Index, 1888—1988）．美国国家地理学会，1989．

[40] 美国地名索引（United States Gazetteer）．[网址略]．

[11] 杨生茂．美国历史百科辞典．上海：上海辞书出版社，2004．

A.12　自然科学总论

[1] 科学引文索引（SCI, Science Citation Index）．美国费城科学技术信息研究所，1961～．

[2] 科学评论索引（ISR, Index to Scientific Review）．美国费城科学技术信息研究所，1974～．

[3] 科学文摘（Science Abstracts）．英国电气工程师协会，1898．～

[4] 剑桥科学文摘（CSA，Cambridge Scientific Abstract）．[网址略]．

[5] 文摘通报（Bulletin Singaletque），法国国立科学研究中心，1939．（现已停刊）．

[6] 文摘杂志．全俄科学技术情报所，1953～．

[7] 科学技术文献速报．日本科学技术情报中心，1958～．

[8]　全国报刊索引·科技版．上海图书馆，1980．～

[9]　中国学术期刊文摘．中国科学技术协会学会工作部，1994～．

[10] 全国总书目．中华书局，1955．～

[11] 中文科技资料目录系列．1978．～

[12] 国外科技资料目录：综合科技．中国科技情报研究所主办，科技文献出版社，1978～．

[13] 中国学术期刊全文数据库．清华大学光盘研究中心[网址略]，1996～．

[14] 中文科技期刊数据库》，网络版．重庆维普资讯有限公司，1998～．

[15] 中国科学引文索引数据库．中国科学院文献情报中心，1995～．

[16] 中国数据库．[网址略]．

[17] OCLC FirstSearch．[网址略]．

[18] Scopus．[网址略]．

[19] 中国科技成果数据库．[网址略]．

[20] 中国科研机构数据库．[网址略]．

[21] ISI Web of Science．[网址略]．

[22] CCC（Calis 外文期刊目次库）．[网址略]．

[23] 联合西文期刊篇名目次库．[网址略]（上海图书馆站点）．

A.13　数理科学和化学

数学

[1]　数学评论（Mathematical Reviews）．美国数学会，1940～．

[2]　德国海德尔堡科学院等．数学文摘网络版[网址略]．1931～．

[3]　中国数学文摘．中国科学院文献情报中心，1987～．

[4]　数字化数学函数库（Digital Library of Mathematical Functions）．[网址略]．

[5]　数学参考（Math Reference）．[网址略]．

[6]　数学档案 WWW 服务器（Mathematics Archives WWW Server）．[网址略]．

[7]　柏拉图王国（Platonic Realms）．[网址略]．

物理

[1]　近期物理学索引（CPI，Current Physics Index）．美国物理学研究所，1974～．

[2]　中国物理文摘》(Chinese Physics Abstracts)．中国科学院文献情报中心、中国科学院物理情报网，1986～

[3]　绝妙物理网．[网址略]．

[4]　物理学网络资源．[网址略]．

[5]　NIST 基本物理常数．[网址略]．

[6]　国外科技资料目录·光学和应用光学．中国科学院长春光机所，1984～．

[7]　中国光学与应用光学文摘．中国科学院长春光学精密机械与物理研究所，1987～．

[8]　中国力学文摘．中国科学院文献情报中心，1987～．

[9]　朱岗崑．磁暴目录及日地物理基本资料．中国科学院地球物理研究所，1982．

[10] 在线物理参考书架（NIST Physical Refernce Data）．[网址略]．

[11] 物理学（Physics）．[网址略]．

[12] INSPEC. [网址略].

化学

[1] ChemWeb 数据库. [网址略].

[2] 化学文摘（Chemical Abstracts）. 美国化学文摘社，1907～. [网址略].

[3] 美国化学学会（ACS）数据库. [网址略].

[4] 电分析文摘（Electronaralytltul Abetracts）. 意大利 Verlag：Basel 出版社，1963. ～.

[5] 化合物索引》（Index Ckemicus），周刊. 美国佛罗里达科学情报协会，196～.

[6] 最新化学文摘与化合物索引（Current Abstracts Chemistry & Index Chemicus）. 美国费城科学情报所，1960～.

[7] 分析化学文摘. 中国科学技术情报研究所重庆分所，1973～.

[8] 中国化学化工文摘. 中国化工信息中心，1993～.

[9] 中国无机分析化学文摘. 北京矿冶研究总院，1984～.

[10] 中国化学文献数据库光盘（1983—1997）. 中国科学院上海有机化学研究所和中国科学院计算机化学实验室，1998.

[11] 中国化学网. [网址略].

[12] 虚拟化学图书馆. [网址略].

[13] Laboratory Hazards Bulletin. [网址略].

[14] Methods in Organic Synthesis. [网址略].

[15] Natural Product Updates. [网址略].

A.14 天文、地球科学

[1] 天文学与天体物理学文摘（Astronomy and Astrophysics Abstracts）. Springer-Verlag，1969～. [网址略].

[2] 天文学数据中心（ADC，Astronomical Data Center）. [网址略].

[3] 中国国土资源文摘. 中科院自然自源综合考察委员会，1987～.

[4] 国外科技资料目录·地质学·新书、汇编、会议论文部分. 地质矿产部全国地质图书馆，1989～.

[5] 测绘文摘. 编辑部，1995～.

[6] 国外科技资料目录·地质学·期刊部分. 地质矿产部全国地质图书馆. 1989～.

[7] 中国地质文摘. 中国地质图书馆，1986～.

[8] 国外地理文摘. 中国科学院文献情报中心，1983～.

[9] 中国地理科学文摘. 中国科学院地理研究所，1985～.

[10] 中国地质文摘. 中国地质图书馆，1986～.

[11] 地震（Seismology）. [网址略].

[12] 地震文摘. 国家地震局科技情报中心，1982～.

[13] 海洋文摘. 国家海洋信息中心，国家海洋局海洋科技情报研究所，1981～.

[14] 刘潮海等. 中国冰川目录，帕米尔山区（喀什噶尔河等流域）. 甘肃文化出版社，2001.

[15] 蒲健辰. 中国冰川目录，澜沧江流域 怒江流域. 西安地图出版社，2001.

[16] 李裕澈编译. 韩国地震目录：公元27～1985. 北京：北京地震出版社，2001.

[17] 汪素云等．中国近代地震目录：公元 1912 年～1990 年．北京：中国科学技术出版社，1999．

[18] 李兴海，谢乐金．西藏自治区地震目录：公元 642～1995 年．成都：成都地图出版社，1998．

[19] 国家地震局震害防御司编译．全球重大灾害性地震目录：2150B.C～1991A.D．北京：地震出版社，1996．

[20] 辽宁省地震局．辽宁省地震目录：1990—1994．沈阳：辽宁大学出版社，1995．

[21] 李金林等．《中国地震各时期目录汇编》编辑说明与使用指南：780 B.C.～A.D.1984．北京：地震出版社，1991．

[22] 山东省地震局．山东省地震目录：1981—1990．北京：北京地震出版社，1995．

[23] 国家地震局震害防御司．中国历史强震目录：公元前 23 世纪～公元 1911 年．北京：地震出版社，1995．

[24] 蒲健辰．中国冰川目录：长江水系．兰州：甘肃文化出版社，1994．

[25] （苏）康多斯卡娅，（苏）舍巴林．苏联强震新目录：公元前～1977 年．冯树文，等译．北京：北京地震出版社，1993．

[26] 新疆维吾尔自治区地震局．新疆维吾尔自治区地震目录：1980—1984．北京：北京地震出版社，1990．

[27] 张伶等．甘肃省地震目录：1980—1987．兰州：甘肃科学技术出版社，1989．

[28] （美）Ganse RA，（美）Nelson J B．公元前 2000—公元 1979 年全球重大地震目录．卢振恒等译．北京：北京地震出版社，1988．

[29] 中国科学院兰州冰川冻工研究所．中国冰川目录，天山山区，伊犁河流域区（Glacier Inventory of China）．北京：科学出版社，1986．

[30] 中国科学院兰州冰川冻工研究所．中国科学院兰州冰川冻工研究所．中国冰川目录：天山山区，西北部准噶尔内流区（Glacier Inventory of China）．北京：科学出版社，1986．

[31] 中国科学院兰州冰川冻工研究所．中国冰川目录：天山山区，东部散流内流区（Glacier Inventory of China）．北京：科学出版社，1986．

[32] 中国科学院兰州冰川冻土研究所．中国冰川目录：天山山区，西南部塔里木内流区．北京：北京科学出版社，1987．

[33] 潮汐术语（Tidal Terms）．[网址略]．

A.15　生物科学

[1] 中国生物学文摘．中国科学院上海情报文献中心，1987～．

[2] 古生物文摘．中国科学院南京地质古生物研究所，中国科学院文献情报中心，1988～

[3] 生物学大词典．马庆生编，广西科学技术出版社，1999．

[4] 动物学记录》（The Zoological Record）．伦敦动物学会和 BIOSIS 联合出版．

[5] 剑桥科学文（Cambridge Scientific Abstracts）．美国 Cambridge 科学文摘社，1983．

[6] 生物科学近期文献题录（Current Awareness in Biological Sciences）．Pergaman 出版社，1954～．

[7] 生物学文摘（BA，Biological Abstracts）．美国生物学文摘生物科学情报服务社的，1926～．

[8]   BIOSIS Previews．[网址略]．

[9]   哺乳动物生物学多媒体百科全书（多媒体版）．

[10] 动物学记录数据库（Zoological Record）．美国 Dialog 的第 185 号文档．

[11] 中国生物学文献数据库．中国科学院上海文献情报中心，1986．

[12] 生物科学最新进展数据库（Current Awareness in Biological Science Database）．美国 Pergamon Infoline 公司联机数据库．

[13] 生物学数据/信息系统（Biological Data/Information System）．美国．

[14] 中国科学院上海生物工程研究中心．[网址略]．

[15] 哈佛大学分子与细胞生物学系．[网址略]．

[16] 剑桥大学生物学学院．[网址略]．

[17] 英国 OMNI 数据库．[网址略]．

[18] Dmoz 生物学链接（Dmoz Biology Links）．[网址略]．

[19] Free BioMedjs．[网址略]．

[20] NCBI 美国国立生物技术信息中心系列数据库．[网址略]．

[21] 生物学文摘（BIOSIS）．[网址略]．

[22] Cold Spring Habor Laboratory．[网址略]．

A.16　医药、卫生

[1]   中文科技资料目录：医药卫生．中国医学科学院医学情报研究所，1963～．

[2]   中文科技资料目录：中草药．湖南医学工业研究所，1978～．

[3]   国外科技资料目录：医药卫生．中国医学科学院医学信息研究所，1988～．

[4]   医学论文累积索引 1949—1979．中国医学科学院情报研究所出版．

[5]   中国医学文摘．

[6]   国外医学（季刊），上海市医学科学技术情报研究所，1981～．

[7]   李经伟．中医大辞典．北京：人民卫生出版社，1995．

[8]   年鉴编辑部．中国医学科学年鉴．1984～．

[9]   中华人民共和国药典．国家药典委员会．

[10] 英汉医学词汇．北京：人民卫生出版社．

[11] 姚磊，刘军．医学常用数据手册．1988．

[12] 中国药学文摘（双月刊）．国家医药管理局信息中心，1982～．

[13] 顾学箕．中国医学百科全书．

[14] 中国卫生年鉴．北京：人民卫生出版社，1983～．

[15] 中国中医药年鉴．中国中医药大学，1989～．

[16] 神经科学百科全书．上海：上海科技出版社．

[17] 中国外科学年鉴．上海：上海第二军医大学出版社．

[18] 中国内科年鉴．上海：上海第二军医大学出版社

[19] 中国药学年鉴．上海：上海第二军医大学出版

[20] 医学索引（IM，Index Medicus）．美国国家医学图书馆（National Library of Medicine, NLM），1879～．

[21] 医学文摘（EM，Excerpta Medica）．荷兰医学文摘基金会，1947～．

[22] 医学中央杂志．日本《医学中央杂志》编辑部，1903．

[23] 美国心理学文摘（Psychological Abstracts）．[网址略]．

[24] 国际药物文摘．美国．

[25] 马丁代尔氏大药典．英国．

[26] 盖尔医学百科全书（Gale Encyclopedia of Medicine）．1998．

[27] 医学文献分析与检索系统．美国国立医学图书馆，1966～．

[28] LIFE SCIENCE 数据库（光盘型）．

[29] 德温特药学文档数据库（DDF，Derwent Drug Files）．1983～．

[30] 中国医学科学院医学信息研究所．中国生物医学文摘数据库（CBM）．1994．

[31] 中文生物医学期刊数据库（CMCC，Chinese Medical Current Contents）．

[32] 解放军医学图书馆数据库研究部．中国医学学术会议论文数据库（CMAC）．

[33] 中国中医研究院中医药科技信息所．中医药文献数据库．1984．

[34] 国家医药管理局科技情报所．中文药学文献数据库．1981．

[35] 医学索引．[网址略]．

[36] 美国国立医学图书馆．[网址略]．

[37] 中国医药信息网．[网址略]．

[38] 中国医学信息网（GB& English）．[网址略]．

[39] 医学网站．[网址略]．

[40] 医学资源．[网址略]．

[41] 医疗搜索（MedExplorer）．[网址略]．

[42] 全美医学网（NLM's Internet Grateful Med）．[网址略]．

[43] 中国卫生事业．[网址略]．

[44] 医疗在线．[网址略]．

[45] 中国医学网．[网址略]．

[46] 世界卫生组织（WHO，World Health Organization）．[网址略]．

[47] 医学心理图书馆．[网址略]．

[48] EBM 循证医学数据库．[网址略]．

[49] 国际药学文摘 IPA．[网址略]．

[50] Micromedex HealthCare series（HCS）系列临床医药学专业数据库．[网址略]．

[51] 荷兰医学文摘．[网址略]．

[52] 医学参考书数据库 MD Consult．[网址略]．

[53] 生物医学图谱数据库 BioMed Image Archives．[网址略]．

[54] On-Line Medical Dictionary．[网址略]．

A.17　农业科学

[1]　中国农业文摘．中国农业科学院科技文献信息中心．1985～．

[2]　中国农业百科全书．北京农业出版社，1996．

[3]　中国水产文摘（双月刊）．中国水产科学研究院科技情报研究所．1991～．

[4] 中国林业年鉴. 北京：中国林业出版社.

[5] 中国古农书联合目录.

[6] 联合国国际农业科技情报系统. 农业索引（Agrindex）. AGRIS，1975.

[7] 美国国家农业图书馆. 农业文献目录（Bibliography of Agriculture）.

[8] 美国国家农业图书馆. 农业题录（Bibliography of Agriculture）. 1942～.

[9] CAB 农业文摘. 英联邦农业局，1927.

[10] Agricultural Library（光盘型）. 中国农业科学院棉花所、北京农业大学引进.

[11] Agricola（光盘型）. 美国农业文献数据库（中国农业科学院文献信息中心、北京农业大学、中国农业科学院棉花所、甘肃草原生态所引进）.

[12] 中国农林文献数据库. 中国 AGRIS 国家中心和 7 个地区分中心.

[13] 农业气候数据库. [网址略].

[14] 农业气象数据库. [网址略].

[15] 中国农业科学院科技文献信息中心图书馆所. 国外农业科技资料目录数据库. 1997.

[16] 中国农业信息网. [网址略].

[17] 中国农业科学院. [网址略].

[18] 中国经济林信息网. [网址略].

[19] 农业网络信息中心（AGNIC）. [网址略].

[20] 美国农业研究所网址. [网址略].

[21] 国际英联邦农业局（CABI）. [网址略].

[22] 美国农业数据库网络（America Agridata Network）. 美国 Agri Data Resourceses 公司联机数据库.

[23] DIALOG 系统中有关农业信息的数据库.

[24] OCLC 系统中有关农业信息的数据库.

[25] 美国农业联机存取数据库（AGRICOLA）. 美国 BRS 公司

[26] 国际农业数据库 AGRI. [网址略].

[27] FSTA（食品科学文摘数据库）. [网址略].

A.18　工业技术

[1] 彭晋龄. 德英法汉机械制造术语辞典（合订本）. 中国标准出版社，1997.

[2] 王宛山，邢敏. 机械制造手册. 辽宁科学技术出版社，2002.

[3] 王少怀. 机械设计师手册. 电子工业出版社，2006.

[4] 王一梧，中国公路学会筑路机械学会. 公路筑养路机械机务管理手册. 人民交通出版社，2001.

[5] 交通部水运司. 港口起重运输机械设计手册. 人民交通出版社，2001.

[6] 杨文渊. 简明工程机械施工手册. 人民交通出版社，2001.

[7] 中国机械工业年鉴编辑委员会，中国电器工业协会. 中国电器工业年鉴. 机械工业出版社，1999. ～

[8] 中国机械电子工业年鉴（机械卷）编辑委员会. 中国机械电子工业年鉴. 机械工业出版社，1984～.

[9] 中国机械工业．鉴．中国机械工业．鉴编辑委员会．机械工业出版社，1987～．

[10] 汉英建筑装饰工程辞典．李育才，卜纯英主编，中国商业出版社，2000．

[11] 中国古今建筑鉴赏辞典．孙大章．河北教育出版社，1995．

[12] 建筑装饰材料手册．建筑装饰材料手册编写组编，机械工业出版社，2002．

[13] 建筑施工与建设监理手册．钱昆润．东南大学出版社，2002．

[14] 中国建筑业．鉴．《中国建筑业．鉴》编委会．中国建筑业．鉴社，1989～．

[15] 保健食品原料手册．凌关庭主编，化学工业出版社，2002．

[16] 中华食品工业大辞典．河北省食品研究所，中国食品出版社辞书编辑部．中国食品出版社，1989．

[17] 中国食品工业．鉴＝China Food Industry Almanac．《中国食品工业．鉴》编辑部．中国统计出版社、轻工业出版社，中国食品出版社，1985～．

[18] 工程索引》（EI, The Engineering Index），有光盘版．美国工程信息协会（Engineering Information Inc），1884～．

[19] 工程索引（EI Compendex Web），网络版．美国工程信息协会，1970～．[网址略]．

[20] 国际科学技术会议（Forthcoming International Scientific and Technical Conferences）．英国Aslib 出版，1971～．

[21] 科学技术会议索引（ISIP, Index to Scientific & Technical Proceedings）．美国科学情报研究所出版出版（American Technology Information Research），1978～

[22] 应用力学评论（AMR, Applied Mechanics Reviews）．美国机械工程师协会 ASME（The American Society of Mechanical Engineers）编辑出版，1948～

[23] 计算机与信息系统文摘（CISA, Computer and Information Systems Abstracts）．美国 CSA 与工程信息协会（Cambridge Scientific Abstracts（CSA）& Engineering Information Inc.）编辑出版

[24] 计算机文献索引（Computer Literature Index）．美国计算机研究协会（Applied Computer Research, Inc.）编辑出版，1971～．

[25] 技术书评索引（Technical Book Review Index）．Comp. and Ed. in the Technology Dept., Carnegie Library of Pittsburgh，New York: Special Library Assoc，1935～．

[26] McGraw-Hill Encyclopedia of Science and Technology．McGraw-Hill，1960～．

[27] DIALOG，1965～．[网址略]．

[28] AltaVista，1995～．[网址略]．

[29] 世界建材网．[网址略]．

[30] 万方科技文献数据库，1990～．[网址略]．

[31] 瑞典工程电子图书馆（Engineering Electronic Library）．[网址略]．

[32] 英国虚拟工程图书（Edinburgh Engineering Virtual Library）．[网址略]．

[33] 中国机械网．[网址略]．

[34] 中国防爆信息网．[网址略]．

[35] 中国电工仪器仪表信息网．[网址略]．

[36] 中国电工网．[网址略]．

[37] 中国科学院电工研究所．[网址略]．

[38] 中国科学院自动化研究所. [网址略].

[39] 中国科学院计算机网络信息中心. [网址略].

[40] 计算机世界. [网址略].

[41] 信息产业部电子第七研究所. [网址略].

[42] 中国半导体信息网. [网址略].

[43] 中国科学院半导体研究所. [网址略].

[44] 中国计量科学研究院. [网址略].

[45] 中国计量仪器信息网. [网址略].

[46] 中国数据. [网址略].

[47] 中国通讯网. [网址略].

[48] 中华人民共和国住房和城乡建设部. [网址略].

[49] 中华人民共和国国家原子能机构. [网址略].

[50] 中国原子能科学研究院. [网址略].

[51] 中国工程物理信息网. [网址略].

[52] 中国科技网. [网址略].

[53] 中国科技信息研究所. [网址略].

[51] 中国化工网. [网址略].

[55] 中国水利科技网. [网址略].

A.19 交通运输

[1] 郭颖. 道路交通运输安全与业务管理手册. 长春：吉林科学技术出版社，2002.

[2] 宋木文，刘杲. 中国图书大辞典：1949—1992.17，天文学、地球科学、交通运输、航空、航天、环境科学、劳动保护科学. 武汉：湖北人民出版社，1997.

[3] 中国交通年鉴社编辑部. 中国交通年鉴. 北京：中国交通年鉴社，1986～.

[4] 江苏交通年鉴. 《江苏交通年鉴》编辑部. 北京：中国铁道出版社，1998～.

[5] 上海交通大学年鉴. 《上海交通大学年鉴》编纂委员会. 上海：上海交通大学出版社，1997～.

[6] 交通法律手册. 《交通法律手册》编辑组. 北京：法律出版社，2001.

[7] 江苏宁沪高速公路股份有限公司，海河大学. 交通土建软土地基工程手册. 北京：人民交通出版社，2001.

[8] 中国国际货运代理协会. 对外贸易海洋运输航线与港口实用手册（中英文）. 北京：中国对外经济贸易出版社，2001.

[9] 交通部水运司. 港口起重运输机械设计手册. 北京：人民交通出版社，2001.

[10] 中国人民保险公司货物运输保险部. 货物运输保险手册：国内部分. 北京：北京工业大学出版社，1999.

[11] 中国交通网. [网址略].

[12] 广东省公路勘察规划设计院. [网址略].

[13] 西安交通大学. [网址略].

[14] 中国交通. [网址略].

[15] 广州交通信息网. [网址略].

[16] 上海交通大学图书馆. [网址略].

[17] 交通之星. [网址略].

[18] 江苏交通厅. [网址略].

[19] 中国交通综合信息网. [网址略].

[20] 中国交通在线. [网址略].

[21] 易交通. [网址略].

[22] 中国公路. [网址略].

[23] 中华人民共和国铁道部. [网址略].

[24] 中国交通报. [网址略].

[25] 城市交通. [网址略].

[26] 中国交通信息. [网址略].

A.20　航空航天

[1]　《中国航空材料手册》编辑委员会. 中国航空材料手册（共10卷，2版）. 北京：中国标准出版社，2002.

[2]　孟昭蓉编译. 世界民用机场航空公司译名手册（中英文对照）. 北京：中国民航出版社，2002.

[3]　余兆祥等. 航空特种液体加注车使用维护手册. 北京：航空工业出版社，2001.

[4]　《航空发动机设计手册》总编委会. 航空发动机设计手册. 北京：航空工业出版社，2000.

[5]　中国科学院空间科学与应用研究中心. 宇航空间环境手册. 北京：中国科学技术出版社，2000.

[6]　中国人民解放军空军装备技术部. 空军航空工程辞典. 北京：中国科学技术出版社，1998.

[7]　胡昌寿. 航天可靠性设计手册. 北京：机械工业出版社，1999.

[8]　International Aerospace Abstracts（IAA）（1961~）. Comp. and Ed. by American Institute of Aeronautics and Astronautics（AIAA）Technology Information Publication Co. USA

[9]　中国航空信息网. [网址略].

[10] 北京航空航天大学. [网址略].

[11] 国家航天局. [网址略].

[12] 民航资源中国网. [网址略].

[13] 中国航运. [网址略].

[14] 中国航贸网. [网址略].

[15] 长江航运信息网. [网址略].

[16] 北京航空航天大学. [网址略].

[17] 南京航空航天大学. [网址略].

[18] 中国西南航空. [网址略].

[19] 中国西北航空公司. [网址略].

[20] 中国民用航天总局. [网址略].

[21] 中国民航信息网. [网址略].

[22] 中国国际航空票务网. [网址略].

[23] 航天信息网. [网址略].

[24] 北京航天金税网. [网址略].

[25] 航空航天. [网址略].

[26] AIAA Electronic Library. [网址略].

A.21　环境科学

[1]　王连生. 环境科学与工程辞典. 北京：化学工业出版社，2002.

[2]　于越峰. 中国环境年鉴. 北京：中国环境年鉴出版社，1990～.

[3]　《环境保护法律手册》编辑组. 环境保护法律手册（第 2 版）. 北京：法律出版社，2002.

[4]　鹿政理. 环境保护设备选用手册：大气污染控制设备. 北京：化学工业出版社，2002.

[5]　赵由才. 实用环境工程手册：固体废物污染控制与资源化. 北京：化学工业出版社，2002.

[6]　本书编委会. 城市住宅室内装饰装修与环境质量管理办法实施手册. 北京：科学技术文献出版社，2002.

[7]　闪红光. 环境保护设备选用手册：水处理设备. 北京：化学工业出版社，2002.

[8]　喻亦林. 室内装饰装修工程管理与环境污染控制实用手册. 北京：中国环境科学出版社，2002.

[9]　实严道岸. 用环境工程手册：水工艺与工程. 北京：化学工业出版社，2002.

[10] 袁征主编，广东省环境保护局编. 广东省环境保护政务手册. 广州：广东省地图出版社，2001.

[11] 联合国环境规划署技术部等. 环境与贸易手册. 国冬梅译. 北京：学苑出版社，2002.

[12] 兰文艺，邵刚. 实用环境工程手册：水处理材料与药剂. 北京：化学工业出版社，2002.

[13] 王连生. 环境科学与工程辞典. 北京：化学工业出版社，2002.

[14] 何燧源. 环境化学分类辞典：汉英俄日词目对照. 上海：华东理工大学出版社，2000.

[15] 本书编辑委员会. 环境科学大辞典. 北京：中国环境科学出版社，1991.

[16] 中国科学院生态环境研究中心. [网址略].

[18] 中国环境保护网. [网址略].

[19] 上海环境热线. [网址略].

[20] 中国环境与发展信息检索系统. [网址略].

[21] 中国环境. [网址略].

[22] 中国环境网. [网址略].

[23] 海南省国土环境资源厅. [网址略].

[24] 辽宁环境保护. [网址略].

[25] 北京大学城市与环境学院. [网址略].

[26] 西北师范大学地理与环境科学学院. [网址略].

附录B
主要特种文献常用检索
工具、数据库、网站

B.1 学位论文

[1] 中国学位论文通报，双月刊，中国科技信息研究所，1985~.

[2] 中国科学院博士学位论文文摘，年刊. 中国科学院.

[3] 中国学位论文数据库，联机版，每年更新，中国科技信息研究所，1989~.

[4] 中国学位论文数据库，光盘版，每年更新，中国科技信息研究所，1995~.

[5] 中国高等学校文献保障系统（CALIS）高校学位论文库. [网址略].

[6] 中国信息（Chinainfo）中文检索系统. [网址略].

[7] 国际学位论文文摘（DAI, Dissertation Abstracts International），月刊. 美国 UMI 公司，1938~.

[8] 学位论文综合索引》(CDI, Comprehensive Dissertation Index)，年刊.美国 UMI 公司，(1973 年出版，追溯版，共 37 卷)，1938~.

[9] 国际硕士论文文摘》(Master Abstracts International)，双月刊. 美国 UMI 公司，1962~.

[10] 美国博士学位论文》(American Doctoral Dissertation)，年刊. 美国 UMI 公司，1957~.

[11] 美国博士学位论文目录：1912—1938》（List of American Doctoral Dissertation, 1912—1938)，年刊. 美国国会图书馆.

[12] 物理学学位论文》(1861—1959)(Dissertation in Physics). 美国斯坦福大学.

[13] 亚洲问题研究博士论文题录（doctoral dissertation on Asia），半年刊. 美国密执安大学亚洲研究所，1969~.

[14] 毕业生研究指南（Directory of Graduate Research），半年刊. 美国化学会，1953~.

[15] 加拿大学位论文（Canada Theses），年刊. 加拿大国家图书馆，1960~.

[16] 英国和爱尔兰大学高级学位论文索引（Index to Theses Accepted for Higher Degree in the Universities of Great Britain & Ireland），年刊. 英国专业图书馆与情报机构协会.

[17] 大学学位论文目录（Catalogue des Theses et Ecrit Academiques），年刊. 法国教育部，1884 年/1885~.

[18] 学位论文目录（Deutshe Bibliographie Hochschulschriften Verzeichnis），年刊. 德国书商协会，1935~.

[19] 国立列宁图书馆和国立中央医学图书馆馆藏副博士与博士论文. 苏联国立列宁图书馆，1958~.

[20] 日本博士学位论文索引. 日本京都设计服务中心，1978~.

[21] 国外博士学位论文目录（1982—1992). 书目文献出版社.

[22] 学位论文数据库（The Dissertation Database），联机版，每月更新. 美国 UMI 公司

[23] 联机学位论文文摘（Dissertation Abstracts online），每月更新. 美国 UMI 公司，1980~.

[24] 学位论文文摘光盘（Dissertation Abstracts ondisc). 美国 UMI 公司，1980~.

[25] 博硕士论文数据库（Proquest Digital Dissertation). [网址略].

[26] 中国学位论文文摘数据库. 万方数据股份有限公司，1977~.

[27] 中国学位论文全文数据. 万方数据股份有限公司，1980~.

[28] 中国博士学位论文全文数据库. 清华同方知网（北京）技术有限公司，1999~.

[29] 中国优秀硕士学位论文全文数据库. 清华同方知网（北京）技术有限公司，1999~.

[30] 国家科技图书文献中心：中文学位论文. 国家科技图书文献中心, 1984~.

[31] 中国科学院学位论文数据库. 中国科学院国家科学图书馆. [网址略].

[32] 国家图书馆学位论文检索系统. [网址略].

[33] 香港大学学位论文. [网址略].

[34] NDLTD 学位论文库. [网址略].

[35] CNKI《中国优秀博硕士学位论文全文库》. [网址略].

[36] PQDT（PQDD）国际博硕士论文文摘库. [网址略].

[37] Theses Canada Porta. [网址略].

[38] Index to Theses in Great Britain and Ireland. [网址略].

[39] 北京大学学位论文检索系统. [网址略].

B.2　专利文献

[1] 发明专利公报（文摘），周刊. 中国专利局, 1985~.

[2] 实用新型专利公报（文摘），周刊. 中国专利局, 1985~.

[3] 外观设计专利公报（文摘），周刊. 中国专利局, 1985~.

[4] 中国专利年度索引，年刊. 专利文献出版社, 1986~.

[5] 中国专利分类文摘（《发明专利公报》《实用新型专利公报》《外观设计专利公报》的年度累积本）.

[6] 专利文献通报，中国专利局, 1981—1988.

[7] 中国专利数据库 (1985—1989)（书本式）. 中科院成都文献情报中心自动化发展部, 1993 年

[8] 中国专利数据库光盘（《发明专利公报》《实用新型专利公报》《外观设计专利公报》的累积光盘版）. 中国专利信息中心, 1985~.

[9] 中国专利. [网址略].

[10] 中国发明专利信息网. [网址略].

[11] 中国专利局中国专利信息网. [网址略].

[12] 中国专利信息网. [网址略].

[13] 中国国家知识产权局中国专利网. [网址略].

[14] 易信专利信息网. [网址略].

[15] 中国专利说明书全文检索. [网址略].

[16] 万方数据资源系统"成果专利"栏目. [网址略].

[17] 中心专利索引 (CPI, Center Patents Index)/化学专利索引 (CPI, Chemical Patents Index). 美国德温特公司, 1970—1986.

[18] 世界专利索引（WPI, World Patents Index）. 美国德温特公司, 1974~.

[19] 世界专利文摘（WPA, World Patents Abstracts），1988 年改名为《综合与机械专利索引 (GMPI, General & Mechanical Patents Index）. 美国德温特公司, 1975—1988.

[20] 电气专利索引（EPI, Electrical Patents Index）. 美国德温特公司, 1980~.

[21] WPI 优先案索引（WPI Priority Index）. 美国德温特公司, 1974~.

[22] 美国专利局公报 (Official Gazatte of United States Patent and Trademark Official)，周刊. 美

国专利局，1872~.

[23] IBM 专利数据库. [网址略].

[24] 美国专利年度索引（Index of Patents）. [网址略].

[25] 美国专利数据库. [网址略].

[26] IBM 知识产权信息网. [网址略].

[27] 加拿大专利数据库. [网址略].

[28] PCT（Patent Cooperation Treaty）国际专利. [网址略].

[29] 世界知识产权组织. [网址略].

[30] 日本专利数据库. [网址略].

[31] 欧洲及欧洲各国专利. [网址略].

[32] 香港知识产权署. [网址略].

[33] 美国专利与商标局专利数据库服务系统. [网址略].

[34] 美国化学文摘社化学专利服务. [网址略].

[35] 美国 Mictopatent 公司专利网页. [网址略].

[36] 美国 QPAT 专利在线查询. [网址略].

[37] 美国 Questel-orbit 信息公司专利书目信息. [网址略].

[38] 德温特专利网络信息检索. [网址略].

[39] 德温特专利数据库. [网址略].

[40] 欧洲专利局专利信息服务. [网址略].

[41] 加拿大专利数据库. [网址略].

[42] 英国因特网上专利信息. [网址略].

[43] 英国专利局. [网址略].

[44] 德国专利局. [网址略].

[45] 日本专利信息组织. [网址略].

[46] 日本专利局. [网址略].

[47] 中国专利信息中心中国专利信息检索系统. [网址略].

[48] 中国知识产权网中外专利数据库服务平台. [网址略].

[49] 国家知识产权局专利检索数据库. [网址略].

[50] 国家知识产权局专利局专利文献馆》

[51] 日本特许厅. [网址略].

B.3　标准和规程

[1] 中国标准出版社，全国起重机械标准化技术委员会. 中国机械工业标准汇编：起重机械卷. 北京：中国标准出版社，2002.

[2] 中国标准出版社第一编辑室. 花卉标准汇编. 北京：中国标准出版社，2002.

[3] 冶金工业标准信息研究院标准所，中国标准出版社第二编辑室. 生铁、铁合金及其他钢铁产品标准汇编（第2版）. 北京：中国标准出版社，2002.

[4] 国家标准化管理委员会. 中华人民共和国行业标准目录（2002）. 北京：中国标准出版社，2002.

[5] 国家标准化管理委员会. 中华人民共和国国家标准目录 (2001). 北京：中国标准出版社，2002.

[6] 赵卫国. 水路运输业管理规章制度与安全技术标准规范实务全书. 长春：吉林摄影出版社，2002.

[7] 杨永华等. QS9000 汽车行业质量标准应用与实施教程. 广州：广东经济出版社，2002.

[8] 中华人民共和国铁道部制定. 中华人民共和国铁道部 25K 型客车检修规程. 北京：中国铁道出版社，2001.

[9] 水利部国际合作科技司. 水利技术标准汇编：灌溉排水卷、水利水电卷. 北京：中国水利水电出版社，2002.

[10] 丁艳宾. 最新建筑工程抗裂堵漏施工技术与标准规范实务全书. 长春：吉林人民出版社，2002.

[11] 中国标准出版社，全国起重机械标准化技术委员会. 中国机械工业标准汇编：起重机械卷. 北京：中国标准出版社，2002.

[12] 化学工业国家标准、行业标准和国际标准目录 (2002). 北京：中国标准出版社，2002.

[13] 全国橡标委通用物理和化学试验方法分技术委员会，中国标准出版社第二编辑室. 化学工业标准汇编：橡胶物理和化学试验方法 (2002). 北京：中国标准出版社，2002 年

[14] 中化化工标准化研究所. 化学工业国家、行业标准和国际标准目录 (2001). 北京：化学工业出版社，2001～.

[15] 中国电器工业标准化年鉴编辑委员会. 中国电器工业标准化年鉴 (2002). 中国电器工业协会，2002.

[16] 建设部标准定额研究所. 建设部工业产品标准目录. 北京：中国标准出版社，2002.

[17] 国家轻工业局行业管理司质量标准处. 中国轻工业标准汇编：自行车卷化妆品卷. 北京：中国标准出版社，2002.

[18] 中国标准出版社第一编辑室. 中国食品工业标准汇编：食品添加剂卷家具卷 (第 2 版). 北京：中国标准出版社，2002.

[19] 中国电力企业联合会标准化中心. 电力工业标准汇编：水电卷、电气卷、火电卷、综合卷 (2000). 北京：中国电力出版社，2002.

[20] 杨国义. 食品安全与卫生强制性标准实用手册. 西宁：青海人民出版社，2002.

[21] 汪恺. 机械工业基础标准应用手册. 北京：机械工业出版社，2001.

[22] 标准网. [网址略].

[23] 中国标准咨询网. [网址略].

[24] CTI 论坛. [网址略].

[25] 国家建筑设计标准网. [网址略].

[26] 专利标准. [网址略].

[27] 中国质量信息网（中质网）. [网址略].

[28] 国际标准组织（ISO）（瑞士）. [网址略].

[29] 国家标准与技术研究所系列数据库产品. [网址略].

[30] IEEE 标准. [网址略].

[31] ISO 国际标准. [网址略].

[32] Web 上的澳大利亚标准. [网址略].

[33] 爱尔兰国家标准. [网址略].

[34] 日本工业标准. [网址略].

[35] 日本工业标准（JIS）检索. [网址略].

[36] 电子工业标准化信息网. [网址略].

[37] 中国工程技术电子信息网. [网址略].

[38] 中华科技标准图书网. [网址略].

[39] 国际标准目录（ISO Catalogue），年刊. [网址略].

[40] 国际标准草案目录（ISO Draft International Standards）. [网址略].

[41] 美国国家标准目录（ANSI Catalogue），年刊. 科技文献出版社出版过中译本，1977.

[42] 英国标准学会出版物目录（BSI Catalogue）. [网址略].

[43] JIS（Japanese Industrial Standard）标准总目录》，年刊. [网址略].

[44] 国家科技图书文献中心标准文献检索系统. [网址略].

[45] 万方数据库资源系统中外标准数据库. [网址略].

[46] 世界标准服务网. [网址略].

[47] PERINORM. [网址略].

[48] INIS Database. [网址略].

[49] 中国标准服务网. [网址略].

[50] 机械工业标准服务网. [网址略].

[51] 中国标准化信息网. [网址略].

[52] 国际电工委员会（IEC）. [网址略].

[53] 国际电信联盟（ITU）. [网址略].

[54] 美国国家标准学会（ANSI）. [网址略].

[55] 英国标准学会（BSI）. [网址略].

[56] 德国标准化学会（DIN）. [网址略].

[57] 美国机械工程协会（ASME）. [网址略].

[58] 美国材料与试验协会（ASTM）. [网址略].

[59] PERINORM 标准数据库. [网址略].

[60] 法国标准化协会网站（AFNOR）. [网址略].

B.4　会议录

[1]　世界会议：美国和加拿大，季刊. 美国世界会议情报中心公司，1963～.

[2]　世界会议：美国和加拿大以外，季刊. 美国世界会议情报中心公司，1968～.

[3]　世界会议：社会和行为科学、教育和管理，季刊. 美国世界会议情报中心公司，1971～.

[4]　世界会议：医学，季刊. 美国世界会议情报中心公司，1978～.

[5]　科学会议，季刊. 美国加州科技会议出版公司，1957～.

[6]　国际科技会议预报，季刊. 英国专业图书馆协会，1971～.

[7]　国际科学会议公报，双月刊. 俄罗斯国家科委、科学院和全俄科技信息研究所. 1971～.

[8]　国际科技会议和国际展览会预报，不定期. 中国科技信息研究所.

[9] 会议录在版书目（Proceedings in Print），双月刊，Duke 大学，1964～．

[10] 已出版的会议录目录（Directory of Published Proceedings），季刊/每年 10 期，InterDok 公司，1964～．

[11] 会议文献书目指南（Bibliographic Guide to Conference Publications）．[网址略]．

[12] 会议论文索引（Conference Papers Index），月刊/双月刊/每年 7 期，剑桥科学文摘，1978～．

[13] 美国科学情报研究所（ISI）国际会议录索引数据库．[网址略]．

[14] 社会科学和人文科学会议录索引（ISSHP, Index to Social Sciences and Humanities Proceedings），季刊，美国科学情报研究所．[网址略]．

[15] 科技会议录索引》（ISTP, Index to Scientific and Technical Proceedings），季刊，美国科学情报研究所．[网址略]．

[16] 会议录索引（Index of Conference Proceedings）（1964—1988），1989～．

[17] IEEE/IEE 中有关会议录部分，美国电气电子工程师学会和英国电气工程师学会．[网址略]．

[18] 联合国安理会会议录索引（Index to Proceedings of the Security Council）．[网址略]．

[19] 国际学术会议录索引：OCLC FirstSearch 中的 Proceedings 数据库．[网址略]．

[20] 英国电机工程师协会会议录》（IEE Proceedings），双月刊，1998～．

[21] 国际光学工程学会会议录（SPIE, Proceedings of International Society for Optical Engineering），美国出版的大型会议录丛书，20 世纪 70 年代开始不定期出版，每年约 200 余卷．[网址略]．

[22] 美国生产与库存管理协会年度会议录（APICS, American Production and Inventory Control Society）．[网址略]．

[23] 第 62 届国际图联大会会议录．《第 62 届国际图联大会会议录》编辑组．书目文献出版社，1998 年

[24] 西文科技会议录联合目录．北京图书馆联合目录编辑组．书目文献出版社，1981/1979—1980．

[25] 汪伪政府行政院会议录．中国第二历史档案馆．档案出版社，1992．

[26] 西文图书会议录目录：建筑科学．同济大学图书馆．

[27] 第三届国际图书馆用户教育会议录．吉林农业大学，1986．

[28] 1976—1978 西文科技会议录联合目录》及续编．北京图书馆联合目录编辑组．书目文献出版社，1981/1989．

[29] 美国农业工程师协会会议录：1981—1982．江苏省科学技术情报研究所．

[30] 电子技术会议录:数字通信终端技术专辑.原四机部无线通信专业科技情报网编著,1978．

[31] 电子技术会议录:铁氧体永磁专辑.原四机部磁性材料及器件专业科技情报网编辑,1979．

[32] 电子技术会议录：数字频率合成及工程测量技术专辑．原第四机械工业部第一研究所编著，1978．

[33] 电子技术会议录：气体激光技术专辑．原第四机械工业部第一研究所编，1978．

[34] 原第四机械工业部第一研究所．电子技术会议录：微波铁氧体材料及器件专辑．1978．

[35] 原第四机械工业部第一研究所．电子技术会议录：雷达发射调制技术专辑．1978．

[36] 中国第二历史档案馆．中国国民党中央执行委员会常务委员会会议录（1～44）．广西师

范大学出版社，2000．

[37] 全国第七界电波传播学术讨论年会．2001．

[38] 军事电子信息系统专题技术文选 第一分册 军事电子信息系统总体技术．2001．

[39] 军事电子信息系统专题技术文选 第二分册 情报，监视和侦察系统技术．2001．

[40] 军事电子信息系统专题技术文选 第三分册 信息融合和数据挖掘技术．2001．

[41] 军事电子信息系统专题技术文选 第六分册 信息战防卫和进攻技术．2001．

[42] 军事电子信息系统专题技术文选 第十二分册 防空反导信息系统技术．2001．

[43] 全国第二届总线技术与测控系统工程学术报告会论文集．2001．

[44] 2001 年中国通信专用集成电路设计与应用高级研讨会论文集．2001．

[45] 中国电子学会第十一届全国电子束、离子束、光子束学术年会论文集．2001．

[46] 第六界全国分子束外延学术会议论文集 电子材料学分会．2001．

[47] 第九界全国有线电视综合信息网学术研讨会．2001．

[48] 航空航天电子学学术交流会，2001．

[49] 第二届四川省建筑智能化学术研讨会论文集．2001．

[50] 中国西部卫星应用技术研讨会论文集．2000．

[51] 第十届学术年会论文集．2000．

[52] 第三届四川省光电技术学术交流会学术论文．2000．

[53] 中国学术会议论文联合数据库，光盘版．中国科技信息研究所等．1986～．

[54] 互联网会议预告》（Internet Conference Calendar）．[网址略]．

[55] CALIS 学术会议论文库．[网址略]．

[56] ISTP（科技会议录索引）．[网址略]．

[57] Forthcoming Conferences．[网址略]．

[58] European Research Conferences．[网址略]．

[59] Technical Conference Information Center．[网址略]．

[60] 万方《中国学术会议论文全文数据库》．[网址略]．

[61] 全国报刊索引数据库——会议库．[网址略]．

[62] ACM 美国计算机学会电子期刊及会议录（清华大学镜像）．[网址略]．

B.5 研究报告、科技报告

[1] 阿里·卡赞西吉尔、大马·马金森．世界社会科学报告（1999）．黄长著，等译．北京：
社会科学文献出版社，2001．

[2] 科学技术研究成果报告．国家科学技术委员会．北京：科学文献出版社，1963 年～

[3] 政府报告通报及索引（GRA&I, Government Report Announcements & Index），半月刊．美
国商业部国家技术情报服务处，1946～．

[4] 宇航科技报告（STAR, Scientific and Aerospace Reports），半月刊．美国国家航空和宇航
局，1963～．

[5] 国际宇航文摘（IAA, International Aerospace Abstracts），半月刊．美国航空和宇航学会，
1961～．

[6] 能源研究文摘（ERA, Energy Research Abstracts），半月刊．美国能源部科技情报局，

1976～．

[7] PB 报告（Publication Board）．美国商务部国家技术情报服务处，1945～．

[8] AD 报告（Accessioned Document）．美国国防技术情报中心，1951～．

[9] NASA 报告（National Aeronautics and Space Administration）．美国国家航空与航天局，1958～．

[10] DOE 报告》（Department of Energy）．美国能源部，1977～．

[11] 中国国防科技报告通报及索引．国防科工委情报研究所编．

[12] 对外科技交流通报（双月刊）．中国科学技术情报研究所编辑．

[13] 美国国家技术情报局（NTIS，National Technical Information Service）．[网址略]．

[14] 美国国家技术情报局数据库（NTIS Database）．[网址略]．

[15] NASA 航天信息中心技术报告数据库．[网址略]．

[16] DOE（美国能源部）．[网址略]．

[17] 美国联网的计算机科技报告图书馆．[网址略]．

[18] 美国 Fedworld 信息网．[网址略]．

[19] 万方数据库系列光盘中的《国外科技调研报告全文数据库、中国科技成果数据库、全国科技成果交易数据库．[网址略]．

[20] CSA-NTIS（National Technical Information Service）．[网址略]．

[21] 国务院发展研究中心信息网．[网址略]．

[22] NSTL（国家科技图书文献中心）

[23] Science.gov 或 Science Accelerator．[网址略]．

[24] STINET．[网址略]．

[25] The Congressional Research Service Reports．[网址略]．

[26] NBER Working Paper．[网址略]．

[27] Documents & Reports of the WorldBank Group．[网址略]．

[28] Economics WPA．[网址略]．

[29] 国家科技报告服务系统．[网址略]．

参考文献

A.1 马克思主义、列宁主义、毛泽东思想、邓小平理论

[1] Ricardo Baeza-Yates，等. 现代信息检索[M]. 王知津等，译. 北京：机械工业出版社，2005.

[2] 杜伟. 信息检索[M]. 北京：科学出版社，2016.

[3] 付玲，陈焱. 信息检索[M]. 北京：高等教育出版社，2016.

[4] 黄如花，等. 信息检索[M]. 武汉：武汉大学出版社，2019.

[5] 李树青，曹杰. 经济管理信息的检索与利用[M]. 北京：清华大学出版社，2018.

[6] 马费成，赖茂生. 信息资源管理[M]. 北京：高等教育出版社，2018.

[7] 沈固朝，储荷婷，华薇娜. 信息检索(多媒体)教程[M]. 北京：高等教育出版社，2015.

[8] 汪楠，成鹰. 信息检索技术[M]. 北京：清华大学出版社，2020.

[9] 王琦，王冠韬. 文献信息检索教程[M]. 北京：电子工业出版社，2017.

[10] 王知津. 信息检索与处理[M]. 北京：机械工业出版社，2015.

[11] 杨云川，等. 信息元素养与信息检索[M]. 北京：电子工业出版社，2018.

[12] 姚洁，黄建琼，陈章斌. 文献检索实用教程[M]. 北京：清华大学出版社，2017.

[13] 叶鹰. 信息检索：理论与方法[M]. 北京：高等教育出版社，2015.

[14] 于喜展，孙志梅.信息检索实践教程[M]. 南京：南京大学出版社，2017.

[15] 张帆，等. 信息存储与检索[M]. 北京：高等教育出版社，2017.

[16] 钟义信，等. 信息科学教程[M]. 北京：北京邮电大学出版社，2005.

[17] 毕强，朱亚玲. 元数据标准及其互操作研究[J]. 情报理论与实践，2007(5):666-670.

[18] 曹树金，马利霞. 论本体与本体语言及其在信息检索领域的应用[J]. 情报理论与实践，2004(6):632-637.

[19] 陈海英,竺海康.中美百万册数字图书馆项目综述[J].大学图书馆学报,2005(1):3-6,13.

[20] 陈少涌，李广建. 近十年来信息检索研究发展动向——基于 SIGIR 年会主题及论文集的统计分析[J]. 情报科学，2015,33(5):150-156.

[21] 陈维维，李艺. 信息素养的内涵、层次及培养[J]. 电化教育研究，2002(11):7-9.

[22] 陈文勇，杨晓光. 国外信息素养的定义和信息素养标准研究成果概述[J]. 图书情报工作，2000(02):19-20, 60.

[23] 成颖,孙建军,李宝强.基于关联理论的信息检索相关性研究——信息生产、标引[J].情报科学，2010, 28(1):7-12+160.

[24] 成颖，孙建军，徐美凤. 国外信息素质研究[J]. 图书情报工作，2004(3):57-63.

[25] 丁洁，王日芬. 基于特征项的文献共现网络在学术信息检索中的应用[J]. 图书情报工作，2014, 58(15):135-141.

[26] 范并思，胡小菁. 图书馆 2.0：构建新的图书馆服务[J]. 大学图书馆学报，2006(1):2-7.

[27] 方长春，李东生，曹晓琳，等. 大数据环境下高校大学生信息素养影响因素研究——基于粗糙集理论[J]. 情报科学，2018, 36(2):58-62.

[28] 冯项云，肖珑，廖三三，等. 国外常用元数据标准比较研究[J]. 大学图书馆学报，2001(4):15-21+91.

[29] 龚蛟腾. 网络信息检索技术现状、瓶颈及趋势分析[J]. 情报杂志，2004(5):75-77.

[30] 龚丽萍．搜索引擎 Google 与百度比较研究[J]．图书情报论坛，2007(3):42-45．

[31] 郭宇，赵树宽．媒介信息素养对知识创新意愿影响的实证研究[J]．图书情报工作，2017，61(17):108-115．

[32] 韩正彪．国外信息检索系统用户心智模型研究述评与展望[J]．情报学报，2018，37(7):668-677．

[33] 何筠红．在线共享的自由百科全书——维基百科[J]．新世纪图书馆，2006(4):40-42．

[34] 黄如花，李白杨，Thomas P M．数字信息素质教育课程的重新构建:模式与策略[J]．图书情报工作，2015，59(10):48-52．

[35] 黄如花，李白杨．数据素养教育：大数据时代信息素养教育的拓展[J]．图书情报知识，2016(1):21-29．

[36] 黄如花，邱春艳．国内外科学数据元数据研究进展[J]．图书与情报，2014(6):102-108．

[37] 黄文碧．基于元数据关联的馆藏资源聚合研究[J]．情报理论与实践，2015，38(4):74-79．

[38] 焦玉英，索传军．网络环境中信息检索理论与实践的发展[J]．图书情报知识，2001(1):2-6, 72．

[39] 赖茂生，屈鹏．大学生信息检索能力调查分析[J]．大学图书馆学报，2010，28(1):96-104．

[40] 李春旺．信息检索可视化技术[J]．现代图书情报技术，2003(6):44-46,49．

[41] 李法运．网络用户信息检索行为研究[J]．中国图书馆学报，2003(2):63-66,78．

[42] 李慧，颜显森．数据库技术发展的新方向——非结构化数据库[J]．情报理论与实践，2001，24(4):287-288

[43] 李树青．个性化信息检索技术综述[J]．情报理论与实践，2009，32(5):107-113．

[44] 李伟，李子晋，高永伟．理解数字音乐——音乐信息检索技术综述[J]．复旦学报（自然科学版），2018，57(3):271-313．

[45] 李月琳，张佳．基于任务的个性化信息检索用户模型[J]．情报理论与实践，2015，38(5):60-65．

[46] 李政亮，陈翔，蒋智威，等．基于信息检索的软件缺陷定位方法综述[J]．软件学报，2021，32(2):247-276．

[47] 李志芳．学术文献信息检索中用户认知行为的实证研究——基于 think-aloud 协议的研究方法[J]．情报理论与实践，2016，39(3):96-101,107．

[48] 刘峰，张晓林．科学数据元数据标准述评及其通用化设计研究[J]．现代图书情报技术，2015(12):3-12．

[49] 刘嘉．元数据：理念与应用[J]．中国图书馆学报，2001(5):32-36+45．

[50] 刘锦源，曹树金．心流理论视角下信息检索体验测量与分析[J]．图书情报工作，2017，61(8):67-73．

[51] 刘萍，李斐雯，杨宇．国外交互式信息检索研究进展[J]．情报理论与实践，2017，40(5):132-138．

[52] 刘伟成，孙吉红．基于内容的图像信息检索综述[J]．情报科学，2002(4):431-433,437．

[53] 刘越男，杨建梁．面向电子文件保存的统一元数据模型的构建[J]．中国图书馆学报，2017，43(2):66-79．

[54] 马海群，蒲攀．信息素质链:信息素质内涵的多维度延伸与工具介入[J]．情报资料工

作，2019, 40(3):88-97

[55] 马艳霞. 国内外信息素养评价标准比较研究[J]. 图书馆学研究，2010(2):85-92.

[56] 马忠庚，赵金海. 国外网上信息检索工具的选择与利用[J]. 情报科学，2005(2):213-217.

[57] 孟祥保，常娥，叶兰. 数据素养研究:源起、现状与展望[J]. 中国图书馆学报，2016, 42(2):109-126.

[58] 慕慧鸽，张军. 国内情报学领域信息检索相关性研究进展分析[J]. 图书馆学研究，2016(6):10-14.

[59] 娜日，吴晓伟，吕继红. 国内外信息素养标准研究现状与展望[J]. 图书情报工作，2010, 54(3):32-35.

[60] 欧石燕，唐振贵，苏翡斐. 面向信息检索的术语服务构建与应用研究[J]. 中国图书馆学报，2016, 42(2):32-51.

[61] 潘燕桃，廖昀赟. 大学生信息素养教育的"慕课"化趋势[J]. 大学图书馆学报，2014, 32(4):21-27.

[62] 邱璇，丁韧. 高校学生信息素养评价指标体系构建及启示[J]. 图书情报知识，2009(6):75-80.

[63] 任友群，随晓筱，刘新阳.欧盟数字素养框架研究[J]. 现代远程教育研究，2014(5):3-12.

[64] 司莉，潘秋玉，庄晓喆. 基于实证的多语言信息检索用户行为分析[J]. 国家图书馆学刊，2015, 24(5):81-90.

[65] 孙坦，周静怡. 近几年来国外信息检索模型研究进展[J]. 图书馆建设，2008(3):82-85.

[66] 孙西全，马瑞芳，李燕灵. 基于 Lucene 的信息检索的研究与应用[J]. 情报理论与实践，2006(1):125-128.

[67] 田丽丽，刘竟.我国高校未来信息素养教育的五个导向——以信息检索课程为例[J]. 国家图书馆学刊，2017, 26(1):71-76.

[68] 王本刚，马海群. 国外信息素养标准研究[J]. 现代情报，2017, 37(10):8-15.

[69] 王娜. 博客搜索引擎与传统搜索引擎的比较研究[J]. 图书情报工作，2006(7):54-57.

[70] 王若佳，李培. 基于日志挖掘的用户健康信息检索行为研究[J]. 图书情报工作，2015, 59(11):111-118.

[71] 王旭，柯凯艳. 近 15 年国内图情领域信息检索相关性研究进展分析[J]. 新世纪图书馆，2016(8):91-96.

[72] 王佑镁，杨晓兰，胡玮，等. 从数字素养到数字能力:概念流变、构成要素与整合模型[J]. 远程教育杂志，2013, 31(3):24-29.

[73] 吴丹，向雪. 社群环境下的协同信息检索行为实验研究[J]. 现代图书情报技术，2014(12):1-9.

[74] 吴丹. 英汉交互式跨语言检索系统设计与实现[J]. 现代图书情报技术，2009(2):89-95.

[75] 吴桐，张自然，付婷，等. 协同信息检索行为实验研究综述[J]. 图书情报工作，2016, 60(5):125-132.

[76] 武琳，黄颖茹. 开放政府数据平台元数据标准研究进展[J]. 图书馆学研究，2017(6):14-21.

[77] 武夷山.从科技查新向广义的专业化信息检索服务转型[J]. 情报学报，2014, 33(7):673.

[78] 夏立新，王忠义．基于主题图的英汉跨语言检索模型构建[J]．图书情报工作，2008，52(11):70-74．

[79] 肖珑，陈凌，冯项云，等．中文元数据标准框架及其应用[J]．大学图书馆学报，2001(5):29-35+91．

[80] 徐久龄，肖慧珍．元数据的研究[J]．情报理论与实践，2003(2):163-166．

[81] 许欢，尚闻一．美国、欧洲、日本、中国数字素养培养模式发展述评[J]．图书情报工作，2017，61(16):98-106．

[82] 闫瑶瑶，李永先．基于"稀缺理论"的信息检索认知模型研究[J]．情报杂志，2016，35(11):136-140．

[83] 严华云，刘其平，肖良军．信息检索中的相关反馈技术综述[J]．计算机应用研究，2009，26(1):11-14．

[84] 严慧英．影响网络信息检索行为的主体因素[J]．情报杂志，2004(4):94-95．

[85] 杨超凡，邓仲华，彭鑫，等．近5年信息检索的研究热点与发展趋势综述——基于相关会议论文的分析[J]．数据分析与知识发现，2017，1(7):35-43．

[86] 杨月华，杜军平，平源．基于本体的智能信息检索系统[J]．软件学报，2015，26(7):1675-1687．

[87] 叶继元，陈铭，谢欢，等．数据与信息之间逻辑关系的探讨——兼及 DIKW 概念链模式．中国图书馆学报，2017(3):34-43]

[88] 叶继元．《中文图书引文索引·人文社会科学》示范数据库研制过程、意义及其启示[J]．大学图书馆学报，2013，31(1):48-53．

[89] 叶继元．CSSN，ISSN，CN 号称谓、含义的变化及其影响——兼论中国"学术集刊"问题[J]．中国图书馆学报，2006(5):84-87．

[90] 叶继元．图书、学术图书与人文社科学术图书种数之考察[J]．大学图书馆学报，2016，34(1):5-15,61．

[91] 叶继元．图书馆学、情报学与信息科学、信息管理学等学科的关系问题[J]．中国图书馆学报，2004(3):13-19,25．

[92] 叶继元．文献概念漫议——从《图书馆·情报与文献学名词》对文献的定义说开去[J]．高校图书馆工作，2019，39(4):19-23．

[93] 叶继元．学术期刊与学术规范[J]．学术界，2005(4):57-68．

[94] 叶继元．学术图书、学术著作、学术专著概念辨析[J]．中国图书馆学报，2016，42(1):21-29．

[95] 叶继元．学术著作的内涵、外延及其对学术评价的意义[J]．云梦学刊，2015，36(4):12-13．

[96] 叶继元．引文的本质及其学术评价功能辨析[J]．中国图书馆学报，2010，36(1):35-39．

[97] 叶继元．中国哲学社会科学学术期刊学科结构分析[J]．清华大学学报(哲学社会科学版)，2008(4):126-144,160．

[98] 叶鹰，金更达．基于元数据的信息组织与基于本体论的知识组织[J]．大学图书馆学报，2004(4):43-47．

[99] 于嘉．网络时代的百科全书——维基百科[J]．图书馆论坛，2005(4):247-249．

[100] 于梦月，翟军，林岩，等. 美国政府开放数据的元数据标准及其启示:目录聚合的视角[J]. 情报杂志，2017, 36(12):145-151.

[101] 于莹莹，陈燕，张金松. 相关反馈在信息检索中的研究综述[J]. 情报理论与实践，2016, 39(12):135-139，144.

[102] 张洪杰，郭小平. "互联网+"时代创新创业导向的大学生信息素养培育模式研究[J]. 情报科学，2017, 35(06):94-98.

[103] 张惠文. 网络信息检索技术的智能化趋势[J]. 情报理论与实践，2001(6):447-450.

[104] 张杰，张海超，翟东升，等. 基于领域本体的专利信息检索研究[J]. 情报科学，2014, 32(10):9-14.

[105] 张静，回雁雁. 国外高校数字素养教育实践及其启示[J]. 图书情报工作，2016, 60(11):44-52.

[106] 张莉扬. 中英文网络检索工具评价与比较[J]. 现代图书情报技术，2001(5):42-45+51.

[107] 张路路，黄崑. 基于认知风格的数字图书馆用户信息检索行为研究[J]. 情报学报，2018, 37(11):1164-1174.

[108] 张敏，聂瑞，罗梅芬. 基于需求类型与性别差异的网络健康信息检索行为特点分析[J]. 情报资料工作，2017(2):63-69.

[109] 张晓娟，韩毅. 时态信息检索研究综述[J]. 数据分析与知识发现，2017, (1):3-15.

[110] 张晓娟. 信息素养：标准、模式及其实现[J]. 图书情报知识，2009(1):17-23,29.

[111] 张晓林. 开放元数据机制：理念与原则[J]. 中国图书馆学报，2003(3):8-13.

[112] 张银犬. 基于P2P技术的信息资源共享模式研究[J]. 图书馆建设，2005(5):37-39

[113] 张玉峰，李敏，晏创业. 论知识检索与信息检索[J]. 中国图书馆学报，2003(5):22-25.

[114] 赵蓉英，梁志森，段培培. 英国政府数据开放共享的元数据标准——对 data.gov.uk 的调研与启示[J]. 图书情报工作，2016, 60(19):31-39.

[115] 赵蓉英，王菊. 国际信息检索模型研究的可视化分析[J]. 图书情报工作，2010, 54(18):61-66.

[116] 赵忠伟，程齐凯. 信息检索领域主题研究——基于 SIGIR 邮件列表和会议论文的比较研究[J]. 数字图书馆论坛，2017(6):46-52.